အသက်၏အနှစ်သာရ

ကျွန်ုပ်တို့အသက်တာအား သမ္မာကျမ်းစာစကားပြောဆိုရန် အခွင့်ပေးခြင်း

- သာမန်ထက်ကျော်လွန်ရောက်ရှိခြင်း - အောင်မြင်သောသူတစ်ဦးဖြစ်လျက်
- အသက်အိုတိုင် - စိတ်နှလုံးအတွက် ကောင်းမွန်သောလေ့ကျင့်မှုကို ရှာတွေ့ခြင်း
- ဘုရားတရားကြည်ညိုသောသူ - လူတစ်ဦး၏အသက်တာအား ဘုရားသခင်ထံတွေ့သောအခါ
- သမ္မာကျမ်းစကားများအားဖြင့် ရွေးနှုတ်ခြင်း
- မိသားစုအတွက် ဘုရားတရားကြည်ညိုမှုဖြင့် အစပြုခြင်း
- သမ္မာကျမ်းစာရအုပ်ထိန်းမှု၏အခြေခံသဘောတရားများနှင့်အလေ့အကျင့်များ
- ကောင်းမွန်သောအိမ်ထောင်တစ်ရပ် တည်ဆောက်ခြင်း
- အကြံပြုသောသူများအတွက် လက်မထပ်သေးသည့် ခရစ်ယာန်တစ်ဦးအား အကြံပြုခြင်းဆိုင်ရာလက်ထို့
- တပည့်တော်ဖြစ်ခြင်းဆိုင်ရာ ဆက်နွယ်မှု - ကားတိုင်၏လေ့တွေ့ကျင့်စဉ်များ
- ပြိုင်ပွဲပြေးခြင်း - တပ်မက်ခြင်းများကို အောင်မြင်ခြင်း
- ကမ္ဘာဦးကျမ်း - အုပ်မြစ်ချခြင်း စာအုပ်တစ်အုပ်
- ရောမစာစောင် - အသက်ရှင်ခြင်း ရှင်းလင်းချက်
- ရောမစာစောင် - ကျမ်းစာလေ့လာခြင်းဆိုင်ရာ မေးခွန်းများ
- ဖော်စာစောင် - ကျမ်းစာလေ့လာခြင်းဆိုင်ရာ မေးခွန်းများ
- ယေရှုနှင့်အတူ လျှောက်လှမ်းခြင်း - ခရစ်တော်၌ တည်ခြင်း
- တိတုစာစောင်အရ သမ္မာကျမ်းစာကို ခြုံငုံလေ့လာခြင်းများ
- ပေတရုပထမစာစောင် လေ့လာခြင်းဆိုင်ရာ မေးခွန်းများ - ပျက်စီးနေသောကမ္ဘာ၌ အသက်ရှင်ခြင်း
- အမှုတော်လုပ်ငန်းထဲသို့ သင့်ခြေလှမ်းလှမ်းခြင်း
- အမှုတော်လုပ်ငန်းအတွက် ခေါင်းဆောင်များကို လေ့ကျင့်ပေးခြင်း
- ယောနဝတ္ထု လေ့လာရန် လမ်းညွှန် - ဘုရားသခင်၏စိတ်နှလုံးကို နားလည်ခြင်း

အသက်၏အနှစ်သာရ

ကအသက်၏အနှစ်သာရ - ကောင်းမွန်သော လေ့ကျင့်မှု၏အဓိကအချက်ကို ရှာတွေ့ခြင်း

Paul J. Bucknell

ပြန်ဆိုသူ ဓမ္မဆရာတော် ဦးဘီထန်း

အသက်၏အနှစ်သာရ - ကောင်းမွန်သောလေ့ကျင့်မှု၏အဓိကအချက်ကို ရှာတွေ့ခြင်း

Translated from: The Life Core: Discovering the Heart of Great Training
Paul J. Bucknell

Copyright © 2016, Updated by Paul J. Bucknell
ပြန်ဆိုသူ ဓမ္မဆရာတော် ဦးဘီထန်း
Translated by Fcbeitha Beitha

Printed in Burmese
ISBN-10: 1-61993-080-3
ISBN-13: 978-1-61993-080-3

Also in English paperback
ISBN-13: 978-1-61993-026-1

www.foundationsforfreedom.net
Pittsburgh, PA 15212 USA

All rights reserved. Limited production is acceptable without prior permission for home and educational use.
For extensive reproduction contact the author at info@foundationsforfreedom.net.

နိဒါန်း

လူမျိုးတကာတို့အား တပည့်တော်ဖြစ်စေခြင်းသည် စိန်ခေါ်မှုတစ်ရပ်ဖြစ်ပါသည်။ အသင်းတော် သည် ကမ္ဘာတဝှမ်းပျံ့နှံ့သွားသော်လည်း အနည်းငယ်သောအသင်းတော်များကသာ တပည့်တော်ဖြစ်ခြင်း သို့မဟုတ် မည်ကဲ့သို့ တပည့်တော်မွေးထုတ်မည်ကို သိရှိကြ၏။ အကျိုးဆက်မှာ အသင်းတော်ကို ထိခိုက်လေ၏။

အခြေအနေသည် နေ့စဉ်သတင်းအချက်အလက်၏အလွန်အကျွံ လုံဆော်မှုများကြောင့် လည်း ကောင်း၊ မရပ်မနားသည့်ရုပ်ပုံနှင့် အသံတို့၏မြစ်တားမှုကြောင့်လည်းကောင်း အလျင်အမြန် ဆိုးရွားလာ သည်။ မယုံကြည်ခြင်း နောက်မှာ မကျေမနပ်ဖြစ်ခြင်းလိုက်လာသည်။ ယုံကြည်သူတို့သည် လူတို့ အတွက် ဘုရားသခင်လုပ်ပေးသည့်အရာကို ပြောပြပေးမည့်အစား သူတို့ အသက်တာထဲ၌ ဘာကြောင့် ဘုရားသခင် ပို၍မလုပ်ဆောင်သနည်းဟူ၍ မိန်းမောတွေဝေတတ်ကြ၏။

ပူဖောင်းအကြောင်းကို စဉ်းစားကြည့်ပါ။ ၎င်းသည် လေမရှိလျှင် ပုံသွင်း၍မရသကဲ့သို့ မလှုပ်ရှား နိုင်ပေ။ ထိုနည်းတူ ဘောင်မရှိတဲ့စွန်လည်း လေတိုက် နေရင်တောင် မြေပြင်ပေါ်ကိုပဲ ပြန်ကျလာမည် ဖြစ်သည်။ မိုးကောင်းကင် အမြင့်သို့ စွန်လွှင့်တင်နိုင်ဖို့ရန် ဘောင်လိုအပ်ပါသည်။

ကျွန်တော်တို့အသက်တာ၌ ခရစ်တော်နှင့်သူ၏အံ့ဩဖွယ်လုပ်ဆောင်ချက်မရှိ လျှင် ကျွန်တော်တို့၏ ကိုယ်ခန္ဓာသည် တစ်ရက်ပွင့်လန်း၍ နောက်ရက်၌ ညိုးနွမ်းတတ်သောပန်းပွင့်ကဲ့သို့ဖြစ်သွားပေမည်။ သန့်ရှင်းသောဝိညာဉ် တော်သည် တန်ခိုးနဲ့ပြည့်စုံသော ဘုရားသခင်၏ နှုတ်ကပတ်တော်အားဖြင့် သာလျှင် ကျွန်တော်တို့ အသက်တာထဲသို့ ဝင်ရောက်လှုပ်ရှား၍ အသစ်သော အသက်တာကို ဖြစ်ပေါ်စေကာ ဝိညာဉ်ရေးရာပုံသွင်းခြင်း၊ တန်ခိုးနှင့် ရည်ရွယ်ချက်တို့ကို ပေးအပ်တော်မူ၏(၁ပေ၁း၂၄-၂၅)။ ခရစ်တော်မပါလျှင် ကျွန်တော်တို့ဘာမျှ မတတ်နိုင်။ သို့သော် ကိုယ်တော်ပါရှိလျှင် ကျွန်တော်တို့ အသက်တာအားဖြင့် အံ့ဩဖွယ်ရာများ လုပ်ဆောင်သွားနိုင်သည်ကို ကျွန်တော် တို့သတိပြုသင့်သည်။

အသက်၏အနှစ်သာရ

အသက်၏အနှစ်သာရသည် အသင်းတော်၌ အကျပ်အတည်းဖြစ်စေသည့် အခြေခံအကြောင်း ရင်းကိုဖော်ထုတ်၍ တကယ့်ခေါင်းဆောင်မှုပညာ လေ့ကျင့်သင်ကြားခြင်းမှ တဆင့် အသင်းတော်ထဲသို့ ဘုရားသခင်၏အသက် ပေါင်းစပ်ခြင်းအပေါ် အာရုံစိုက်ခြင်းအားဖြင့် လက်တွေ့ဆန်သော ဖြေရှင်းချက်များကို အကြံပြုစေ၏။ ဘုရားသခင်၏လူတို့ အနေဖြင့် သူတို့၏အသင်းတော်များ၊ ကျမ်းစာကျောင်းများ၊ ကျောင်းများ နှင့်ခေါင်းဆောင်များသည် မိမိတို့၏အသက်တာများကို အရင်ပြောင်းလဲ အားဖြည့်ပြီးမှ အခြား သူများ၏အသက်တာများကို ပြောင်းလဲစေဖို့ရန် တန်ခိုးနဲ့ပြည့်စုံသောဘုရားသခင်၏သမ္မာတရား များကို တင်ဆက်သော သူများဖြစ်ကြောင်း အခိုင်အမာပြောဆိုဖို့လိုအပ်သည်။

ဘုရားသခင်၏လူတို့သည် မိမိတို့၏အသက်တာများ၌ ဘုရားသခင်၏တန်ခိုး နှင့်ဝိညာဉ်ပိုင်ဆိုင်ရာ ရည်ရွယ်ချက်များတွင် ပြန်လည်နိုးကြားလာဖို့ လိုအပ် ပါသည်။ ဖေက် ၄:၁၂-၁၆ က ကျနော်တို့အား ဤမြေကြီးပေါ်၌ ဘုန်းအသရေ နဲ့ပြည့်စုံသော ထမြောက်ခြင်းအသက်တာကို လိုက်စားရန် တိုက်တွန်းထား ပါသည်။ ဤစာအုပ်သည် ခရစ်ယာန်နဲ့စပ်ဆိုင်သည့် လေ့ကျင့်သင်ကြား ခြင်းတစ်ခုတည်းကိုသာ နားလည် သဘောပေါက်စေမှာမဟုတ်ပဲ ၎င်းနှင့် စပ်ဆိုင်သည့်ရည်မှန်းချက်ပန်းတိုင်များကို မည်ကဲ့သို့ရောက်ရှိရန် အထောက်အကူပြုသွားမည်ဖြစ်ပါသည်။

အခန်းတိုင်း၌ လေ့လာမှု၏အဓိကအချက်များ၊ ဆင်ခြင်စရာကျမ်းပိုဒ်များနှင့် သင်ယူစရာ မေးခွန်း များကိုထည့်သွင်းထားသည်။ ဝိညာဉ်ပိုင်းဆိုင်ရာ ကြီး ထွားဖွံ့ဖြိုးမှု၏ဇယားနှစ်ခုကိုလည်း နောက်ဆက် တွဲပိုင်း၌ တွေ့မြင်နိုင် ပါသည်။

အသက်၏အနှစ်သာရ အကြောင်းသင်ကြားခြင်း၌ အသံအားဖြင့်ဖြစ်စေ ဗီဒီယိုအားဖြင့်ဖြစ်စေ တွဲဖက် အသုံးပြု နိုင်ပါသည်။ အသင်းတော်၌ ဝိညာဉ် ရေးရာကြီးထွားမှု အစပြုခြင်း ဟူသောခေါင်းစဉ်သည် တပည့်တော် မွေး ထုတ်ခြင်း၏အဓိကအကြောင်းအရာကို ဖော်ပြ၍ သင့်အသက်တာနှင့် အခြားသူများ၏ အသက်တာအတွက် ဝိညာဉ်ရေးရာအသက်တာ တဆင့်ပြီး တဆင့်ကြီးထွားခြင်းကို လက်တွေ့မြင့်တင်ပေး သွားမည်ဖြစ်သည်။ ရင်းကို D1 (BFF Discipleship #1 Digital) စာကြည့်တိုက်၌ တွေ့ရှိနိုင်သည်။

နိဒါန်း

သမ္မာတရားသည် ရှင်သန်တိုးပွား၍ ဘုရားသခင်၏လူတို့သည်လည်း ပြန်လည်လန်းဆန်းကြ ပါစေသော။ ကျနော်တို့၏သာသနာလုပ်ငန်း ပြီးမြောက်နိုင်သော်လည်း ခရစ်ယာန်များအနေဖြင့် သူတို့၏ ယုံကြည်ခြင်း၌ မည်ကဲ့သို့ကြီးထွားရမည်ကို ပိုမိုရှင်းလင်းစွာ နားလည်သဘောပေါက်ဖို့လိုအပ် ပါသည်။ ယနေ့ မျိုးဆက်အနေဖြင့် ဤသင်ခန်းစာကို အသိပညာနှင့်နည်း ပညာ၌သာ သက်သေခံခြင်းမဟုတ်ပဲ သခင်ဘုရားကို ပိုမိုနက်ရှိုင်းစွာသိရှိ၍ ဤအသိပညာ၊ ဝမ်းမြောက်ခြင်းနှင့်စိတ်အားထက်သန်ခြင်းတို့ကို အခြား သူများအား လက်ဆင့်ကမ်းပေးသူများဖြစ်ကြဖို့လိုပါသည်။

၂၀၁၂၊ ၂၀၁၄ ခုနှစ်၌ မွမ်းမံသည်။

Rev. Paul J. Bucknell

မာတိကာ

အသက်၏ရင်းမြစ်

၁ အောင်မြင်ခြင်း အကြောင်းအရာ
၂ ရှုထောင့်အမြင် ထည့်တွက်ခြင်း
၃ အပြောင်းအလဲ ရှိရမည်
၄ အသက်၏ဂုဏ်ကျက်သရေရှိသော ဖော်ပြမှု
၅ အသက်၏တွန်းအား
၆ အသစ်သောအသက်၏အမှတ်လက္ခဏာများ
၇ အသက်၏ရင်းမြစ်
၈ ဝိညာဉ်တော်ကို မှီတွယ်ခြင်း

အသက်၏ရင်းမြစ်နှင့်သင်

၉ နားလည်သဘောပေါက်လာခြင်း
၁၀ ကြိုဆိုခြင်း
၁၁ ကြီးထွားလျက်ရှိသော ယုံကြည်ခြင်း
၁၂ ကျွန်ုပ်တို့အသက်တာ၏ပန်းတိုင်များ
၁၃ ဦးတည်ချက်ကို ရှာဖွေခြင်း
၁၄ သိချင်စိတ်ပြင်းပြခြင်း
၁၅ ကလေးအရွယ် - အဆင့် # ၁
၁၆ လူငယ်အရွယ် - အဆင့် # ၂
၁၇ ရင့်ကျက်သောအရွယ် - အဆင့် # ၃
၁၈ ဘဝစက်ဝိုင်း

အသက်၏ရင်းမြစ် & အသက်၏အနှစ်သာရ

၁၉ တပည့်တော်ဖြစ်ခြင်း၏ရည်ရွယ်ချက်
၂၀ အသက်၏အနှစ်သာရ
၂၁ ရှုပါရုံကို ဆုပ်ကိုင်ခြင်း

အသက်၏အနှစ်သာရ

\# ၂၂ ကျွန်ုပ်တို့၏အကန့်အသတ်များ
\# ၂၃ တစ်ခုလုံး၏အစိတ်အပိုင်းများ
\# ၂၄ ရည်ရွယ်ချက်နှင့်တကွ လေ့ကျင့်ပေးခြင်း
\# ၂၅ ရည်ရွယ်ချက်ကို သတိပြုခြင်း
\# ၂၆ ကွာဟချက်ကို ဆက်စပ်ခြင်း
\# ၂၇ အအသစ်သောယုံကြည်သူကို လေ့ကျင့်ပေးခြင်း
\# ၂၈ အသစ်သောယုံကြည်သူများကို တပ်ဆင်ပေးခြင်း
\# ၂၉ လူငယ်ယုံကြည်သူများကို ထောက်ခံအားပေးခြင်း
\# ၃၀ လူငယ်ယုံကြည်သူများကို တပ်ဆင်ပေးခြင်း
\# ၃၁ ရင့်ကျက်လျက်ရှိသော ယုံကြည်သူများကို ညွှန်ပြပေးခြင်း
\# ၃၂ ရင့်ကျက်သောယုံကြည်သူများကို တပ်ဆင်ပေးခြင်း

အသက်၏ရင်းမြစ် & လေ့ကျင့်ပေးခြင်း

\# ၃၃ အဓိက ရည်ရွယ်ချက်
\# ၃၄ အတွင်းပိုင်း လုပ်ဆောင်ချက်များ
\# ၃၅ ခေါင်းဆောင်မှု ကြီးထွားရင့်သန်ခြင်း
\# ၃၆ အသင်းတော်များ၌ လေ့ကျင့်ပေးခြင်းများ
\# ၃၇ လေ့ကျင့်ပေးသောကျောင်းများ၌ ပေါင်းစပ်ခြင်း
\# ၃၈ ခရစ်ယာန် K - ၁၂ ကျောင်းများ၌ လေ့ကျင့်ပေးခြင်း
\# ၃၉ ရေရှည်ရှုထောင့်
\# ၄၀ အသက်၏အင်အား

နောက်ဆက်တွဲများ & \# ၁-၄

နောက်ဆက်တွဲ ၁ - ထူးကဲသော သင်ကြားခြင်းအတွက် လမ်းညွှန်မှု
နောက်ဆက်တွဲ ၂ - အသက်တာ၏နိုင်းစာချက်များ
နောက်ဆက်တွဲ ၃ - စီးဆင်းမှု
နောက်ဆက်တွဲ ၄ - စာရေးသူအကြောင်း

အသက်၏ရင်းမြစ်

အခန်း ၁-၈

၁
အောင်မြင်ခြင်း အကြောင်းအရာ

ရှုံးနိမ့်ခြင်းဆိုင်ရာအမှောင်ထုကြီးသည် အသင်းတော်အပေါ်၌ ကျရောက်လျက်နေ၏။ ခရစ်ယာန် တစ်ဦး၏လွတ်လပ်မှုဖြစ်သော မိမိအသက်ရှင်ခြင်းနှင့်ကိုးကွယ်ခြင်းတို့ကို ဖော်ပြရန်အတွက် တားဆီး ထိန်းချုပ်သော ရိုးရာဓလေ့သည် အလွန်ဆိုးရွားပါ၏။ ရင်းသည် သူ့ကို တစ်စတစ်စ ဆုတ်ယုတ် စေခြင်းသာဖြစ်၏။ ယနေ့ခေတ် သင်အုပ်များနှင့်ယုံကြည် သူများသည် ခြားနားခြင်းမရှိ၊ ဖောက်ပြန်ခြင်း၊ အစွန်းအထင်ရှိခြင်း၊ ညစ်ညမ်းသော ရုပ်ရှင်ကြည့်ခြင်း၊ လောင်းကစားခြင်းနှင့် အပျော် ရည်းစားထားခြင်းတို့၌ ကျင်လည်ကြ၏။

ပိုဆိုးသည်မှာ မိသားစု၏အုတ်မြစ် ကွဲအက်လာခြင်းပေတည်း။ သခင်ဘုရားအပေါ်၌ ကျွန်ုပ်တို့ ကလေးများ၏ချစ်ခြင်းသည်လည်း အားနည်းယုတ်လျော့လာသည်။ ကျွန်ုပ်တို့အသင်းတော်၌ရှိသော ဆယ်ကျော်သက်အရွယ်များ၏သခင်ဘုရားနှင့်အသင်းတော်ကို စွန့်ခွာခြင်း ကိန်းဂဏန်းသည် ကြီးမားသော ဖော်ပြမှုဖြစ်၍ အလွန်စိုးရိမ်ဖွယ်ရာ မှားယွင်းမှုရှိကြောင်း သိသာထင်ရှားပေ၏။ အန္တရာယ်သည် ကျွန်ုပ်တို့ကို ချောင်းလျှက်နေ၏။ ကျွန်ုပ်တို့အသင်းတော်၌ ရာစုနှစ်များစွာကပင် ထိုအရာ များရှိနေပြီဖြစ်၍ ပွင့်လင်းမြင်သာမှု ပိုမိုရှိလာဖို့လိုအပ်သည်ဟု ကျွန်တော် ယူဆပါသည်။ ရှုံးနိမ့်ခြင်းသည် မြေတပြင်လုံး၌ ပျံ့နှံ့လျက်ရှိ၍ မိမိတို့အပေါ် သို့ ကျရောက်လာသောအခါ အရှုံးပေးလိုစိတ်ရှိလာမည်ကို စိုးရိမ်စရာရှိ၏။ တချိန်တည်းမှာပင် မိမိတို့ရရှိခံစားသော သမ္မာတရားသည် တကယ်ဟုတ် သလား မဟုတ်သလားဟူ၍ မိမိတို့ကိုယ်ကို မေးခွန်းထုတ်လာလိမ့်မည်။

အသက်၏အနှစ်သာရ

ဘာပြုနိုင်သေးမည်နည်း။

ဤရုံးနိမ့်ခြင်းနှင့်ဆိုင်သော ဆိုးညစ်သောစုံစမ်းခြင်းကို တိုက်ဖျက်ချေမှုန်းရန် နည်းလမ်းများထဲက အကောင်းဆုံးတစ်ခုမှာ သမ္မာကျမ်းစာဘက်သို့ ပြန်လှည့်ခြင်းပင်ဖြစ်သည်။ သို့ဖြစ်လျှင် ဤအရာများကို ထောက်၍ မည်သို့ဆိုရမည်နည်း။ ဘုရားသခင်သည် ငါတို့ဘက်၌ရှိတော်မူလျှင် မည်သူသည် ငါတို့ကို ဆန့်ကျင်နိုင်မည်နည်း (ရောမ ၈း၃၁)။ ဘုရားသခင်သည် ငါတို့ဘက်၌ အမှန်ရှိတော်မူ၏။ ဓမ္မဟောင်းကျမ်း၌ အောင်မြင်ခြင်း အကြောင်းအရာများစွာရှိ၏။ သူတို့၏အောင်မြင်ခြင်းသည် လူတော်လူကောင်းများ၏ အောင်မြင်ခြင်းနည်းတူမဟုတ်ဘဲ ခက်ခဲကြမ်းတမ်းခြင်းနှင့်အတူ ကြောက်မက်ဖွယ်ကောင်းသောအချိန်၌ပင် ဆေးရောင်စုံ အကောင်းဆုံးခြယ် နိုင်ခဲ့သူများဖြစ်ကြ၏။

ထိုသို့သောအချိန်များ၌သာ ဘုရားသခင်သည် မိမိ၏နာမကို ခေါ် သောသူများအပေါ်၌ ကြားဝင်ဖျန်ဖြေ၍ အံ့သြဖွယ်ကောင်းသောအရာများကို ပြသကြောင်း သမ္မာကျမ်းစာက ဖော်ပြခဲ့သည်။ ဤဖြစ်ရပ်မှန် အကြောင်းအရာများက ပြောင်းလဲခြင်းမရှိသောသမ္မာတရားကို ကျွန်ုပ်တို့ အား သတိပေး၏။ ကျွန်ုပ်တို့သည်လည်း ဆုံးရှုံးသောအချိန်၌ပင် ဘုရားသခင်၏လက်တော်ကို ကိုးစား၍ သူ၏ကယ်နှုတ်ခြင်းကို တွေ့မြင်နိုင်၏။ ဘုရားသခင်ပြုသောအရာအားလုံးကို ကျွန်ုပ်တို့မသိနိုင်သော်လည်း ယနေ့ ကျွန်ုပ်အား မည်ကဲ့သို့ ပြုစေလိုကြောင်း သိရှိနိုင်၏။ ကျွန်ုပ်တို့အား ဘုရားသခင်ပေးအပ်သောအလုပ် ပြီးမြောက်စေဖို့ရန် သခင်ဘုရားသည် ကျွန်ုပ်တို့ကိုခွန်အားပေးလျက်နေ၏။

ဘုရားသခင်၏တန်ခိုးကို ပိုမိုအမှတ်ရလေ ဘုရားသခင်၏တန်ခိုးကို ပိုမိုနားလည် ခံယူတတ်လေဖြစ်မည်။ ကိုယ်တော်သည် ကျွန်ုပ်တို့အား ကိုင်တွယ်ဖြေရှင်းတတ်ဖို့ရန် အင်အား ရင်းမြစ်များနောက်သို့ မလိုက်စေလိုဘဲ သူ့ကိုသာ လုံးလုံးကိုးစားစေလိုသည်။ ဘုရားသခင်သည် ကျွန်ုပ်တို့ဘက်၌ရှိ ကြောင်း နှုတ်ကပတ်တော်က ရှင်းလင်းစွာဖော်ပြ၏။ ရင်းသည် ကျွန်ုပ်တို့ အမှန်တကယ် လိုအပ်သောအရာဖြစ်ကြောင်းကို သိရှိ၍ ယုံကြည်လက်ခံလျှင် ကျွန်ုပ်တို့၏ဝိညာဉ်ရေးရာ အမှန်တကယ် အရှိန်မြင့်တက်လာမည်

ဖြစ်သည်။ ဘုရားသခင်သည် ကျွန်ုပ်တို့ကို အောင်မြင်သောသူဖြစ်စေ၍ "အလုံးစုံတို့ကို ပြီးမြောက်လျက် ရပ်တည်နိုင်ရန်" ဟူ၍ ဖော် ၆:၃၁ ၌ဖတ်ရှု ရ၏။ ဘုရားသခင်သည် ရန်သူကြောင့် ဘယ်နည်းနှင့်မဆို မစိုးရိမ်တတ် သောကြောင့် ဘုရားသခင်၏လူတို့သည်လည်း ခိုင်ခံ့စွာရပ်တည်နေနိုင်၏။ ကျွန်ုပ်တို့သည် ကြောက်စရာမလိုအပ်ပေ။

ကျွန်ုပ်တို့၏အကြီးဆုံး အန္တရာယ်

ဘုရားသခင်သည် ရေစီးသန်သောမြစ်ကြီးသဖွယ် ကျွန်ုပ်တို့ပိုမိုကြီး ထွားဖို့ရန် ရေစုန်ဘက်ကို ဆွဲခေါ်တတ်၏။ ကျွန်ုပ်တို့အဖို့ အကြီးဆုံး အန္တရာယ်မှာ မြစ်ကြီး၏အစွန်အဖျားသို့ မိမိတို့၏ ဖောင်ဆိုက်ရောက်မိ၍ ရေတံခွန်အောက်သို့ ထိုးကျခြင်းပင်ဖြစ်သည်။ ခရစ်ယာန်တိုင်း အထူး သတိထားရမည်။ ကျွန်ုပ်တို့အပေါ်သို့ မကောင်းသောအကြံများနှင့်အတူ စိတ်ကသောင်းကနင်း ဖြစ်စေသော စုံစမ်းနှောင့်ယှက်ခြင်းများ ရောက်ရှိလာ သောအခါ ကိုယ်တော်သည် ကျွန်ုပ်တို့ကို လုံခြုံစွာလမ်းပြတော်မူ မည့် အကြောင်း၊ ကျွန်ုပ်တို့သည် ဘုရားသခင်၏သမ္မာတရားကို နားလည်သိရှိ လျက် စဉ်ဆက်မပျက် တိုက်ပွဲဝင်ကြ၏။

ဘုရားသခင်၏တန်ခိုးတော်ထက် သို့မဟုတ် ခွန်အားထက် ပိုမို ကြီးမားသောတန်ခိုး မရှိတော့ပေ။ အကယ်၍ ကျွန်ုပ်တို့သည် ကိုယ်တော်၌ တည်မည် သို့မဟုတ် ကိုယ်တော်သည် ကျွန်ုပ်တို့နှင့်အတူ ရှိနေမည်ဆို လျှင် မိမိတို့အသက်တာအားဖြင့် ကိုယ်တော်ပြုစေလိုသောအရာများကို ကျွန်ုပ်တို့ပြီးမြောက် နိုင်သည်။ ခက်ယဉ်းဆုတ်ယုတ်သောအချိန်၌ပင် ကိုယ်တော်မိန့်ဆိုခဲ့သည့်အရာများကို စွဲလန်းလျက် ကောင်းမွန်သော ဆုံးဖြတ်ချက်များကို ချမှတ်နိုင်မည်ဖြစ်သည်။

မိမိတို့အသက်တာ၌ ဘုရားသခင်၏တန်ခိုးတော်နှင့် လုပ်ဆောင်ချက်ကို ပိုမိုနားလည်လာသည်နှင့်အမျှ ရှုပ်ထွေးနေချိန်၌ပင် ကိုယ်တော်ကို ပိုမိုယုံကြည်ကိုးစားလာ၍ ကိုယ်တော်၏အံ့ဩဖွယ်ငြိမ်သက် ခြင်းသည် မိမိတို့၏စိတ်နှလုံးကို စောင့်ထိန်းကြောင်း သိမြင်လာမည်။ ဤသို့ သော ဘုရားသခင်အတူပါရှိခြင်းကို နားလည်သဘောပေါက်ခြင်းနှင့်

အသက်၏အနှစ်သာရ

ယုံကြည်စိတ်ချခြင်းသည် မိမိတို့အသက်တာ၌ အရှိန်ကြီးသော တန်ခိုး ဖြစ်လာ၏။

သင်ခန်းစာ

- တိုက်ပွဲနိုင်၏။ ဘုရားသခင်နိုင်၏။ ဘုရားသခင်၏တန်ခိုးကို အစဉ် သတိရလျက် ကိုယ်တော်၌ ယုံကြည်ကိုးစားဖို့ လိုအပ်ပါသည်။
- ဘုရားသခင်သည် ကျွန်ုပ်တို့အသက်တာ၌ သူ့အလိုတော်ပြည့်စုံ စေ၍ ယောသပ်၊ ဒံယေလ၊ ယေရှုတို့ကဲ့သို့ သူနှင့်နီးကပ်စွာ အသက်ရှင်လျှောက်လှမ်းနိုင်ရန် ကျွန်ုပ်တို့ကို တန်ခိုးဖြည့်ဆည်း လိုပါ၏။

ကျက်မှတ်ဆင်ခြင်ပါ

- ရောမ ၈:၃၁
- ဖော် ၆:၁၃

တာဝန်ပေးအပ်ခြင်း

- သင်သည် ဝိညာဉ်ရေးရာ၌ ဒဏ်ရာရနေသလား။ မည်သည့် နယ်ပယ်၌ ရှုံးနိမ့်မှုရှိပါသနည်း။ သင့်စိတ်နှလုံးထဲ၌ အရင်ဆုံး ပေါ်လာသောအရာများကို ရေးချပါ။
- သင့်ယုံကြည်ခြင်းတည်ဟူသောဖောင်သည် လမ်းမှားခဲ့ပါက သင့် သံသယများကို ဝန်ခံခြင်းအားဖြင့် သခင်ဘုရားအား ဝမ်းနည်း ကြောင်း ပြောပြ၍ ခွင့်လွှတ်ခြင်းကို တောင်းခံကာ သခင်ခေါ်သွားရာ ရေစုန်ဘက်သို့ ပြန်လှည့်ရပါမည်။
- မည်သို့ဖြစ်နေပါလေစေ ယခု ဟစ်အော်၍ဆုတောင်းပါ။ တိုက်ပွဲ သည် အကျိတ်အနယ် ဖြစ်နေရသော်လည်း ထိုနေရာ၌ သင်ရှိနေရ မည်။ အကြမ်းတမ်းဆုံးသောပတ်ဝန်းကျင် အနေအထား၌ပင် ကိုယ်တော်၏နာမတော် ဘုန်းထင်ရှားစေရန် သင့်ကိုအောင်မြင် သောသူ ဖြစ်စေသောကြောင့် ကိုယ်တော်ကို ချီးမွမ်းပါ။

၂
ရှုထောင့်အမြင် ထည့်တွက်ခြင်း

ရှုထောင့်အမြင်သည် အသက်တာ၌ ရင်ဆိုင်နေရသောအခက်ခဲ များ၊ ဖြေရှင်းရန် ကြိုးစားနေသော ပြဿနာများအပေါ်၌ ကျွန်ုပ်တို့ တွေးတောသည့်လမ်းစဉ်အတိုင်း ပုံဖော်တတ်၏။ သမ္မာကျမ်းစာအပေါ် အခြေခံ၍ မိမိတို့၏ရှုထောင့်အမြင်သည် မိမိတို့ကို အထောက်အမ ဖြစ်စေ နိုင်သလို မိမိတို့ကို ထိခိုက်စေ နိုင်သည်။ ဥပမာ ကမ္ဘာလုံးကို ဝေဟင်မှကြည့် လျှင် ခြားနားသကဲ့သို့ထင်ရသော်လည်း အမှန်မှာ တခြားကမ္ဘာမဟုတ်ဘဲ အပေါ်စီးမှ မြင်ရသောကြောင့်ဖြစ်၏။

လောကကို သမ္မာကျမ်းစာအတိုင် ရှုမြင်ခြင်းသည် တိကျမှန်ကန် သောအမြင်ကို ရရှိစေပါသည်။ ကျွန်ုပ်တို့၏အမြင်များသည် မမှန်သော ယူဆချက်များကို ပွေဖက်လေလေ ခရစ်တော်ကဲ့သို့သော သွင်ပြင်နှင့်ဝေး သည်သာမက ကိုယ်တော်၏ကောင်းသောအမှုကို သယ်ပိုးရန် ငှင်းက အဟန့်အတား ဖြစ်စေ၏။

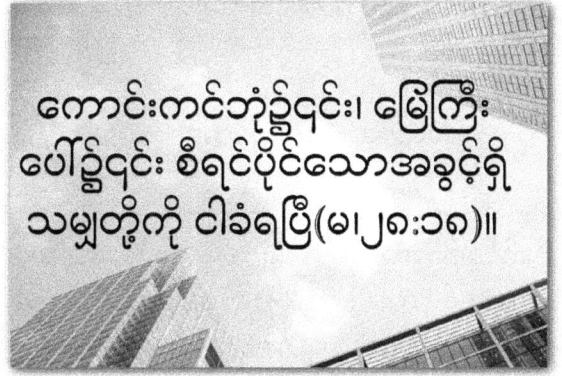

ကောင်းကင်ဘုံ၌ ၎င်း၊ မြေကြီး ပေါ်၌ ၎င်း စီရင်ပိုင်သောအခွင့်ရှိ သမျှတို့ကို ငါခံရပြီ(မ၊၂၈:၁၈)။

ရင်းသည် အသင်းတော်၌ သိသာထင်ရှား၍ မှားယွင်းသောအမြင်ကို ဆုပ်ကိုင်ထားပြီး ဘုရားတရား ကြည်ညိုမှုကို အကျိုးမပြုပေ။ အားနည်းသော အသင်းတော်နှင့် လောကီဆန်သောအပြုအမူများက ခရစ်တော်၌ မိမိ တို့၏ယုံကြည်ခြင်း အားနည်းမှုကိုဖော်ပြပေး၏။ တချိန်တည်းမှာပင် ရင်းက

အသက်၏အနှစ်သာရ

အခြားသောအရာများထက် ပိုမိုကြီးမားသောယုံကြည်ခြင်းကို မိမိတို့ပိုင်ဆိုင် ထားကြောင်း ဖော်ပြပေး၏။

လောကသည် လက်ရှိနည်းပညာများအားဖြင့် စိတ်နှလုံးနှင့် မိသားစုကို ကျူးကျော်လျက်နေ၏။ ယနေ့ခေတ် မျိုးဆက်များ၍လည်း လောကီပုံသဏ္ဍာန်ဆန်ဆန် ဖွဲ့စည်းထားသောတေးဂီသ၊ ရုပ်ရှင်နှင့် စာပေများ အားဖြင့် ဖောင်းဖွလျက်နေသည်။ ကျွန်ုပ်တို့သည် မသိဘဲလျက်နှင့် လောကီ၏တွေးခေါ်မှု အလေ့အထကို လက်ခံနေသောကြောင့် လောက၏အကျင့်စာရိတ္တပျက်ပြားခြင်းသည် မိမိတို့၏ လူမှုအသိုင်းအဝန်း ကို ခြိမ်းခြောက်လျက်နေ၏။ အကယ်၍ ကျွန်ုပ်တို့သည် ဒင်္ဂိုကို ကြိုဆိုခေါ် ဖိတ် နေမယ်ဆိုလျှင် မိမိတို့နှင့်ဆိုင်သော ခရစ်ယာန်မိသားစုနှင့်အသင်း တော်များကို ထိန်းသိမ်းနိုင် မည်မဟုတ်တော့ပေ။

အရေးကြီးသော ရွေးချယ်မှုပြုလုပ်ခြင်း

အသင်းတော်သည် ပြည်တွင်းစစ်ပွဲအတွင်း လူမျိုးတစ်မျိုးနှင့် မျှ စွာတူညီ၏။ ကျွန်ုပ်တို့သည် စစ်ပွဲကို ဆန့်ကျင်ကြသော်လည်း မိမိတို့ ကလေးများကို လေ့ကျင့်ပေးရန် တွန်းအားဖြစ်လာသည်။ အစ္စရေးတို့သည် ပတ်ပတ်လည်၌ရှိသော လူမျိုးခြားများကို ခုခံသကဲ့သို့ ကျွန်ုပ်တို့သည်လည်း အသင်းတော်၌ မိမိတို့၏ကလေးများကို ဝိညာဉ်ရေးရာ၌ ခိုင်ခံ့အောင် လေ့ကျင့်ပေးရမည်လော သို့မဟုတ် သူတို့သည် ပတ်ပတ်လည်၌ရှိသော ရန်သူများကို လက်လျှော့အရှုံးပေးရမည်လော။

ကမ္ဘာအဝှမ်း၌ရှိသော အသင်းတော်များသည် တူညီသောပြဿနာ များကို ရင်ဆိုင်နေကြသည်။ ဤပြဿနာသည် အော်လိုင်းမှတဆင့် ကမ္ဘာ အဝှမ်း၌ရှိသောနိုင်ငံတိုင်း၊ လူမျိုးတိုင်းအပေါ်၌ ကျူးကျော် လျက်ရှိ၏။ များမကြာမီက သင့်အုပ်များနှင့် ခရစ်ယာန်ခေါင်းဆောင်များအား သင်တန်းပေးရာ မာလာဝီ တောင်ဘက်မြို့ငယ်လေးမှ ပြန်ရောက်လာ၏။ ငါတွေ့မြင်ခဲ့တဲ့အရာကို မှန်းကြည့်ပါ။ ထိုနေရာ၌ရှိသည့် လူငယ်များသည် စမတ်ဖုန်းရှူးရှူးနေကြ၏။ သူတို့သည် လွန်စွာမှ ဆင်းရဲကြသော်လည်း လောက၏ လွှမ်းမိုးမှုသည် သူတို့နယ်မြေနှင့်စိတ်နှလုံးကို ပုံသွင်းနေပြီ ဖြစ်သည်။

ရှုထောင့်အမြင် ထည့်တွက်ခြင်း

ကျူးကျော်ခြင်းသည် ဝင်ရောက်လာပြီဖြစ်သည်။ လောက၏ကြွားဝါခြင်း၊ မောက်မာခြင်း၊ မိမိတို့ စိတ်နှလုံး၌ မှားယွင်းသောတွေးတောခြင်းတို့ကြောင့် သမ္မာကျမ်းစာဘက်ကို ပြန်လှည့်၍ အဆောတလျင် ဆက်ကပ် အပ်နှံဖို့ လိုအပ်လာ၏။

အန္တရာယ်ထဲ ရောက်ရှိနေသောအသင်းတော်ကို နိုးကြားစေသည့် တိုင်အောင် ပြသာနာချုပ်ငြိမ်း မည်လော။ မချုပ်ငြိမ်းနိုင်ပါ။ ခိုင်မာစွာ အမြစ် တွယ်ထားသော ရှုထောင့်အမြင်များကို ချေမှုန်းပစ်ရန် အလွန်ခက်ခဲပါ၏။ မိုက်မဲစွာလက်ခံ၍ မိမိတို့ကျူးလွန်မိသောအမှားများအတွက် ပြောင်းလဲပစ်ရန် အလွန်ခက်ခဲပါ၏။ သို့ရာတွင် ထိုဖြစ်စဉ်များ၌ မိမိတို့တိုက်၍ နိုင်သောသူဖြစ်ဖို့ သခင်ဘုရားသည် မိမိတို့၏လိုအပ်ချက်ကို ဖြည့်ဆည်းပေး၏။ ယုံကြည် သူများသည် ဓားကို ပထမဆုံးအချိန် ကိုင်ဆောင်သောသူ ကဲ့သို့ဖြစ်၍ ကိုယ်တော်၏ နှုတ်ကပတ်တော်ကို သက်သေပြရာ၌ အပြည့်အဝ ထိရောက် မှုမရှိဘဲနေတတ်၏။

အပြောင်းအလဲ ရှိနေပြီ

အပြောင်းအလဲ ရှိရမည်။ ရင်သည် ဖြစ်လာလိမ့်မည်မှန်သော်လည်း လောက၏လမ်းစဉ်အတိုင်း ဆက်လက်မနစ်မွန်းဖို့ရန် ယုံကြည်စိတ်ချရမည်။ အခြားသောသူတို့အား ဖြောင့်မတ်ခြင်းတရား၌ လေ့ကျင့် ပေးခြင်း အားဖြင့် ကျွန်ုပ်တို့သည် ဘုရားသခင်၏သမ္မာတရားများကို သိမြင် နားလည်၍ အောင်မြင်ခြင်းကို စီးနင်းရမည်။

အမှားမပြုမိပါစေနှင့်။ အသစ်သောတရားများအကြောင်းကို ပြော နေခြင်းမဟုတ်ဘဲ ယုံကြည် ထိုက်သော ဘုရားသခင်၏နှုတ်ကပတ်တော် အကြောင်းကို ပြောနေခြင်းဖြစ်၏။ "ဘုရားသခင်၏စကားတော် ရှိသမျှသည် စင်ကြယ်၏။ ခိုလှုံသောသူအပေါင်းတို့၌ ဘုရားသခင်သည် အကွယ်အကာ ဖြစ်တော်မူ၏" (သု၊၃၀:၅)။ မည်သည့်အရာမျှ အပြောင်းအလဲမရှိပါ။

ကျွန်ုပ်တို့၏အားနည်းချက်များသည် ထင်ရှားလျက်ရှိ၏။ မှောင်မိုက် သည်လည်း အသင်းတော်အပေါ်၌ ကျူးကျော်လျက်နေ၏။ ယခုပင်လျှင် သမ္မာကျမ်းစာအတိုင်း တွေးခေါ်မှုအလေ့အထသို့ ပြန်လှည့်ရန် အချိန် ဖြစ်သည်။ ဓမ္မပညာနှင့်ဆိုင်သော ကျွန်ုပ်တို့၏အမြင်မှာ လောကီနည်း

လမ်းများအားဖြင့် အများဆုံး လွှမ်းမိုးခြင်းခံရ၏။ ဓမ္မကောလိပ်ကျောင်းများ မှ ဘွဲ့ရပြီးသောသူများသည်လည်း ကောင်းကောင်း လေ့ကျင့်ပေးခြင်းခံရ သူများ မဟုတ်ပေ။ ရှင်ကသူတို့၏လိုက်လျှော အသက်ရှင်ခြင်းကို လည်းကောင်း၊ အသင်းတော်များ၌ ထိရောက်မှုမရှိသော သူ တို့၏လုပ်ဆောင်ချက်များကိုလည်းကောင်း ပေါ်လွင်စေ၏။

ဘုရားသခင်၏အမြင်များ

ကျွန်ုပ်တို့အခြေအနေများ၌ ဘုရားသခင်၏အမြင် လိုအပ်ပါ၏။ ကျွန်ုပ်တို့ ဘာကို မြင်တွေ့ပါသနည်း။ ဘုရားသခင်သည် အသင်းတော်အား ကြီးထွား ခိုင်ခံ့မှုနှင့် အရှေ့မှအနောက်တိုင်အောင် တုန်လှုပ်စေရန် သူလိုအပ်ချက် ရှိ သမျှကို ပေးအပ်ပြီးဖြစ်သည်။ ကိုယ်တော်၏လူတို့သည် အပြုအမူ၊ ယုံကြည် ခြင်း၊ ခမည်းတော်ဘုရား၏အလုပ်ကို ပြီးမြောက်စေရန် စိတ်အားထက်သန် ခြင်းတို့၌ ခရစ်နှင့် သဏ္ဌာန်တူခြင်းကို ထင်ဟပ်စေနိုင်မည့်အကြောင်း ရှင်း ကို ပေးအပ်ခြင်းဖြစ်၏။

ကိုယ်တော်ကို တွေ့မြင်၍ ရှိခိုးကြ၏။ သို့သော် အချို့တို့သည် သံသယဖြစ်ကြ၏။ ထိုအခါ ယေရှုသည် သူတို့ထံသို့ ချဉ်းကပ်၍ "ကောင်းကင်နှင့်မြေကြီးပေါ်၌ ရှိသမျှသော အခွင့်အာဏာတို့ ကို ငါ့ထံပေးအပ်တော်မူပြီ (မ၊၂၈:၁၇-၁၈)။

ဘုရားသခင်သည် အစ္စရေးအမျိုးသားတို့အား ကတိတော်ပြည် ကို သိမ်းပိုက်ရန် အခွင့်အာဏာကို ပေးအပ်ကဲ့သို့ ကျွန်ုပ်တို့ လိုအပ်ချက်ရှိသမျှကို ပေးအပ်ရန် ကတိပြုခဲ့သည်။ ယေရှုခရစ်တော် သည် အခွင့်အာဏာကိုပိုင်ဆိုင်၏။ ဘုရားသခင်၏နှုတ်ကပတ်တော်ကို သင်ယုံကြည်ပါသလား သို့မဟုတ် သံသယရှိနေပါသလား။

သင်ခန်းစာ

- ကျွန်ုပ်တို့စိတ်နှလုံးနှင့်အသက်တာများ၌ လောကီရေးရာ လွှမ်းမိုးမှု ကြီးထွားနေသောကြောင့် ကမ္ဘာတဝှမ်း၌ရှိသောအသင်းတော်သည် အန္တရာယ်ထဲ ကျရောက်လျက်နေ၏။

- အသင်းတော်သည် ထိုအရေခွံဟောင်းကို ဖောက်ထွင်း၍ မိမိအတွက် သော်လည်းကောင်း၊ ကမ္ဘာနှင့်အဝှမ်းလူသားများအတွက်

ရှုထောင့်အမြင် ထည့်တွက်ခြင်း

သော်လည်းကောင်း ဘုရားသခင်၏သမ္မာတရား ဘုန်းတော်ကို အပြည့်အဝအမွေခံကာ ရပ်တည်ရမည်။

ကျက်မှတ်ဆင်ခြင်ပါ

- သုတ္တံကျမ်း ၃၀:၅
- ရှင်မဿဲခရစ်ဝင် ၂၈:၁၇-၁၈

တာဝန်ပေးအပ်ခြင်း

အသင်းတော်သည် ဘုရားသခင်၏သမ္မာတရားကို ရရှိလျက် ကိုယ်တော်သည် မိမိ၏ကတိတော်နှင့် အတူပါရှိနေသောကြောင့် သင်သည် အသင်းတော်ကို ခြိမ်းခြောက်နေသောအရာများအား အနိုင်ယူမည်ဟု တွေးမိ ပါသလော။ တချို့သောတပည့်တော်များ သံသယရှိသည်ကို သင်သဘောတူ ပါသလား။ တကယ်လို့များ သဘောတူလျှင် သင်၏သံသယသည် အဘယ် နည်း။

သင့်အခြေအနေကို သေသေချာချာ စဉ်းစားပါ။ သင် အောင်မြင်သောနေရာနှင့်ကျရှုံးသောနေရာများကို မှတ်သားပါ။

- ကိုယ်တိုင် အသက်ရှင်မှုများ
- အလုပ်
- မိသားစုနှင့်အိမ်
- သာသနာလုပ်ငန်း
- အခြား

#၃
အပြောင်းအလဲရှိရမည်

အပြောင်းအလဲသည် သက်သောင့်သက်သာမရှိသောကြောင့် ၎င်း ကိုခုခံရန် ကျွန်ုပ်တို့ ကြိုးစားတတ် ကြ၏။ ကျမ်းစာကိုသင်ပေးသောဆရာ တစ်ဦးက "သူတို့ကျောင်း၌ ဆရာသမားအားလုံး ကွန်ပြူတာအသုံးပြုရန် ဖိအားပေးခံရသည်"ဟု ငါ့ကို ညည်းညူပြီး ပြောဖူးသည်။ တကယ်တော့ အပြောင်းအလဲသည် သာမညပါ။ ယနေ့ အသင်းတော်ရင်ဆိုင်နေရသော စိန်ခေါ်မှုများနှင့် နှိုင်းယှဉ်ကြည့်ပါ။ အသင်းတော်သည် ရှင်သန်နိုင်ရေး အတွက် ဟန်ချက်နှစ်ခုကြား၌ရှိ၏။

ရင့်မှာ ကြီးထွားခြင်းလော သို့မဟုတ် ရပ်တန့်နေခြင်းလော။ အောင်မြင်ခြင်းလော သို့မဟုတ် ကျ ရှုံးခြင်းလော။ ဤအရာတို့သည် ကျွန်ုပ်တို့ရွေးချယ်ခြင်းနှင့်ဆိုင် သောအရာများဖြစ်၏။ ကျွန်ုပ်တို့ ပတ်လည်၌ရှိသော အသင်းတော်  အပေါင်းတို့သည် ညှိုးနွမ်းလျက်နေကြ၏။ တစ်ချိန်က လီဗရာသြဝါဒကို ခံယူခဲ့ သောအသင်းတော်များသည် သေအံ့ဆဲဆဲဖြစ်နေပြီ။ ယနေ့ ဝံဂေလိအသင်း တော်များပင်လျှင် ထိုသို့ ဖြစ်လျက်နေပြီ။ မည်ကဲ့သို့ ထိုသို့ ဖြစ်နိုင်သနည်း။ လောကလူသားတို့သည် မှားယွင်းစွာ ကောက်ချက်ချလျက် သတင်းစကားမ ညီညွတ်၍ ထိရောက်စွာမစွမ်းဆောင်နိုင်သောကြောင့် ဖြစ်သည်ဟုဆိုကြ၏။ သူတို့ကို ကျွန်ုပ်တို့အပြစ်ဖို့နိုင်သလော။ အသင်းတော်သည် ယေရှု၌၌ရှိသော ယုံကြည်ခြင်းကို တစ်ကြိမ်စွန့်လွှတ်ပြီ ဆိုလျှင် ဆက်စပ်မှုမရှိတော့ပေ။ တန်ခိုးလည်း ပျောက်ကွယ်သွား၏။

သတင်းကွန်ရက်သည် ကျွန်ုပ်တို့မျက်လုံးနှင့်စိတ်နှလုံး စူးရှသည် အထိ မိမိတို့ထံ အချက်အလက် ပေါင်းစုံ အလျှင်အမြင့်ရောက်ရှိလာ၏။ ဘုရားသခင်သည် မိမိ၏သမ္မာတရား ဖြန့်ဝေခြင်းကို အရှိန်မြှင့်ဖို့ရန် ဤ

အသက်၏အနှစ်သာရ

အသိတရား၏ရေစီးကြောင်းကို ဖွင့်ထားမည်လော။ သေချာပေါက် ဖွင့်ထားမှာပါ။ သို့ရာတွင် တချိန်တည်းမှာပင် ရန်သူသည် ဣကိရိယာများကို မိမိ၏ဆိုးညစ်သော အကြံအစည်များအတွက် အသုံးပြုလာမည်ဖြစ်သည်။

ကျွန်ုပ်တို့သည် စီးနင်းခံရသည်ဟု မထင်သင့်ပေ။ ရန်သူသည် ကျွန်ုပ်တို့ကို တိုက်ခိုက်ရန်အတွက် မည်သည့်လက်နက်ကို ရွေးချယ်စေကာမူ ပြဿနာမဟုတ်ပေ။ ဘုရားသခင်သည် ထိုရန်သူကို တိုက်ခိုက်ရန် မိမိတို့အား ကူညီမည်ဖြစ်သည်။ ဝင်လုတတ်သောစာတန်သည် ဘုရားသခင်၏လူတို့ကို အပြောင်းအလဲပြု နိုင်သော်လည်း သူ၏နည်းဗျူဟာသည် ပြောင်းလဲခြင်းမရှိပေ။ ဘုရားသခင်၏အစွမ်းသတ္တိသည် မိမိ၏ လူများအား ခိုင်ခံ့စွာ ရပ်တည်နေနိုင်ရန် ကူညီပါလိမ့်မည်။

ဘုရားသခင်၏လျှို့ဝှက် ပါဝင်ခြင်း

ကနဦးအသင်းတော်သည် ပုရွက်ဆိတ်များနှင့်ခြတောင်ပို့များကဲ့သို့ နှိမ်နင်းခြင်းခံလျက် နေရာအနံ့ ဟိုတစ်စုသည်တစ်စု ကွဲလွင့်ကြသော်လည်း ဘုရားသခင်သည် သူတို့ကိုစွန့်ပစ်မထားဘဲ တစ်ဦးချင်းစီ နှင့်အတူ ရှိတော်မူ၏။ "သတေဖန်နှင့်ဆက်စပ်၍ ဖြစ်ပေါ်လာသည့် နှိပ်စက်ခြင်းကြောင့် ကွဲလွင့်သွား ကြသောသူတို့သည် ..."(တ၊ ၁၁:၁၉)ဟု၍ဖော်ပြ၏။ ဘုရားသခင်သည် အသင်းတော်အပေါ်၌ ကြည့်ရှုနေ ပါသလား။ ဟုတ်ကဲ့ ကြည့်ရှုလျက်နေ၏။ ဘုရားသခင်သည် အသင်းတော်အားဖြင့် မိမိ၏နုတ် ကပတ်တော် အလျင်အမြန်ပျံ့နှံ့ဖို့ရန် ထိုကာလဉ္စ ထိုသို့သောဖိနှိပ်ခြင်းကို အသုံးပြုတော်မူ၏။ ဤသို့ဖြင့် သူ၏နုတ်ကပတ်တော်ကို ဖြန့်ဖြူးစေ၏။ ညှင်းပန်းနှိပ်စက်ခြင်းသည် ကိုယ်တော်၏ကြီးမြတ်သော ရည်ရွယ်ချက်များ အတွက် အလုပ်အကျွေးပြုခြင်းသာဖြစ်၏။

တမန်တော် အခန်းကြီး ၁၃ ၌ ဘာကိုတွေ့ရှိသနည်း။ ထိုကွဲလွင့် သွားသော တပည့်တော်များထဲမှ အသင်းတော်တစ်ပါးသည် လောကီအရပ် ရပ်သို့ ဘုရားသခင်၏ဧဝံဂေလိဝေငှရန် အသင့်ပြင်ဆင် ဖွဲ့စည်းထား၏။ "အ န္တိအုတ်မြို့၌ရှိသော အသင်းတော်တွင် .... သူတို့သည် ဘုရားသခင်ကို ဝတ်ပြု လျက် အစာရှောင်နေကြစဉ် ..." (တ၊၁၃:၁-၃)။ ဘုရားသခင်၏လူတချို့

22

အပြောင်းအလဲရှိရမည်

တို့သည် တမန်တော်အခန်းကြီး ၁၃ ကဲ့သို့ပင် သိမ်မွေ့သောညှင်းပန်းနှိပ်စက် ခြင်း သို့မဟုတ် ပြောင်ညှင်းပန်းနှိပ်စက်ခြင်းကိုခံကြ၏။ အရှေ့တောင်အာရှ တိုင်းပြည်၌ရှိသော ငါ့မိတ်ဆွေများထဲမှ သင်းအုပ်တစ်ပါးသည် ဝေစာများ ဖြန့်ဝေခြင်းကြောင့် မရေရာသည့်စကားအရိပ်အမြွက်ဖြင့် မကြာခဏ ခြိမ်းခြောက်ခံရ၏။

အခြားသောသူများသည်လည်း ဆီလျော်မှုမရှိသည့် ခြိမ်းခြောက်မှု ကိုခံကြ၏။ အသင်းတော်သည် အမှုမထားဘဲ အရင်နည်းတူ မိမိ တို့၏လုပ်ဆောင်စရာများကို ဆက်လက်လုပ်ဆောင်ကြ၏။ သေးငယ်သော ဘော့စ်ဘောကစားသမားများကပင်လျှင် ဘုရားသခင်၏လူများ စုဝေးဝတ်ပြု ခြင်းကို ဟန့်တားကြ၏။

ဖြေရှင်းနည်းများကို ရှာဖွေခြင်း

ကျွန်ုပ်တို့၏ဝတ်ပြုကိုးကွယ်ခြင်း အစီအစဉ် ပုံ၍တိုစေခြင်းသည် ယိမ်းယိုင်မှုတစ်ခုဖြစ်သည်။ ကျွန်ုပ်တို့က ရင်းသည် အများသဘောဖြစ်သည် ဟု ဆိုကြသော်လည်း ဘုရားသခင်၏လူများကပင် ရင်းကို စိတ်နှလုံး၌ နှစ်သက်ကြ၏။ အိမ်ကို စောစောပြန်သွား၍ ကျွန်ုပ်တို့ပြုလိုသောအရာများ ကို ပြုတတ်ကြ၏။ လူနည်းစုသာလျှင် မိမိတို့ရရှိထားသောအချိန်များစွာထဲမှ ဆယ်မိနစ်ခန့် ဆုတောင်းကြ၏။ ဘုရားသခင်၏ နှုတ်ကပတ်တော်သည် မိမိ တို့အသက်တာ၌ မည်ကဲ့သို့အထောက်အကူဖြစ်သည်ကို ဆက်လက်မရှာဖွေ တော့သောကြောင့် ဘုရားသခင်၏နှုတ်ကပတ်တော်အပေါ် စိတ်ဝင်စားခြင်း လည်း မရှိတော့ပေ။

အမှန်မှာ မည်သည့်အရာမျှ မပြောင်းလဲပါ။ ဘုရားသခင်၏နှုတ်ကပတ်တော်ကို မြေကြီးပေါ်၌ရှိသော လူမျိုးပေါင်းစုံ၊ ယဉ်ကျေးမှုပေါင်းစုံ၊ ဘာသာပေါင်းစုံတို့ထံသို့ အစွမ်းထက်စွာဖြင့် ဝေဌုနိုင် ပါသည်။ ဘုရားသခင်၏လူတို့အတွေ့ထံသို့ ကျူးကျော်ဝင်ရောက်လာသည့် လောကီဆန်သောတွေးခေါ်မှုများကို ခုခံနိုင်ရန် မိမိတို့၏စနစ်ဟောင်းဖြစ် သည့် အသင်းတော်များအပေါ် ပြုစုခြင်းနှင့်စောင့်ရှောက်ခြင်းပြုရုံဖြင့် လုံလောက်မှုမရှိတော့ပေ။

အသက်၏အနှစ်သာရ

ထွက်ပေါ်လာသော မေးခွန်းကား ထိုအရာများကို မိမိတို့မည်ကဲ့သို့ ပြောင်းလဲပစ်ရမည်နည်း။ အသစ်သောညွှန်ကြားချက်လော။ ဆန်းသစ်သော သင်ယူစရာများလော။ ထိုအရာရှိသမျှတို့သည် နောက်ကျလွန်း၍ နောင့်နှေး လွန်းပါ၏။ ကမ္ဘာအရပ်ရပ်၌ရှိသော ဘုရားသခင်၏လူမျိုးတို့သည် သူတို့ အသက်တာ၌ သမ္မာတရားရောင်ခြည် တန်ခိုးကင်းမဲ့နေခြင်း ဆင်းရဲဒုက္ခကို ခံစားနှင့်ပြီးဖြစ်ပါသည်။

အိမ်ထောင်ရေးအခြေအနေကို တစိတ်လောက် သုံးသပ်ကြည့်ပါ။ ထိုအိမ်ထောင်၌ ဘုရားသခင်၏ ချစ်ခြင်းမေတ္တာ၊ ဂရုစိုက်ခြင်း၊ စိတ်သဘော ထားညီညွတ်ခြင်းတို့ကို တွေ့နိုင်ပါသလား။ ငါလည်း ကမ္ဘာတဝှမ်း သင်းအုပ် များကို သင်တန်းပေး၍ သူတို့ကို အိမ်ထောင်ရေးအကြောင်းပို့ချခဲ့ဖူးသည်။ သို့သော် သိုးထိန်းများနှင့်သိုးတို့သည် ခြားနားခြင်းအလျင်းမရှိ။ များစွာသော သူတို့သည် ကြောက်မက်ဖွယ် ကောင်းသော အိမ်ထောင်များဖြစ်၍ စိုးရိမ်ရ သောပြဿနာများနှင့် ရင်ဆိုင်နေကြ၏။

ငုပ်နေသော ပြဿနာကို ဖော်ထုတ်ပါ

ဘုရားသခင်၏ဝိညာဉ်တော်သည် ယဉ်ကျေးမှုပေါင်းစုံရှိသော လူအမျိုး မျိုးတို့ကို တန်ခိုးအပြည့်အဝဖြင့် ကယ်တင်ခဲ့ဖူးကြောင်း ငါတွေ့ဖူး၏။ သို့ရာတွင် နောက်မျိုးဆက်သစ်များ၌ ပိုရှိခြင်းပယ်ခြင်းရှိလာတတ်၏။ ထိုသို့ ဖြစ်ရခြင်းသည်လည်း သူတို့မိဘများ၌ရှိသည့် မုန်းတီးခြင်းနှင့် အမျက်ဒေါသများကို ဘုရားသခင်၏ မေတ္တာအားဖြင့် သင့်တင့် လျောက်ပတ်စွာ မဖယ်ထုတ်ကြသောကြောင့်ဖြစ်သည်။ ထိုသူတို့သည် သူ တို့သင်ယူခဲ့သောအရာကို အထင်အမြင်သေးခြင်းဖြင့် အဆုံးသတ်ကြ၏။ ထို အရာသည် ခရစ်တော်၏ သမ္မာတရား ရောက်ရှိရာအရပ်၌ အပြည့်အဝ လက်ခံခြင်းမရှိသော မျိုးဆက်အလိုက် ငြင်းပယ်ခြင်းဖြစ်သည် (တရား၊ ၁:၂-၃)။

အုံ့သြဖွယ်ဖြစ်ရပ်နှင့်အနာငြိမ်းခြင်းသည် ငြင်းပယ်ရန်ခက်ခဲ သော်လည်း အခြားသော လက်တွေ့ယမ်းခြင်းကို ရှာဖွေခြင်းသည် ကျွန်ုပ်တို့ ဖြစ်သင့်သောနေရာသို့ မပို့ဆောင်ပေးနိုင်ပါ။ များစွာသော ခေါင်းဆောင် တို့သည် ထူးထူးခြားခြား ကယ်တင်ခြင်းရရှိလျက် ဘုရားသခင်၏အထူးမစ ခြင်းကို ခံစားကြသော်လည်း များစွာသောကဏ္ဍများ၌ သူတို့၏မိန်းမများနှင့်

24

အပြောင်းအလဲရှိရမည်

ဆက်ဆံရာတွင် အဆင်မပြေကြောင်း ငါကိုယ်တိုင်တွေ့ခဲ့ဖူး၏။ ကျွန်ုပ်တို့သည် ခိုင်ခံ့၍ ဘုရားသခင်၏သူတော်စင်များဖြစ်ဖို့ရန် ကျွန်ုပ်တို့ အသက်တာများထဲမှ နယ်ပယ်တစ်ခုအတွက် အကူအညီရှာဖွေခြင်းထက်ကျော်လွန်၍ ရှာဖွေရန် လိုအပ်ပေသည်။ ဆိုလိုသည်မှာ ကျွန်ုပ်တို့အတက်တာများထဲမှ နယ်ပယ်တစ်ခုစီတိုင်း၌ရှိသောလူတို့သည် ဘုရားသခင်၏သန့်ရှင်းသော မျက်မှောက်တော်အားဖြင့် ထိတွေ့ခြင်းခံရမည်ဖြစ်သည်။

ဤပြဿနာများကြောင့် အသင်းတော်များနှင့်ကျမ်းစာကျောင်းများ၌ အမြဲတစေ သင်တန်းပို့ချခြင်း ဖြစ်သည်။ ထိုသူတို့သည် တန်ခိုးနှင့်ပြည့်စုံသော ခရစ်တော်၏ဝေဂေလိတရားကို လူတို့ထံသို့ ချိတ်ဆက်ပေးရန် ကောင်းမွန်သောနည်းလမ်းများကို မသိရှိကြပေ။

မယုံကြည်ခြင်းသည်လည်း ကျွန်ုပ်တို့၌ရှိသော လျှို့ဝှက်ပြဿနာ တစ်ခု (ပုပ်နေသောပြဿနာ) ဖြစ်သည်။ မိမိတို့၏အတွေ့အကြုံများသည်လည်း မိမိတို့၏ရှုထောင့်အမြင်များကို ပုံဖော်စေတတ်၏။ မိမိတို့၏အားနည်းချက်များ၍ ခရစ်ယာန်တစ်ဦးပီသစွာ အသက်ရှင်ဖို့ အားထုတ်ခဲ့သော်လည်း ဘုရားသခင်၏ နှုတ်ကပတ်တော်၌ ယုံကြည်စိတ်ချမှုနှင့် မျှော်လင့်ချက် ကင်းမဲ့လျက်နေပြန်၏။ မယုံကြည်ခြင်းသည် တစ်စတစ်စ ကြီးထွားလာ၏။ ထိုသို့ဖြင့် နိမ့်ကျသော အဆင့်အတန်းနှင့်ကျဆင်းနေသော မျှော်လင့်ချက်တို့သည် ဤမယုံကြည်ခြင်း၏ပခုံးနှစ်ဖက်ပေါ် စီးနင်းလျက်နေလေ၏။

အပြောင်းအလဲ လိုအပ်သည်

ကျွန်ုပ်တို့သည် ပြောင်းလဲရမည်လော သို့မဟုတ် ဤလောကကို ဆက်၍ အာရုံစိုက်နေရမည်လော။ အသစ်သောညွှန်ကြားချက်များသည် အပြောင်းအလဲကို ကမ်းလှမ်းသော်လည်း ၎င်းတို့သည် အပေါ်ယံမျှသာဖြစ်၍ ပြဿနာများကို အခြေခံကျကျ ကိုင်တွယ်ရန် ပျက်ကွက်လျက်နေ၏။ ပြဿနာများသည် အရင်အတိုင်း ဆက်လက်ရှိနေ၏။

အလုပ်ကို စွမ်းစွမ်းတမံလုပ်ဆောင်ကြသောသင်းအုပ်များ၊ ဓမ္မဆရာများနှင့်ဝေဂေလိဆရာများကို ထောက်ခံအားပေးပါ၏။ သူတို့က ချစ်ခြင်းမေတ္တာအကြောင်းကို ကျယ်ကျယ်ဟောပြော၍ တိုးပွားစေမည်ဆိုလျှင် ဘုရားသခင်၏လူတို့အဖို့ အထောက်အကူ ပြုမည်ဟု ထင်ကြသော်လည်း အမှန်မှာအလုပ်မဖြစ်ပါ။

အသက်၏အနှစ်သာရ

အခြားသူများက အသင်းတော်များ၊ ဂိုဏ်းဂဏအဖွဲ့အစည်းများကို ဖော်ဖြေရေးသို့လှည့်၍ အရှေ့ကမ္ဘာ ဘာသာရေးဖြစ်သည့် ထိအမ်၊ ယိုကိုစ သည့်တို့ကို ရွေးချယ်လာကြ၏။ ဤအရာများက သူတို့ရှာဖွေနေသောအရာ များကို ပေးလိမ့်မည်ဟု မျှော်လင့်ကြသော်လည်း သူတို့မျှော်လင့်သည့် အတိုင်း ဖြစ်မလာဘဲ ထိုအရာများက အသက်၏ရင်းမြစ်တည်းဟူသော ယေရှုခရစ်တော်နှင့် ဝေးစေခဲ့၏။

အိမ်ပြန်ရာလမ်း

ကျွန်ုပ်တို့သည် ဘုရားသခင်ထံသို့ ပြန်လှည့်ရမည်။ နောင်တ သည် ကျွန်ုပ်တို့အဖို့ ဘုရားသခင်ထံသို့ ပြန်လှည့်ရာလမ်းဖြစ်သည်။ "ထို့ကြောင့် သင်တို့၏အပြစ်များ ပယ်ဖျက်ခြင်းခံရစေရန် နောင်တရလျက် ပြောင်းလဲကြလော့" (တ၊၃:၁၉)။ ကျွန်ုပ်တို့သည် လူတို့၏အတွင်းပိုင်း ပြောင်းလဲခြင်း လိုအပ်မှုကို လုံ့ဆော်မည့်အစား အပေါ်ယံပြောင်းလဲခြင်း အတွက် လုံ့ဆော်နိုင်ရန် အခြားသောနည်းပညာများ အသုံးပြုခြင်းကို ရှောင်ရှားရပါမည်။

လူများစွာတို့၏စိတ်နှလုံး၌ တချိန်တည်း တနေရာတည်း၌ စစ် မှန်သောနောင်တ ဖြစ်ပေါ်စေရန် နှိုးကြားစေခြင်းသည် လျော်ကန်သောအရာ ဖြစ်သည်။ ထိုအရာသည် တစ်ဦးချင်းစီကို ပြောင်းလဲစေ၍ ကျွန်ုပ်တို့ ထုံးတမ်းဓလေ့၏ညွှန်ကြားချက်များကိုပါ အမှန်တကယ်ပြောင်းလဲစေရန် လိုအပ်ပါသည်။ ပင်လယ်ရေမျက်နှာပြင်ပေါ်၌ ထနေသောလှိုင်းတံပိုးသည် အားပျော့ပါသည်ဟု မထင်မှတ်သင့်ပါ။ ဆူနာမိလှိုင်းလုံးကြီးသည် ကျွန်ုပ် တို့ခရစ်ယာန်အသက်ရှင်ခြင်း အစဉ်အလာကို ဖျက်စီးပစ်နိုင်သည်။

ယဇ်ပူဇော်ခဲ့သည့် ယဇ်ကောင်အရေအတွက်မှာ အထင်ကြီးလောက် အောင်ဖြစ်သော်လည်း ဘုရားသခင်၏လူတို့ကိုယ်စား ရှောလုမုန်၏ဆုတောင်း ခြင်းကြောင့်သာ ဗိမ္မာန်တော် ပြန်လည် ဆက်ကပ်ခြင်းသည် ထူးခြားသော ပွဲတော်ကျင်းပခြင်း ဖြစ်လာစေခဲ့သည်။ ကျွန်ုပ်တို့ဆုတောင်းသော နေရာ သည် ရှောလုမုန်မင်းကြီးကဲ့သို့ ယဇ်ပလ္လင်ရှိရာသို့ ပို့ဆောင်ပေးသောစိတ်နှလုံး ရှိဖို့ အထူးလိုအပ် ပေသည်။ "... ငါ့နာမဖြင့် သမုတ်သော ငါ့လူတို့သည် ကိုယ်ကိုနှိမ့်ချသဖြင့် ငါ့မျက်နှာကို ရှာလျက် ဆုတောင်းပဌနာပြု၍ အဓမ္မ

အပြောင်းအလဲရှိရမည်

လမ်းကို လွှဲရှောင်လျှင် ငါသည် ကောင်းကင်ဘုံ၌ နားထောင်မည်။ သူတို့ အပြစ်ကို ဖြေ၍ သူတို့ကိုချမ်းသာပေးမည်" (ရော၊၇:၁၃-၁၄)။

အခြားလမ်းမရှိပေ။ ကျွန်ုပ်တို့သည် ခွင့်လွှတ်ခြင်းကို ရရှိနိုင် သည့်နေရာ ယဇ်ပလ္လင်ရှိရာသို့ အမြဲတစေ ပြန်လှည့်ကြရမည်။ အစ္စရေး အမျိုးသားတို့၌ မကောင်းသောအရာတည်ဟူသော ပင်နာကျရောဂါ၊ ဝတ်မွတ်ခြင်း၊ ဖမ်းဆီးချုပ်နှောင်ခြင်းတို့ ရှိနေပါစေ ပြဿနာမဟုတ်ပေ။ သူ တို့သည် ယဇ်ပလ္လင်ရှိရာသို့ ပြန်လှည့်ပါက ဘုရားသခင်သည် သူတို့၏စကား ကိုနားထောင်၍ ချမ်းသာပေးတော်မူမည်။ ပဋိညာဥ်သစ်အောက်၌ရှိသော ကျွန်ုပ်တို့၏ယဇ်ပလ္လင်မှာ အပြစ်ကိုခွင့်လွှတ်နိုင်၍ ကျွန်ုပ်တို့အား ပကတိ အတိုင်းဖြစ်စေတော်မူသော ယေရှုခရစ်တော်ပင်ဖြစ်သည်။

မျက်မှောက်ကာလ၌ အသင်းတော်ရင်ဆိုင်နေရသည့် ပြဿနာများ မှာ သေးနုပ်သောအရာ မဟုတ်ပေ။ ကျွန်ုပ်တို့သည် ထိုပြဿနာများကို ကျမ်းချက်များအားဖြင့် အသေးဆုံးဖြစ်အောင် အားထုတ်နေခြင်းမဟုတ်ပေ။ လုပ်ဆောင်စရာ လိုအပ်ချက်များအပေါ်၌ ဘုရားသခင်၏အမြင်ကို ဆုပ်ကိုင် စေနိုင်မည့်နေရာသို့ မိမိတို့၏စိတ်နှလုံးတံခါးကိုဖွင့်လျက် အနည်းငယ် သောယုံကြည်ခြင်းကို အသုံးပြုနေခြင်းသာဖြစ်သည်။

ဘုရားသခင်သည် အသိတရားပိုင်းဆိုင်ရာ ထိုးသောပေါက်ကွဲမှု အတွက် စိုးရိမ်ခြင်းမရှိပေ။ ရင်းကို အသုံးပြုနေခြင်းသာဖြစ်သည်။ သူ အကြံအစည်သည်လည်း စာတန်၏တိုက်ခိုက်မှုအောက်၌ တဝဲဝဲ လည်နေ ခြင်း မဟုတ်ပေ။ ဘုရားသခင်သည် ကောင်းကင်ဘုံ၌ ထိုင်တော်မူ၍ မိမိရန်သူ တို့အပေါ်၌ ပြုံးရယ်တော်မူ၏ဟူ၍ ဆာလံ ၂:၄ ၌ ဖော်ပြ၏။ ဝေဂေလိတရား သည် ယနေ့ခေတ်လူများနှင့်သက်ဆိုင်၍ တန်ခိုးနှင့်ပြည့်စုံကြောင်းကို ကျွန်ုပ်တို့မယုံကြည်နိုင်သည့်အတွက် မိမိတို့၏စိတ်နှလုံးများကို နှိမ့်ချ ခြင်း အားဖြင့် ဘုရားသခင်အလိုရှိသည့်အတိုင်း မိမိတို့၏စိတ်နှလုံးများကို ပြင်ဆင်ဖို့လိုအပ်ပါသည်။ ထိုမယုံကြည်နိုင်ခြင်းအတွက် သခင်ဘုရားရှေ့ တော်မှောက်၌ မိမိတို့၏ဒူးကို ထောက်လျက် ဝန်ချတောင်းပန်ဖို့ လိုအပ် ပါသည်။

အကယ်၍ ကျွန်ုပ်တို့သည် ကိုယ်တော်ထံသို့ ချဉ်းကပ်ပါက ကိုယ်တော်သည် ကျွန်ုပ်တို့ကိုချဉ်းကပ်၍ အသင်းတော်သည် သူ၏အလင်း

အသက်၏အနှစ်သာရ

တရားအားဖြင့် လောကဒ္ဌရှိသောအမှောင်ထုအပေါ် မည်ကဲ့သို့ တန်ခိုးပြည့်ဝစွာဖြင့် ထိုးဖောက်တွေ့မည်ကို ကျွန်ုပ်တို့အား ပြသသွားမည်ဖြစ်သည်။

သင်ခန်းစာ

- ကျွန်ုပ်တို့သည် မိမိတို့၏အမြင်ဟောင်းထဲမှ ရုန်းထွက်၍ တန်ခိုးနှင့်ပြည့်ဝသော ကိုယ်တော်၏ သမ္မာတရားဘုန်းကို မြင်တွေ့ရမည့် အကြောင်း ဘုရားသခင်သည် အသင်းတော်အပေါ်၌ တိုက်ခိုက်မှုမျိုးကို အသုံးပြုတတ်၏။
- အသင်းတော်ရင်ဆိုင်နေရသော အဓိကပြဿနာမှာ မယုံကြည်ခြင်းပင် ဖြစ်သည်။
- ဘုရားသခင်ထံသို့ ပြန်လှည့်ခြင်း၊ မိမိတို့၏စိတ်နှလုံးများကို နှိမ့်ချခြင်းနှင့်မိမိတို့၏အပြစ်များကို ဝန်ချတောင်းပန်ခြင်းတို့အားဖြင့်သာ ပြောင်းလဲခြင်း အစပြုတတ်၏။
- ဘုရားသခင်၏လူတို့သည် မိမိတို့၏ရန်သူများကို အမြစ်ပါမကျန် ရှင်းထုတ်ပစ်ရမည်။

ကျျက်မှတ် ဆင်ခြင်ပါ

- ဟေရှာ၊ ၇း၁၄
- ဟေရှာ၊ ၆-၇
- နေ၊ ၁ (ဗီဒီယို ကြည့်ရန်)

တာဝန်ပေးအပ်ခြင်း

➡ သင်နှင့်သင့်ပတ်ဝန်းကျင်သည် အပြစ်တရားအားဖြင့် ပျက်စီးနေ ပြီလား၊ သို့မဟုတ် ဖြစ်ပျက်နေ သည့်အတိုင်း သင်လက်ခံနေပါ သလား။

သင်သည် သင့်စိတ်နှလုံးနှင့်ပျက်စီး၏ပြစ်မှားခြင်းအတွက်သာမက ဘဲ ကိုယ်တော်၏ တန်ခိုးတော် အောက်၌ အသက်ရှင်မည့်အစား မလိုအပ် သော ရှုံးနိမ့်ခြင်းနှင့်စိတ်ပျက်ခြင်း၌ လူးလိုမ့်ခံနေရသော ဘုရားသခင်လူ တို့၏အားနည်းချက်အတွက်ပါ ဆုတောင်းပေး၍ ဘုရားသခင်၏ယဇ်ပလ္လင်ရှိ ရာသို့ ချဉ်းကပ်သောနေဟမိကဲ့သို့ ဖြစ်ဖို့လိုအပ်သည်။

#၄
အသက်၏ဂုဏ်အသရေရှိသော ဖော်ပြမှု

အသက်သည် အံ့သြဖွယ်ကောင်းသည့် လျှို့ဝှက်ဆန်းကြယ်သော အရာဖြစ်၍ ကမ္ဘာ့အကြီးဆုံး လျှို့ဝှက်ချက်ဖြစ်၏။ သွေးသားဇာတိနှင့်ဆိုင် သော အသက်အကြောင်းကို ကျွန်ုပ်တို့အားလုံးသိကြသော်လည်း လေ့လာ စူးစမ်းခြင်းအားဖြင့်သာ အဓိပ္ပါယ်ဖွင့်ဆိုနိုင်၏။ အသက်သည် လှုပ်ရှားလျက်၊ အသက်ရှူလျက်၊ မျိုးပွားလျက်၊ ကြီးထွားလျက်ရှိ၏။ ကျွန်ုပ်တို့လူသား တို့၏ဒီအေအန်နှင့်ပတ်သက်၍ လူတို့၏လေ့လာ ဖော်ထုတ်နိုင်မှုကို ဂုဏ် ယူဝင့်ကြွားကြသော်လည်း အသက်၏သဘောသဘာဝအကြောင်းကို ရှင်းပြ ဖို့ ဖြစ်လာသောအခါ မရေရာမသေချာ အမှောင်နက်ထဲမှာဘဲ ရှိလျက်နေ ပြန်၏။

ဝိညာဉ်ရေးရာအကြောင်းသည် ခရစ်ယာန်များ မကြာခဏ ပြောဆို သည့်အကြောင်းအရာ ဖြစ်သော်လည်း အမှန်တကယ်ဖြစ်နေသည်မှာ မသိရှိ ခြင်းကြောင့် အသက်ရှူမဝခြင်းသာ အဖတ်တင်၏။ ကျွန်ုပ်တို့သည် ကံအားလျော်စွာ သမ္မာကျမ်းစာဆိုင်ရာ သတိပေးချက်များကိုရရှိထား၍ ထို ကျမ်းစာက မိမိတို့၏အသက်တာများကို အစွမ်းထက်စေရန် ၎င်းကို ဖွင့်ထား ဖို့လိုအပ်ပါသည်။

အသက်၏အသွင်တူသည့် အချက်များ

ကျမ်းစာကို ရေးသားသူများနှင့်ယောဟန်သည် အထူးသဖြင့် အလင်း၊ ချစ်ခြင်းမေတ္တာနှင့် အသက်ဟူသော အရာသုံးခုတို့၏ကိုယ်စားပြု ခြင်းအားဖြင့် အလွန်အံ့အားသင့်ကြ၏။ ဘုရားသခင်က ကျွန်ုပ်တို့ထံသို့ ဆက်သွယ်မှုပြုလိုသော ဝိညာဉ်ရေးရာသမ္မာတရားသည် ဤကမ္ဘာကို ဖန်ဆင်းခြင်း၌ အသွင်တူသည့်အချက်များပါရှိ၏။

ဤအရာသုံးမျိုးတွင် အသက်သည် အခြေခံအကျဆုံးဖြစ်၏။ ယော ဟန်က "နှုတ်ကပတ်တော်၌ အသက်ရှိ၍ ထိုအသက်သည် လူတို့၏အလင်း ဖြစ်၏"(ယော၁း၄)။ မှန်ပါသည်။ ယောဟန်ပြောဆိုနေသော အကြောင်းမှာ

အသက်၏အနှစ်သာရ

ယေရှုအကြောင်းအရာဖြစ်၏။ ယေရှု၌ အသက်ရှိ၍ ထိုအသက်သည် လူသားများကို အသိအမြင်နှင့် နားလည်လွယ်ခြင်းတို့ကို ယူဆောင်ပေး၏။

ဤအခြေခံဖြစ်သော အသက်၏အယူအဆသည် တပည့်တော်ဖြစ်ခြင်းဆိုင်ရာ အသိအမြင်ကောင်း တစ်ခုရရှိဖို့ အရေးကြီးသောအရာဖြစ်ပါသည်။ ကျွန်ုပ်တို့သည် အသက်၏အယူအဆကို ပို၍ဆုပ်ကိုင် ထားလေလေ အခြားသမ္မာတရားများ၏အဓိပ္ပာယ်ကို ပို၍လွယ်ကူစွာ ဆုပ်ကိုင်ထားနိုင် လေလေ ဖြစ်၏။ အသက်သည် အခြားသောသမ္မာတရားများ ချိတ်ဆွဲရန် ဘောင်ဖြစ်၏။

အသစ်သောအသက်သည် ဝိညာဉ်ရေးရာနှင့်ဆိုင်သော အသက်၏အစပြုခြင်းကိုဖော်ပြသည်။ ကျွန်ုပ်တို့သည် ကယ်တင်ခြင်းကို ရှာဖွေလျှက်နေသည်ဟု ဆိုရာတွင် ဘုရားသခင်၏တရားစီရင်ခြင်းမှ လွတ်မြောက်ရန် ထာဝရအသက်ကို ရှာဖွေနေခြင်းသာဖြစ်သည်။ ကယ်တင်ခြင်း၏ပါဝင်ပတ်သက်နေခြင်းကို ကျွန်ုပ်တို့အမှန်မသိရှိခဲ့ကြပေ။ ထိုအကြောင်းကို တကယ်စဉ်းစားခဲ့လျှင်  အသက်ဟူသည် အစပြုခြင်း ရှိကြောင်း ကျွန်ုပ်တို့သိလာလိမ့်မည်။ ထိုအသက်ကိုထောက်၍ ဒုတိယမွေးဖွားခြင်း လိုအပ်ကြောင်း မကြာခဏ သင်ပေးခဲ့ကြသော်လည်း ထိုအသက်သည် မည်ကဲ့သို့ရင့်ကျက်သည်ကိုမူ ကြုံတော့ကြုံခဲ့သာ သင်ပေးကြရ၏။

အသက်သည် အခြားသောသမ္မာတရားရှိသမျှ ချိတ်ဆွဲနိုင်သည့် ဘောင်ဖြစ်၏။

ဓမ္မပညာ စာသင်ခန်းများ၌ သန့်ရှင်းခြင်းနှင့်သန့်ရှင်းစင်ကြယ်ခြင်း အကြောင်းကို အရေးတကြီး သင်ကြားကြသော်လည်း ဝိညာဉ်ရေးရာ၌ လက်တွေ့အသက်ရှင်ခြင်းထက် စကားလုံး အသုံးအနှုန်း၏ ဆိုလိုရင်း၌ ပို၍အားသန်ကြ၏။ များစွာသောသူတို့သည် သန့်ရှင်းစင်ကြယ်ခြင်း

အသက်၏ဂုဏ်အသရေရှိသော ဖော်ပြမှု

အကြောင်းကို ရှင်းပြနိုင် ကြသော်လည်း အနည်းငယ်ကသာ ဝိညာဉ်ရေးရာ နှင့်ဆိုင်သောအသက်ကို မည်ကဲ့သို့ရရှိနိုင်ကြောင်း ရှင်းပြနိုင်ကြ၏။

ကျွန်ုပ်တို့နှင့်ဘုရားသခင် ဆက်နွယ်ခြင်း၌ ကြီးထွားဖို့ရန် မသိရှိ ခြင်းနှင့်မတတ်နိုင်ခြင်းတို့သည် အခက်ခဲတစ်ခုတည်းသာဖြစ်၏။ ထိုသို့ဖြစ်ရ ခြင်းသည်လည်း တကယ်မသိရှိ၍ ဖြစ်နိုင်သလို မှန်ကန်စွာ သင်ပေးခြင်းမရှိ သောကြောင့်လည်းဖြစ်နိုင်၏။ ကျွန်ုပ်တို့မသိသောအရာကို အခြားသော သူများလည်း မသင်ပေးနိုင်ပါ။

အမြင်အာရုံမှ ဖုံးကွယ်ခြင်း

အသင်းတော်ခေါင်းဆောင်များသည် သမ္မာတရား၏တန်ဖိုးရှိခြင်းကို မသိမြင်ဘဲလျက် ဓမ္မပညာကို ဆည်းပူးသောကျမ်းတတ်ပုဂ္ဂိုလ်များသာ နားလည်မည်ဟု တင်းတိမ်ရောင့်ရဲ၍ နေတတ်ကြ၏။ ၎င်းသည် ကျွန်ုပ်တို့ နေ့စဉ် အသက်တာ၌ ယေရှုခရစ်တော်ကြုံတွေ့စေလိုသော သမ္မာတရားနှင့် ဆန့်ကျင်၏။

၎င်းအလွန်အရေးပါသော သမ္မာတရားသည် သီအိုလိုဂျီစာအုပ်များကို နှစ်သက်သောသူများမှတစ်ပါး၊ သင်ယူ၍မရတော့သည့်အနေအထားသို့ ရောက်ရှိလာသည်။ စိတ်ဝင်စားဖွယ်ကောင်းသည်မှာ ၎င်းသမ္မာတရား သင်ကြားခြင်းနှင့်ပတ်သက်၍ ကျမ်းတတ်ပုဂ္ဂိုလ်များက အေးတိအေးစက် အရှိဆုံးနှင့် အတိုက်အခံ ပြုသောသူများဖြစ်လာကြသည်။ ထိုသူတို့သည် အမြင်အာရုံ ဖုံးကွယ်ခြင်းခံနေရသူများ ဖြစ်နိုင်ပါသည်။

တချို့ကိစ္စများ၌ ဘုရားသခင်၏လူတို့သည် သူတို့ဝတ်ပြုကိုးကွယ် သည့်နေရာ၌ မှီခိုအားထားမှုပြု၍ မိမိတို့၏ခုံများကို မှီညှာလျက်ထိုင်ကြ၏။ ထိုသူတို့သည် ဘုရားသခင်ကို သိရှိလိုကြသော်လည်း များစွာသောသူတို့သည် ဘုရားသခင်နှင့် အထူးဆက်နွယ်ခြင်း၌ မည်ကဲ့သို့ လက်တွေ့ကြီးထွားလာ မည်ကို မသိရှိဘဲ ကျန်ရစ်နေတတ်ကြ၏။ ထိုသို့သောသူတို့အဖို့ တန်ဖိုးကြီး မြတ်လှသော သမ္မာတရားသည် လက်လှမ်းမမှီဘဲနေကြ၏။

ကံအားလျော်စွာ ထိုသူတို့၌ ဝိညာဉ်ရေးရာကြီးထွားခြင်းကို ဦးတည် စေသောလှုပ်ရှားမှုများ အနည်းငယ်ရှိ၏။ ထိုလှုပ်ရှားမှုကား 'Keswick လှုပ်ရှားမှု'ဖြစ်၍ အလွန်ကန့်သတ်ထားသော လှုပ်ရှားမှုဖြစ်ပါသည်။ ဘုရားသခင်သည် မိမိ၏သမ္မာတရားဘက်သို့ လူတို့၏စိတ်နှလုံးကို ဖွင့်ဟ

အသက်၏အနှစ်သာရ

လျက် အရှိန်တန်ခိုးကြီးသော နိုးထမှုရှိစေသည့်အကြောင်းကိုလည်း ကျွန်ုပ်တို့စဉ်းစားမိနိုင်သည်။ ကျွန်ုပ်တော် အံ့အားသင့်သည်မှာ သင်ကြား ပို့ချမှုနှင့် နှိုင်းယှဉ်လျက် အတွေ့အကြုံအပေါ်၌ အလွန်အကျွံ အထူးပြုခြင်း ရှိ သော်လည်း တနည်းဆိုလျှင် ဘုရားသခင်၏မျက်မှောက်တော်သို့ ချည်းကပ်၍ သင်ယူဖို့မလို အပ် ကြသော်လည်း ကိုယ်တော်သည် ဇင်းအရပ်၌ မိမိ၏ဘုန်းတန်ခိုးနှင့် ရှိတော်မူ၏။ ဇင်းကို သူတို့လည်း အလွယ်တကူ သိမြင်နားလည်နိုင်ကြ၏။

ဆုကျေးဇူးများနှင့်အနာဉိမ်းခြင်းအကြောင်းကို များစွာဆွေးနွေးခြင်း ရှိ၏။ ဇင်းတို့သည် ဘုရားသခင်၏ အသင်းတော်အဖို့ အရေးပါသောအရာများ ဖြစ်သည်။ ဝိညာဉ်ရေးရာကြီးထွားခြင်းသည် ယုံကြည်ခြင်းအားဖြင့် အံ့သြဖွယ်ရာများမှလာသော်လည်း ဘုရားသခင်၏လူနည်းစုများသာ ထို ဝိညာဉ်ရေးရာ ကြီးထွားခြင်းဘက်သို့ ပို့ဆောင်ပေးသည့် အခြေခံကျသော ယုံ ကြည်ခြင်းကို ထူထောင်ကြသည်။ သို့သော် ဇင်းတို့သည် ကိုယ်တော်၏လူအများစုအတွက် ဘုရားသခင်အသုံးပြုသည့် ပုံစံမဟုတ် ပေ။ ဇင်းတို့သည် ကျွန်ုပ်တို့အထဲ၌ ခရစ်တော်၏အလုပ်ကို အတည်ပြုစေ ခြင်းဖြစ်ပါသည်။

ဘုရားသခင်၌ အံ့သြဖွယ်ရာများအတွက် ပို၍ကြီးမြတ်သော ပန်းတိုင် များရှိ၏။ အံ့သြဖွယ်ရာတို့သည် အစပြုခြင်းသာဖြစ်၏။ ဥပမာ တစ်စုံတစ်ယောက်သည် ခါးနာခြင်းဝေဒနာမှ ကျန်းမာ၍ ခရစ်တော်ကို တွေ့ မြင်နိုင်၏။ သို့သော် ထိုသူသည် သန့်ရှင်းသောဝိညာဉ်တော်၏တန်ခိုး အားဖြင့် မိမိ၏အမျက်ဒေါသကို ထိန်းချုပ်နိုင်ဖို့လိုအပ်သေး၏။ ကျန်းမာခြင်း သည် မိမိ၏စိတ်နှလုံးတံခါးကို ဖွင့်ဟစေသော်လည်း အမျက်ထွက်ရာ၌ မိမိ၏လျှာကို ထိန်းချုပ်နိုင်သောစွမ်းရည်နှင့် မတူပေ(ဧ၄:၁၆-၂၉)။ အကယ်၍ ထိုသူသည် ဝိညာဉ်တော်က သူ့အား မည်ကဲ့သို့ကူညီမစနိုင်သည် ကို မသင်ယူတတ်ပါက မိမိမယားအပေါ် ဆူပူမှုပြု၍ အသင်းတော်၌ပင် စိုးမိုး လိုစိတ်ရှိလာနိုင်သည်။

ဝိညာဉ်ရေးရာ စည်းကမ်းဥပဒေများ

ခရစ်ယာန်ဖွံ့ဖြိုးမှုအဖွဲ့သည် ခရစ်ယာန်ကြီးထွားမှုနှင့်တကွ ခရစ်ယာန်စည်းကမ်းဥပဒေများကို အလေးထားလာသောအခါ ပို၍ ကောင်းမွန်စွာလုပ်ဆောင်နိုင်၏။ သို့သော် တခါတရံ နည်းပညာပိုင်း၌

အသက်၏ဂုဏ်အသရေရှိသော ဖော်ပြမှု

အာရုံစိုက်မှုများသောကြောင့် အရေးပါသည့်အရာဖြစ်လင့်ကစား ကျွန်ုပ် တို့၏နောက်ဆုံးရည်ရွယ်ချက်ကို လွဲစေနိုင်ပါသည်။ သင်သည် ကျမ်းစာဖတ်၍ ဆုတောင်းပြီးသော်လည်း သင့်အသက်တာ၌ မည်သည့်အားသစ်လောင် ခြင်းမှ မသယ်ပိုးပေးသည့်အခါ သင့်ကိုယ်ကို ဂုဏ်ယူဖူးပါသလား။ ဤသို့ သော အမှုတွင် တကယ်အစားထိုးကာ တကယ့်လိုအပ်ချက် အားသစ် လောင်ခံရမည်ဖြစ်သည်။

ယုံကြည်သူများအား ကြီးထွားရန် အားပေးခြင်းသည် သူ တို့၏ခရီးပန်းတိုင် ရောက်ရှိဖို့ ပြောပြခြင်းဖြစ်ပါသည်။ အစပိုင်း၌ သူတို့သည် ကားထဲဝင်ဖို့ အလွန်စိတ်လှုပ်ရှားကြသော်လည်း တဖြည်းဖြည်း မောင်းရင်း မောင်းရင်း သူတို့၏ပန်းတိုင်ကို မရောက်ရှိဘဲနေကြ၏။ ထိုအခါ သူ တို့၏ဦးတည်ချက် လမ်းစပျောက်၍ "ဤအရာကို ဘာကြောင့် ငါပြုရသ နည်း"ဟု မေးလာကြ၏။

ခရစ်ယာန်သင်တန်းနှင့်ဓမ္မပညာနှစ်ခုစလုံးသည် ယုံကြည်သူများ၏ လျှောက်လှမ်းရာအရပ်နှင့်ရောက်ရှိရာအရပ်တို့ကို ဖော်ထုတ်ခြင်း၌ လွန်စွာမှ အားနည်း၏။ သခင်ဘုရားသည် ဤအခြေခံကျသော သမ္မာတရားများကို အလွန်ရိုးရှင်းစွာပြု၍ ဆက်သွယ်နိုင်သော တရားဖြစ်စေပါသည်။ အသင်း တော်သည် ထိုသမ္မာတရားများကို လက်ဆင့်ကမ်းရာတွင် ဘာကြောင့် ထိ ရောက်မှုသိပ်မရှိသနည်း။ အသင်းတော်သည် ဘုရားသခင်၏နှုတ်ကပတ် တော်ကို အလွယ်တကူ ဖတ်ရှုလေ့လာနိုင်သော်လည်း မလိုလားအပ်သော အရာနှင့်ရည်ရွယ်ချက် မဲ့သောအရာများကိုသာ ရေးသားလျှက်နေ၏။

ယခုအချိန်သည် သင်ယူခြင်းသာမကဘဲ ကြွယ်ဝသောအသက်တာ ပိုင်ဆိုင်ဖို့ရန် အလွန်အရေးပါသည့် အကြောင်းကို လက်ဆင့်ကမ်းမည့် အချိန်ဖြစ်ပါသည်။ ယေရှုက "ငါမူကား သိုးတို့အား အသက်ကို ရရှိစေရန်သာ မက ထိုအသက်ကို ကြွယ်ဝပြည့်စုံစွာ ရရှိစေရန်လာ၏"(ယော၁၀:၁၀)။ ပေ တရုက "ငါတို့သည် အပြစ်အရာ၌ သေဆုံး၍ ဖြောင့်မတ်ခြင်းအရာ၌ အသက်ရှင်မည့်အကြောင်း ကိုယ်တော်သည် သစ်တိုင်ပေါ်မှာ ငါတို့အပြစ် များကို မိမိ၏ကိုယ်ခန္ဓာ၌ ကိုယ်တော်တိုင် ဆောင်ယူတော်မူ၏။ သင်တို့သည် ကိုယ်တော်၏ ဒဏ်ချက်တော်အားဖြင့် အနာရောဂါပျောက်ကင်းခြင်းအခွင့် ကို ရရှိကြ၏"(၁ပေ၊၂:၂၄)။

အသက်၏အနှစ်သာရ

သင်ခန်းစာ

- ဘုရားသခင်သည် ထိုသမ္မာတရားများကို ကျွန်ုပ်တို့အား နားလည်စေ လို၍ ၎င်းတို့ကို မိမိ၏ ဖန်ဆင်းခြင်းထဲသို့ ရုပ်လုံးဖော်စေတော်မူ၏။

- ကျမ်းစာကိုရေးသားသူများနှင့် ယေရှုသည် ကျွန်ုပ်တို့အသက်တာ အတွက် အရေးပါသော သမ္မာတရားများကို ဆုပ်ကိုင်စေ၍ နားလည် စေရန် 'အသက်'ဟူသော အသုံးအနှုန်းကိုပါ အသွင်တူသည့် အချက် ဖြင့် အသုံးပြုခဲ့သည်။

- အသင်းတော်တစ်ခုလုံးသည် မည်သည့်အခါမျှ အသက်နှင့်ဆိုင် သော ဤအယူအဆနှင့် ရည်ရွယ်ချက်တို့ကို အမှန်တကယ် ဆုပ်ကိုင် ထားခြင်းမရှိခဲ့ပေ။

- ခရစ်ယာန်ဓမ္မပညာအဖွဲ့အစည်းတို့သည် မိမိတို့၏ကျောင်းသားများကို အရေးပါသော သမ္မာတရားများနှင့် ဝေးကွာစေ၍ ထိုကျောင်းသား တို့၏အသက်တာများသာမကဘဲ အသင်းတော် များစွာတို့ကိုပါ တုံ့ ဆိုင်းရပ်တနေ့စေကြ၏။

ကျက်မှတ် ဆင်ခြင်ပါ

- ယောဟန် ၁:၄
- ယောဟန် ၁၀:၁၀

တာဝန်ပေးအပ်ခြင်း

➡ သင့်ဝိညာဉ်ရေးရာအသက်တာနှင့် တစ်စုံတစ်ဦး၏ဝိညာဉ်ရေးရာ မည်ကဲ့သို့ကြီးထွားနေသည်ကို ဖော်ပြဖို့ရန် သင်အကောင်းဆုံး လုပ်ဆောင်ပါ။

➡ ခရစ်ယာန်အသက်တာ၏ပန်းတိုင်ကား အဘယ်နည်း။ အတိအကျ ဖြစ် စေပါ။

➡ ကြွယ်ဝသောခရစ်ယာန်အသက်ရှင်ခြင်းကို တွေ့ရှိထားသူများ သင်တွေ့ ဖူးပါသလား။ သင်၏ ဖြေကြားချက်ကိုရှင်းပြပါ။

ဝိညာဉ်ရေးရာ အသက်တာ၏ကြီးထွားမှုနှင့် ၎င်း၏ပြည့်ဝမှုတို့အပေါ် မရှင်းလင်းသော သင်ကြားခြင်းကြောင့် မည်သည့်ပြဿနာများသည် အမြဲ တစေရှိနေတတ်သနည်း။ အကြောင်းရင်းကို ရှင်းပြပါ။

#၅
အသက်၏တွန်းအား

ရိုးရှင်းသောအရာသည် အကောင်းဆုံးဖြစ်၏။ အရိုးရှင်းဆုံးက အကောင်းဆုံးဖြစ်ကြောင်းကို မကြာခဏ သက်သေပြခဲ့ပြီ။ ၎င်းသည် ဝိညာဉ် ရေးရာကြီးထွားခြင်း၌လည်း လေ့ကျင့်မှုအတွက် မှန်ကန်မှုရှိ၏။

ဘုရားသခင်သည် ဖန်ဆင်းခြင်း၌ လွယ်လွယ်ကူကူတွေ့မြင်နိုင်သော ဥပဒေသများအားဖြင့် အသက်နှင့်ပတ်သက်၍ အရေးပါဆုံးသောသမ္မာ တရားများကို တဖြည်းဖြည်းစိမ့်ဝင်စေခဲ့သည်။ ဤအကြောင်းကြောင့် ယေရှုကလည်း သိပ်မရှင်းလင်းသောသမ္မာတရားများကို ဖော်ပြဖို့ ဖန်ဆင်း ခြင်းထဲက ရိုးရှင်းသောပုံဥပမာများကို အသုံးပြုရခြင်းဖြစ်၏။ ဖန်ဆင်းသော အရာများကို ဥပမာအဖြစ် အသုံးပြုခြင်းသည် ဝိညာဉ်ရေးရာကြီးထွားခြင်း ဆိုင်ရာ ရုပ်လုံးကို ရှင်းလင်းစေပါသည်။ ဝိညာဉ်ရေးရာ အသက်တာကို ငှင်း ဖြစ်ခြင်း၏ပကတိအတိုင်း ဖော်ပြရန် ခက်ခဲသော်လည်း ငှင်းနှင့်ပတ်သက်၍ အစပြုခြင်းနှင့်ဖွံ့ဖြိုးခြင်းကို ကျွန်ုပ်တို့သိရှိနားလည်ထား၏။

အမှန်တကယ် ကျွန်ုပ်တို့မည်ကဲ့သို့အသက်ရှင်သည်ကို တခဏ စဉ်းစားကြည့်ပါ။ ဖခင်တစ်ဦးသည် မနက်စောစောထ၍ မိမိ ကလေး၏အိပ်ရာနားသို့ အပြေးအလွှားသွားလျက် သားလေးသားလေး ကြီး ထွားလော့၊ ကြီးထွားလော့ဟု ပြောဆိုနေသည်ကို သင်တွေ့ဖူးပါသလား။ ထိုသို့ပြောဆိုလျှင် ရယ်စရာကောင်းလှ၏။ ထိုသို့ဆိုရာတွင် မိမိ၏ကလေးကို မကြီးထွားစေလိုသောကြောင့် မဟုတ်ပေ။ မိဘများ မိမိတို့၏ကလေးများ ပုံမှန်မကြီးထွားလာပါက စိုးရိမ်တတ်ကြ၏။ ဖခင်တစ်ဦးကဲ့သို့ ကျွန်ုပ်တို့မပြု ခြင်းမှာ ကြီးထွားခြင်းသည် ကျွန်ုပ်တို့၏အစီအစဉ်၊ အားပေးခြင်းနှင့်စိုးရိမ် ခြင်းတို့ကြောင့် မဟုတ်ဘဲ အလိုအလျောက်ဖြစ်လာသည်ကို ကျွန်ုပ်တို့သိရှိ ထားကြ၏။ ကြီးထွားမှုသည် အသက်၏အပိုင်းအစတစ်ခုဖြစ်၏။ အသက်က သာ သူ့ဖန်သာသူ မည်ကဲ့သို့ဖွံ့ဖြိုး၍ ကြီးထွားမည်ကို သိရှိနားလည်တတ်၏။

ဝိညာဉ်ရေးရာအသက်ရှင်ခြင်းသည်လည်း ထိုအတူဖြစ်၏။ တစ်စုံတစ်ဦးသည် မိမိ၏ဆုံးဖြတ်ချက်ဖြင့် ကြီးထွားဖို့ရန် တစ်ခါတင်ဆက် ထားသောအရာကို လွယ်လွယ်ကူကူ တွေ့မြင်နိုင်သည်။ မည်သူမျှ ခရစ်ယာန်

အသက်၏အနှစ်သာရ

တစ်ဦးဆိုကိုသွား၍ ကြီးထွားလော၊ ကြီးထွားလောဟု အထပ်ထပ် ပြောဆို မည်မဟုတ်ပေ။ ထိုသို့ ပြောဆိုခြင်းသည် အထောက်အကူမဖြစ်စေဘဲ ပို၍ရှုပ်ထွေးစေပါလိမ့်မည်။

အသက်၏ပေါ်လွင်ထင်ရှားမှု

ဝိညာဉ်တော်သည် အသက်ဖြစ်သောကြောင့် ဘုရားသခင်၏ဝိညာဉ် တော်သည် အသက်နှင့်ဆိုင်သော ၍ရုပ်လုံးသဏ္ဍာန်များနှင့် ဆက်နွယ်မှု ရှိ၏။ ဝိညာဉ်တော်သည် အသက်ကိုပေးတော်မူ၏ (၂ကော၃း၆)။ သန့်ရှင်း သောဝိညာဉ်တော်သည် လူတစ်ဦး၌ အသစ်သောအသက်ကို အစပြုလိုက် သောအခါ ထိုယုံကြည်သူအထဲ၌ ဝိညာဉ်ရေးရာအသက်တာ ထင်ရှားလာ၏ (ရော၅း၅)။ ယုံကြည်သူအထဲ၌ သန့်ရှင်းသောဝိညာဉ်တော် ကျိန်းဝပ်လာ သောအခါ ထိုသူသည် စတင်ကြီးထွားလာ၏။ ဝိညာဉ်ရေးရာ အသက် တာ၏ပန်းတိုင်မှာ ရပ်တည်ရှင်သန်နေခြင်းသက်သက်မဟုတ်ဘဲ သွေးသား ခန္ဓာကိုယ်ကြီးထွားလာ သကဲ့သို့ ရင့်ကျက်ခြင်းသို့ ကြီးထွားဖို့ရန်ဖြစ်သည်။

၍အကြောင်းအရာကို ယုံကြည်သူများ နားလည်သောအခါ သူ တို့၏ဝိညာဉ်ရေးရာနှင့်စပ်လျဉ်း၍ စိုးရိမ်ခြင်းများ ပျောက်ကွယ်သွား နိုင်သည်။ ယုံကြည်သူများအထဲ၌ သန့်ရှင်းသောဝိညာဉ်တော်ရှိနေခြင်းသည် သူတို့၏အသက်တာအား ရင့်ကျက်စေခြင်း၎င်း ဝိညာဉ်ရေးရာတန်ခိုး ယူဆောင်ပေးခြင်းကို စိတ်ချမှုရှိစေသည်။ သူတို့သည် ကြီးထွားနိုင်မည်လော သို့မဟုတ် ကျရှုံးရမည်လောဟု၍ စိုးရိမ်နေမည့်အစား သူတို့အား ကြီးထွား စေမည့် ဘုရားသခင်၏ရည်ရွယ်ချက် အပေါ်၌ မွေ့လျော်ရိုင်၍ ကိုယ်တော်၏ပန်းတိုင်များ ပြီးပြည့်စုံစေမည့်လမ်းစဉ်များကို ရှာဖွေလာ ကြ၏။

ယုံကြည်ခြင်းသည် စိုးရိမ်ခြင်းကိုအစားထိုး၏။ မျှော်လင့် စောင့်ဆိုင်းလျက် တောင်းရမ်း နေသူများသည် ဦးတည်ရာကင်းမဲ့နေကြ၏။ ကျွန်ုပ်တို့သည် ကယ်တင်ခြင်းရရှိ၍ မိမိတို့အသက်တာ၌ ကိုယ်တော်အစပြု သည့် အလုပ်အပေါ်၌ အာရုံစိုက်လာသောအခါ စိတ်အားထက်သန်မှု အစပြု လာ၏။ ငါသည် မိမိတို့၏ယုံကြည်ခြင်း အစပြုသည့်နေရာ အားသစ် လောင်းခြင်း စတင်ခြင်း၌ဖြစ်၏။ ငါသည် ယုံကြည်သူတစ်ဦးချင်းအတွက် သာမကဘဲ ဘုရားသခင်၏လူတို့အား လေ့ကျင့်ပေးနေသောသူများအတွက် ပါ အကျိုးဝင်၏။ ဓမ္မဆရာများသည်လည်း ဘုရားသခင်၏အသွဖွယ်တန်ခိုးကို

အသက်၏တွန်းအား

မှန်ကန်ကြောင်းဝန်ခံ၍ ယုံကြည်သူများအထဲ၌ ထိုဘုရားသခင်၏အသြဇွယ် လုပ်ဆောင်ချက်ကို ရှာဖွေတတ်ကြရမည်။

ဘုရားသခင်သည် အစပြုခဲ့သောအရာကို ဆက်လက်လုပ်ဆောင်သွားပါ လိမ့်မည်။ ကိုယ်တော်သည် ကျွန်ုပ်တို့အား အသစ်သောအသက်ကို ပေးအပ်ခဲ့ပါက ဤမြေကြီးပေါ်၌ မိမိတို့အသက်ရှင်သန်နေချိန်၌ပင် ထို အသက်ကို ကြီးထွားရင့်ကျက်စေရန်ဖြစ်ပါသည်။ "သင်တို့၌ ကောင်းသော အမှုကို အစပြုခဲ့သောအရှင်သည် ခရစ်တော်ယေရှု၏နေ့ရက်တိုင်အောင် ထို အမှုကို ပြီးမြောက်စေတော်မူလိမ့်မည်ဟု ငါယုံကြည်စိတ်ချ၏" (ဖိ၊၁း၆)။

ဝိညာဉ်ရေးရာအသက်တာ၌ ထိုးထွင်းသိမြင်မှုများ

ကျွန်ုပ်တို့သည် ရိုးရှင်းသောချဉ်းကပ်မှုရှိရမည်။ သို့သော် တန်ခိုးရှိ သောအဆုံးသတ်ခြင်းသည် ငုင်းထဲမှဖြစ်ရမည်။ ယုံကြည်သူများသည် ဝိညာဉ် ရေးရာကြီးထွားခြင်း၌ အဘယ့်ကြောင့် မကြာခဏ နောင့်နေး ကြသနည်း ဟူ၍ တချို့က အံ့အားသင့်ကြသည်။ ဝိညာဉ်ရေးရာကြီးထွားခြင်း ပြဿနာသည် ထုံးစံအတိုင်း ငုင်း၏အရည်အချင်းကြောင့် မဟုတ်ပေ။ ခန္ဓာကိုယ်နှင့်ဆိုင် သောအသက်ကဲ့သို့ပင် မိမိတို့၏ဝိညာဉ်ရေးရာ အသက်သည် ရှင်သန်နေ သလော သို့မဟုတ် သေလျက်နေသလောဟူ၍ ဖြစ်ပါသည်။ လူတစ်ဦး၏ ကျန်းမာရေးပြဿနာသည် သူ့ကို အချိန်မရွေးဒုက္ခပေးနိုင်လျက်ပင် "ငါ ကောင်းကောင်း အသက်ရှင်နိုင်သည်"ဟု မည်သည့်အခါမျှ ပြောဆိုမည် မဟုတ်ပေ။

လူတစ်ဦးသည် ဒုတိယမွေးဖွားခြင်းခံရသောအခါ သူ၏ဝိညာဉ် ရေးရာအသက်သည် ထင်ရှား၍ စွမ်းရည်နှင့်ပြည့်ဝလာကာ ကြီးထွားဖို့ရန် ပြင်ဆင်မှုရှိလာ၏။

ဝိညာဉ်ရေးရာအသက်သည် အားလုံးအတွက် အတူတူဖြစ်ပါသည်။ ကျွန်ုပ်တို့သေချာပြုရန် လိုအပ်သောအရာကား အသက်ဟူသည် ထင်ရှား ပေါ်လွင်သဖြင့် ထိုအသက်က ငုင်း၏ကြီးထွားခြင်း အပြည့်အဝကို အဆင့်ဆင့်ရှာဖွေနေကြောင်း ယုံကြည်စိတ်ချရမည်ဖြစ်သည်။ အခြားသော ဝိညာဉ်ရေးရာ အသက်၏အရည်အချင်း သို့မဟုတ် အဆင့်ဟူ၍မရှိပေ။ သင် အုပ်သည် ကျွန်ုပ်တို့ထက် ပင်ကိုယ်ဝိညာဉ်ရေးရာ အရည်အချင်း ပိုကောင်း သည်ဟု နိဂုံးမချုပ်သင့်ပါ။

အသက်၏အနှစ်သာရ

ခရစ်ယာန်များသည် အမျိုးမျိုးသောခြေလှမ်း၌ ကြီးထွားနိုင်သော်လည်း ရင်းသည် အသက်၏တန်ခိုး သို့မဟုတ် ရင်းမြစ်ကြောင့်မဟုတ်ပေ။ အခြားသော အကြောင်းရင်းများစွာ ရှိပါသည်။

သင်ခန်းစာ

- ယုံကြည်သူများသည် သူတို့ဘာသူတို့ ကြီးထွားဖို့ရန် ပြုလုပ်စရာမလိုအပ်ပေ။ အကြောင်းမှာ ထိုသို့ပြုခြင်းသည် ဓမ္မတာအတိုင်းမဟုတ်သောကြောင့်ဖြစ်သည်။ ဝိညာဉ်ရေးရာအသက်သည် ပင်ကိုအားဖြင့် စစ်မှန်သောယုံကြည်သူတိုင်း၏အသက်တာများ၌ ကြီးထွားဖွံ့ဖြိုးရန် ရှာဖွေခြင်းဖြစ်သည်။

- ဘုရားသခင်၏အသက်နှင့်ဆိုင်သော အဆင့်အတန်း သို့မဟုတ် အရည်အချင်းသည် အမျိုးမျိုးမရှိပေ။ ဘုရားသခင်သည် ယုံကြည်သူတစ်ဦးချင်းစီ၌ ညီတူညီမျှ အသက်ရှင်လှုပ်ရှားတော်မူ၏။

- ကျွန်ုပ်တို့၏ခန္ဓာကိုယ်နှင့်ဝိညာဉ်ရေးရာ အသက်ရှင်ခြင်းမှတဆင့် ဘုရားသခင်၏အလိုတော်အတိုင်း အသက်ရှင်ကြီးထွား၍ လုပ်ဆောင်ရန် ကိုယ်တော်အပေါ်၌ မိမိတို့၏ချီးမွမ်းဂုဏ်ပြုခြင်း စိတ်နှလုံး ဖော်ပြမှုအားဖြင့်သာလျှင် အားသစ်လောင်းခြင်းကို အစပြုပါသည်။

ကျက်မှတ် ဆင်ခြင်ပါ

- ဖိ၊၁:၆
- ၂ ကော၊ ၃:၆

အသက်၏တွန်းအား

တာဝန်ပေးအပ်ခြင်း

➡ စစ်မှန်သောယုံကြည်သူများသာလျှင် ဒုတိယမွေးဖွားခြင်းခံရသူများ ဖြစ်သည်။ သင်သည် ကားတိုင်ပေါ်၌ အသေခံတော်မူခဲ့သော ယေရှု ခရစ်တော်အားဖြင့် အပြစ်၏ခွင့်လွှတ်ခြင်းကို ဘုရားသခင်ထံ၌ရရှိ၍ ဒုတိယမွေးဖွားခြင်းခံရကြောင်း ယုံကြည်စိတ်ချရပါသလား။ ရှင်းပြပါ။

➡ သင်ယုံကြည်သူဖြစ်လာသောနေ့ရက်၊ သင်၌ ဝိညာဉ်ရေးရာအစပြုလာ သည့်အချိန် စသည်တို့ကို သင်သတိပြုသလောက် ရေးဆွဲပါ။ ထို့နောက် ယာဘက်ကို ဦးတည်သောမြှားပုံကိုလည်း ရေးဆွဲရမည်။ ဤမြှားသည် သင့်အသက်တာ၌ ဘုရားသခင်ပို့ဆောင်ရန် ကြိုးစည် ထားသည့် ကြီးထွားခြင်းဆိုင်ရာ ကိုယ်တော်၏အထူးသရုပ်ဖော်ခြင်း ဖြစ်၏။

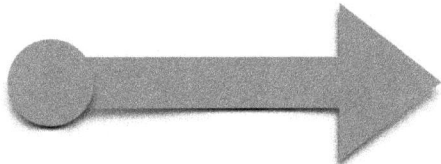

➡ ဖတ်ရှုရန် ဖေက် ၁:၁၃-၁၄။ သန့်ရှင်းဝိညာဉ်တော်သည် စစ်မှန်သော ယုံကြည်သူတိုင်း၌ မည်ကဲ့သို့ ကျိန်းဝပ်သည်ကိုရှပြပါ။ သင့်အထဲ၌ ဘုရားသခင်၏လုပ်ဆောင်ချက်အတွက် ကိုယ်တော့်ကို ချီးမွမ်းပါ။

အသက်၏အနှစ်သာရ

#၆
အသစ်သောအသက်၏အမှတ်လက္ခဏာများ

ဝိညာဉ်ပိုင်းဆိုင်ရာအသက်သည် ခန္ဓာရေးရာနှင့်ဆိုင်သော အသက် ကဲ့သို့ဖြစ်သော်လည်း ယုံကြည်သူ ခရစ်ယာန်တိုင်း၌ တန်ခိုးနှင့်ပြည့်ဝ သောခွန်အားဖြစ်ပါသည်။ ထိုအသက်ကို မိမိတို့ပိုင်ဆိုင်ထားကြောင်း ယုံကြည် စိတ်ချရမည်။ ယေရှုက ကျွန်ုပ်တို့အား ဂျုံနှင့်မြက်သီးတို့၏ခြားနားချက် တနည်းဆိုသော် ဘုရားသခင်ထံက စစ်မှန်သောအသက်ကို ပိုင်ဆိုင်သော သူများနှင့် မပိုင်ဆိုင်သောသူများဟူ၍ သတိပေးပြီးဖြစ်သည် (မ၊ ၁၃:၂၄-၃၀)။

အစပိုင်း၌ ထိုခြားနားချက်ကို ရှာဖွေတွေ့ရှိရန် မဖြစ်နိုင်ပေ။ သားအိမ်၌တည်နေသော သွေးသားဆိုင်ရာအသက်လည်း ထိုအတူ တွေ့ရှိရန် ခက်ခဲပါသည်။ သို့ရာတွင် အသက်၏တည်ရှိနေမှုကို အတည်ပြုနိုင်ရန် အမှတ် လက္ခဏာများအားဖြင့် ကျွန်ုပ်တို့တွေ့မြင်နိုင်ပါသည်။ သားအိမ်ထဲ၌ရှိနေ သော ကလေး၏အနေအထားနှင့်လှုပ်ရှားမှုကို နှုန်းလွန်အသံလိုင်စက်ဖြင့် ပြသနိုင်၍ ကလေးမိခင်အား ကလေး၏ကျန်းမာရေးအခြေအနေကို စိတ်ချမှု ပေးနိုင်သည်။ သားအိမ်ထဲ၌ ဖြစ်ပျက်နေမှုသည် မှန်ကန်ပါက သားအိမ်၏အပြင်ဘက် မွေးလာပြီးမှလည်း မှန်ကန်မှုရှိ၏။

ကလေးမွေးလာသည်နှင့်အမျှ ဝမ်းဆွဲဆရာများသည် ကလေး၏ကျန်းမာရေးအခြေအနေကို သိရှိရလေအောင် အသားအရောင်၊ အသက်ရှုခြင်း၊ သွေးခုန်နှုန်း၊ အလိုအလျောက်တုံ့ပြန်စွမ်း၊ ကြွက်သား၏အရည်အသွေး စသည်တို့ကို စမ်းသပ်မှုပြုပါလိမ့်မည်။ ဤ အရာအားလုံးတို့သည် အသက်၏တည်ရှိနေမှုကို ဖော်ပြခြင်းဖြစ်ပါသည်။

ရုပ်လောက၌လည်း လှုပ်ရှားမှုကြီးကြီးဖြစ်သည့်ရေ၊ လေထု၊ လေ စသည်တို့ကို ဖော်ပြနိုင်၏။ ၎င်းတို့ အမှန်တည်ရှိနေကြောင်းကို တစ်စုံတစ်ဦး သည် ခံစား၍တွေ့မြင်နိုင်သည်။ အထက်မိုးကောင်ကင်၌ မိုးတိမ်များ တရွေ့ ရွေ့လျားလျက် ရေမျက်နှာပြင်ပေါ်၌ လေနှင့်အတူ သစ်ရွက်များ မျော ပါလာသည်ကိုလည်း ကျွန်ုပ်တို့တွေ့မြင်နိုင်ပါသည်။

ယေရှုသည် ဘုရားသခင်၏ဝိညာဉ်တော်လုပ်ဆောင်မှုကို လေနှင့်ရေ တို့ဖြင့် နိုင်းယှဉ်ပြသည်။ "လေသည် အလိုရှိရာသို့ တိုက်တတ်၏။ သင်သည်

41

အသက်၏အနှစ်သာရ

သူ့အသံကို ကြားရသော်လည်း မည်သည့်အရပ်မှလာ၍ မည်သည့်အရပ်သို့ သွားသည်ကိုမသိ။ ဝိညာဉ်တော်အားဖြင့် မွေးဖွားသူတိုင်းလည်း ထိုနည်းတူ ဖြစ်၏" ဟု ပြန်၍မိန့်တော်မူ၏ (ယော၊၃:၈)။ ယေရှုသည် ဝိညာဉ်ပိုင်းဆိုင်ရာ အသက်ကို ကျွန်ုပ်တို့အား ပို၍နားလည်စေရန် စီးဆင်းနေသောရေအကြောင်း ကို အသုံးပြုခဲ့သည်။ "ငါပေးမည့်ရေကို သောက်သောသူမူကား ကာလ အစဉ်အဆက် မည်သည့်အခါမျှ ရေငတ်မည်မဟုတ်။ ထိုထက်မက ငါပေး မည့်ရေသည် ထိုသူ၌ ထာဝရအသက်တိုင်အောင် ရေပန်းထွက်ရာ စမ်းရေပေါက်ဖြစ်လိမ့်မည်" ဟု ပြန်၍မိန့်တော်မူ၏ (ယော၊၄:၁၄)။

ဤအလားသဏ္ဍာန်တူညီသည့် နှိုင်းယှဉ်ချက်နှစ်ခုသည် အသက်၏အထဋ္ဌရှိသည့် အင်အားကို ထိုးထွင်းသိမြင်စေ၍ အသီးသီး အသက်နှင့်ဆိုင်သော ကြီးကျယ်ထည်ဝါသည့်တန်ခိုးနှင့်အတူ ၎င်း၏ဦးတည်ချက်ကိုဖော်ပြသည်။ ယေရှုသည် ယောဟန် ၃ ၌ ဝိညာဉ်တော် ကို ဟိုဘက်ဒီဘက် တိုက်ခတ်နေသောလေနှင့်အလားတူစွာ ဖော်ပြခဲ့သည်။ ထိုအင်အားသည် ပျံ့နှံ့ခြင်းထက် တစ်ခုအပေါ်၌ စူးစိုက်ခြင်းဖြစ်၏။ ထို့အတူ ဝိညာဉ်ပိုင်းဆိုင်ရာအသက်သည် ကျွယ်ဝပြည့်လျှံ၍ လွတ်လပ်သော်လည်း ခိုင်မာပြတ်သားသော ရည်ရွယ်ချက်ရှိ၏။

ဝိညာဉ်တော်အလုပ်၏ဖော်ပြချက်များ

ယုံကြည်သူသည် ဝိညာဉ်တော်အားဖြင့် မွေးဖွားသောသူဖြစ်ကြောင်း ယောဟန် ၃ ၌ ရှင်းလင်းစွာ ဖော်ပြသည်။ ထိုသူ၏ဝိညာဉ်ပိုင်းဆိုင်ရာ အသက် သည် ဘုရားသခင်၏ဝိညာဉ်တော် အတူပါရှိခြင်းအားဖြင့် သက်သေပြ၏။ ထိုသို့ဖြင့် ဝိညာဉ်ပိုင်းဆိုင်ရာအသက်သည် သန့်ရှင်းသောဝိညာဉ်တော်နှင့် ဆက်နွယ်ထားသည့် အသက်၏အမှတ်လက္ခဏာများ ရှိနေမည်ဖြစ်ပါသည်။ ဝိညာဉ်တော်အားဖြင့် ဖွားမြင်သော အသက်သစ်၏ အမှတ်လက္ခဏာများမှာ အောက်ပါအတိုင်းဖြစ်သည်။

- ဘုရားသခင်၏နှုတ်ကပတ်တော်ကို စာဖတ်ခြင်း
- အခြားသော ခရစ်ယာန်ယုံကြည်သူများနှင့်အတူရှိခြင်းကို တောင့်တခြင်း
- ဘုရားသခင်အား စကားပြောလိုခြင်း (ဆုတောင်းလိုခြင်း)
- တစ်စုံတစ်ဦး၏အပြစ်ကို နားလည်သဘောပေါက်ခြင်း
- ယေရှုခရစ်တော်အားဖြင့် ခွင့်လွှတ်ခြင်းရရှိရန် လိုအပ်မှု

အသစ်သောအသက်၏အမှတ်လက္ခဏာများ

- ဘုရားသခင်နှင့်သူ၏လမ်းစဉ်များ၌ ကြီးထွားရန် နှစ်သက်ခြင်း
- အခြားသောသူများအား နားလည်သဘောပေါက်၍ သူတို့၏လိုအပ်ချက်များကို အလေးထားခြင်း

မွေးကင်းစကလေးငယ်သည် အသက်ရှင်မွေးလာ၍ လှုပ်ရှားလျက်၊ ငို လျက်၊ စာလျက်နေသကဲ့သို့ ခရစ်တော်၌ဖွားမြင်သည့် အသစ်သောအသက် သည်လည်း တချို့သောတောင့်တမှုများနှင့် အသိပညာအတွက် သူ အလိုအလျောက် ဖော်ပြလာမည်ဖြစ်သည်။

ဗတ္တိဇံဆရာယောဟန်က "သို့ဖြစ်၍ နောင်တနှင့်ထိုက်တန်သောအသီး ကို သီးကြလော့" (မ၊၃၊၈)။ ယောဟန်သည် ဘာကိုဆိုလိုပါသနည်း။ ယော ဟန်သည် ရိုးရှင်းစွာ ပြောဆိုလျက် သင်တို့သည် (ဖာရိရဲတို့) ဘုရားသခင်ရှေ့ တော်မှောက်၌ အသက်ရှင်လျက်နေသည်ဟု ဆိုပါက သင်တို့၌ အသက်၏သက်သေ လက္ခဏာများ ရှိသင့်သည်ဟု ဆိုလိုခြင်းဖြစ်သည်။ ၍ အမှု၌ ဖာရိရဲတို့သည် သူတစ်ပါး၏မှားယွင်းကို လက်ညှိုးထိုးမည့်အစား မိမိ တို့၏အပြစ်ကို နားလည်၍ နှိမ့်ချစေရန်ဖြစ်သည်။ အသစ်သောအသက်၏ သက်သေလက္ခဏာများစွာရှိ၏။ အနေအထားအရ တချို့သော သူ တို့၏သက်သေလက္ခဏာသည် အခြားသူများထက် ပိုများနိုင်သည်။ ၍ အသစ်သောအသက်သည် သန့်ရှင်းသောဝိညာဉ်တော်အားဖြင့် ကျွန်ုပ်တို့ စိတ်နှလုံး၌ နက်ရှိုင်းစွာ ဖွားမြင်ခြင်းခံရသည်။ ၍အသစ်သောအသက်သည် အချိန်ကြာလာသည်နှင့်အမျှ ကျွန်ုပ်တို့၏အကြံအစည်နှင့်အပြုအမူတို့ကို ပုံသွင်းပေး၍ မိမိတို့၏ ဝိညာဉ်ရေးရာကို ကြီးထွားစေကာ အခြားသူများထံသို့ ထင်ရှားစေပါလိမ့်မည်။

သင်ခန်းစာများ

- လေနှင့်ရေသည် သန့်ရှင်းသောဝိညာဉ်တော်အတူပါရှိခြင်း၊ တန်ခိုး နှင့်ရည်ရွယ်ချက် အကြောင်းအရာ တို့ကို ကျွန်ုပ်တို့အား သွန်သင် ပေးသည်။
- အသစ်သောအသက်သည် ကျွန်ုပ်တို့စိတ်နှလုံး၌ ဝိညာဉ်တော်ပါရှိ ခြင်းအားဖြင့် ဖြစ်ပေါ်လာသည်။
- ဝိညာဉ်ပိုင်းဆိုင်ရာအသက်သည် ခန္ဓာပိုင်းဆိုင်ရာအသက်ကဲ့သို့ပင် တချို့သော လက္ခဏာများအားဖြင့် ၎င်း၏စစ်မှန်မှုကို ဖော်ပြသည်။

အသက်၏အနှစ်သာရ

- ဤဝိညာဉ်ပိုင်းဆိုင်ရာ အသက်၏သက်သေလက္ခဏာများသည် ဒုစရိုက်အပြစ်ကို ဆက်လက် ကျူးလွန်ခြင်းအားဖြင့် ထိခိုက်နိုင် သော်လည်း စစ်မှန်သောယုံကြည်သူ၌ အမြဲရှိနေမည်ပါလိမ့်မည်။

ကျက်မှတ် ဆင်ခြင်ပါ

- မ၊ ၃:၈
- ၁ ယော၊ ၃:၁၈၊ ၂၃-၂၄

တာဝန်ပေးအပ်ခြင်း

➡ ယေရှုအား စတင်သိရှိလာသည့်အကြောင်းကို စဉ်းစားကြည့်ပါ။ အထက်မှာ ဖော်ပြခဲ့သည့် အသက်၏ သက်သေလက္ခဏာများကို ပြန်လည်ဆန်းစစ်ပါ။ ၎င်းတို့ကို သင့်အသက်တာ၌ လေ့လာနိုင်ပါ သလား။ အထင်ရှားဆုံးတစ်ခုကို ရေးချပါ။

-
-
-
-

အသစ်သောအသက်၏အမှတ်လက္ခဏာများ

➡ ယနေ့အတွက် မည်သို့နည်း။ ဤသက်သေလက္ခဏာများသည် ဆက်လက်ရှိနေသင့်သည်။ သခင်ဘုရားထံက စမ်းသပ်ခြင်းသည် ရင်းတို့ကို ချုပ်ထိန်းနိုင်သည်မှန်သော်လည်း မည်သည့်အရာက သင့်အတွက် အရေးကြီးဆုံးနည်း။ အကယ်၍ အထက်မှာဖော်ပြ သည့် အသက်၏သက်သေလက္ခဏာများထဲမှ တစ်ခုခုသည် သင့် အတွက် မှန်ကန်ပါက ရင်းကိုရေးချပါ။

➡ ရင်းတို့ကို ရေးချပြီးနောက်တွင် "သခင်ဘုရား ကိုယ်တော်၏နှုတ်ကပတ် ကို ကျွန်ုပ်နှစ်သက်ပါ၏" ဟု အသံထွက်ဆုတောင်းပါ။ ကိုယ်တော် သည် ရင်းတို့ကို တိတိကျကျ ဖော်ပြသည်ဖြစ်စေ၊ မဖော်ပြသည်ဖြစ်စေ ယခု ဤအရာတို့သည် ကိုယ်တော်ကြောင့်သာ နှစ်သက်ဖွယ်ဖြစ်၏။ (ထိုသို့ ဆုတောင်းခြင်းသည် အလွန်အရေးကြီးလှပါ၏။)

➡ အကယ်၍ ဤဆန္ဒများသည် သင့်အဖို့မဟုတ်မှန်ပါက သင်၌ ဝိညာဉ် တော်၏အသက် မရရှိသေးတာဖြစ်နိုင်ပါ၏။ သင်သည် ထိုသို့ဖြစ်နေ သေးလျှင် သခင်ဘုရားကို သိရှိဖို့ လိုအပ်ပါသည်။ ယေရှုခရစ်တော် အားဖြင့် ကယ်တင်ခြင်းရရှိဖို့ ကိုယ်တော့်ကို ခေါ်ဖိတ်လက်ခံပါ။

➡ ယော၊ ၃:၁-၈ နှင့် ၄:၁၀-၁၄ တို့ကို လေ့လာပါ။ သန့်ရှင်းသောဝိညာဉ် တော်သည် ထာဝရအသက်၏ ရင်းမြစ်ဖြစ်ကြောင်းကို ကျွန်ုပ်တို့အား သတိပေး၍ ထိုဝိညာဉ်တော်နှင့်စပ်လျဉ်းသည့်လေ သို့မဟုတ် ရေ ဟူသောအဓိကစကားစုတို့ကိုရှာဖွေပါ။

#၇
အသက်၏ရင်းမြစ်

ခန္ဓာပိုင်းဆိုင်ရာအသက်ကဲ့သို့သော ဝိညာဉ်ပိုင်းဆိုင်ရာအသက်သည် ယုံကြည်သူခရစ်ယာန် အထဲ၌ အလွန်တန်ခိုးရှိသောအင်အားဖြစ်ပါသည်။ အသစ်သောအသက်ကို တစ်ကြိမ် ရယူဝန်ခံခြင်းသည် အဓိပ္ပာယ်အမျိုးမျိုး ဖြင့် သူ့ဘာသူ စတင်ဖော်ပြသွားမည်။

အင်အားပြင်းလျှပ်စီးကဲ့သို့သော ဤအသစ်သောအသက်သည် ဦးတည်ချက်ရှိ၍ လမ်းညွှန်ချက်ရှိ၏။ ဥပမာ ထိုအသက်သည် ကျွန်ုပ်တို့အား သူတစ်ပါး၏အမှုများကို စဉ်းစားရာသို့ မပို့ဆောင်ပေ။ အဘယ့်ကြောင့်ဆို သော် ထိုအသက်၏ရင်းမြစ်သည် မိမိတို့အထဲ၌ ဘုရားသခင်ဖြစ်ပွားစေတော် မူသော သန့်ရှင်းသောဝိညာဉ်တော်ဖြစ်သောကြောင့်တည်း။

ယေရှုက သင်တို့သည် အထက်အရပ်မှ ဖွားမြင်၏ သို့မဟုတ် ဒုတိယ မွေးဖွားခြင်းခံရ၏ဟု မိန့်တော်မူ၏။ ယေရှုက "သင့်အား ငါအမှန်အကန်ဆို မည်။ လူသည် ရေနှင့်ဝိညာဉ်တော်အားဖြင့် မွေးဖွားခြင်းကို မခံလျှင် ဘုရားသခင်၏နိုင်ငံတော်သို့ မဝင်နိုင်။ အသွေးအသားအားဖြင့် မွေးဖွားသော အရာသည် အသွေးအသားဖြစ်၏။ ဝိညာဉ်တော်အားဖြင့် မွေးဖွားသောအရာ သည် ဝိညာဉ်ဖြစ်၏" (ယော၊၃း၅-၆)။ မိမိတို့၏အသက်သစ်တန်ခိုးသည် ဘုရားသခင်ကိုယ်တိုင်ဖြစ်သည်။ ဤအသက်သစ်သည် ကျွန်ုပ်တို့ အသက် တာအားဖြင့် သန့်ရှင်းသော ဝိညာဉ်တော်ကိုယ်တိုင် သက်ဝင်လှုပ်ရှားခြင်း ပင်ဖြစ်သည်။ ဤအကြောင်းကြောင့် ကျမ်းစာက ယုံကြည်သောသူသည် ဝိညာဉ်တော်၌ အသက်သစ်ကို ပိုင်ဆိုင်သူ ဖြစ်သည်ဟု ရည်ညွှန်းခြင်း ဖြစ်သည်။

ကျွန်ုပ်တို့အထဲ၌ ဘုရားသခင်၏ဝိညာဉ်တော် လုပ်ဆောင်ချက်

ဤအကြောင်းအရာကို နားလည်ခြင်းသည် အရေးပါသောအရာ ဖြစ်သည်။ အကြောင်းမှာ ထိုသို့ နားလည်ခြင်းအားဖြင့် မိမိတို့အပေါ် ဘုရားသခင်၏စဉ်ဆက်မပြတ် ကူညီမစခြင်း လမ်းစဉ်များကို တွေ့မြင်နိုင် သောကြောင့်တည်း။ သူသည် မိမိ၏တန်ခိုးကို အသုံးချနိုင်ရမည့် အကြောင်း ကျွန်ုပ်တို့အား ခမည်းတော်ဘုရားနှင့် ပုံ၍သဏ္ဌာန်တူစေလို

47

အသက်၏အနှစ်သာရ

သည်။ ထိုနည်းတူစွာ ဝိညာဉ်တော်သည်လည်း မိမိ၏ ကောင်းမြတ်ခြင်း၊ သန့်ရှင်းသောရည်ရွယ်ချက်တို့နှင့် ဆန့်ကျင်စေသည့် မည်သည့် မှားယွင်းမှုကိုမဆို ကျွန်ုပ်တို့အားပြုမိစေရန် မိမိ၏တန်ခိုးကို အသုံးပြုမည် မဟုတ်ပေ။

များသောအားဖြင့် ကျွန်ုပ်တို့ခရစ်ယာန်အသက်တာသည် သန့်ရှင်း သောဝိညာဉ်တော်ပြုစေလိုသော အရာကို ဖော်ထုတ်ပြသခြင်းအားဖြင့် ဖွံ့စည်းတည်ဆောက်ပါလိမ့်မည်။ ရင်းတို့ကို ယုံကြည်ခြင်းအားဖြင့် သယ်ပိုး သွားမည်သာဖြစ်သည်။

ဝိညာဉ်တော်၏တန်ခိုးသည် အားကြီး၏။ ကျွန်ုပ်တို့သည် သန့်ရှင်း သောဝိညာဉ်တော်ကို ဝမ်းနည်းစေ နိုင်သော်လည်း ရင်ကို မည်သည့်အခါမျှ မယဉ်ပါးစေနိုင်သလို၊ မည်သည့်အခါမျှ မရင်ဆိုင်နိုင်ပေ (ဧ၄း၃၀)။ ကျွန်ုပ် တို့အဖို့ အကောင်းဆုံး မျှော်လင့်ချက်ကား အားကြီးသော ဝိညာဉ် တော်၏လမ်းကြောင်းပေါ်၌ နေလျက် မိမိတို့၏အားထုတ်မှုမှသမျှကို ချထား ခြင်းရမည်သာဖြစ်သည်။

သင်ခန်းစာ

- သန့်ရှင်းသောဝိညာဉ်တော်သည် မိမိတို့၏အသက်သစ်ရင်းမြစ် အင်အားဖြစ်၍ ဘုရားသခင်အလိုရှိသော အရာမှာသမျှကို ပြုဖို့ရန် ခွန်အားကို ဖြစ်ပေါ်စေပါသည်။

- မိမိတို့ကိုယ်ပိုင် ခိုင်ခံ့စရာမလိုအပ်ပေ။ ကျွန်ုပ်တို့သည် အရာမထင် သော ဝါးဖောင်သဖွယ် ဖြစ်သော်လည်း မိမိတို့အသက်တာအတွက် ဘုရားသခင်၏ဝိညာဉ်တော် သယ်ပိုးစေသောအရာကို အထူးအာရုံစူး စိုက်ရန်လိုအပ်သည်။

ကျက်မှတ် ဆင်ခြင်ပါ

- ယော၃း၅-၆
- ၁ယော၊ ၅း၁၄

အသက်၏ရင်းမြစ်

တာဝန်ပေးအပ်ခြင်း

သင့်အား သန့်ရှင်းသောဝိညာဉ်တော် ပြုစေလိုသောအရာသုံးခုကို ဖော်ပြပါ။

✦

✦

✦

➡ ဘုရားသခင်ထံ ဆုတောင်းပါ။ သင့်အား ကိုယ်တော့်ကို နှစ်သက်စေ လိုသောဆန္ဒကိုပေး၍ ရင်းတို့ကို သယ်ပိုးစေလိုသောကြောင့် ကိုယ် တော့်ကို ချီးမွမ်းပါ။ သင်သည် ဘုရားသခင်၏ဘုန်းတော်အတွက် ဝိညာဉ်တော်၏မစခြင်းအားဖြင့် ဤအရာများကို လုပ်ဆောင်နိုင်ဖို့ရန် ဘုရားသခင်အား အထူးဉာဏ်ပညာ၊ ခွန်အားနှင့်အကူအညီများကို တောင်းလျှောက်ရမည်။

#၈
ဝိညာဉ်တော်ကို မှီတွယ်ခြင်း

ကြီးမားသောမြစ်ရေစီးကြောင်းသည် ယုံကြည်သူအသက်တာထဲ၌ အရှိန်နှင့်ငွေ့ စီးဆင်းနေသော အရာတစ်ခုကို ပုံဖော်ထားသည်။ အခြားတစ်ခုမှာ အားကြီးသော လေစီးကြောင်းဖြစ်ပါသည်။ မုန်တိုင်း၌ လေပြင်းတိုက်ခတ်ခြင်း ပါဝင်သော်လည်း၊ ၎င်းသည် ကြီးမားသောလေစီးကြောင်းများဖြင့် ဖွဲ့စည်း ထားသည်။ တိုက်ခတ်နေသောလေသည် သူ့လမ်းကြောင်းရှိ၍ သတ်မှတ်ထား သည့် ဘောင်အတွင်း၌သာ တိုက်ခတ်တတ်၏။

၎င်းအားကြီးသောလေစီးကြောင်းသည် မိမိတို့အသက်တာ၌ သန့်ရှင်း သောဝိညာဉ်တော်၏ လုပ်ဆောင်ချက်ကို ပိုမိုရှင်းလင်းစွာ စဉ်းစားဖို့ရန် အထောက်အကူဖြစ်စေသည်။ ဘုရားသခင်သည် မိမိ၏ရည်ရွယ်ချက်ကို လုပ်ဆောင်လျက်ရှိကြောင်း သတိပြုသင့်သည်။ ကျွန်ုပ်တို့သည် ဘဝ မုန်တိုင်း တိုက်ခတ်နေစဉ် ဦးတည်ချက်အဖို့ ရှုပ်ထွေးလျက်နေနိုင်သည်။ မ တရားသူများသည် ကျွန်ုပ်တို့တစ်ဖက်၌ ထလျက်နေကြသော်လည်း ဘုရားသခင်သည် ထိန်းချုပ်သောအရှင်ဖြစ်ကြောင့် စိုးရိမ်စရာမလိုအပ်ပေ။ မိမိတို့၏တာဝန်ကား ဘုရားသခင်၏ပိုမိုကြီးမြတ်သော ရည်ရွယ်ချက်၌ ရပ်တည်၍ သေးငယ်အမှုဖြစ် သည့်တိုင်အောင် အရေးပါသောအမှုကို လုပ်ဆောင်ရန်ဖြစ်သည်။ ပတ်ဝန်းကျင်အခြေအနေ မည်သို့ဖြစ်စေကာမူ သင် သည် ဘုရားသခင်အဖို့ အသုံးတော်ခံလိုကြောင်းကို အတည်ပြုရမည်။ ဘုရားသခင်၏ရည်ရွယ်ချက်ကို အကောင်အထည်ဖော်နိုင်ဖို့ရန် မိမိတို့လိုအပ် သောခွန်အားရှိသမျှကို မိမိတို့ပိုင်ဆိုင်ထားကြောင်း သတိရပါ။ မိမိတို့၏ဆန္ဒ သည် ဘုရားသခင်အား နှစ်သက်စေရန်ဖြစ်၍ ကိုယ်တော်၏ခွန်အား၌ ကိုးစား ရန်ဖြစ်ကြောင်း အတည်ပြုထောက်ခံဖို့ လိုအပ်သည်။

အထက်၌ရှိသောလေသည် ကျွန်ုပ်တို့၏ဘုရားသခင်ဝိညာဉ်တော် လိုအပ်မှုကို ပြသပါသည်။ ရွှေလင်းယုန်ငှက်သည် အားကောင်းသော အတောင်ပံများကို ပိုင်ဆိုင်ထားသော်လည်း လေဟုန်၌ ပျံဝဲနိုင်ဖို့ရန် လေဟုန် ကိုစီးဖို့ လိုအပ်သည်။

ကျွန်ုပ်တော့်မိတ်ဆွေတစ်ဦးသည် မြင့်သောတစ်နေရာမှ စက်မဲ့လေယာဉ်ကို လျှောစီးလျက်နေတတ်၏။ ထိုအမှုကို ငါမပြုလိုပေ။

ဘုရားသခင်၏ဝိညာဉ်တော် ပို့ဆောင်ခြင်း မပါသော်လည်း ထိုအမှုကိုပြုသင့် မပြုသင့် ကျွန်ုပ်တို့၌ ရွေးချယ်ပိုင်ခွင့်ရှိသည်။ မိမိတို့ကိုယ်ကို မေးရမည့် မေးခွန်းမှာ ဘုရားသခင်၏ရည်ရွယ်ချက်အပေါ်၌ မိမိတို့၏ အသိစိတ်သည် မိမိ တို့၏အသက်တာ၌ မည်ကဲ့သို့ လုပ်ဆောင်နေပါသနည်းဟူ၍ ဖြစ်သည်။ ဤသို့သော အနေအထားတွင် များစွာသောသူတို့၏ ယုံကြည်ခြင်းမှာ "ဘုရားသခင်လုပ်ဆောင်နေသောအရာကို ငါနားမလည်"ဟု ဆိုလျှက် မရှင်းမ လင်းဖြစ်တတ်ကြ၏။

> ထာဝရဘုရားကို မျှော်လင့်သောသူတို့ မူကား အားပြည့်ကြလိမ့်မည်။ ရွှေ လင်းယုန်ငှက်ကဲ့သို့ မိမိတို့အတောင်ကို အသစ်ပြုပြင်ကြလိမ့်မည်။ ပြေး သော်လည်း မပင်ပန်း၊ ခရီးသွား သောအခါမမောရကြ (ဟေရှာ၊၄၀း၃၁)။

အသက်တာနှင့်စပ်လျဉ်း၍ မဖြစ်နိုင်သောခြေလှမ်းများ

ဝိညာဉ်တော်သည် ဘုရားသခင်၏အလိုတော်ကိုပြုဖို့ရန် ကျွန်ုပ်တို့အား အမြဲပို့ဆောင်ပါလိမ့်မည်။ တစ်ခါတစ်ရံ မဖြစ်နိုင်ဘူးဟု ထင်ရသော လမ်းများထဲသို့ ကျွန်ုပ်တို့ကို ပို့ဆောင်ပါလိမ့်မည်။ ထိုအရာတို့ကို မဖြစ်နိုင် ဟု ဘာ့ကြောင့် ထင်ရသနည်း။

- ခန္ဓာကိုယ်အရ မိမိတို့၏စွမ်းရည်များထက် ကျော်လွန်သောအခါ
- အချိန်လုံလောက်မှု မရှိသောအခါ
- ငွေကြေးအရ မိမိတို့၏အစီအမံများထက် ကျော်လွန်သောအခါ
- မိသားစုနှင့်မိတ်ဆွေများအားဖြင့် အတိုက်အခံပြုခြင်း ရှိသောအခါ
- စွမ်းရည်များ သို့မဟုတ် ဆုကျေးဇူးများ မလုံလောက်သောအခါ
- မိမိကိုယ်ကို ယုံကြည်စိတ်ချမှုကင်းမဲ့သောအခါ

ထိုသို့သော ဖော်ပြချက်သည် ဆက်ရှိနေမည်ဖြစ်သည်။ မည်သို့ပင်ဖြစ် စေ ဝိညာဉ်တော်သည် ရင်းကဲ့သို့ ခက်ခဲသောအနေအထားများ၌လည်း

ဝိညာဉ်တော်ကို မှီတွယ်ခြင်း

ကျွန်ုပ်တို့ကိုပို့ဆောင်ပါလိမ့်မည်။ သင်သည် ခက်ခဲသောသူနှင့် တွေ့ကြုံ ဖူးပါသလား။ တွေ့ကြုံဖူးမှာပါ။ ထိုသူကို ချစ်ဖို့ရန် ဘုရားသခင်က သင့်အား စိတ်ရှည်ခြင်းကို ပေးပါလိမ့်မည်။ ကျွန်ုပ်တို့သည် ဘုရားသခင်ကိုသာ ကိုးစားရမည့်အကြောင်း ကိုယ်တော်သည် မိမိတို့၏ သာမန်စွမ်းရည်ထက် ကျော်လွန်၍သွားရန် တောင်းဆိုတတ်သည်။ ၎င်းသည်လည်း ဘုရားသခင်၏ ကြိုတင်စီမံချက် ဖြစ်ပါသည်။

ကျွန်ုပ်တို့သည် မကြာခဏ မိမိတို့၏သာမန် စိတ်ဆွဲခြင်းများမှစ၍ မိမိ တို့၏ဖြစ်ခြင်းနှင့်ပင်ကိုစရိုက်များ အပေါ်တွင် မှီခိုအားထားခြင်းဖြင့် ဆက် သွားရန် ဂရုစိုက်တတ်ကြသည်။ တချို့မှာ ပေတရုကဲ့သို့ ရဲရင့်ကြ၏။ သို့သော် ထိုသူတို့သည် အမြဲအောင်မြင်သောသူမဟုတ်ကြပေ။ တချို့ကမူ သောမကဲ့သို့ ကြောက်ရွံ့၍ အရှုံးပေးတတ်ကြ၏။

ကျွန်ုပ်တို့သည် ဘုရားသခင်၏သန့်ရှင်းသောဝိညာဉ်တော်နှင့်အတူ မည်ကဲ့သို့လုပ်ဆောင်မည်ကို ဆိုလိုခြင်းမဟုတ်ဘဲ ကိုယ်တော်လုပ်ဆောင် သည့်လမ်းစဉ်ကို မီးမောင်းထိုးပေးခြင်းသာဖြစ်သည်။ သို့ဖြစ်၍ ကျွန်ုပ် တို့သည် ကိုယ်တော်၏မစခြင်းအပေါ် မည်ကဲ့သို့ မှီခိုအားထားမည်ကို သင်ယူ ရန်လိုအပ်ပါသည်။ ဘုရားသခင်၏အလိုတော် ပြီးပြည့်စုံစေဖို့ရန် အလွန် ပါးနပ်သော နတ်ဆိုး၏အကြံအစည်ကို သိမြင်ရမည်အကြောင်း ကိုယ်တော်၍သာလျှင် ခွန်အားမှစ၍ ဉာဏ်ပညာနှင့်ထိုးထွင်းသိမြင်စွမ်းရှိ ပါ၏။

အာရုံစိုက်လျက် သတိပြုကြလော့

ယေရှုက "ဖြားယောင်းသွေးဆောင်ရာထံသို့ မကျရောက်စေရန် သတိ နှင့်စောင့်နေလျက် ဆုတောင်းကြလော့။ စိတ်ဝိညာဉ်သည် ထက်သန် သော်လည်း ကိုယ်ကာယမှုကား အားနည်း၏"ဟု မိန့်တော်မူ၏ (မ၊၂၆:၄၁)။ စစ်မှန်သောယုံကြည်သူသည် ဘုရားသခင်ကို နှစ်သက်စေလိုသော်လည်း ကျပ်တည်းသောအချိန်ခါ၌ ဘုရားသခင်က မည်ကဲ့သို့ကိုင်တွယ်ဖြေရှင်းပေး နိုင်သည်ကို မမြင်တတ်သောအခါ စုံစမ်းခြင်းသို့ပါသွားတတ်၏။ ကျွန်ုပ် တို့သည် ဘုရားသခင်အလိုရှိသောအရာကို သိမြင်နိုင်ဖို့ရန် ဆုတောင်းခြင်း ဖြင့် ကိုယ်တော်၍ အာရုံစိုက်ခြင်းကိုသာ လိုအပ်သည်မဟုတ်ဘဲ ကိုယ် တော့်ထံမှ ယုံကြည်ခြင်း၊ ခွန်အားနှင့်ဉာဏ်ပညာများ မည်ကဲ့သို့ရရှိမည်ကို သင်ယူဖို့ရန်လည်းလိုအပ်ပါသည်။ ကျွန်ုပ်တို့သည် စတင် ဆုတောင်း

အသက်၏အနှစ်သာရ

သောအခါ ၍လိုအပ်ချက်များကို မသိရှိသော်လည်း ကိုယ်တော်ထံသို့ အမှန် ချဉ်းကပ်လာသောအခါ ကိုယ်တော်သည် ငင်းတို့ကို ကျွန်ုပ်တို့အား ပေး တော်မူလိမ့်မည်။

ဘုရားသခင်နှင့်ဆိုင်သောအရာများကို ချစ်ခြင်းမေတ္တာဖြင့် ထွေးပိုက် ရန် လိုလားမှုသည် သန့်ရှင်းသောဝိညာဉ်တော်ထံမှလာ၏။ ကျွန်ုပ်တို့သည် ကယ်တင်ခြင်းရရှိဖို့ ခရစ်တော်ကို စတင်ကိုးစားယုံကြည်၍ ဒုတိယမွေးဖွား ခြင်းခံရသောအခါထိုအဖြစ်အပျက်သည် မိမိတို့၏အထဲ၌ သွတ်သွင်းပြီး ဖြစ်သည်။ ၍ခံစားချက်များကို မိမိတို့ကိုယ်တိုင် ဖန်တီးစရာမလိုပေ။ အသစ် သော ယုံကြည်သူသည် ခရစ်ယာန်တစ်ဦး၏အတွေ့အကြုံ့သို့ပင် ဘုရားသခင်ကို နက်နက်ရှိုင်းရှိုင်း ကိုးကွယ်နိုင်သည်။ ကျွန်ုပ်တို့သည် ၍ လိုအင်ဆန္ဒများ ကြီးထွားဖို့ရန် ရှန်ကန်လှုပ်ရှားစရာမလိုသော်လည်း မိမိတို့၌ ရှိသောမေတ္တာ၊ မိမိတို့ဟာမည်သူမည်ဝါဖြစ်ကြောင်း၊ မိမိတို့သည်ဘာကို ပြု သင့်ကြောင်းစသဖြင့် မေးခွန်းထုတ်လာသောအခါ ရှုပ်ထွေးခြင်းရှိလာ နိုင်သည်။ မိမိတို့၏ဖြစ်ခြင်းအမှန်ကို ခွာချွတ်ဖို့ရန် နတ်ဆိုး့ရှာကြလာ သောအခါ ခရစ်တော်၌ရှိသော မိမိတို့၏ဖြစ်ခြင်းအမှန်ကို ရှင်းလင်းစေဖို့ရန် ဘုရားသခင်၏ သမ္မာတရားကို ရယူဆည်းပူးရမည်။

ဘုရားသခင်သည် ကျွန်ုပ်တို့၏ခွန်အားဖြစ်တော်မူ၏။ ကျွန်ုပ် တို့သည် ကိုယ်တော်၌ တည်၍ ကိုယ်တော်ကို ခေါ်လျှက်နေသောအခါ ထို တန်ခိုးသည်လည်း မိမိတို့ကို ပို့ဆောင်ပေးလျှက်နေတတ်၏။

သင်ခန်းစာ

- ဘုရားသခင်သည် မိမိ၏အလုပ် ပြီးမြောက်စေရန်အတွက် ဉာဏ်ပညာ၊ အချိန်ကောင်း၊ အခွင့်အလမ်းများနှင့်အခြားသော အရာများအတွက် သူ့ထံ၌ ကိုးစားစေလိုသည်။

- ဘုရားသခင်၏အလိုတော်ကို သယ်ပိုးရန်အတွက် မိမိတို့လိုအပ်သော အရာကို ပေးသနားတော်မူရန် ဘုရားသခင်သည် မိမိတို့အား စိတ်အား ထက်သန်စွာ ရှာဖွေလျှက်နေ၏။ သို့သော် နောက်ဆုံး၌ မိမိတို့အား ရှုံးနိမ့်စေမည့်မိမိတို့၏အင်အား၌သာ ကိုးစားတတ်ကြ၏။

- တစ်ခါတစ်ရံ ကျွန်ုပ်တို့သည် မဖြစ်နိုင်သောလူများနှင့် ရင်ဆိုင် တွေ့ကြသော်လည်း သခင်ဘုရားသည် မိမိတို့အား ကူညီရန် ထို နေရာ၌ မိမိတို့နှင့်အတူရှိတော်မူ၏။

ဝိညာဉ်တော်ကို မှီတွယ်ခြင်း

ကျက်မှတ် ဆင်ခြင်ပါ

- မ၊ ၂၆:၄၁
- ဆာ၊ ၅:၃၊ဟေရှာ၊၄၀:၃၁

တာဝန်ပေးအပ်ခြင်း

➡ ဘုရားသခင်၏အမှုတော်ထမ်းဆောင်ရန်အတွက် သင့်အင်အားများ အပေါ်၌ ပျက်ပြားခြင်းနှင့် ရှုံးနိမ့်ခြင်းကို ဖြစ်စေတတ်သောလမ်းစဉ် များကား အဘယ်နည်း။

➡ သင်၌ မည်သို့သောပင်ကိုစရိုက်ရှိသနည်း။ ခက်ခဲသောအနေအထား များကို ကျော်လွှားဖို့ရန် ကြိုးစားသောအခါ ထိုပင်ကိုယ်စရိုက်က သင့် အား မည်ကဲ့သို့ ပုံသွင်းနိုင်စွမ်းရှိသနည်း။

➡ မဿဲ ၂၆:၄၁ အရ သင်သည် နေ့စဉ်ဝိညာဉ်ရေးရာ၌ ခက်ခဲသော အခြေအနေဟု ယူဆသောအရာကို တွေ့ကြုံသောအခါ၌သာ ဆုတောင်းလျက် စောင့်နေတတ်သလော။

အသက်၏ရင်းမြစ်နှင့်သင်

အခန်း ၉-၁၀

#၉
နားလည်သဘောပေါက်လာခြင်း

ဝိညာဉ်တော်မည်ကဲ့သို့ လုပ်ဆောင်သည်ဟူသောအရာကို ယေဘုယျ အားဖြင့် ဖော်ပြရာတွင် သူ၏လုပ်ဆောင်ခြင်း၌ ကိုယ်တိုင်ကိုယ်ကျ၏ရှု ထောင့်မှ ကြည့်ရှုရန်လိုအပ်ပါသည်။ ဤစာအုပ်၏ အဆုံးပိုင်း၌သာ သင်ယူ သူတစ်ဦး၏ရှုထောင့်ဘက်မှ နောက်တစ်မျိုးပုံစံဖြင့် ကြည့်ရှုသုံးသပ် ရန်ဖြစ်သည်။

ကျွန်ုပ်တို့သည် မကြာခဏ အသက်၏တည်ရှိမှု ကို နားမလည်ဘဲနေတတ် ကြ၏။ အမှန်မှာ ဤတန်ခိုးရှိ သောအသက် အားဖြင့်သာ သွား၊ လာ အသက် ရှင်၍ အကျိုးပြုနေခြင်းဖြစ်၏။

ဆက်နွယ်မှုများ လုပ်ဆောင်ပါ

လူလားမြောက်လာသော ယောက်ျားနှင့်မိန်းမတို့သည် မိမိတို့၏ခန္ဓာကိုယ် ပြောင်းလဲလာခြင်းကို သတိပြုကြသူများဖြစ်ကြသည်။ ထိုသူတို့သည် သူတို့၏ခန္ဓာကိုယ်နှင့် စိတ်ဝင်စားမှုများ ပြောင်းလဲလာခြင်းကို အပြည့်အဝအာရုံစိုက်ကြ သော်လည်း ထိုအသက်အားဖြင့် ပြောင်းလဲလာသောအကြောင်းအရာများကို သိပ်မစဉ်းစားတတ်ကြပေ။ ထိုသို့ဖြင့် လူငယ်တို့သည် သူတို့မည်သူမည်ဝါ ဖြစ်ကြောင်းကိုသာ အာရုံစိုက်လာကြ၏။ ကြာလာသည်နှင့်အမျှ သူတို့သည် မိမိတို့၌ မည်သည်ကိုပိုင်ဆိုင်ကြောင်း၌သာ ပို၍အာရုံစိုက်လာကြ၏။ လူငယ် အနည်းစုကသာလျှင် မိမိတို့၏အရွယ်ရောက်လာမှုမှစ၍ အလုပ်အကိုင်ရရှိ

အသက်၏အနှစ်သာရ

ခြင်း အကြောင်းတို့ကို ချင့်ချိန်စဉ်းစားတတ်ကြ၏။ နေ့ရက်စဉ်တိုင်း အလုပ် နှင့်လုံးပါးခြင်းက မိမိတို့၏ခန္ဓာရေးရာနှင့်ဝိညာဉ်ရေးရာ နှစ်ခုစလုံး အကြောင်းတို့ကို နားလည်သဘောပေါက်ရန် အဟန့်အတားတစ်ခုလို ဖြစ်လာ၏။

ကျွန်ုပ်တို့အထဲ၌ မှုတ်သွင်းပေးတော်မူသော အသက် တည်းဟူသော ဘုရားသခင်၏အသက်ကို မသိရှိခြင်းနှင့် အာရုံမစိုက်ခြင်းသည် အသက်၏နက်နဲမှုကို မခံစားတတ်ခြင်း ပင်ဖြစ်သည်။ ကျေးဇူးမတင်တတ် ခြင်းသည် ကိုယ်ပိုင်လွတ်လပ်စွာ အသက်ရှင်ခြင်းသို့ ပို့ဆောင်၍ မောက်မာ ခြင်းကို အားသန်စေတတ်၏။

ထိုအရာသည် ဤနေ့ရက်နှင့်ဆိုင်သော ရုပ်ဝတ္ထုနှင့် လောကီ ရေးရာ တို့၏တုန်ခါမှု ခေတ်ကာလကို ဆိုလိုပါသည်။ အရာရာအားလုံးသည် ဓာတုဗေဒနှင့်ပတ်သက်၍ သူတို့၏အသက်ရှင်ခြင်း တစ်ဘက်၌လည်း မည် သည့်အစွမ်းတန်ခိုးမျှမရှိဟု ယုံကြည်ထားကြ၏။ သူတို့ပိုင်ဆိုင်သော အရာ အားလုံးအတွက် ကိုယ်တော်၌ မှီခိုကြသော်လည်း ဤလောကနှင့်ဆိုင်သော အမှုကိစ္စများ၌ ဘုရားသခင်ပါဝင်နေခြင်းကိုမူ လက်မခံကြပေ။

ဝိညာဉ်ရေးရာ၌ မထင်ရှားသောပြဿနာ

ဤလျစ်လျူရှုခြင်းသည် အသင်းတော်ကို အကျိုးထိခိုက်မှုရှိစေ ပါသည်။ ကျွန်ုပ်တို့သည် မိမိတို့၏ ဝိညာဉ်ရေးရာ နောက်ကွယ်၌ အသက်၏စီးထွက်နေမှုကို အာရုံမစိုက်ဘဲနေကြ၏။ ကျွန်ုပ်တို့သည် မိမိ တို့၏ထူးထွင်သိမြင်နိုင်စွမ်းထက် ထိတွေ့မြင်တွေ့နိုင်သောအရာများ အပေါ်၌သာ ပို၍ အာရုံစိုက် တတ်ကြ၏။

ကျွန်ုပ်ဘဝတစ်လျှောက်၌ ဘုရားသခင်သက်ဝင်လှုပ်ရှား၍ အသင်း တော်အား အားသစ်လောင်း စေခဲ့ဖူးပါသည်။ Ray Stedman ရေးသားသော 'ခန္ဓာကိုယ်အသက်' ဟူသည့်စာအုပ်အားဖြင့် ဝိညာဉ်ရေးရာဆုကျေးဇူးများ နှင့်ပတ်သက်၍ ဘုရားသခင်၏လူများနိုးကြားမှု အပါအဝင် ဘုရားသခင်၏ ဝိညာဉ်တော်သည် သူ၏လူတို့အား ထိုဆုကျေးဇူးများဖြင့် အားဖြည့်စေခဲ့ သည်။ ဤနှစ်ခု၏ဆက်စပ်မှုမှာ လက်တွေ့ကျ၍ သီအိုလော်ဂျိအရလည်း မှန်ကန်၏။ ဘုရားသခင်၏လူတို့သည် မင်္ဂလာရှိသောသူများ ဖြစ်ကြ သော်လည်း ဤကြီးထွားဖွံ့ဖြိုးမှုသည် အချိန်တိုတောင်းလှသဖြင့် အခြားသီ အိုလော်ဂျိပိုင်းဆိုင်ရာ ကြီးထွားဖွံ့ဖြိုးမှု၌ မထင်မရှားဖြစ်တတ်ကြ၏။

58

နားလည်သဘောပေါက်လာခြင်း

Charismatic movement လှုပ်ရှားမှုအဖွဲ့တို့သည် ဝိညာဉ်ပိုင်းဆိုင်ရာ ဆုကျေးဇူးများမှစ၍ သန့်ရှင်းသောဝိညာဉ်တော်၏လမ်းစဉ်နှင့်ချိတ်ဆက် ထားသည်ဟု ဆိုရသော်လည်း အမှန်မှာ ထိုထက်မက ကျယ်ပြန့်၏။ လူ တို့သည် အသက်မရှိသောအသင်းတော်များ၌ပင် ကျမ်းစာကို စတင် လေ့လာ၍ ဆုတောင်းတတ်ကြ၏။ ဤဆုကျေးဇူးများနှင့်မသက်ဆိုင်သည့် တစ်ဦးတစ်ယောက်၏အမြင်ကြောင့် တချို့နေရာများ၌ နိမိတ်လက္ခဏာများ ကို အလွန်အကျွံဦးစားပေး၍ မိမိတို့၏အသက်တာထဲ၌ ဝိညာဉ် တော်၏လုပ်ဆောင်မှုအပေါ် ထိုသို့သောအာရုံစိုက်ခြင်းသည် သေနေသော အသင်းတော်ပုံစံကဲ့သို့ပင် အသက်တာကို သေစေနိုင်သည်။

မိမိတို့ခရစ်ယာန်အသက်တာများ၌ ဘုရားသခင်၏ဝိညာဉ်တော် ရှင်သန် လျက် လုပ်ဆောင်နေခြင်း အကြောင်းကို မသိရှိလေလေ ဝိညာဉ်ရေးရာ၌ ပို၍သေလေလေဖြစ်၏။ အသင်းတော်အကြောင်းကို သိရှိခြင်းသည် အသင်းသားမဖြစ်စေသလို ဘုရားသခင်အကြောင်းကို များများသိရှိခြင်း လည်း ဘုရားသခင်ကို သိရှိခြင်းမဟုတ်ပေ။ ထိုအရာများကို သိရှိခြင်းသည် ကောင်းသောအရာဖြစ်သော်လည်း မိမိတို့အသက်တာထဲ၌ရှိသည့် ဘုရားသခင်၏အဓိက နေရာအပေါ်၌ အလေးထားမှုကို လျှော့လျှရှုခြင်းသည် ကြီးမားသောခလုတ်ဖြစ်လာနိုင်သည်။ ဤဝိညာဉ်ရေးရာ မျက်စိကန်းခြင်းကို မယုံကြည်ခြင်းဟုခေါ်၍ ကျွန်ုပ်တို့အား အောင်မြင်ခြင်းနှင့် အလှမ်းဝေးစေ လိမ့်မည်။

ဟောင်းသောအရာ၌ ပြန်လည်သက်ဝင်နိုးကြားလာခြင်းများ

ယခင်က ပြန်လည်သက်ဝင်နိုးကြားလာခြင်းများသည် ဘုရားသခင်ရှိ နေခြင်းကို ကြီးကြီးမားမား နားလည်သဘောပေါက်စေပါသည်။ လူတို့သည် မိမိတို့၏လုပ်ဆောင်ခြင်းကြောင့် ထိုသို့ဖြစ်ခြင်းမဟုတ်ဘဲ သူတို့အားဖြင့် ဘုရားသခင်လုပ်ဆောင်တော်မူသည်ကို သိရှိကြ၏။ မိမိတို့၏အသက်တာ အားဖြင့် ဘုရားသခင်ဝိညာဉ်တော် တက်တက်ကြွကြွလုပ်ဆောင်ခြင်းသည် အခြေခံလိုအပ်ချက်ဖြစ်ပါသည်။ ရင်းကို မသိရှိသောအခါ တလွဲတချော်ဖြစ် ခြင်းတည်းဟူသော ဘာသာရေးဆန်ခြင်း၊ သီအိုလော်ဂျီပိုင်းဆိုင်ရာ မာန၊ ဝိညာဉ်ရေးရာ စိတ်ပျက်ဥ်ငွေ့ဖွယ် အခြေအနေ၊ အောက်တန်းကျသော အပြုအမူများ ဖြစ်ပေါ်စေတတ်သည်။ ထိုအရာအားလုံးတို့၏အကျိုးဆက်

အသက်၏အနှစ်သာရ

သည် မိမိတို့၏အသက်တာများ၍ ဘုရားသခင်မည်ကဲ့သို့ လုပ်ဆောင် သည်ကို မရှင်းမလင်းဖြစ်စေတတ်၏။

ထိုယုံကြည်မှု၏အကျိုးဆက်သည် လူသားဆန်သော ဘာသာရေးဖြင့် အဆုံးသတ်၏။ ဦးတည်ချက်ကား ဘုရားသခင် အပေါ်၌ထက် လူသား၏ကြိုးစားအားထုတ်မှုနှင့် တွေးတောကြံဆမှုပေါ်၌ အခြေခံ ထားသည်။ ထိုအရာတို့သည် ယနေ့ မိမိတို့ပတ်ဝန်းကျင်နှင့်ကမ္ဘာ၌ အတိအကျ မြင်တွေ့ရ၏။

လက်တွေ့ဆန်သော ဘုရားမဲ့ဝါဒ

ကျွန်တော်သည် နှစ်ပေါင်းများစွာအတွင်းတွင် ယုံကြည်သောသူများစွာ တို့၏စိတ်ပိုင်းဆိုင်ရာကို ဖော်ပြဖို့ရန် "လက်တွေ့ဆန်သော ဘုရားမဲ့ဝါဒ" ဟူသောအသုံးအနှုန်းကို အသုံးပြုခဲ့သည်။ ထိုသို့ဆိုရာတွင် သူတို့၏ခရစ်ယာန် အသက်တာ၌ ဘုရားသခင်ပါရှိခြင်းကို နားလည်သဘောပေါက်ခြင်း မရှိဘဲ ပြုမူသော သူများကိုဆိုလိုသည်။ ဆာလံဆရာက ဘုရားသခင်၏လူတို့သည် ထိုသို့သောသူများတည်ဟူသော တိရစ္ဆာန်များကဲ့သို့ မဖြစ်ဖို့ရန် သတိပေး၏။ "ဂုဏ်အသရေနှင့် ပြည့်စုံလျက် ပညာသတ်မရှိသောသူသည်ကား၊ ပျက်စီး ခြင်းသို့ ရောက်တတ်သောတိရစ္ဆာန်နှင့်တူ၏"(ဆာ၊၄၉:၂၀)။

ခရစ်ယာန်တို့သည် မိမိတို့အသက်တာ၌ ဘုရားသခင်ပါရှိလျက် သက်ဝင်လှုပ်ရှားမှုကို အမှန်သဘောပေါက်နားလည်ခြင်း မရှိကြ သောကြောင့် ကြောက်မက်ဖွယ်ကောင်းသော အသက်ရှင်ခြင်းနှင့် ရင်ဆိုင် ကြရ၏။ ဘုရားသခင်သည် အဖြစ်အပျက်၏နောက်ကွယ်၌ ပါရှိသော်လည်း ယုံကြည်သူသည် ရင်းကို အမှန်သိရှိခြင်းမရှိဘဲ လျှောက်လှမ်းနေကြသည်။ ထိုအတူ ဘုရားသခင်ကို အစေခံသောသူတို့အတွက် အမှန်ဖြစ်၏။ သူ တို့၏အထဲ၌ ဝိညာဉ်တော်၏လုပ်ဆောင်ချက်ကို နားလည်သဘောပေါက်ခြင်း မရှိဘဲလျက် ကျမ်းစာကိုဟောပြော၍ သင်ပေးကာ ဝေဂေလိလုပ်နိုင်၏။ ဘုရားသခင်သည် သူတို့၏ယုံကြည်မှုအပေါ်၌ အမှန်တကယ်ရှိမရှိဟူသည်ကို ကျွန်ုပ်တို့မေးမြန်းဆန်းစစ်ရမည်ဖြစ်သည်။ ထိုသူတို့၏ဘာသာရေး လှုပ်ရှားမှုများသည် ဘုရားသခင်မပါဘဲ သယ်ပိုးနိုင်ပါသလား။ အကယ်၍ သယ်ပိုးနိုင်ပါက ရင်းသည် ဘုရားသခင်ပြုသောအမှုမဟုတ်ဘဲ လူကပြုသော အမှုဖြစ်ကြောင်း အမှန်ပေါ်လွင်ထင်ရှားသည် မဟုတ်သလော။

နားလည်သဘောပေါက်လာခြင်း

အသင်းတော်ဘက်သို့ ပြန်လှည့်စေရမည့်သော့ချက်တစ်ခုမှာ ယုံကြည်သူအထဲ၌ ဘုရားသခင်၏ လုပ်ဆောင်ချက်ကို သဘောပေါက် နားလည်ခြင်းပင်ဖြစ်သည်။ ရင်းသည် တစ်စုံတစ်ဦးကို ပေးကမ်းခြင်း၊ အသင်း တော်သွားရောက်ခြင်း သို့မဟုတ် ဆင်းရဲသောသူကို ဖေးမခြင်းတို့မဟုတ်ပေ။ ကျွန်ုပ်တို့သည် ဘုရားသခင်၏မျက်မှောက်တော်၌ အသက်ရှင်၍ ကိုယ်တော် သည် ကျွန်ုပ်တို့အသက်တာအားဖြင့် သူ၏ကောင်းမွန်သော ရည်ရွယ်ချက် များကို သယ်ပိုးလျက်နေ၏။

ဘုရားသခင်မရှိဟု မိုက်သောသူသည် ထင်တတ်၏။ ထိုသို့သော သူတို့သည် ဆွေးမြေ့ယိုယွင်း၍ စက်ဆုပ်ဖွယ်သောအမှုကို ပြု တတ်ကြ၏။ ကောင်းသောအမှုကို ပြုသောသူတစ်ယောက်မျှမ ရှိ။ နားလည်သောသူ၊ ဘုရားသခင်ကို ရှာသောသူ တစ်စုံတစ်ယောက် ရှိသည်မရှိသည်ကို သိမြင်ခြင်းငှါ၊ ထာဝရဘုရားသည် ကောင်းကင်ပေါ်က လူသားတို့ကို ငုံ့၍ ကြည့်ရှုတော်မူ၏။ လူအပေါင်းတို့သည် လမ်းလွဲကြပြီ။ တညီတညွတ်တည်း ဆွေးမြေ့ယိုယွင်းခြင်းရှိကြ၏။ ကောင်းသောအကျင့်ကို ကျင့်သောသူမရှိ။ တစ်ယောက်မျှမ ရှိ (ဆာ၊၁၄း၁-၄)။

ကိုယ်တော်၏မျက်မှောက်တော်ကို ရှာဖွေခြင်း

ကျွန်ုပ်တို့သည် မိမိတို့အသက်တာ၌ ဘုရားသခင်၏နေရာမှန် ကို နဂိုအတိုင်းပြန်ဖြစ်ရန် နောက်ထပ်တစ်ခါ လိုလားသောအချိန်အခါ၌သာ ပြန်လည်သက်ဝင်နိုးကြားခြင်း ပေါ်လာတတ်၏။ ကျွန်ုပ်တို့သည် မိမိတို့ ကိုယ်ကို ယုံကြည်စိတ်ချမှုရှိနေသရွေ့ မိမိတို့၏အင်အားများအားဖြင့် လုပ်ဆောင် သည်ဖြစ်၍ ဘုရားသခင်၏ဘုန်းအသရေမရှိပေ။

ကျွန်ုပ်တို့သည် ကြံရာမရဖြစ်သည့်အခါ ကိုယ်တော်ကိုခေါ် ကြ၏။ ကျွန်ုပ်တို့သည် ကိုယ်တော်ပါရှိခြင်းကို နားလည်သဘောပေါက် သောအခါ ဆုတောင်းခြင်းအပေါ် ကိုယ်တော်၏အဖြေကိုရရှိ၍ စစ်မှန်သော ကိုးကွယ်ခြင်း အစပြုလာ၏။ ဤသို့ဖြင့် ဘုရားသခင်သည် ကျွန်ုပ်တို့ အသက်တာထဲ၌ ခက်ခဲသော အချိန်အခါများကို ကျွန်ုပ်တို့အား ပြန်လည် နပျိုစေရန် အသုံးပြုတတ်၏ (ဆာ၊၁၆၉း၂၃-၂၄)။ အကယ်၍ ကျွန်ုပ်တို့သည်

အသက်၏အနှစ်သာရ

စမ်းသပ်ခြင်းအားဖြင့် လုံဆော်သည်ထက် ကိုယ်တော်၏မျက်နှာတော်ကို ပုံမှန်ရှာဖွေပါက ဘာဖြစ်မည်နည်း။။

အသက်ဟူသောအကြောင်းအရာနှင့်ပတ်သက်၍ ယနေ့ ကျွန်ုပ်တို့ လူ့ဘောင်အဖွဲ့အစည်း၏ထင်မြင် ယူဆချက်သည် ဘုရားသခင်လုပ်ဆောင် သည့်အတိုင်း မဟုတ်တော့ပေ။။ ဤလောကီဆန်သော တွေးခေါ်ခြင်းသည် အသင်းတော်ထဲသို့ ယိုစိမ့်မျှလာ၍ လောကနှင့်ယုံကြည်သူနှစ်ခု စပ်ကြား၌ ခြားနားချက် မရှိတော့ကြောင်း ကျွန်ုပ်တို့မြင်တွေ့ရ၏။။

သင်ခန်းစာ

- လူသားများမှစ၍ များစွာသောခရစ်ယာန်တို့သည် ဘုရားသခင်နှင့် ဆိုင်သော ခန္ဓာရေးရာအသက်နှင့် ဝိညာဉ်ရေးရာအသက် အကြောင်းအရာတို့ကို သိရှိခြင်းမရှိဘဲလျက် အသက်ရှင်ကြ၏။။
- မိမိတို့အထဲ၌ ဘုရားသခင်၏လုပ်ဆောင်ချက်ကို သိရှိခြင်းမရှိပါက မိမိ တို့၏စိတ်နှလုံးသည် ခိုင်မာလာ၍ မာနကြီးလာမည်သာဖြစ်သည်။။
- ဘုရားသခင်၏မျက်မှောက်တော်ကိုသာ ရှေးရှုလာသောအခါ နှိမ့်ချ၍ ချီးမွမ်းဂုဏ်ပြုတတ်လာကာ ဘုရားသခင်ကို ဗဟိုပြုလျှက် သူ့ကိုသာ မှန်မှန်ကန်ကန် မှီခိုအားထားလာ၏။။

ကျက်မှတ် ဆင်ခြင်ပါ

- ဆာ၊ ၁၄း၁-၂
- ဖိ၊ ၃း၁၇-၁၉

နားလည်သဘောပေါက်လာခြင်း

တာဝန်ပေးအပ်ခြင်း

➡ သင့်အသက်တာအတွက် ဘုရားသခင်ထံက လုပ်ပိုင်ခွင့် အမှတ်လက္ခဏာများကိုဆန်းစစ်ပါ။ သင်လုပ်ဆောင်နေသောအရာပေါ်၌ ဘုရားသခင်၏ကူညီခြင်း သို့မဟုတ် လမ်းပြခြင်းကို နားလည်ခြင်းမရှိဘဲလျက် သင့်ခရစ်ယာန်အသက်တာ၌ အသက်ရှင်နေပါသလား သို့မဟုတ် သင့်သာသနာလုပ်ဆောင်နေပါသလား။ ရှင်းပြပါ။

➡ သင့်ပတ်ပတ်လည်၌ရှိသော (အသင်းတော်နှင့်အသင်းတော်မဟုတ်သည့်အသင်းအဖွဲ့) အသင်းအဖွဲ့တို့၌ ဘုရားသခင်၏လုပ်ရှားခြင်းကို သုံးသပ်ပါ။ ခရစ်ယာန်တို့သည် ဆုတောင်း၍ ဘုရားသခင်နှင့် တစ်စိတ်တစ်ဝမ်းတည်းရှိကြပါသလား။ ဘုရားသခင်သည် နှုတ်ကပတ်တော်အားဖြင့် ထိုသူတို့ကို စကားပြောဆိုသလော သို့မဟုတ် သူတို့သည် ထိုနှုတ်ကပတ်တော်ကို ဖတ်ရှုကြပါသလော။

#၁၀
ကြုဆိုခြင်း

ဘုရားသခင်သည် မိမိတို့၏စိတ်နှလုံးထဲ၌ အသက်ရှင်လာသောအခါ မိမိ တို့သည် သူ၏ မျက်မှောက်တော်ကို အစဉ်မပြတ်ရှာဖွေလာ၏။ ယောဟန်က သူ၏ခရစ်ဝင်ကျမ်း ပထမအခန်း၌ စူးစမ်းသိချင်စိတ် ပြင်းပြသောလမ်းစဉ် ဖြင့် ရေးသားခဲ့သည်။ ယောဟန်သည် ဦးစွာပထမ ဤအသက်အကြောင်းကို ပြောဆိုလျက် (၁:၄) ထိုအသက်သည် လောကသို့ရောက်လာကြောင်း၊ ထို အသက်ပင်လျှင် အလင်းတည်းဟူသော ခရစ်တော်ယေရှုဖြစ်ကြောင်းကို ဖော်ထုတ်ပြသခဲ့သည်။

နောက်ဆက်တွဲ ကျမ်းပိုဒ်များသည် ဆန်းကြယ်နက်နဲလှ၏။ "သို့ရာတွင် ကိုယ်တော်ကို လက်ခံသမျှသောသူတည်းဟူသော ကိုယ်တော်၏နာမတော်ကို ယုံကြည်သောသူတို့အား ဘုရားသခင်၏ သားသမီး ဖြစ်ရသောအခွင့်ကို ပေး တော်မူ၏။ ထိုသားသမီးတို့သည် မျိုးရိုးဇာတိအားဖြင့်သော်လည်းကောင်း၊ ကိုယ်ကာယ၏အလိုဆန္ဒအားဖြင့်သော်လည်းကောင်း မွေးဖွားကြသည်မ ဟုတ်။ ဘုရားသခင်အားဖြင့် မွေးဖွားကြ၏" (ယော၁:၁၂-၁၃)။ ထိုသို့ ကိုယ်တော်ကို လက်ခံသောသူတို့အား သူ၏အသစ်သောအသက်ကို ပေး သနားတော်မူ၍ သန့်ရှင်းသောဝိညာဉ်တော်၌ ဖွားမြင်စေတော်မူ၏။

ဤသူတို့သည် ကိုယ်တော်ကိုလက်ခံ၍ ကြုဆိုခြင်းခံသောသူများဖြစ်ကြ သည်။ မူရင်းဂရိဘာသာ စကား၌လည်း အိမ်ရှင်က မိမိအိမ်သို့လာလည်သော သူကို နှုတ်ဆက်၍ လက်ခံကြုဆိုခြင်း အသုံးအနှုန်း ပုံစံဖြင့် အသုံးပြု ထားသည်။

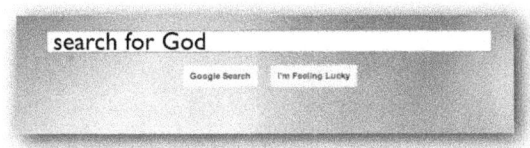

မိမိညွှေ့သည်ကို ကြုဆိုလက်ခံ၍ ညွှေ့ခံပြုစုသောသူနှင့်မိမိ ညွှေ့သည်ရှိနေမှန်းကိုပင် မသိရှိသောသူ ထိုသူနှစ်ဦးတို့သည် တကယ်ခြား နားပါ၏။ ဘုရားသခင်သည် မိမိတို့အနား၌ အစွမ်းတန်ခိုးသက်သက် အတွက်

အသက်၏အနှစ်သာရ

သာ ရှိနေခြင်းမဟုတ်ပေ။ ကိုယ်တော်သည် ပုဂ္ဂိုလ်ဖြစ်သောကြောင့် ကျွန်ုပ် တို့သည် သူ့ကို တက်တက်ကြွကြွ ညွေ့ခံကြိုဆိုလျက် နှစ်သက်စေခြင်း ဖြစ်သည်။ ခိုင်ခံ့သောခရစ်ယာန်တစ်ဦးသည် ဝိညာဉ်တော်အားဖြင့် သခင်ဘုရားနှင့်အတူ ဆက်နွယ်၍ ရှင်သန်လှုပ်ရှားအသက်ရှင်တတ်၏။

ဘုရားသခင်၏မျက်မှောက်တော်ကို သိရှိနားလည်ခြင်းသည် ကိုယ် တော့်ကို ကြိုဆိုခြင်း စိတ်နှလုံး ဖြစ်ပေါ်စေ၍ သူ့ကိုရှာဖွေစေတတ်၏။ သမ္မာကျမ်းစာထဲ၌ 'ကိုယ်တော်ကို ရှာဖွေခြင်း' ဟူ၍ အကြိမ်ပေါင်းစွာ အသုံးပြုခဲ့သည်။ ငါလည်း ဤ့အကြောင်းကို အကြိမ်ပေါင်းများစွာ ဆင်ခြင် နှလုံးသွင်း၍ ရင်း၏အဓိပ္ပယ် ဆိုလိုရင်းကို အပြည့်အဝရရှိရန် ကြိုးစား အားထုတ်ခဲ့သည်။

'ကိုယ်တော်ကို ရှာဖွေခြင်း'သည် ထိုအရပ်၌ ဘုရားသခင်ရှိနေသည် ဟူသော အကြောင်း အရာပေါ်၌ မူတည်ပါသည်။ ကျွန်ုပ်တို့သည် ကိုယ်တော်ကို မမြင်ရသည်ဖြစ်၍ ယုံကြည်ခြင်းသည်လည် ထိုထဲမှ ပေါ်လာ ခြင်းဖြစ်သည်။ "ယုံကြည်ခြင်းမရှိလျှင် ဘုရားသခင်၏စိတ်တော်နှင့်မတွေ့ နိုင်။ အကြောင်းမူကား ဘုရားသခင်ထံ ချဉ်းကပ်သောသူသည် ဘုရားသခင် ရှိ တော်မူကြောင်း ကိုလည်းကောင်း၊ ဘုရားသခင်သည် မိမိကို ရှာသောသူတို့ အား အကျိုးပေးတော်မူသောအရှင် ဖြစ်ကြောင်းကိုလည်းကောင်း ယုံကြည်ရ မည်" (ဟေ၊၁၁:၆)။ ယုံကြည်ခြင်းသည် ခရစ်ယာန်တစ်ဦး၏ ကျောရိုးမကြီး ဖြစ်၍ ရင်း၏အသက်ကို ဖော်ထုတ်ပြသသည့် အရေးကြီးသောအပိုင်း ဖြစ်သည်။ ယုံကြည်ခြင်းနှင့်အတူ အသက်ရှိ၏။ ယုံကြည်ခြင်း မရှိဘဲလျက် ဝိညာဉ်ရေးရာအသက် မရှိနိုင်ပေ။ ရှင်ဘုရင်ရှောလောင်နှင့်စပ်လျဉ်း၍ ဘုရားသခင် မိန့်ဆိုသည်မှာ "ထာဝရဘုရားကို ရှာလိုသောငှာ မိမိသဘောမ ချသောကြောင့် ဒုစရိုက်အမှုကို ပြု၏(၆ရာ၁၂:၁၄)။

လူတစ်ဦးသည် ဘုရားသခင်ကို ရှာဖွေသောအခါ ဘုရားသခင်ကို နားလည်သဘောပေါက်ခြင်း သက်သက်မဟုတ်ဘဲ ကိုယ်တော်ကိုသိမြင်လို၍ နှစ်သက်စေလိုပါသည်။ ကိုယ်တော်ကို ကျွန်ုပ်တို့ ရှာဖွေခြင်းသည် သူနှင့် သူ၏အလိုတော်ကို သိရှိဖို့ရန် လိုလားခြင်းကို ဖော်ထုတ်ခြင်းဖြစ်သည်။ ကျွန်ုပ်တို့သည် ကိုယ်တော်ကို သိရှိလို၍ သူ၏လမ်းစဉ်များကို သင်ယူလို ကြ၏။ ကျွန်ုပ်တို့သည် ကိုယ်တော်နှင့် ပိုမိုနီးကပ်လို၍ သူပြုသောအမှု၌ ပါဝင်လိုကြ၏။

ကြိုဆိုခြင်း

ကောင်းသောအိမ်ရှင်သည် မိမိ၏ဧည့်သည်ကို ကောင်းစွာပြုစုတတ်၏။ ထိုအချိန်အတွင်း၌ ဧည့်သည်သည် အိမ်ရှင်၏ဘဝအပိုင်းအစ ဖြစ်လာ၏။ သို့သော် ယုံကြည်သူခရစ်ယာန်တစ်ဦးအဖို့ ဘုရားသခင်နှင့် ကိုယ်တိုင်ဆက်နွယ်ခြင်းသည် မည်သည့်အခါမျှ ဆုံးသည်ဟူ၍မရှိပေ။ ယုံကြည်သူ၏ နှလုံးသားထဲသို့ ယေရှုခရစ်တော် ဝင်ရောက်လာသောအခါ သူသည် မိမိ၏အထဲ၌ အထူးဧည့်သည် ရှိနေခြင်း၏ဆိုလိုရင်းကို စူးစမ်းရှာဖွေလာတော့သည်။

သင်ခန်းစာ

- ယုံကြည်သူသည် အစပိုင်း၌ မိမိအသက်တာထဲသို့ ယေရှုကို ကြိုဆိုခြင်းသက်သက်မဟုတ်ဘဲ ယခု သူ့အထဲ၌ ရှင်သန်နေသောခရစ်တော် ယေရှုကို နက်နက်နဲနဲ နားလည်သဘောပေါက်ဖို့ရန် သူ့ဘဝ တစ်လျှောက်လုံး ဆက်လက်ရှာဖွေလာပါသည်။

- ယုံကြည်ခြင်းသည် ကျွန်ုပ်တို့အား ဘုရားသခင်ပေးတော်မူသော အသစ်သောဖြစ်ခြင်းထဲမှ ဖြစ်ပေါ်လာသည်။ ကြီးထွားလျက်ရှိသော ယုံကြည်ခြင်းသည် မိမိတို့အထဲ၌ ဘုရားသခင်ပါရှိခြင်းနှင့် လုပ်ဆောင်ခြင်းကို ကိုယ်စားပြုခြင်းဖြစ်ပါသည်။

ကျက်မှတ် ဆင်ခြင်ပါ

- ဟေ၁၁:၆
- ယော၁:၁၂-၁၃

တာဝန်ပေးအပ်ခြင်း

➡ သင့်စိတ်နှလုံးအား ဘုရားသခင် စတင်ဖွင့်ပေးသည့်အတိုင်း သင့်တွေးတောကြည့်ခြင်းများကို ကိုယ်တော်ထံသို့ ပြန်လှည့်ပါ။

➡ ကျမ်းစာထဲ၌ "ဘုရားသခင်ကို ရှာဖွေလော့" ဟူသောစကားစုကို ရှာဖွေပါ။ ဤကျမ်းချက်များနှင့် စပ်လျဉ်း၍ လေ့လာတွေ့ရှိချက် သို့မဟုတ် ရင်း၏အသုံးအနှုန်း နှစ်ခု သုံးခုသည်ဖြင့် ရေးချပါ။

➡ သင်ကျော်ဖြတ်ပြီးသော ရက်သတ္တပတ်အကြောင်းကို စဉ်းစားပါ။ သခင်ဘုရားအား မည်သည့် လမ်းစဉ်များဖြင့် ရှာဖွေခဲ့သနည်း။ ၎င်း သည် သင့်အဖို့ အဘယ်မျှလောက် အရေးပါသနည်း။

များများမဟုတ်...... နည်းနည်းလေးလား......အများကြီးလား။ ရှင်းပြပါ။

အသက်၏အနှစ်သာရ

#၁၁
ကြီးထွားလျက်ရှိသော ယုံကြည်ခြင်း

သခင်ဘုရားအား မိမိတို့ဝန်ခံသည့်လမ်းစဉ်၊ လိုက်လံရှာဖွေသည့်ပုံစံ တို့သည် မိမိတို့၏ ခရစ်ယာန်အသက်တာ ကြီးထွားခြင်းအတွက် များစွာ အကျိုးရှိ၏။ အရပ်ရှည်ထွက်လာခြင်း၊ ရင်ဝိကျယ်လာခြင်း၊ သန်မာထွားကြိုင်း လာခြင်းတို့သည် ခန္ဓာကိုယ် ကြီးထွားခြင်းကို ရည်ညွှန်းသကဲ့သို့ ဘုရားသခင် အား ဝန်ခံခြင်းနှင့် သူ့ကိုရှာဖွေခြင်းတို့သည် ဝိညာဉ်ပိုင်းဆိုင်ရာ ကြီးထွား ခြင်းကို ဖော်ပြ၏။

သခင်ဘုရား၏မျက်မှောက်တော်ကို ရှာဖွေသောယုံကြည်သူများသည် မိမိတို့၏ယုံကြည်ခြင်းကို အားဖြည့်စေကြ၏။ ကိုယ်တော်ကို မရှာဖွေသော သူများသည် ယုံကြည်ခြင်းအားဖြင့် အသက်ရှင်သောသူများ မဟုတ်ပေ။ မြင် တွေ့နိုင်သောအရာအားဖြင့် အသက်ရှင်သောသူများသာဖြစ်သည်။ ခရစ်ယာန်များ၌ အရေးပါသော စိန်ခေါ်မှုနှစ်ရပ်ရှိ၏။ ၎င်းတို့မှာ

(၁) တစ်စုံတစ်ဦးသည် ရှုံးနိမ့်မှသောအခါ သခင်ဘုရားထံတော်သို့ မည် ကဲ့သို့ပြန်လှည့်ရမည်ကို သင်ယူလေ့လာခြင်း

(၂) အရာရာအားလုံး ကောင်းမွန်နေသော်လည်း သခင်ဘုရားကို စဉ်ဆက် မပြတ် လိုက်ခြင်း

အထက်ပါနှစ်ချက်စလုံးအတွက် ယုံကြည်ခြင်းလိုအပ်၏။ ယုံကြည်သူ တစ်ဦးသည် မိမိ၏စိတ်နှလုံးကို နှိမ့်ချ၍ စစ်မှန်သောဝန်ခံခြင်းနှင့် ပေါင်းစပ်လိုက်သောအခါ ထိုသူသည် သခင်ဘုရားကို ရှာဖွေသည့် အလျောက် မိမိ၏ယုံကြည်ခြင်းကို သခင်ဘုရား၌ ကျင့်သုံးလာသည်။

ရှင်ဘုရင်ရောဗောင်သည် သူ့ဖခင် ရှောလမုန်နှင့်မတူ၊ သူ၏အုပ်စိုး ခြင်းကို ကောင်းကောင်း အစမပြုခဲ့ပေ။ သူသည် ပညာရှိ အကြံပေးပုဂ္ဂိုလ် များ၏သဘောထားထက် သူမိတ်ဆွေများ၏သဘောထားကို ရယူလက်ခံခဲ့ သည်။ နောက်ဆုံး၌ နိုင်ငံတော် နှစ်ခြားကွဲလေ၏။ ရောဗောင်မင်းသည် မိမိ နိုင်ငံကို တည်စေ၍ အားကြီးသောအခါ ဣသရေလအမျိုးရှိသမျှနှင့်တကွ ထာဝရဘုရား၏တရားတော်ကို စွန့်ကြ၏ (၆ရာ၁၂း၁)။

69

အသက်၏အနှစ်သာရ

ဤကျမ်းချက်သည် ရောဗောင်မင်း နန်းစံငါးနှစ်၌ သူ၏သစ္စာမရှိခြင်း ကြောင့် ဒုက္ခရင်ဆိုင်ရသည့် အကြောင်းနှင့် ချိတ်ဆက်ထားပါသည်။ သူ တို့သည် ထာဝရဘုရားထံ၌ သစ္စာမရှိကြသောကြောင့် (၆ရာ၊၁၂း၂)။ သို့ရာတွင် ရောဗောင်မင်းသည် ထာဝရဘုရားကို ရှာဖွေသောအခါ ထာဝရဘုရားသည်လည်း သူ့ကိုမစီရင်ဘဲ နေလေ၏။ ထိုသို့ ရှင်ဘုရင်သည် ကိုယ်ကို နှိမ့်ချသောအခါ ထာဝရဘုရားသည် သူ့ကို ရှင်းရှင်းမဖျက်ဆီး မည့်အကြောင်း အမျက်တော်ကို လွှဲတော်မူ၏ (၆ရာ၊၁၂း၁၂)။

ဝိညာဉ်ပိုင်းကြီးထွားခြင်း
ကြီးထွားသောယုံကြည်ခြင်း

ဝိညာဉ်ပိုင်းကျဆင်းခြင်း
ဆုတ်ယုတ်သောယုံကြည်ခြင်း

ဤအခြေခံသဘောတရားအတိုင်း ဘုရားသခင်က သူ့လူမျိုးတို့အပေါ်၌ ကိုင်တွယ်ခြင်းသည် ကျွန်ုပ်တို့အဖို့ သင်ယူရန် အရေးကြီးလှပါသည်။ ထို အရာသည် မိမိတို့အပေါ်၌ ဘုရားသခင်မည်ကဲ့သို့ ကိုင်တွယ်သည်ကို ပိုမို လျင်မြန်စွာ ဆုပ်ကိုင်စေ၍ တိုးတက်ခြင်းကိုပါဖြစ်ထွန်းစေပါသည်။

ယုံကြည်ခြင်းဆိုင်ရာ အချက်အလက်များ

ကျွန်ုပ်တို့၏ဝိညာဉ်ရေးရာ ကောင်းကျိုးချမ်းသာသည် မိမိ တို့၏ယုံကြည်ခြင်းအပေါ်၌ အခြေခံသည်။ တနည်းဆိုသော် တကယ့် လိုအပ် သောအချိန်၌ ဘုရားသခင်နှင့်စပ်လျဉ်း၍ မိမိတို့မည်သို့ ယုံကြည်သည် ဟူသော အရာ၌လည်း မူတည်၏။ မိမိတို့၏ယုံကြည်ခြင်းသည် အားကြီးလာ သောအခါ မိမိတို့၏ဝိညာဉ်ရေးရာ ကြီးထွားလာ၏။ မိမိတို့၏ဝိညာဉ်ရေးရာ အားနည်းလာသောအခါ ဝိညာဉ်ပိုင်းဆိုင်ရာ ရှုံးနိမ့်ခြင်းနှင့် ရုန်းကန်တတ် ကြ၏။

ကျွန်ုပ်တို့၏ယုံကြည်ခြင်းခွန်အားသည် အတိတ်က မိမိတို့၏မှတ်တမ်း သို့မဟုတ် လက်ရှိပြုနေသော အကောင်းအဆိုး စသည့်တို့အပေါ်၌ မှီခိုအား ခြင်းမဟုတ်ပေ။ ရောဗောင်မင်းသည် အကောင်းလုပ်နေချိန်၌ပင် လဲသွားခဲ့ရ

ကြီးထွားလျက်ရှိသော ယုံကြည်ခြင်း

သည်ကို သတိပြုရမည်။ သူသည် ကျိုးပဲ့ကြေမွသောအခါ ထာဝရဘုရားကို ရှာဖွေခဲ့၏။ ကျွန်ုပ်တို့၏ဝိညာဉ်ပိုင်းဆိုင်ရာ ကောင်းကျိုးချမ်းသာခြင်းသည် ယခုပင်လျှင် ထာဝရဘုရားအား မိမိတို့မည်ကဲ့သို့ တုံ့ပြန်သည်ဟူသောအရာ၌ မူတည်ပါသည်။

အရာရာအားလုံးကောင်းသည်ဟု ယူဆသောအချိန်အခါ၌ ဘာ့ကြောင့် ကျွန်ုပ်တို့ကျရှုံးရသနည်း ဟူသောမေးခွန်းကို ဤအတိုင်းရှင်းလင်းနိုင်၏။ မိမိတို့သည် ကျိုးပဲ့ကြေမွနေသောကြောင့် အထူးအကူအညီ အတွက် ဘုရားသခင်ထံ အော်ဟစ်နိုင်ပါသည်။

ဘုရားသခင်သည် ကျွန်ုပ်တို့အား ဝိညာဉ်ရေးရာ၌ ရှူးနှိုးမှင့်ခြင်းနှင့် ကင်းလွတ်စေလို၍ ခိုင်ခံ့စွာ ရပ်တည်စေလိုသည်။ သမ္မာကျမ်းစာက ကျွန်ုပ် တို့အား ယုံကြည်ခြင်း၌ ခိုင်ခံ့ဖို့ရန် အမြဲတိုက်တွန်းနှိုးဆော်၏။ ခိုင်ခံ့သော ယုံကြည်ခြင်းသည် စုံစမ်းနှောင့်ယှက်ခြင်းမှာသမ္မုကို စိုးမိုး၍ ယုံကြည်ခြင်း၌ မည်ကဲ့သို့ခိုင်ခံ့စွာ ရပ်တည်ရမည်ကို သင်ယူတတ်ခြင်းဖြစ်သည်။ ကြီးထွား လျက်ရှိသော မိမိတို့၏ယုံကြည်ခြင်းသည် ဘုရားသခင်နှင့် သူ၏အလုပ် အရေးကြီးပုံကို ဟုတ်မှန်ကြောင်းပြောဆိုဖို့ရန် စေ့စေ့စပ်စပ် ပူးတွဲထား သည် ဖြစ်၍ ၎င်းက မိမိတို့၏ ဆုံးဖြတ်ချက်များကို ပုံသွင်းမည်ဖြစ်ပါသည်။ ဝိညာဉ် ပိုင်းဆိုင်ရာ အားနည်းခြင်းသည် ယုံကြည်မှု ကင်းမဲ့သောကြောင့်ဖြစ်သည်။

ဤပုံ၌ တွေ့မြင်ရသည့် ပြောင်းလဲမှုများနှင့် အခွင့်အလမ်းများသည် မိမိတို့၏စိတ်နှလုံး၌ မသိမသာဖြစ်ပျက်လေ၏။ နောက်တစ်ခန်း၌ ဘုရားသခင်အားဖြင့် အောင်မြင်လျက်ရှိသော အသက်တာဟုဆိုရာ၌ ကြီး ထွားလျက်ရှိသော အနေအထား တချို့၌ မှီခိုအားထားကြောင်းကို ပိုမို ကောင်းမွန်စွာ နားလည်ပါလိမ့်မည်။ ဘုရားသခင်သည် ကျွန်ုပ်တို့အား သူ နှင့် ပို၍ပို၍ နီးကပ်စေရန် ပတ်ဝန်းကျင်အားဖြင့် မောင်းနှင်တတ်၏။

သင်ခန်းစာ

- ဝိညာဉ်ရေးရာ ကြီးထွားခြင်းသည် ဘုရားသခင်ထံတော်၌ မိမိ တို့၏ယုံကြည်ခြင်း သို့မဟုတ် ကိုးစားခြင်းကို ကျင့်သုံးခြင်းမှတဆင့် ပေါ်ပေါက်လာသည်။
- ဝိညာဉ်ရေးရာရှူးနှိုးမှင့်ခြင်းသည် ဘုရားသခင်၏လမ်းစဉ် အရေးကြီး ကြောင်း သို့မဟုတ် အကောင်းဆုံး ဖြစ်ကြောင်းကို ရိုးရိုးသားသား မ ယုံကြည်ခြင်း၏အကျိုးဆက် ဖြစ်သည်။

အသက်၏အနှစ်သာရ

ကျက်မှတ် ဆင်ခြင်ပါ
- ဂေရ၊ ၂:၁၂
- ဂေရ၊ ၂:၁-၁၄

တာဝန်ပေးအပ်ခြင်း

→ ဘုရားသခင်၌ သင့်ယုံကြည်ခြင်းကို ဖော်ပြပါ။ သင့်အသက်တာ၌ ဘုရားသခင်သည် အရေးကြီးကြောင်း သင်မည်ကဲ့သို့ ထင်မြင်ယူဆရသည်ကို စကေး ၀-၁၀ ဖြင့်တိုင်းတာပြပါ။

→ သင်လဲသွားရသည့်အချိန်ကို စဥ်းစားကြည့်ပါ။ ထိုအချိန်၌ သင့် သံသယကို ဖော်ပြပါ။ သင်သည် ဘုရားသခင်၏ရှုထောင့် သို့မဟုတ် သူ၏လမ်းစဥ်များကို သံသယရှိနေသလား။

#၁၂
ကျွန်ုပ်တို့အသက်တာ၏ပန်းတိုင်များ

စွမ်းအင်မှန်သမျှ၌ ဦးတည်ချက်ရှိ၍ ခွန်အားရှိ၏။ ဥပမာ လေသည် အရှေ့မြောက်ဘက်ကို ဦးတည်လျက် တစ်နာရီမိုင် ၆၀ နှုန်းဖြင့် တိုက်ခတ်နိုင်ပါသည်။ ရင်းသည် အားပြင်းသောလေဖြစ်နိုင်သည်။

ကျွန်ုပ်တို့အသက်၏စွမ်းအားသည် ထိုအတူဖြစ်သည်။ မိမိတို့၏ခန္ဓာကိုယ်သည် ထိုအသက်၏ စွမ်းအားကြောင့် ကြီးထွား၍ ဤမြေကြီးပေါ်၌ မိမိတို့ကိုလုပ်ဆောင်စေနိုင်ခြင်းလည်းဖြစ်သည်။ ကျွန်ုပ်တို့သည် ဘာစ်ကားများ ရှုပ်ထွေးနေသော်လည်း အချင်းချင်းဆဲလ်ဖုန်းများဖြင့် စကားပြောဆိုနိုင်ကြ၏။ ဝိညာဉ်ပိုင်းဆိုင်ရာအသက်၏စွမ်းအားသည် မိမိတို့၏ခန္ဓာပိုင်းဆိုင်ရာ အသက်ရှင်ခြင်းများကို စေ့စေ့စပ်စပ် အားသွင်းပေးသည်။ ထိုဝိညာဉ်ပိုင်ဆိုင်ရာအသက်သည် အဓိကအားဖြင့် မိမိတို့၏ခန္ဓာပိုင်းဆိုင်ရာ ကိုယ်ထည်နှင့်စိတ်နှလုံးမှတဆင့် လုပ်ဆောင်သော်လည်း ရင်း၍ ရင်း၏ကိုယ်ပိုင် တန်ခိုးနှင့် ရည်ရွယ်ချက်ရှိ၏။

ကျွန်ုပ်တို့ကြီး ထွားဖို့ရန် ဤဝိညာဉ် ပိုင်းဆိုင်ရာ အသက် တာ၏ဦးတည်ချက် နှင့်ပန်းတိုင်များကို ပိုမိုကောင်းမွန်စွာ

သန့်ရှင်းသောဝိညာဉ် တော်သည် ကျနော်တို့အထဲ၌ရှိ သည့် ဝိညာဉ်ရေးရာအသက် တာဖြစ်ပါသည်။

သိမြင်ဖို့ လိုအပ်သည်။ ကျွန်ုပ်တို့အသက်တာ၏ပန်းတိုင်များကို တန်ပြန် လုပ်ဆောင် မည့်အစား ရင်းတို့နှင့်အတူ လုပ်ဆောင်သင့်သည်။ ကျွန်တော်သည် Chicago မြို့လမ်းမပေါ်၌ လေထန်သောနေ့များ၌ ကြိုးစား အားထုတ်လျက် လျှောက်လှမ်းခဲ့ဖူးသည်။ လေသည် ငါ့ကိုယ်ပေါ် အရှိန်ပြင်း ပြင်း တိုက်ခတ်လျက်နေ၏။ တစ်ဘက်မှာ ငါ့နောက်မှ လေပြင်းအရှိန်ကြောင့် ငါသည် စက်ဘီးခြေနင်း နင်းစရာမလိုဘဲ အလိုလိုရှေ့ကို လိုမ့်သွား လျက်နေလေ၏။

အသက်၏အနှစ်သာရ

ကျွန်ုပ်တို့၏အသိတရားကို ကျယ်ပြန့်စေခြင်း

အသိတရားသည် မိမိတို့၏ဝိညာဉ်ရေးရာ ကြီးထွားခြင်း၌ အဓိက သော့ချက်ဖြစ်ပါသည်။ အကယ်၍ ကျွန်ုပ်တို့သည် မိမိတို့၏အသက်တာထဲ၌ ဘုရားသခင်လုပ်ဆောင်နေသော အရာကို သိရှိနားလည်လျှက် ပေါင်းစပ်ကာ ၎င်း၌ မိမိတို့၏ လိုအင်ဆန္ဒကို ဆက်ကပ်နိုင်ပါက မိမိတို့၏ ခရစ်ယာန် အသက်တာထဲ၌ များသောအားဖြင့် ဝိညာဉ်ပိုင်းဆိုင်ရာ ရှုန်းကန် လှုပ်ရှားမှု များသည် ကွယ်ပျောက်သွားပါလိမ့်မည်။

များစွာသောယုံကြည်သူများသည် မိမိတို့အဖို့ ဘုရားသခင်ချပေးသော ပန်းတိုင်များကို မသိဘဲ နေတတ်ကြ၏။ အချို့တို့သည် သဘာဝအလျှောက် ဖြစ်တတ်ပါသည်။ ကျွန်ုပ်တို့သည် မိမိတို့၏မျက်စိများကို လမ်းမပေါ်သို့ စူးစားကြည့်သောအခါ ဝိညာဉ်ရေးရာနှင့်ဆိုင်သော အရာများကိုမတွေ့မြင် တတ်ပေ။ လူများ၊ ကားများ၊ သစ်ပင်များ၊ လမ်းဘေးလမ်းလျှောက်နေသူများ ကိုသာ တွေ့မြင်၍ ကောင်းကင်တမန်များနှင့် နတ်ဆိုးများကို မတွေ့မြင်တတ် ပေ။ လေကဲ့သို့သော ဘုရားသခင်၏ဝိညာဉ်တော်ကို သင့်မျက်စိဖြင့် မမြင် နိုင်ပေ။ ဤရှုပ်လောက၌ မည်ကဲ့သို့ အကျိုးသက်ရောက်မှု ပြုသည်ကိုသာ တွေ့မြင်တတ်ကြ၏။

ဝိညာဉ်ရေးရာလောကကို တွေ့မြင်နိုင်ဖို့ရန် လေရဲ့ကျွန်၏မျက်စိကို ဖွင့် ပေးဖို့ဖြစ်လာသည်။ "အို ထာဝရဘုရား ဤသူသည် မြင်နိုင်မည်အကြောင်း သူ၏မျက်စိကို ဖွင့်တော်မူပါဟု ဆုတောင်းသည်အတိုင်း ထာဝရဘုရားသည် ထိုလုလင်၏မျက်စိကို ဖွင့်တော်မူသဖြင့် လေရဲ့ပတ်လည်၌ တတောင်လုံး သည်မီးမြင်း၊ မီးရထားနှင့်ပြည့်သည်ကို မြင်လေ၏"(၄ရာ၊၆း၁၇)။

ဘုရားသခင်၏နှုတ်ကပတ်တော်ကို လေ့လာခြင်းအားဖြင့် ဝိညာဉ် ရေးရာလောကကို စတင်ခံစား နိုင်သည်။ ဥပမာ ဘုရားသခင်၏သားသမီး အသီးသီးအပေါ်၌ အနည်းဆုံးကောင်းကင်တမန်တပါးစီ စောင့်ထိန်းလျှက် ရှိကြောင်း ဟေဗြဲစာအုပ်ထဲမှ ကျွန်ုပ်တို့သိရှိနိုင်ပါသည် (ဟေ၊၁း၁၄)။

တိုက်ခတ်လျှက်ရှိသောလေ

ဘုရားသခင်၏နှုတ်ကပတ်သည် ဤအကြောင်းအရာ အသေးစိတ်နှင့် စပ်လျှည်း၍ များများမပြော သော်လည်း ၎င်းက အခြေခံလိုအပ်ချက်များကို မီးမောင်းထိုးပြသည်။ ထိုသို့ဆိုရာတွင် ဝိညာဉ်တော်သည် မိမိတို့အထဲ၌

74

ကျွန်ုပ်တို့အသက်တာ၏ပန်းတိုင်များ

ဝိညာဉ်ပိုင်းဆိုင်ရာ အသက်၏စွမ်းအားအားဖြင့် လုပ်ဆောင်လျက်ရှိ၏။ ပေါလုသည် ယုံကြည်သူများအတွက် ဤပန်းတိုင်ကို ဖော်ပြပေးခဲ့သည်။ "ငါတို့သည် လူတိုင်းကို ခရစ်တော်၌ စုံလင်ရင့်ကျက်သောသူအဖြစ် ဆက်သနိုင်ရန် လူတိုင်းကို သတိပေးဆုံးမကာ ဉာဏ်ပညာရှိသမျှတို့ဖြင့် လူတိုင်းကို သွင်သင်လျက် ထိုသခင်၏အကြောင်းကို ဟောပြောကြ၏"(ကော၁:၂၈)။

ပေတရုက နည်းနည်း တမူထူးခြားစွာပြောဆို၏။ "သင်တို့ကို ခေါ်ယူတော်မူသောအရှင်သည် သန့်ရှင်းတော်မူသည့်နည်းတူ သင်တို့ကိုယ်တိုင်လည်း အသက်ရှင်နေထိုင်မှုရှိသမျှတို့၌ သန့်ရှင်းခြင်း ရှိကြလော့။ အဘယ့်ကြောင့်ဆိုသော် ငါသည် သန့်ရှင်းသောကြောင့် သင်တို့သည် သန့်ရှင်းခြင်း ရှိကြရမည်ဟု ရေးထား၏(၁ပေ၁:၁၅-၁၆)။

'ခရစ်တော်၌ ပြည့်စုံခြင်း'နှင့်'သန့်ရှင်းခြင်း'တို့သည် မိမိတို့အသက်တာ၌ လုပ်ရှားတိုက်ခတ်နေသော လေတည်ဟူသော ဝိညာဉ်ပိုင်းဆိုင်ရာ အသက်၏ဦးတည်ချက် လမ်းစဉ်နှစ်မျိုးကို တင်ဆက်ခြင်းဖြစ်ပါသည်။

ဝိညာဉ်ပိုင်းဆိုင်ရာအသက်၏စွမ်းအားကို ပိုမိုကောင်းမွန်စွာ နားလည်ဖို့ရန် ခန္ဓာပိုင်းဆိုင်ရာ အသက်၏စွမ်းအားနှင့် နှိုင်းယှဉ်အသုံးပြုခြင်းဖြစ်သည်။ အမှန်မှာ ထိုထက်မက ကျယ်ပြန့်၏။ ခရစ်တော်သည် မိမိ၏နှုတ်ကပတ်တော်အားဖြင့် ခန္ဓာနှင့်ဆိုင်သောအသက်ကို ထိန်းထားသကဲ့သို့ ခရစ်တော်သည် ဝိညာဉ်တော်အားဖြင့် မိမိတို့အထဲ၌ရှိသော အသက်၏စွမ်းအားကို ပြင်ဆင်ပေးခြင်းဖြစ်သည်(ယော၁၄:၁၅-၁၇)။

ကျွန်ုပ်တို့ယုံကြည်သူများထဲ၌ ရင်ဆိုင်နေရသည့် ပြဿနာများထဲမှ တစ်ခုမှာ ခန္ဓာပိုင်းဆိုင်ရာအသက်နှင့် ဝိညာဉ်ပိုင်းဆိုင်ရာအသက်သည် ဖြစ်ချင်တိုင်း ဖြစ်သည်ဟု ယူဆခြင်းပင်ဖြစ်သည်။ ထိုသို့ ယူဆခြင်းမှာ မမှန်ကန်ပါ။ ဘုရားသခင်၏စွမ်းအားသည် သူ၏အလိုတော်ကို ပြည့်စုံစေဖို့ရန် မိမိတို့အထဲ၌ လုပ်ဆောင်လျက်နေ၏။ ရင်းသည် အယောက်စီတိုင်းနှင့် ဖန်ဆင်းခံ

အသက်၏အနှစ်သာရ

အားလုံးအတွက် မှန်ကန်၏။ အရာရာ အားလုံးသည် ဘုရားသခင်၏ဘုန်းတော်အတွက် ဖန်ဆင်းခြင်း ဖြစ်သည်။ သန့်ရှင်းသော ဝိညာဉ်တော်သည် ခရစ်တော်ကို ယုံကြည်သောသူတို့အား ဝိညာဉ်ပိုင်ဆိုင်ရာအသက်ကို ပေးသနားတော်မူ၏။

ငါသည်လည်း ခမည်းတော်ကို တောင်းလျှောက်သဖြင့် ခမည်းတော်သည် အခြားသော ကူညီမစသူတစ်ပါးကို သင်တို့နှင့် အတူ ကာလ အစဉ်အဆက်ရှိစေရန် သင်တို့အား ပေးတော်မူမည်။ ထိုအရှင်မှာ သမ္မာတရား၏ဝိညာဉ်တော်ဖြစ်၏။ ၅ လောကသည် ထိုအရှင်ကို မြင်လည်းမမြင်၊ သိလည်းမသိ သောကြောင့် ထိုအရှင်ကို မခံယူမရရှိနိုင်။ သို့သော် ထိုအရှင် သည် သင်တို့နှင့်အတူ တည်နေ၍ သင်တို့၌ ရှိနေမည်ဖြစ် သောကြောင့် သင်တို့သည် ထိုအရှင်ကို သိကြ၏။(ယော၊ ၁၄း၁၆-၁၇)။

ဘုရားသခင်သည် ကျွန်တော်တို့၏ဝိညာဉ်ပိုင်ဆိုင်ရာ နားလည် သဘောပေါက်ခြင်းကို တန်ခိုးဖြည့်ပေး၍ ကျွန်တော်တို့နှင့်ပေါင်းစပ်နိုင်ဖို့ရန် ကျွန်တော်တို့အထဲ၌ အသက်ရှင်လှုပ်ရှားလျက်နေ၏။ သို့မှသာ ကျွန်တော်တို့ အသက်တာအားဖြင့် သူ၏ဘုန်းနှင့်ပြည့်စုံသောရည်ရွယ်ချက်များကို သူ နှင့်အတူ ပြီးပြည့်စုံ စေနိုင်မည် ဖြစ်သည်။

သင်ခန်းစာ

- ဝိညာဉ်ပိုင်ဆိုင်ရာ အသက်၏စွမ်းအားသည် ခန္ဓာပိုင်ဆိုင်ရာ အသက်၏စွမ်းအားနှင့် အလားသဏ္ဌာန် တူ၍ ကျွန်ုပ်တို့ လူသား၏ခန္ဓာကိုယ်ကို မောင်းနှင်လျက်နေ၏။

- ဝိညာဉ်ပိုင်ဆိုင်ရာ အသက်၏စွမ်းအားသည် မိမိတို့၏အသက်တာထဲ၌ လုပ်ဆောင်နေသကဲ့သို့ ခရစ်တော်သည်လည်း သန့်ရှင်းသောဝိညာဉ် တော်အားဖြင့် မိမိတို့အထဲ၌ လုပ်ဆောင်လျက်နေ၏။

- ကျွန်တော်တို့၏လိုအင်ဆန္ဒသည် ဘုရားသခင်၏အလိုတော် လုပ်ဆောင် ခြင်းနှင့်အတူ ပေါင်းစပ်လိုက် သောအခါ မိမိတို့၏ခန္ဓာပိုင်ဆိုင်ရာ နှင့်ဝိညာဉ်ပိုင်ဆိုင်ရာ နှစ်ခုစလုံးသည် ရှင်သန်လာ၍ မိမိတို့၏ ဝိညာဉ်ပိုင်ဆိုင်ရာအသက်ရှင်မှုသည် ပိုမိုလွယ်ကူစေပါ၏။

ကျွန်ုပ်တို့အသက်တာ၏ပန်းတိုင်များ

ကျက်မှတ် ဆင်ခြင်ပါ

- ၁ပေ၊ ၁:၁၅-၁၆
- ယော၁၄:၁၆-၁၇

တာဝန်ပေးအပ်ခြင်း

➡ ဘုရားသခင်သည် သင်၌ သူ၏ရည်ရွယ်ချက်ကို ပြီးပြည့်စုံစေဖို့ရန် သန့်ရှင်းသောဝိညာဉ်တော်ကို အသုံးပြုလျက်နေသည်ကို သင် စဉ်းစားဖူးပါသလား။ ရှင်းပြပါ။

➡ ကော၁:၂၈ နှင့် ၁ပေ၊ ၁:၁၅-၁၆ အရ၊ သင့်အထဲ၌ ဝိညာဉ်ပိုင်း ဆိုင်ရာ အသက်၏စွမ်းအားအားဖြင့် ဘုရားသခင်လုပ်ဆောင်ရန် ရည်ရွယ်သည့်အရာကို သင်မည်သို့ပြောဆိုမည်နည်း။ သင်နှင့် ဘယ်လောက်ဝေးပါသနည်း။

#၁၃
ဦးတည်ချက်ကို ရှာဖွေခြင်း

ဘုရားသခင်သည် ကျွန်ုပ်တို့အား ခရစ်တော်နှင့်တူအောင် မိမိတို့ အထဲ၌ တက်တက်ကြွကြွ ရှင်သန်လှုပ်ရှားတော်မူ၏။ ထိုအရာသည် အံ့ဩဖွယ်သမ္မာတရားဖြစ်သော်လည်း မိမိတို့မှာကား ကမောက်ကမ ဖြစ်နိုင် သေး၏။ (နတ်ဆိုးသည် မိမိတို့အား ပို၍ရှုပ်ထွေးစေရန် လှုပ်ရှားလျက်နေ၏)။ ယုံကြည်သူများက ခရစ်တော်နှင့်တူသောအသက်တာသည် မည်သို့နည်း ဟူ၍ ရှုပ်ထွေးလာနိုင်သည် သို့မဟုတ် ရင်းသည် မဖြစ်နိုင်ဟူ၍ ဆိုနိုင် ပါသည်။

သူတို့သည် ဝိညာဉ်ပိုင်းဆိုင်ရာ ရှုန်းကန် လှုပ်ရှားမှုမျိုးစုံနှင့် တွေ့ကြ၍ ထိုအမှုတို့ အား မည်ကဲ့သို့ ကျော်လွှားရမည်ကိုမသိရှိ ကြပေ။ ဖြစ်နိုင်ချေမှာ ၍ယုံကြည်သူများ က ကိုယ်တိုင်ဆက်နွယ်မှုများကို မည် ကဲ့သို့ မှန်ကန်စွာ ကိုင်တွယ်ရမည်ကို မ သိရှိခြင်းဖြစ်နိုင်သည်။ ထိုသူတို့သည် သူတစ်ပါးအပေါ်၌ ခါးသီး၍ စိတ်မကောင်း ဖြစ်ကြ၏။

ကျွန်ုပ်တို့သည် ကလေးငယ်တစ်ဦးကို တွေ့မြင်သောအခါ သူ့ကို အရွယ်ရောက်ပြီးသောသူများနှင့် ရောနှောရန် စိတ်ကူးမရှိကြပေ။ ထိုသို့ စိတ်ကူးမိပါက မိုက်မဲရာရောက်ပါလိမ့်မည်။ ကလေးငယ်တို့သည် မိမိတို့ဟာ မိမိတို့ မစားတတ်သေးပါ။ ထိုသို့ စားတတ်ဖို့ရန် အချိန်ရောက်လာ ပါ လိမ့်မည်။ ဝိညာဉ်ပိုင်းဆိုင်ရာ အသက်လည်း ထိုအတူ ဖြစ်ပါသည်။

ယောဟန်က ဝိညာဉ်ပိုင်းဆိုင်ရာ အသက်၏တည်ရှိမှုနှင့်အနှစ်သာရတို့ ကို ကျွန်ုပ်တို့အား နားလည်စေရန် ခန္ဓာပိုင်းဆိုင်ရာ အသက်ကို အလား သဏ္ဍာန်တူသည့် ပုံစံအဖြစ် အသုံးပြုခဲ့သည် (ယောဟန် အခန်းကြီး ၁၊၃၊၅ တို့၌ ဆွေးနွေးပြီးဖြစ်သည်)။ ယောဟန်သည် မိမိတို့၏ဝိညာဉ် ပိုင်းဆိုင်ရာ အသက်တာများ၏ကြီးထွားဖွံ့ဖြိုးမှုကို ရှင်းလင်းစေရန် အခြား အထောက်အကူ ပြုသည့်အရာကို ပြင်ဆင်ပေးခဲ့သည်။

အသက်၏အနှစ်သာရ

လူသားတို့၏ဝိညာဉ်ပိုင်းဆိုင်ရာအသက်သည် လူသားတို့၏ခန္ဓာပိုင်း ဆိုင်ရာ အသက်ကဲ့သို့ပင် ကြီးထွားသည်။ ထိုနှစ်ခုကြား၌ ခြားနားချက်ရှိသည် မှန်သော်လည်း၊ ခြုံငုံလိုက်ရင် ဆင်တူမှုများရှိ၍ ရှင်ကမတူညီသောခရစ်ယာန် အသက်တာ အဆင့်ဆင့်၌ မိမိတို့၏ဝိညာဉ်ပိုင်းဆိုင်ရာ အသက်၏ကြီး ထွားဖွံ့ဖြိုးမှုကို ကြီးမားစွာ ထိုးထွင်းသိမြင်စေနိုင်သည်။ ကျွန်ုပ်တော်လည်း တချို့သောကဏ္ဍ၌ ဝိညာဉ်ပိုင်းဆိုင်ရာ အခက်ခဲရှိသောအခါ ဤအလား သဏ္ဍာန်တူသည့် နှိုင်းယှဉ်ချက်က များစွာအထောက်အကူဖြစ်စေပါသည်။

၁ ယော၊ ၂:၁၂-၁၄ က ဝိညာဉ်ပိုင်းဆိုင်ရာ အသက်၏အဆင့်သုံးဆင့် ကို ကျွန်ုပ်တို့အား နားလည်စေရန် အဓိကသောချက်ကို ပြင်ဆင်ပေးထား ပါသည်။ ဤဝိညာဉ်ပိုင်းဆိုင်ရာ အသက်၏အဆင့်သုံးဆင့်သည် ရိုးရှင်း သော်လည်း မိမိတို့အဖို့ ထိုဖြစ်စဉ်သည် အလွန်နက်နဲလှပါသည်။ မည်သည့် အရာသည် ယခင်က မထင်မရှားဖြစ်၍ ယခုလက်တွေ့ဖြစ်လာကာ ရှင်းလင်းပါ သနည်း။

သားသမီးတို့၊ သင်တို့သည် ကိုယ်တော်၏နာမတော်အားဖြင့် အပြစ်များ ခွင့်လွှတ်ခြင်းခံရပြီ ဖြစ်သောကြောင့် သင်တို့ထံ ငါရေးလိုက်၏။ ဖခင်တို့၊ သင်တို့သည် အစအဦးကပင် ရှိတော်မူ သောအရှင်ကို သိကြသောကြောင့် သင်တို့ထံ ငါရေးလိုက်၏။ လူငယ်လူရွယ်တို့၊ သင်တို့သည် မကောင်းသောအရာကို အောင် နိုင်ခဲ့ကြသောကြောင့် သင်တို့ထံ ငါရေးလိုက်၏။ သားသမီး တို့သည် ခမည်းတော်ကို သိကြသောကြောင့် သင်တို့ထံ ငါရေး လိုက်၏။ ဖခင်တို့၊ သင်တို့သည် အစအဦးကပင် ရှိတော်မူသော အရှင်ကို သိကြသောကြောင့် သင်တို့ထံ ငါရေးလိုက်၏။ လူငယ်လူရွယ်တို့၊ သင်တို့သည် ခွန်အားနှင့် ပြည့်စုံ၍ ဘုရားသခင်၏ နှုတ်ကပတ်တော်သည် သင်တို့၌တည်သဖြင့် မကောင်းသောအရာကို သင်တို့အောင်နိုင်ခဲ့ ကြသောကြောင့် သင်တို့ထံ ငါရေးလိုက်၏(၁ယော၊၂:၁၂-၁၄)။

သားသမီးတို့၊ လူငယ်လူရွယ်တို့၊ ဖခင်တို့ ဟူသောစကားလုံးတို့သည် ရင်းနှီးသောစကားလုံးများဖြစ်၍ ကောင်းသောဥပမာများဖြစ်သည်။ လူတို့က ဤအကြောင်းနှင့်စပ်လျဉ်း၍ ခန္ဓာပိုင်းဆိုင်ရာ ကြီးထွားဖွံ့ဖြိုးမှုနှင့် အသက်အရွယ်ကို အလေးထားသောကြောင့် ဝိညာဉ်ပိုင်းဆိုင်ရာကြီးထွား ခြင်းအား တကယ် လက်တွေ့ကျစေ ပါသလားဟူ၍ ငါ့ကိုမေးမြန်းဖူးသည်။

80

ဦးတည်ချက်ကို ရှာဖွေခြင်း

ယောဟန်၏ဖော်ပြချက်ကို စေ့စေ့စပ်စပ် ကြည့်ရှုလေ့လာပါက ခန္ဓာပိုင်း ဆိုင်ရာများထက် ဝိညာဉ်ပိုင်းဆိုင်ရာ ဝိသေသများကို ရည်ညွှန်းပြောဆို ပါသည်။ "မကောင်းသော အရာကို သင်တို့အောင်နိုင်ခဲ့ကြ"နှင့် "နှုတ်ကပတ် တော်သည် သင်တို့၌တည်သဖြင့်" ဟူသောစကားစုတို့သည် ခန္ဓာပိုင်းဆိုင်ရာ အသက်ကို မဆိုလို ဘဲ ဝိညာဉ်ပိုင်း ဆိုင်ရာ အသက်ကို ဆိုလိုခြင်းဖြစ်သည်။

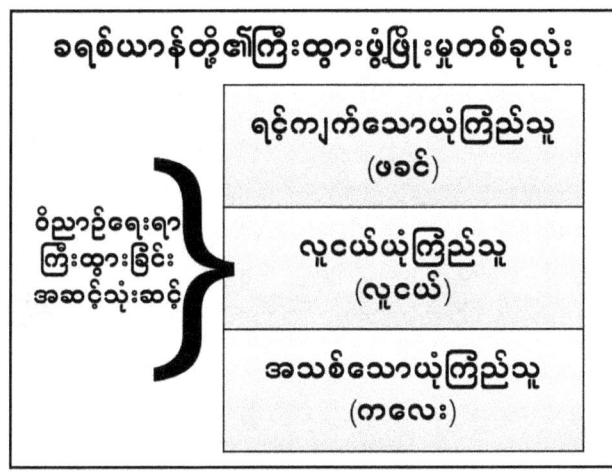

အဆင့်သုံးဆင့်သာ

ကြီးထွားဖွံ့ဖြိုးမှု ဆိုင်ရာ၏နယ်ပယ် များ၌ ခန္ဓာပိုင်း ဆိုင်ရာ ကြီးထွားဖွံ့ ဖြိုးမှုနှင့်စပ်လျဉ်း၍ ကျွန်ုပ်တို့များစွာ လေ့လာသင်ယူခဲ့ဖူးသည်။ ဤကြီးထွားဖွံ့ဖြိုးမှု၏နယ်ပယ် သုံးခုကို အကျဉ်းချုပ် ဖော်ပြမည် ဖြစ်သော်လည်း ဦးတည်ချက်သည် ဝိညာဉ် ပိုင်းဆိုင်ရာအသက်တာတစ်ခုလုံးအဖြစ် သင့်တော်စေရန်ဖြစ်သည်။

ဝိညာဉ်ပိုင်းဆိုင်ရာ အသက်စွမ်းအင်သည် သန့်ရှင်းသောဝိညာဉ်တော် အားဖြင့် မောင်းနှင်ခြင်းခံ၍

ယေရှုခရစ်တော်၏နောက်လိုက်များကိုပါ ခရစ်တော်နှင့်သဏ္ဌာန်တူ သည့်အထိ မရပ်မနားမောင်းနှင် လေ၏။

ဤအဆင့်သုံးဆင့်သည် တစ်ဆင့်ချင်းစီ၌ ဖြစ်သင့်သော အရာ များကို ရှင်းလင်းစေ၏။ ဤသို့သော ကြီးထွားခြင်းကို ဖြစ်မြောက်အောင် ဆောင်ရွက်ပါက ယုံကြည်သူများသည် ခိုင်ခဲ့လာပါလိမ့်မည်။ မိမိတို့ ကိုယ်တိုင်၏ကြီးထွားခြင်း အတွက်ဖြစ်စေ၊ အခြားယုံကြည် သူများ၏ကြီးထွား ခြင်း အတွက်ဖြစ်စေ မည်သည့်အချိန်၊ မည်သည့်နေရာ၌ မိမိတို့၏တာဝန် များကို လျစ်လျူရှု၍ ယုံကြည်ခြင်း အားယုတ်ခဲ့သနည်း။

ယနေ့မိမိတို့၏အသင်းတော်များကို ကြည့်ရှု သောအခါ ထိုအသင်း တော်များ၌ မရေရာသောအရာများ၊ ရည်ရွယ်ချက်ကင်းမဲ့နေမှုများအတွက်

အသက်၏အနှစ်သာရ

ဘုရားသခင်၏နှုတ်ကပတ်တော် သို့မဟုတ် ဘုရားသခင်ကို အပြစ်မတင် သင့်ပေ။ အသင်းတော်အနေဖြင့် တပည့်တော်မွေးထုတ်ရန် တာဝန်များ ကို မေ့လျော့ပျက်ကွက်လျက်နေသည်။ ကျွန်ုပ်တို့မျှော်လင့်ချက်ကား မိမိ တို့သည် ခရစ်တော်နှင့် သဏ္ဌာန်တူခြင်း၌ လေးနက်မှုရှိလာ၍ သူ၏မိန့် တော်မူချက်များကို နာခံသောအခါ အသင်းတော်သည် ခိုင်ခံ့လာမည်ဖြစ် ပါသည်။ ကျွန်ုပ်တို့သည် ယေရှုနောက်လိုက်များကဲ့သို့ သူ၏မေတ္တာ၌ သူ၏အလုပ်ကို ထမ်းဆောင်သွားရပါမည်။

ကျွန်ုပ်တို့မိသားစုများ၌ရှိသော ကြီးထွားခြင်းပုံရိပ်လေးကို အသုံးပြု ခြင်းအားဖြင့် မိမိတို့အား သွန်သင်ရမည့်အကြောင်း ဘုရားသခင်သည် ဤ ကြီးထွားဖွံ့ဖြိုးမှုလမ်းစဉ်ကို စွဲမြဲစေရန် ရွေးချယ်ခြင်း ဖြစ်သည်။ နောက်အခန်း များတွင် ယုံကြည်သူများမှစ၍ မိမိတို့ကိုယ်တိုင်နှင့်အခြားသူများ ကြီးထွား ခြင်း၌ အထောက်အကူဖြစ်စေရန် ထိုအဆင့်နှင့်ဆိုင်လမ်းစဉ်ကို မီးမောင်း ထိုးပေးပါမည်။

သင်ခန်းစာ

- ယုံကြည်သူများ၏ဝိညာဉ်ပိုင်းဆိုင်ရာ ကြီးထွားဖွံ့ဖြိုးမှုသည် လူသား တို့၏ခန္ဓာပိုင်းဆိုင်ရာ ကြီးထွား ဖွံ့ဖြိုးမှုနှင့်တူညီမှုများစွာရှိ၏။
- အသင်းတော်၌ရှိသော အားနည်းချက်ကို တန်ခိုးမဲ့သောဝံဂေလိ တရား သို့မဟုတ် တန်ခိုးမဲ့သော ဘုရားသခင်၏နှုတ်ကပတ်တော် အားဖြင့် မည်သို့မျှမပြုနိုင်ပေ။
- ဝိညာဉ်ပိုင်းဆိုင်ရာ ကြီးထွားဖွံ့ဖြိုးမှု သုံးမျိုးရှိ၏။ ၎င်းတို့မှာ အသစ်သော ယုံကြည်သူများ (သားသမီးများ)၊ လူငယ်ယုံကြည်သူများ (လူငယ် လူရွယ်များ)၊ ရင့်ကျက်သောယုံကြည်သူများ (ဖခင်များ) ဟူ၍ဖြစ်သည်။

ကျက်မှတ် ဆင်ခြင်ပါ

- ၁ ယော၊၂:၁၂-၁၄

ဦးတည်ချက်ကို ရှာဖွေခြင်း

တာဝန်ပေးအပ်ခြင်း

- ၁ယော၊၂:၁၂-၁၄ ကိုလေ့လာပါ။ ထိုအဖွဲ့သုံးဖွဲ့၌ သင်ဘာကိုတွေ့မြင်သနည်း။ ခန္ဓာပိုင်းဆိုင်ရာနှင့် ဝိညာဉ်ပိုင်းဆိုင်ရာနှစ်ခုစလုံးမှ အဆင့်တစ်ခုစီအတွက် ခြားနားချက်တစ်ခုကို မီးမောင်းထိုးပြပါ။

- ယောဟန်က ရင့်တို့ကို မည်သို့သောအစီအစဉ်ဖြင့် ဆွေးနွေးပါသနည်း။

- သင်သည် တပည့်တော်ပြုခြင်းခံသောသူ တစ်ဦးတစ်ယောက်ကို သိပါသလား။ မသိပါက၊ ရင်းသည် ကိစ္စတစ်ရပ်ဟု ယူဆပါသလား။

#၁၄
သိချင်စိတ်ဖြင်းဖြခြင်း

ယုံကြည်သူများသည် ဤအဆင့်သုံးဆင့်အကြောင်းကိုကြား၍ ၎င်း၌ အဆင့်လေးဆင့်မရှိကြောင်း နားလည်လာသောအခါ သူတို့သည် မည် သည့်အဆင့်နှင့် သင့်တော်မည်နည်းဟူ၍ တွေဝေလျက်နေကြ၏။ ပျော်ပွဲစားထွက်၍ အဖွဲ့လိုက် ဓာတ်ပုံပြသခြင်းနှင့်တူ၏။ ကျွန်ုပ်တို့၏မျက်စိ သည် အဲဒီထဲက မိမိတို့၏ဓာတ်ပုံကို ရှာဖွေကြ၏။ ငါ့ပုံကော ပါရဲ့လား။ ငါ ဘယ်လိုနေသလဲ။

"ငါဘယ်မှာလဲ"
"ငါဘယ်မှာရှိသင့်လဲ"
"ထိုနေရာကို ငါဘယ်လိုရောက် ရှိနိုင်မလဲ"

ခရစ်ယာန်တို့သည် မိမိတို့အသက် တာများနှင့်စပ်လျဉ်း၍ သိလိုစိတ် ပြင်းပြ၍ သူတို့မည်သည့် အတိုင်းအတာထိ ရောက်နေပြီ ဖြစ်ကြောင်းကို သိလိုကြ၏။ များစွာ သောယုံကြည်သူများသည် ဝိညာဉ် ပိုင်းဆိုင်ရာ ကြီးထွားဖွံ့ဖြိုး မှု၏အဆင့်အတန်းများအကြောင်း ကို မကြားဖူးကြပေ။ သို့ဖြစ်၍ နွေးရုံမျှသာရှိသော ယုံကြည်ခြင်းကို ပိုင်ဆိုင် သောသူတို့၌ ၎င်းသည် တချို့သော စိတ်ဝင်စားမှုများကိုပါ မီးပွားလောင်စေ တတ်၏။ ယုံကြည်သူတိုင်း အလွယ်တကူနားလည်၍ ပွေ့ဖက်ကာ အခြား သူများအား လက်ဆင့်ကမ်းနိုင်ဖို့ရန် ဘုရားသခင်သည် အသွင်သဏ္ဌာန်တူ သည့် မိသားစုကိုအသုံးပြုခဲ့၏။

အဆင့်အတန်းဟုဆိုရာတွင် တစ်စုံတစ်ဦးက မိမိကိုယ်ကို သူတစ်ပါး ထက် ကြီးမြတ်ကြောင်း၊ သူတစ်ပါးထက် အရေးကြီးကြောင်း သဘောပေါက်မိ သောအခါ အန္တရာယ်ရှိလာ၏။ အခြားသူများအား ဖော်ထွင့်စေရန် လိုအပ်သည် ဟူသည့်အထိ စဉ်းစားလာ၏။ (သင်သည် ထိုသို့သောသူတို့ကို ဝိညာဉ်ပိုင်း ဆိုင်ရာ အနိုင်ကျင့်သူများဟု ခေါ်ဆိုနိုင်ပါသည်)။ ဤကား ယောဟန်၏စိတ်နှလုံး၌ မရည်ရွယ်နိုင်သောအရာဖြစ်၏။

မိမိတို့ကိုယ်ကို အခြားသူများနှင့် နှိုင်းယှဉ်မည့်အစား မိမိတို့၏ လုပ်ဆောင်ခြင်းရော မိမိတို့၏သာသနာလုပ်ငန်း၌ပါ ခရစ်တော်နှင့် သဏ္ဌာန်

အသက်၏အနှစ်သာရ

တူခြင်းကို ထင်ဟပ်စေနိုင်သည့် သန့်ရှင်းသောဝိညာဉ်တော်၏အသက် တန်ခိုးအား ဖော်ထုတ်ရန်သာ စူးစမ်းရှာဖွေသင့်သည်။ မိမိတို့၏ ဝိညာဉ်ပိုင်း ဆိုင်ရာ အသက်တာ၌ ဤမှန်ကန်သောစိတ်ဝင်စားမှုသည် မိမိတို့မည်မျှကြီး ထွားပြီ ဟူသောအကြောင်းကို စဉ်းစားရာသို့ပို့ဆောင်ပေး၍ မည်သည့် ကဏ္ဍ၌ ဆက်လက်ရင့်ကျက်ရန် လိုအပ်နေသေးကြောင်းကိုလည်း သိ စေသည်။ မိမိတို့ကိုယ်ကို ကလေးငယ်တစ်ဦးကဲ့သို့ စဉ်းစားကြည့်ပါ။ သူ သည် မိမိ၏ဖခင်ကဲ့သို့ ကြီးထွားလာရန် စိတ်ကူးသူဖြစ်သည်။

ကြီးထွားမှုဆိုင်ရာ ရှုပါရုံသစ် လိုအပ်၏

များစွာသောယုံကြည်သူတို့သည် ကျန်းမာသန်စွမ်းသော ကြီးထွားခြင်း ကို ရှာဖွေမည့်အစား ဝိညာဉ်ရေးရာ၌ ရပ်တန့်လျက်နေကြ၏။ သူတို့သည် မကြီးထွားတော့ပေ။ ထိုသူတို့သည် ဆက်လက် ကြီးထွားရန် မျှော်လင့်ချက် ကိုပင် မသိကြတော့ပေ။ သူတို့၏အသက်တာ ကဏ္ဍတစ်ခု သို့မဟုတ် တစ်ခု ထက်ပိုသောနေရာ၌ ဒုက္ခရောက်နေကြ၏။ သူတို့သည် သူတို့ကိုယ်ကို လက်ရှိ မြင်နေသည့်နေရာမှ တစုံတစ်ရာ ထူးခြားစေနိုင်သည့်မျှော်လင့်ချက်ကို ပါ လက်လွှတ်လိုက်ကြ၏။ ထိုနေရာသည် သူတို့ရှိနေရမည့်နေရာဖြစ်သည် ဟု သူတို့ကိုသူတို့ စဉ်းစားကြ၏။

ကြီးထွားလျက်ရှိသော စပျစ်နွယ်ပင်ကဲ့သို့ပင် မိမိတို့လိုရာသို့သွားတတ် ကြ၏။ ကျွန်ုပ်တို့သည် မိမိတို့၏ခရစ်ယာန်အသက်တာ အဆင့်ဆင့် အတွက် ဘုရားသခင်၏တန်ခိုးနှင့်ပြည့်စုံသော အသက်စွမ်းအား နားလည် သဘောပေါက်ခြင်းကို သူ၏အထူးရည်ရွယ်ချက်နှင့်အတူ ပေါင်းစပ်လိုက် သောအခါ မိမိတို့၏ ကြီးထွားဖွံ့ဖြိုးမှု၌ မိမိတို့သည် ရှေ့သို့ တလိမ့်လိမ့် တက်လာနိုင်သည်။

ကျွန်ုပ်တို့၏ခန္ဓာပိုင်းဆိုင်ရာ အသက်ရှင်ခြင်း၌ ကြီးထွားမှု ပန်းထွက် လာသည့်အတိုင်း အရွယ်ရောက် သည့်ဘက်သို့ မောင်းနှင်ပေးသည်။ ထို့အတူ မိမိတို့၏ဝိညာဉ်ရေးရာအသက်တာ၌ သူ၏သမ္မာတရားကို နားလည် သဘောပေါက်ခြင်းက ယုံကြည်ခြင်းကို တိုးပွားစေ၍ ၎င်းက မိမိတို့အား ဝိညာဉ်ပိုင်းဆိုင်ရာ ကြီးထွားမှုကို ဖြစ်ပေါ်စေတတ်သည်။ မိမိတို့၏ဝိညာဉ် ရေးရာ ကြီးထွားခြင်းကို တည်ဆောက်ပေးသော တွေးတောကြံဆမှုများမှာ အောက်ပါအတိုင်းဖြစ်သည်။

သိချင်စိတ်ပြင်းပြခြင်း

- သန့်ရှင်းသောဝိညာဉ်တော်သည် ကျွန်ုပ်အား ဝိညာဉ်ရေးရာ ကြီးထွားဖွံ့ဖြိုးသည်အထိ ချဉ်းကပ်လျက နေ၏။ သူသည် ငါ့အပေါ်၌ အရှုံးမပေးပါ။
- ငါလှုည့်သွားသည့်လမ်းများကား ဘယ်မှာနည်း။
- ဘုရားသခင်သည် ငါ့အဖွဲ့ အကြံအစည်ရှိတော်မူ၏။
- ဘုရားသခင်သည် ငါ့အား ကြီးထွားရင့်ကျက်ဖို့ရန် တပ်ဆင်ပေးတော်မူ၏။
- ငါဘယ်ကို ရောက်နေသနည်း။
- ငါ့နောက်ထပ် ကြီးထွားရန် ခြေလှမ်းကား အဘယ်နည်း။
- ငါမည်ကဲ့သို့ ပို၍ကြီးထွားနိုင်မည်နည်း။

ဤသည်တို့ကား ဝိညာဉ်ရေးရာအသက်တာအပေါ်၌ ဘုရားသခင်၏နှုတ်ကပတ်တော်ကို မှန်မှန်ကန်ကန် သင်ကြားခြင်းအားဖြင့် အစပြုပေးခဲ့သည့် လက်ခံဖွယ်စဉ်းစားစရာများဖြစ်ပါသည်။ သမ္မာတရားသည် ယုံကြည်သူများအား သူတို့၌ ဘုရားသခင်၏အလုပ်နှင့်ဆိုင်သော ပြန်လည်မီးတောက်လောင်မည့် နေရာဖြစ်သည့် မှန်ကန်သောခြေရာဘက်သို့ ပို့ဆောင်တတ်၏။

ကြီးထွားလျက်ရှိသော မျှော်လင့်ချက်

သင် ငါ့ကို တကယ်ယေရှုကဲ့သို့ ဖြစ်စေချင်ပါသလား။ ငါ့အတွက် လက်တွေ့ကျတဲ့အရာကို နားလည်အောင် သင်တကယ်ကူညီမှာလား။ ထိုနေရာ၌ သင်ငါ့ကို လမ်းပြမှာလား။ ငါ့အတွက် နောက်ခြေလှမ်းကား အဘယ်နည်း။

ဤသို့ တွေးခေါ်စဉ်းစားခြင်းသည် ယုံကြည်ခြင်းကို ဖြစ်ပေါ်စေ၍ ယုံကြည်သူများကို ဝိညာဉ်ရေးရာ၌ ပိုမိုကြီးထွားစေနိုင်ပါသည်။

ထိုသူတို့သည် ယခု ဝိညာဉ်ရေးရာ ကြီးထွားဖွံ့ဖြိုးခြင်း အကြောင်းကို စဉ်းစား၍ သူတို့ရင်ဆိုင်နေရသော ပြဿနာကို အမှုမထားဘဲ သူတို့အဖွဲ့ ဘုရားသခင်ပြင်ဆင်ပေးသည့်ပန်းတိုင်များကို စတင်ရှာဖွေလာကြ၏။ အပြောင်းအလဲအတွက် မျှော်လင့်ချက်လမ်းစပေါ်လာ၍ ရှင်နှင့်အတူ ယုံကြည်ခြင်း တိုးပွားလာ၏။ သူတို့သည် ဘုရားသခင်၏ကတိတော်များကို

အသက်၏အနှစ်သာရ

ရရှိထားသူများဖြစ်၍ ထိုကတိတော်များက သူတို့ကို အစဉ်ကြီးထွားစေ မည် ဖြစ်ပါသည်။

ယုံကြည်သူတိုင်းသည် တဆင့်ပြီးတဆင့် ဝိညာဉ်ရေးရာ အသက် တာ၏အဆင့်မျိုးစုံအားဖြင့် စုံလင်သောရင့်ကျက်ခြင်းအဖြစ်သို့ ကြီးထွား ရမည်ဖြစ်ပါသည်။ ဤသင်ကြားခြင်းကို တချို့လက်မခံချင် ကြသော်လည်း ၁ ယော၊၂:၁၂-၁၄ ၌အတိအလင်း ဖော်ပြထားပါသည်။ ကျွန်ုပ်တို့ နောက်ကွယ်၌ ပို၍ကြီးသောမသက်ဝယ် ပြဿနာကား ရင့်ကျက်ခြင်းနှင့် ဆိုင်သည့် မှားယွင်းသောအတွေးအခေါ်ပင် ဖြစ်သည်။ မည်သူမျှ အပြစ်မပါ ဘဲ စုံလင်သောသူမရှိနိုင်ပေ။ ကျွန်ုပ်တို့သည် အစွန်းအထင်ရှိပြီးသူများ ဖြစ် ကြသော်လည်း ဘုရားသခင်၏ဘုန်းတော်နှင့်ဆိုင်သောအရာများကို စဉ် ဆက်မပြတ် ဘုရားတရား ကြည်ညှိုစွာ ဆုံးဖြတ်ချက်ချခြင်းအားဖြင့် မိမိတို့ အသက်တာ ပြုပြင်ပြောင်းလဲခြင်းခံရသည်ကို တွေ့မြင် နိုင်ပါသည်။ ယော ဟန်ပြောဆိုသည့်စကားကို သတိပြုပါ။

ငါ့သားသမီးတို့၊ သင်တို့သည် အပြစ်မပြုကြစေရန် ဤအရာများ ကို သင်တို့ထံ ငါရေးလိုက်၏။ တစ်စုံ တစ်ယောက်သည် အပြစ်ပြုမိခဲ့လျှင် ခမည်းတော်ထံ၌ ကူညီဖြေရှင်းပေးသူတည် ဟူသော ဖြောင့်မတ်သည့်အရှင် ယေရှုခရစ်တော်သည် ငါတို့ အတွက်ရှိ၏။ ထိုအရှင်သည် ငါတို့အပြစ်များ အတွက် အသနားခံခြင်း ပူဇော်သက္ကာဖြစ်တော်မူ၏။ ငါတို့အပြစ်များ အတွက်သာမက လောကီသားအပေါင်းတို့၏အပြစ်များအတွက် လည်း ဖြစ်တော်မူ၏။ ငါတို့သည် ကိုယ်တော်၏ ပညတ်တော်တို့ ကို လိုက်နာစောင့်ထိန်းလျှင် ထိုအမှုအရာအားဖြင့် ကိုယ်တော်အား ငါတို့သိကျွမ်းသည်ကို သိကြ၏(၁ယော၊ ၂:၁-၃)။

ယုံကြည်သူများ၌ သိလိုစိတ်ပြင်းပြလာသောအခါ သူတို့သည် သင်ယူ ရန်နှင့်ကြီးထွားရန် လမ်းစပွင့်လာသည် (ဆရာသမားများက မိမိတို့ ကျောင်းသား/သူများ၌ သင်ကြားလို့ရသောသူများ အဘယ်မျှလောက် အရေးကြီးသည်ကို နားလည်သိရှိကြ)။ ယုံကြည်သူတစ်ဦးက မိမိသည် လွန်ခဲ့ သည့် တစ်ဆယ်ယှဉ်းငါးနှစ်ကပင် အသင်းတော်သို့ ရောက်နေပြီဟု စဉ်းစားပါ က စိတ်ပိုင်းဆိုင်ရာ ထူးခြားမှု တစ်ခုခုရှိနိုင်သည်။

သိချင်စိတ်ပြင်းပြခြင်း

အသက်တာဟူသည်မှာ ကျွန်ုပ်တို့လိုအပ်သည့်အလျောက် ကြီးထွားခြင်းမဟုတ်ပေ။ ရင်သည် သူဟာသူ ကြီးထွားတတ်၏။ သေးငယ်သော အညွှန့်အဖူးကဲ့သို့ဖြစ်၍ ရင်ကို အကာအကွယ်ပေးလျက် ရေ၊ မြေသြဇာ နှင့်နေရောင်ခြည် စသဖြင့်လိုအပ်ချက်များကို ဖြည့်ဆည်းပေးရမည်။ မိမိတို့သည် အသက်ကို မပြုလုပ်နိုင်ပေ။ ရင်ကို ပျိုးထောင်ပေးနိုင်သည်။ ခရစ်ယာန်အသက်တာလည်း ထို့အတူဖြစ်သည်။

ယုံကြည်သူသည် ကြီးထွားဖို့ရန်အတွက် မိမိ၌ရှိသောစွမ်းရည်ကို တစ်ကြိမ်နားလည်လျှင် မိမိ၏ စိတ်နှလုံးကို ပြန်လည်ပြုပြင်ဖို့ရန် ဘုရားသခင်၏နှုတ်ကပတ်တော် သမ္မာတရားကို ပို၍ရရှိရန် စိတ်အားထက်သန်လာသည်။ မကောင်းသောအရာများကို ချန်ထားခဲ့၍ သူ့အဖို့ ခရစ်တော်ယေရှု၌ ဘုရားသခင်၏ကြီးမြတ်သောရည်ရွယ်ချက် ဘုန်းတော် အသရေကို ချီးမြှောက်လာ၏။

အလင်းတော်နှင့်သစ္စာတော်ကို စေလွှတ်တော်မူပါ။ သူတို့သည် လမ်းပြ၍ သန့်ရှင်းသော တောင်တော်သို့ရင်း၊ တဲတော်သို့ရင်း အကျွန်ုပ်ကိုပို့ဆောင်ပါစေသော။ သို့ပြုလျှင် ဘုရားသခင်၏ ယဇ်ပလ္လင်သို့ရင်း၊ အကျွန်ုပ်ဝမ်းမြောက် ရွှင်လန်းရာ ဘုရားသခင်ထံသို့ရင်း အကျွန်ုပ်သည် ရောက်လာ၍ ကိုယ်တော်ကို စောင်းတီးလျက် ချီးမွမ်းထောမနာ ပြုပါမည် (ဆာ၊၄၃:၃-၄)။

ကြီးထွားခြင်းသည် ဖြစ်နိုင်သောအရာဖြစ်၏။ ရင်ကို မိမိတို့ယုံကြည်သောအခါ ဒါဝိဒ်ကဲ့သို့ ရင်ကို ယုံကြည်ခြင်းအားဖြင့် မှီအောင်လိုက်ကြ၏။ ဒါဝိဒ်ကဲ့သို့ အပြစ်ပြုမိသောအခါပင်လျှင် ဘုရားသခင်၏ ကျေးဇူးတော်အားဖြင့် လွတ်မြောက်နိုင်သည် (ဆာ၊၃၂)။

သင်ခန်းစာ

- ကြီးထွားရန် ရပ်တန့်ခြင်းသည် ကြီးထွားရန် လိုအင်ဆန္ဒကင်းမဲ့နေခြင်းဖြစ်သည် သို့မဟုတ် ကြီးထွားခြင်း မလိုအပ်ပေ / အရေးမကြီးဟု ယုံကြည်ထားခြင်းဖြစ်သည်။

- အကယ်၍ ယုံကြည်သူများသည် ဝိညာဉ်ရေးရာကြီးထွားခြင်း အမှန်တကယ်ဖြစ်နေသည်ဟု မြင်တွေ့ပါက ကြီးထွားခြင်းအထဲ၌ ထိုသူ

အသက်၏အနှစ်သာရ

တို့၏စိတ်ဝင်စားမှုသည် ပြန်လည်မီးတောက်လောင် လာမည် ဖြစ်သည်။

ကျက်မှတ် ဆင်ခြင်ပါ

- ဆာ၊၄၃:၃-၄
- ၁ယော၊၂:၁-၃

တာဝန်ပေးအပ်ခြင်း

➡ သင့်ပတ်ဝန်းကျင်၌ရှိသော လူတို့သည် ဘုရားသခင်၏နှုတ်ကပတ် တော်ကို သင်ယူရန် မည်မျှ စိတ်အားထက်သန်ကြပါသနည်း။ နှုတ်ကပတ်တော်သင်ယူဖို့၊ ဆုတောင်းဖို့၊ ဝတ်ပြုကိုးကွယ်ဖို့ အစည်းအဝေးတက်ရောက်လာသောသူများ၏စိတ်ထားကို အကဲဖြတ် ကြည့်ပါ။

➡ သင်သည် သင်ယူခြင်းနှင့်ကြီးထွားခြင်း၌ မည်မျှစိတ်ပါဝင်စား သနည်း။ သင်သည် မည်သည့် နယ်ပယ်များ၌ ပိုမိုအားကြီးသနည်း။ ထိုနယ်ပယ်များ၌ ကြီးထွားရန် အခန်းရှိသည်ဟု သင်ထင် ပါသလား။ ရှင်းပြပါ။

#၁၅
ကလေးအရွယ် –အဆင့် #၁

ဤအခန်း၌ ယုံကြည်ခါစလူသစ်နှင့်ကလေးငယ်တို့အတွက် လုပ်ဆောင်ဖို့ရန် ဘုရားသခင်က မည်သို့သောကတိပေးတော်မူသည်ကို ကျွန်ုပ်တို့ကြည့်ရပါမည်။

ကလေးငယ်လေး

ကျွန်ုပ်တို့အသီးသီးသည် ကလေးငယ် ဘဝမှ စတင်၍ ဆယ်ကျော်သက် အရွယ်သို့ ကြီးရင့်လာလျှက် လူလားမြောက် သောသူများ ဖြစ်ကြ၏။ အသက်အရွယ် တစ်ဆင့်မှ နောက်တဆင့်သို့ ကူးပြောင်း သောအခါ ရှင်းရှင်းလင်းလင်းမဖြစ် သော်လည်း ဖြစ်စဉ်မှာ မရပ်မနား ဖြစ်ပျက်လျှက်နေ၏။

ကျွန်ုပ်တို့ကြီးထွားခြင်းနှင့်စပ်လျဉ်း၍ မှတ်သားစရာ အဓိက သော့ချက် နှစ်ခုရှိ၏။ ထမအချက်ကား ကျွန်ုပ်တို့မွေးလာသောအခါ အောင်ပွဲခံခြင်းပါ လိုက်လာသည်။ မွေးကင်းစကလေးငယ်သည် လောကကို ဗဟိုပြုလာသည်။ ဂုဏ်ယူတတ်သောမိဘတို့သည် သူတို့၏အမွေရတနာသစ် ဖြစ်သည့် သားသမီးတို့၏ဓာတ်ပုံများကို ထုတ်ဖော်ပြ၍ အချင်းချင်းပို့ပေး တတ်ကြ၏။

အခြားမှတ်သားစရာတစ်ခုမှာ ယောဟန်ပထမစာစောင်၌ ဖော်ပြသည့် အတိုင်း လူတစ်ဦးဦးဖခင်အရွယ် ရောက်ရှိလာခြင်းဖြစ်သည်။ ယခင်၌ ငယ်ရွယ်သောသူတစ်ဦးသည် ယခု အသက်အရွယ်ရလာ၍ မိမိ၏ ကလေး ငယ်ရရှိလာ၏။ တနည်းပြောရရင် ဘဝစက်ဝိုင်းတစ်ပတ်လည်ပတ်သည်ဟု ဆိုရမည်ဖြစ်သည်။ မျိုးဆက်တစ်ဆက်က နောက်ထပ်မျိုးဆက်တစ်ဆက် တိုးပွားလာသည်ဟု ဆိုလိုပါသည်။

မျက်မှောက်ခေတ် လူများက အသက်အရွယ်ရောက်လာခြင်းဟူသည် မှာ မိဘဖြစ်၍ ရင်နှင့်ဆိုင်သော တာဝန်များ၏တောင်ဆိုခြင်းနှင့်မဆိုင်ဘဲ အရွယ်ကြီးရင့်လာသောကြောင့် အလိုလိုအသက်အရွယ်ကြီးရင့် လာခြင်း

အသက်၏အနှစ်သာရ

ဖြစ်သည်ဟူအနက်ဖွင့်ရန် ကြိုးစားအားထုတ်လာကြ၏။ ဝမ်းနည်းစရာကောင်းသည်မှာ ယနေ့ အသင်းတော်က ဤသွန်သင်ခြင်းကို တစ်နည်းမဟုတ်ရင် နောက်တစ်နည်းနဲ့ လက်ခံလာကြ၏။ အသင်းတော်ရှိ အသက်တာရင့်ကျက်သောသူများကလည်း နုနယ်သေးသောယုံကြည်သူများကို ကောင်းကောင်းသွန်သင်ဆုံးမခြင်း မပြုကြသောကြောင့် ထိုအယူအဆသည် အဖွဲ့အစည်းနှင့်အသင်းတော် နှစ်ခုစလုံး၌ ကျန်ရစ်လေတော့သည်။

မှန်ကန်သောတရား၊ ပြီးပြည့်စုံသောစက်ပိုင်းတရားက ယုံကြည်သူသည် အသက်အရွယ် ရောက်ရှိလာခြင်းသက်သက်မဟုတ်ဘဲ အသီးအပွင့်သီးလာ၍ နောက်လာမည့်မျိုးဆက်အတွက် တာဝန်ယူခြင်း ဟုခေါ်ဆိုပါသည်။

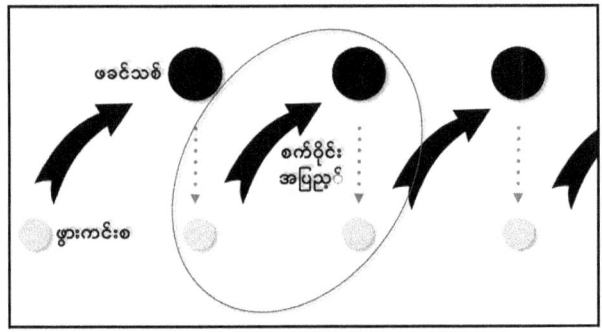

ယခုလက်ရှိ သင်ခန်းစာသည် အသက်တာသစ် အစပြုသည့်နေရာတည်းဟူသော ပထမအဆင့်၌ရှိ အရေးပါသမျှ၌ အာရုံစိုက်လျက်နေသည်။ တမန်တော်ယောဟန်သည် ဘုရားသခင်နှင့်ဆိုင်သော ဝိညာဉ်ပိုင်းဆိုင်ရာမိသားစု၌ မိမိတို့၏ကြီးထွားဖွံ့ဖြိုးမှုကို နားလည်စေရန် မိမိတို့၏မိသားစု၌ ခန္ဓာပိုင်းဆိုင်ရာ ကြီးထွားဖွံ့ဖြိုးမှု အလားသဏ္ဌာန်ကို အသုံးပြုခြင်းဖြစ်သည်။ သူသည် ယေရှုကဲ့သို့ အကျွမ်းမဝင်သော အရာကို သင်ကြားပေးရန် အကျွမ်းဝင်သောအရာကို အသုံးပြုထားသည်။ ကျွန်ုပ်တို့သည် အရှေ့ပိုင်းအခန်းများ၌ ဝိညာဉ်ပိုင်းဆိုင်ရာ အသစ်သောအသက်တာ၏အရေးကြီးပုံ ကို ဆွေးနွေးခဲ့ပါသည်။ ယုံကြည်ခါစ လူတစ်ဦးသည် အသက်သစ်ကို ရရှိပိုင်ဆိုင်သော်လည်း ကလေးသူငယ်ကဲ့သို့ဖြစ်ပါသည်။

ကြီးထွားနေသော ကလေးငယ်

ခန္ဓာပိုင်းဆိုင်ရာ ကြီးထွားဖွံ့ဖြိုးခြင်း၌ ကလေးငယ်လေးသည် လေးဖက်တွားသွားလျက်၊ ထိုင်လျက်၊ ထလျက်၊ လမ်းလျှောက်လျက်နေ သကဲ့သို့ အသစ်သောယုံကြည်သူအဖို့ ဝိညာဉ်ရေးရာ ကြီးထွား ဖွံ့ဖြိုးခြင်း ဆိုင်ရာ ပထမအဆင့်၌ ဘုရားသခင်ထံ သင်ယူရမည့်အခြေခံသင်ခန်းစာ များစွာရှိသည်။ အသက်တာ၏အဆင့်များသည် အရေးကြီး၏။ အကြောင်း မှာ ထိုအဆင့်ဆင့်တို့၌ တစ်ဦးချင်းစီသည် မတူညီသောနည်းမျိုးစုံဖြင့် သင်ယူလျက် ကြီးထွားလျက်ရှိကြသောကြောင့်ဖြစ်သည်။

လွန်ခဲ့သောဆယ်နှစ်၌ ရေဘက္ကက သူ့အကိုကြီး ဌာဇက်ကိုပါ ပန်းခြံ တစ်နေရာသို့ခေါ်သွားပြီး ကစားကြရန် ငါ့ကိုသိမ်းသွင်းစည်းရုံးခဲ့ပါသည်။ ပန်းခြံတစ်နေရာသို့ သွားရောက်ပြီး ငါးမိနစ်၊ ဆယ်မိနစ်ခန့် ကစားကြ သောအခါ သူတို့အချင်းချင်း "ငါတို့တတွေ ဒီအရွယ်နှင့် ဒီပန်းခြံထဲမှာ ကစား နေတာ မဟုတ်သေးဘူး"ဟု တိုးတိုးတိတ်တိတ် ပြောဆိုသံကို ငါကြား၏။ ထို့နောက်မှ တောင်တက်လမ်းလျှောက်ဖို့ စတင်ကြ၏။ သူတို့သည်လည်း ထို နေရာ၌ တောင်တက် လမ်းလျှောက်ကြသည်ကို အလွန်အားရ ပျော်ရွှင်လာ ကြ၏။ ဆိုလိုရင်းကား လူတို့သည် အသက်အရွယ်ရသည်နှင့်အမျှ အပြောင်းအလဲရှိလာတတ်၏။

အသက်အရွယ် တစ်ဆယ်ယှဉ်ငါးနှစ်သာ ရှိသေးသည့်လူငယ် လေးသည်လည်း ထာဝရဘုရားကို သိရှိလာနိုင်သည်။ သူ၏အသက်အရွယ် ငယ်ရွယ်ခြင်းသည် ပြဿနာမဟုတ်ပေ။ ဝိညာဉ် ပိုင်းဆိုင်ရာ ဖွားမြင်ခြင်းသည် ဘုရားသခင်၏မိသားစုဝင် အသင်းသား အသစ်ဖြစ်ခြင်းပေတည်း။

ခရစ်တော်၌ အသက်အရွယ် ကြီးရင့်သောယုံကြည်သူသည်လည်း ဤ အဆင့်(၁) တစ်လျှောက်၌ အလျင်အမြန် ကြီးထွားသင့်သည်။ သို့သော် သူ သည် အခြေခံအဆင့်သာရှိသေးသည့် ဤအဆင့် (၁)၌ လျှောက်လှမ်းနေ သေးကြောင်းကို သတိပြုရမည်။ ထိုသို့မဟုတ်ပါက ထိုသူ၏ဝိညာဉ်ပိုင်း ဆိုင်ရာ အသက်တာ၌ ပုံမှန်ကြီးထွားခြင်းအတွက် အခွင့်အလမ်းနည်းပါး သွားလိမ့်မည်။

အသက်၏အနှစ်သာရ

အသစ်သောယုံကြည်သူများကို ပြုစုစောင့်ရှောက်ခြင်း

သင်သည် ယုံကြည်သူတစ်ဦးဖြစ်လာသောအခါ ပြုစုစောင့်ရှောက် ခြင်းခံပါသလား။ တစ်စုံတစ်ဦးက သင့်အား ဂရုစိုက်ပါသလား။ ဤမေးခွန်း နှစ်ရပ်သည် အရေးမပါသလို ဖြစ်သော်လည်း တကယ်အရေးပါလှ၏။ ကလေးငယ်တစ်ဦးသည် မွေးလာပြီးနောက် အထူးဂရုစိုက်ခြင်းခံရသည်ကို သတိပြုပါ။ ထိုသို့သော အချိန်၌သာ မိဘများက ထိုကလေးငယ်ကို ဂရုတစိုက်ပြုတတ်ကြ၏။

ကလေးငယ်လေးသည် မိခင်နို့တိုက်ခြင်းသက်သက်မဟုတ်၊ ထို ကလေးငယ်ကို ချစ်လျက်၊ ရေချိုးပေးလျက်၊ ဝတ်ဆင်ပေးလျက် စသည်ဖြင့် ပြုစုပေးရပါမည်။ ထိုကလေးငယ်အတွက် အထူးသဖြင့် ညအချိန်တွင် ထပ်ခါထပ်ခါပြုရာများဖြင့် ပင်ပန်းနိုင်နေသော်လည်း ထိုအမှုတို့သည် အလွန် အရေးကြီးသည်။ ဖြစ်ပျက်နေသောအရာများကို သတိပြုရမည်။ မိခင် နှင့်နီးကပ်ခြင်းသည် ကလေးငယ်အဖို့ မေတ္တာပါသောစကားများ၊ အသံများ နှင့်ဟန်ပန်အမှုအရာများကို ထိတွေ့ခံစားဖို့ရန် အခွင့်ထူးဖြစ်ပါသည်။ ကလေးငယ်သည် မည်ကဲ့သို့တုံ့ပြန်၍ ဆက်ဆံရမည်ကိုသာ သင်ယူနေခြင်း မဟုတ်ဘဲ ပိုက်ခြင်း၊ ကျီစယ်ခြင်းနှင့်ဆော့ကစားခြင်းတို့အားဖြင့် မေတ္တာ ခံစားရန်လည်းပါသည်။

ကလေးငယ်လေးသည် ထိတ်လန့်၍ ငိုကြွေးသောအခါ ဘာဖြစ် သနည်း။ မိခင်သည် ကလေးငယ်လေးကို အလျင်အမြန် ချီပိုက်လျက် "သား/ သမီးလေးရယ် မေမေအနားမှာရှိတယ်။ ဘာမှမဖြစ်ဘူး၊ မငိုနဲ့တော့နော်" ဟူ၍ အသံချိုချိုလေးနဲ့ တိတ်လေ့ရှိ၏။

ကလေးငယ်လေးသည် ခန္ဓာကိုယ်အစားစာနှင့်သူ့လိုအပ်ချက်များ ရရှိ ခြင်းအတွက်သာမကဘဲ စိတ်ပိုင်းဆိုင်ရာမေတ္တာ ခံစားရရှိဖို့ရန်လည်း အထူး လိုအပ်ပါသည်။ ဤကား ကလေးငယ်အဖို့ အသင့်တော်ဆုံးလိုအပ်ချက်ဖြစ် ပါသည်။ အကယ်၍ မိခင်သည် သူ့ကလေးအပေါ် ထိုသို့ပြုဖို့ရန် ပျက်ကွက်ခဲ့ ပါက မိခင်၏မေတ္တာကို မခံစားလိုက်သောကလေးငယ်အဖို့ လွန်စွာမုဘဲ ရင်လေးဖွယ် ဖြစ်ပါလိမ့်မည်။ ဘုရားသခင်သည် ယုံကြည်ခြင်း၌ ပိုမို ရင့်ကျက်သောသူတို့ထံသို့ မေတ္တာ၊ ဂရုစိုက်ခြင်းနှင့် ပြုစုစောင့်ရှောက် ခြင်းစသည်တို့ကို မျှဝေပေးကမ်းပြီးဖြစ်ပါသည်။ အကယ်၍ ယုံကြည်ခြင်း၌ ပိုမို ရင့်ကျက်သောသူတို့သည် ဘုရားသခင်၏အကြံအစည်အတိုင်း အသစ် သောယုံကြည်သူများကို ကြည့်ရှု၊ စောင့်ရှောက်ပါက ယုံကြည်ခြင်း၌ ခိုင်ခံ့

ကြီးထွားလာမည်ဖြစ်သည်။ အကယ်၍ ကြည့်ရှုစောင့်ရှောက်ခြင်း မပြုနိုင်ပါက အသစ်သောယုံကြည်သူအဖို့ ယုံကြည်ခြင်းနှင့်ဆိုင်သော အခြေခံ အုတ်မြစ်သည် အားနည်းသွားမည်သာဖြစ်ပါသည်။

သင်ယူစရာများ

အသစ်သောယုံကြည်သူသည် သင်ယူစရာများစွာရှိ၏။ ပေတရုသည် ကျွန်ုပ်တို့အား အသစ်သော ယုံကြည်သူများကို နားလည်ခြင်း၌ အထောက်အကူဖြစ်စေရန် အလားသဏ္ဍာန်တူသည့်အချက်ကို အသုံးပြု ထားသည်။ ပေတရုသည် အသစ်သောယုံကြည်သူတစ်ဦး၏ ဘုရားသခင် နှုတ်ကပတ်တော်အပေါ် မည်သို့လိုလားတောင့်တသည်ကို ကျွန်ုပ်တို့အား နားလည်သဘောပေါက်စေရန် မွေးကင်းစကလေး၏နို့ရည် အလွန်လိုချင် ပြင်းပြပုံကို ဥပမာပေး၍ အသုံးပြုခဲ့သည်။ "နှုတ်ကပတ်တရား၏နို့စစ် အားဖြင့် ကြီးပွားမည့် အကြောင်း၊ ဖွားစသောသူငယ်ကဲ့သို့ ထိုတရားနို့ကို အလွန်လိုချင်သောစိတ်ရှိကြလော့"(၁ပေ၊၂:၂)။

ကလေးငယ်လေးသည် မိမိပါးစပ်ထဲသို့ မိခင်၏နို့စစ်ရည်မရောက်မချင်း ငိုကြွေးနေမည်ဖြစ်သည်။ သို့ရာတွင် ကလေးငယ်လေးသည် မိခင်နို့ရည်ကို စတင်စုပ်ယူလာသောအခါ အငိုတိတ်၍ ကျေနပ်ရောင့်ရဲလေ၏။ အသစ် သောယုံကြည်သူ၌လည်း ထို့အတူဖြစ်၏။ ယုံကြည်ခါစလူတစ်ဦးသည် ဘုရားသခင်၏ နှုတ်ကပတ်တော် သိလိုသောဆန္ဒအလွန်ပြင်းပြ၏။ ထို့ ကြောင့် ထိုသူသောသူတို့သည် အသက်တာ ကြီးထွားရမည်အကြောင်း ကျွန်ုပ်တို့သည် သူတို့ကို ကိုယ်တော်၏နှုတ်ကပတ်အားဖြင့် ပြုစုကျွေးမွေး ဖို့ရန် သူတို့ရှိရာအရပ်၌ ရှိနေဖို့ရန် လိုအပ်လှပေသည်။ ဤသို့ဖြင့် သူ တို့သည် အသက်တာကြီးထွား လာမည်ဖြစ်သည်။

အသက်တာဟူသည်မှာ ဝိညာဉ်ပိုင်းဆိုင်ရာ အသစ်တစ်ဖန်ဖွားမြင် ခြင်း၌သာ အစပြုသည်။ ကလေး ငယ်လေးသည် လိုအပ်သောအာဟာရဓာတ် ကို ရရှိသကဲ့သို့ ယုံကြည်သောသူသည် ဘုရားသခင်၏ နှုတ်ကပတ်တော်ကို ရရှိသောအခါ ကြီးထွားခြင်းဖြစ်ပျက်လေ၏။

ဘုရားသခင်၏နှုတ်ကပတ်တော်လိုအပ်မှုသည် မိမိတို့၏အသက်တာ တစ်လျှောက်လုံးအတွက် ဖြစ်သည်။ ကျွန်ုပ်တို့သည် အသက်ရှင်နေနိုင်ဖို့ရန် ဎင်းကို စားသုံးမှီဝဲဖို့ လိုအပ်သည်မှန်သော်လည်း မိမိတို့ကြီးထွားလာ သည်နှင့်အမျှ တစ်စုံတစ်ရာပြောင်းလဲမှု ရှိတတ်သည်။ အစကနဦးအဆင့်၌

အသက်၏အနှစ်သာရ

အစားအစာနှင့်အဟာရဓာတ်သည် နို့စစ်ပုံစံဖြစ်ပြီး မိခင်အားဖြင့် ရရှိခြင်း ဖြစ်သည်။ ဤကဲ့သို့ ကျွေးမွေး၍ ထိန်းသိမ်းစောင့်ရှောက်ခြင်းသည် ဘုရားသခင်၏ပုံဖော်ခြင်းကြောင့်ဖြစ်၍။ ကလေးငယ်အား နို့တိုက်နိုင်ငံ့ သောအခါ မိခင်နှင့်ကလေးငယ်နှစ်ဦးတို့သည် အချင်းချင်း မကြာခဏ ကြည့်ကြ၏။

ကျွန်ုပ်တို့သည် ဝိညာဉ်ရေးရာ အသက်တာသစ်အကြောင်းကို စဉ်းစား သောအခါ ထိပ်ဆုံးက နေရာယူသည့်အခြေခံ လိုအပ်ချက်တချို့ရှိ၏။ ရင်းတို့ မှာ ရင်းနှီးကျွမ်းဝင်ခြင်း၊ ခင်မင်မှုသံယောဇဉ်၊ ချစ်ခြင်းမေတ္တာ၊ ဘုရားသခင်၏နှုတ်ကပတ်တော်၊ ပြုစုစောင့်ရှောက်ခြင်းနှင့်အာရုံ စူးစိုက်ခြင်းတို့ဖြစ်ပါသည်။ ကလေးငယ်တစ်ဦးအတွက် အခြားလိုအပ်ချက် များစွာရှိသော်လည်း အခြေခံလိုအပ်ချက်တည်းဟူသော ပြုစုပျိုးထောင်ခြင်း ထက် လိုအပ်သောအရာမရှိတော့ပေ။

လွန်ခဲ့သောနှစ်တော်တော်များများ၌ အသင်းတော်သည် လူတို့အား ဘုရားသခင်၏နိုင်ငံတော်ထဲသို့ ခေါ်သွင်းခြင်းကို ကောင်းကောင်းအာရုံစူးစိုက် လုပ်ဆောင်ခဲ့သော်လည်း ထိုယုံကြည်ခါစထဲမှ များစွာသော သူတို့သည် အကြမ်းဖက်ခြင်း ဒုက္ခကိုခံစားကြ၏။ ထိုသူတို့သည် သူတို့လိုအပ်သော ကြည့်ရှု စောင့်ရှောက်ခြင်းကို မခံစားကြပေ။ အကြောင်းမှာ ထိုသူတို့သည် အခြားသောယုံကြည်သူများအားဖြင့် မည်သည့်အခါမျှ ပြုစုပျိုးထောင်ခြင်း နှင့်စောင့်ရှောက်ခြင်းကို မခံစားဖူးကြသူများဖြစ်သည်။ သူတို့သည် တပည့်တော်အဖြစ် မွမ်းမံခြင်းကိုလည်းမခံဖူးကြပေ။ ကလေးငယ်လေး သည် သူ့ဟာသူ ကျွေးမွေးပြုစုခြင်း မပြုနိုင်သကဲ့သို့ အသစ်သောယုံကြည်သူ လည်း သူ့ဟာသူ ကျွေးမွေးပြုစုခြင်းမပြုနိုင်ပေ။ ထိုသူသည် သူတစ်ပါး၏ကျွေးမွေးပြုစုခြင်းကို လိုအပ်၍ ကာလအချိန်အတန်ကြာမှသာ သူ့ဟာသူ ကျွေးမွေးပြုစုရန် သင်ယူလေ့လာနိုင်၏။

ကျွန်ုပ်တို့သည် ဤအခြေခံတရားကို သိပြီးဖြစ်သော်လည်း မိမိတို့သိရှိ သည့်အတိုင်း အသင်းတော်၌ စောင့်ထိန်းခြင်းမရှိဘဲ အသက်ရှင်ကြ၏။ ထို သို့ဖြစ်သောကြောင့် ခရစ်တော်၏ခန္ဓာကိုယ်သည် ကြောက်မက်ဖွယ်သော အကျိုးဆက်များနဲ့ ဆင်းရဲဒုက္ခခံနေရသည်။ ငါကိုယ်တိုင် ယုံကြည်သူများကို မေးလေ့ရှိသည်မှာ "မင်းတို့ထဲက ဘယ်နှစ်ဦးက ကိုယ့်ကိုယ်ကိုယ် စောင့်ရှောက်၍ အခြားယုံကြည်သည့်သူကိုပါ သင်ကြားပေးခဲ့သနည်း။ လူအ နည်းငယ်သာ ထိုသို့ပြုနိုင်သည်ဟု ဖြေဆိုခဲ့သည်။

ကလေးအရွယ် –အဆင့် #၁

ကျွန်ုပ်တို့သည် ဘုရားသခင်၏သားသမီးရတနာများကို ပြုစု စောင့်ရှောက်ခြင်း ပျက်ကွက်ခဲ့သောကြောင့် ကိုယ်တော်၏စိတ်နှလုံးသည် ကြေကွဲနေမည်ဖြစ်သည်။ အဘယ့်ကြောင့် မိမိတို့၏စိတ်နှလုံးသည် ထပ်တူထပ်မျှ မကြေကွဲရပါသနည်း။ အသင်းတော်သည်လည်း နောက်လာ မည့်မျိုးဆက် မွေးထုတ်ဖို့ရန် မိမိတို့၏မလိုလားမှုနှင့်စပ်လျဉ်း၍ အဘယ့် ကြောင့် နောင်တမရဘဲ နေကြရသနည်း။

သင်ခန်းစာ

- ယေရှုခရစ်တော်၏နောက်လိုက်သစ်သည် ကလေးငယ်လေးကဲ့သို့ ဖြစ် သောကြောင့် ထိုကလေးငယ်သည် ကလေးထိန်း၏ပြုစုကျွေးမွေး ခြင်းကို လိုအပ်သည့်အတိုင်း ယေရှုခရစ်တော်၏ နောက်လိုက်သစ် သည်လည်း ထိုအတူဖြစ်သည်။

- ဘုရားသခင်သည် ကျွန်ုပ်တို့အား မိခင်က မိမိ၏ကလေးငယ်လေးကို နူးညံ့သိမ်မွေ့စွာနှင့် စိတ်ရှည်လက်ရှည်ဖြင့် ပြုစုစောင့်ရှောက် သကဲ့သို့ စောင့်ရှောက်စေလိုပါသည်။

- ဘုရားသခင်သည် အသစ်သောယုံကြည်သူအား မိမိ၏နှုတ်ကပတ် တော်ထဲမှ အခြေခံတရားများကို ထိုသူ၏အသက်တာ ပထမအဆင့်မှ စ၍ ကြီးထွားလာသည့်အထိ သင်ကြားပေးတော်မူ၏။

- ထာဝရဘုရားသခင်သည် မိမိ၏သားသမီးအသစ်များအား မိမိ၏မေတ္တာနှင့်ပြုစုစောင့်ရှောက်ခြင်းကို နားလည်စေလိုပါသည်။

ကျက်မှတ် ဆင်ခြင်ပါ

- ၁ပေ၂:၂

အသက်၏အနှစ်သာရ

တာဝန်ပေးအပ်ခြင်း

➡ သင်သည် အသစ်သောယုံကြည်သူအား တပည့်တော်ဖြစ်စေဖူးပါ သလား။ မည်သည့်အရာဖြစ်ပျက်၍ မည်သည့်အရာ မဖြစ်ပျက် သနည်းဟူသည်ကို ရှင်းပြပါ။

➡ သင့်ပတ်ပတ်လည်၌ရှိသော အသစ်သောယုံကြည်သူများအား သင် မည်ကဲ့သို့ တုံ့ပြန်သနည်း။ သူတို့ကို တပည့်တော်ပြုပါသလား။ အဘ ယ့်ကြောင့်ပြုသနည်း သို့မဟုတ် အဘယ့်ကြောင့် မပြုရသနည်း။

➡ သင်သည် တပည့်တော်မမွေးထုတ်ဘဲနေသေခါ မည်သို့ခံစားရသ နည်း။ အကယ်၍ သင်သည် တပည့်တော်မွေးထုတ်ခဲ့ပါက မည် သည့်အရာများကို ရရှိပါသနည်း။

#၁၆
လူငယ်အရွယ် –အဆင့် #၂

အကယ်၍ အသစ်သောယုံကြည်သူသည် ရင်းနှီးသောမေတ္တာနှင့် ဂရုစိုက်မှုကို လိုအပ်ပါက လူငယ် ယုံကြည်သူကော ဘာလိုအပ်မည်နည်း။

လူငယ်တစ်ဦးသည် မိမိ၏ဆုံးဖြတ်ချက်များကို ထိန်းချုပ်ရန် အစပြုသည့်နည်းလမ်းအားဖြင့် သူ့အကြောင်းကို သိရှိနိုင်သည်။ ထိုသူ၌ အကူးအပြောင်းရှိတတ်သည်။ ထိုအကူးအပြောင်းမှာ မိမိကိုယ်ကို တာဝန်မယူနိုင်သောအနေအထားနှင့်အသိဉာဏ်နည်းပါးသော အချိန်မှစ၍ အမှန်တရားကို သိရှိပြီး မိမိအတွက်ရော အခြားသူများ အတွက်ပါ အသင့်အတင့် တာဝန်ယူနိုင်သည့် အချိန်ထိ ဟူ၍ ဖြစ်ပါသည်။ လူငယ်တို့သည် လူကြီးအရွယ်သို့

ကူးပြောင်းနေသူများဖြစ်၍ မိမိတို့အတွက်ရော အခြားသူများ အတွက်ပါမည် ကဲ့သို့ တာဝန်ယူဂရုစိုက်ကြမည်ကို သင်ယူလေ့လာဖို့ လိုအပ်ပါသည်။ စိတ်နှလုံးထဲ၌ ဘုရားသခင်၏ရည်မှန်းချက်ပန်းတိုင်များကို ထိန်းသိမ်းထားခြင်းသည် အထဲ၌ တင်းမာနေသော အရာများကို လျှော့ချဖို့ရန် များစွာအထောက်အကူပြုပါသည်။

ဤအကူးအပြောင်းကာလနှင့်စပ်လျဉ်း၍ "ဆယ်ကျော်သက်" ဟူသော စကားကို ဖော်ပြဖို့ရန် မြောက်များစွာသောဘာသာစကား၌ အထူးပြုစကားလုံး မရှိကြပေ။ မူရင်း ဂရိဘာသာစကား၌ ဤယုံကြည်သူကို လူငယ်လူရွယ်ကဲ့သို့ဖော်ပြသည်။ သို့သော် ငယ်ငယ်ရွယ်ရွယ်လည်း မဟုတ်၊ ရင့်ကျက်သောသူလည်း မဟုတ်ပေ။

အသက်၏အနှစ်သာရ

လူငယ်ယုံကြည်သူ၏ စိန်ခေါ်မှု

လူငယ်ယုံကြည်သူသည် စိုးမိုးခြင်းများနှင့်စုံစမ်းနှောင့်ယှက်ခြင်းများ တစ်ဖက်၌ ခိုင်ခံ့စွာ ရပ်တည်နိုင်ရန် ဘုရားသခင်၏နှုတ်ကပတ်တော်ကို မည် ကဲ့သို့အသုံးပြုရမည်ကို သင်ယူရပါမည်။ ဘုရားသခင်၏နှုတ်ကပတ် တော်သည် ပထမအဆင့်မှာကဲ့သို့ပင် အရေးကြီး၏။ လူငယ်တို့သည် ဖြားယောင်းခြင်းအပေါ် မည်ကဲ့သို့ရင်ဆိုင်ရမည်ကို သင်ယူရမည်။ ဤကား အောင်မြင်သောသူတစ်ဦးအဖြစ် ပြည့်စုံဖို့ရန် လိုအပ်သောအပိုင်းဖြစ် ပါသည်။

ဘဝဟူသည့် အကြောင်းအရာများသည် ဤသို့ဖော်ပြပါသည်။ လူငယ် တို့သည် အသက်ကြီးရင့် လာသောအခါ ဤလောက၌ မိဘမပါဘဲ မည်ကဲ့သို့ လုပ်ရှားအသက်ရှင်ရမည်ကို သင်ယူရမည်။ ဤဖြစ်စဉ်သည် လူသားများအဖွဲ့ တရိစ္ဆာန်များနှင့် နိုင်းယှဉ်ပါက အလွန်နေးကွေးသည်ဆိုရသော်လည်း နောက်ဆုံးတော့ ဖြစ်ပျက်လာသည်။ ကလေးငယ်လေးများနှင့် မူကြို တက်နေသူများသည် မိမိတို့ဘာမိမိတို့ စားသောက်ရန် ရိုးအစွာသင်ယူတတ် ကြ၏။ သို့သော် အရွယ်ရောက်လာခါနီးတွင် မိမိတို့ဘာမိမိတို့ စားသောက် တတ်ရန် အစားအစာရရှိဖို့ မည်ကဲ့သို့လုပ်ဆောင်ရမည်ကို သင်ယူဖို့လိုအပ် သည်။

ဝိညာဉ်ပိုင်းဆိုင်ရာ ကြီးထွားဖွံ့ဖြိုးခြင်း၌ ပို၍ကြီးရင့်သောလူငယ် တို့သည် ဘုရားသခင်၏ နှုတ်ကပတ်တော်ကို လိုလားကြသော်လည်း အခြား သူများ၏လိုအပ်ချက်ကို ဖြည့်ဆည်းဖို့ရန်အတွက် ပုံမှန် အားထားလို့မရကြ ပေ။ ဤသို့ သောယုံကြည်သူတို့သည် မိမိတို့ကိုယ်ကို ဘုရားသခင်၏နှုတ်ကပတ်အားဖြင့် ကျွေးမွေးဖို့ရန် သင်ယူနေသူများဖြစ်ကြ သည်။ ထို့အပြင် သူတို့အား တိုက်ခိုက်ရန် ချောင်းနေသော ရန်သူ၏လက်ထဲမှ သူတို့ကိုယ်ကို ခုခံကာကွယ်ရန် ဘုရားသခင်၏နှုတ်ကပတ်တော်ကို မည်ကဲ့သို့ အသုံးပြုရန် သင်ယူနေသောသူများလည်းဖြစ်ကြသည်။

လူငယ်ယုံကြည်သူတို့အကြောင်းကို ယောဟန်ဖော်ပြရာတွင် အားပါ သောစကားလုံး ရွေးချယ် သုံးနှုန်းသည်ကို သတိပြုစေလိုပါသည်။ "လူပျိုတို့၊ သင်တို့သည် ခွန်အားနှင့်ပြည့်စုံ၍ ဘုရားသခင်၏ နှုတ်ကပတ်တော်၌ မှီဝဲ ဆည်းကပ်သဖြင့် မာရ်နတ်ကို အောင်သောကြောင့် သင်တို့အား ငါရေး၍ ပေးလိုက်ခဲ့ပြီ"(၁ယော၂:၁၃-၁၄)။

လူငယ်အရွယ် –အဆင့် #၂

လောကကို ကျွန်ုပ်တို့နှစ်သက်စွဲလန်းရလေအောင် ဤလောကသည် မသန္ဓ၌ရှင်းရှံ့ရမက အထောက်အကူမပြုပါ။ ဤလောက၌ ကျွန်ုပ် တို့၏သေတမ်းစာကို ရှာဖွေနေသည့် တကယ့်ရန်သူဖြစ်ပါသည်။ ယေရှု ခရစ်တော်သည် စစ်ပွဲကို အနိုင်ယူပြီးဖြစ်ကြောင်း မိမိတို့သည် သမ္မာတရား၌ နှစ်သိမ့်ခွန်အား ယူသင့်သည်။ လူငယ်တို့မှာကား ဘဝမျိုးစုံနှင့် ရင်ဆိုင် တွေ့ကြုံသောအခါ ဘုရားသခင်၏ကျေးဇူးတော်၌ မည်ကဲ့သို့မှီခိုအားထားမည် ကို ကိုယ်တိုင်သင်ယူဖို့ လိုအပ်ပါသည်။

အခုဖော်ပြမည့်ကျမ်းချက်တွင် ဘုရားသခင်၏သမ္မာတရားထဲမှ ထွက် ပေါ်လာသောတန်ခိုး အကြောင်းကို ပေတရုက အခိုင်အမာကြေညာခြင်း ဖြစ်ကြောင်း ကျွန်ုပ်တို့ကြားရသည်။

"ထိုသို့သောအားဖြင့်လည်း အလွန်ကြီးမြတ်၍ အဖိုးထိုက် သောကတိများကို ငါတို့၌ အပ်ပေးတော်မူပြီ။ အကြောင်းမူကား ထိုကတိတော်များကို အမှီပြု၍ သင်တို့သည် လောကီတပ်မက် ခြင်း အညစ်အကြေးနှင့် ကင်းလွတ်သဖြင့် ဘုရားပကတိကို ဆက်ဆံရသောသူ ဖြစ်ကြမည်အကြောင်းတည်း" (၂ပေ၊ ၁:၄)။

လူငယ်တို့သည် သူတို့ဖြစ်နေသည်ထက် ပို၍ကြီးရင့်သည်ဟု ယူဆ တတ်ကြ၏။ သူတို့သည် တာဝန်ယူလိုစိတ်မရှိဘဲ လွတ်လပ်မှုကိုသာ တောင်း ဆိုတတ်ကြ၏။ သူတို့သည် သူတို့ရင်ဆိုင်နေရသော စိန်ခေါ်မှုများကို သတိမ ထားဘဲ လျစ်လျူရှုတတ်ကြ၏။ (ဤအရာသည် စိန်ခေါ်မှု တစ်စုံတစ်ရာ အတွက် သူတို့ကို စိတ်အားထက်သန်စေနိုင်သည်)

နောက်ထပ် ကြီးထွားခြင်း၏ခြေလှမ်းများ

ထိုသူတို့သည် ကလေးအရွယ်နှင့်အရွယ်ရောက်ပြီးသောသူတို့ကြား၌ နေလိုကြသည်။ အရွယ်ရောက် ပြီးသောလူဖြစ်ခြင်းမှ လွတ်မြောက်လိုသော ဆန္ဒသည် ကောင်းပေ၏။ သူတို့သည် ဘုရားသခင် ပို့ဆောင်နေသည်ဟု ယုံကြည်ထားသည့်အရာပေါ်၌ မှီအောင်လိုက်နေကြသည်။ ဤလူငယ် တို့သည် သူတစ်ပါးကို မှီခိုအားထားလျက် နေရသည့်အချိန်၊ တနည်းဆို သော် ကလေးအရွယ် ရှိနေသေးသည့်အချိန်၌ပင် မိမိတို့ကိုယ်ကို ကြီးထွားပြီ ဟု ထင်တတ်ကြ၏။ သူတို့သည် သူတစ်ပါးအား ပြုစုစောင့်ရှောက်သည့် ဖခင်အဆင့်သို့ ရောက်ရှိလာရမည့်အကြောင်း သူတို့ကြီးထွားသည်နှင့် အမျှ ထိုဟာကွက်များကို လက်လွတ်ဖို့ လိုအပ်ပါသည်။

အသက်၏အနှစ်သာရ

ပညာရှိသောလူလင်သည် ကောင်းမွန်သောဝိညာဉ်ရေးရာ စည်းကမ်းချက်များကို ချမှတ်၍ ဖြားယောင်းသွေးဆောင်ခြင်းကို ရင်ဆိုင်ဖို့ရန်အတွက် ဘုရားသခင်၏နှုတ်ကပတ်တော်ကို မည်ကဲ့သို့ အသုံးပြုရမည်ကို သူတစ်ပါးထံမှ သင်ယူလျက်နေ၏။ လူငယ်ယုံကြည်သူသည် စူးရှသောမျက်လုံးနှင့်တကွ မိမိအထဲ၌ တိုက်ပွဲရှိသည်မရှိသည်ကို သတိပြုလာလိမ့်မည်။ သူသည် ယုံကြည်သူတစ်ဦးဖြစ်လျက်နှင့် အဘယ့်ကြောင့် ထိုသို့သောတိုက်ပွဲနှင့် ရင်ဆိုင်နေရသနည်းဟူ၍ တွေဝေမိနိုင်သည်။ တချိန်တည်းမှာပင် ဥလောကနတ်ဘုရားက သူ့အား တပ်မက်သောလမ်းနှင့် မိုက်မဲသောလမ်းတို့၌ လျှောက်လှမ်းရန် ဖြားယောင်းသွေးဆောင်နေသည်ကို သိရှိနားလည်လာလိမ့်မည်။

ဘုရားသခင်သည် တိုက်ပွဲနိုင်ပြီးဖြစ်၍ လူငယ်ယုံကြည်သူကိုလည်း တိုက်ပွဲနိုင်ရန် အပြည့်အဝ တပ်ဆင်ပေးပြီးဖြစ်သည်။ ထိုတိုက်ပွဲ၌ ရှုံးနိမ့်ခြင်းရှိသလို အောင်မြင်ခြင်းလည်းရှိ၏။ အကယ်၍ တစ်စုံတစ်ဦးက ထိုယုံကြည်သူကို တပည့်တော်ပြုပါက သင်တန်းကာလ တိုတောင်းပါလိမ့်မည်။ တပည့်တော်ပြုပေးသောသူကလည်း အဘယ့်ကြောင့် ဝိညာဉ်ရေးရာအသက်တာ ဖြစ်မြောက် အကောင်အထည်ဖော်သည်ကို ရှင်းပြနိုင်သည်။ သင်ယူလေ့လာစရာများ အလျင်အမြန် သင်ယူနိုင်ရ မည့်အကြောင်း သူသည် တပည့်တော်ပြုခြင်းခံသောသူအား လိုအပ်ချက် အစက်အပြောက်များကို တဆက်တည်းဖြစ်ဖို့ရန် ကူညီဖေးမနိုင်သည်။ သို့မဟုတ်လျှင် အသစ်သောယုံကြည်သူသည် တိုက်ပွဲဆင်နွှဲရန် များစွာရှိ၍ အခက်ခဲနှင့်ရှုံးနိမ့်ခြင်း ထပ်ခါတလဲလဲရင်ဆိုင်ရဖွယ်ရှိလာနိုင်သဖြင့် စိတ်ပျက်ခြင်းသို့ ဦးတည်သွားနိုင်သည်။

အသစ်ဖွားမြင်သောကလေးငယ်လေးကို ပြုစုစောင့်ရှောက်ခြင်းသည် မရှိမဖြစ်လိုအပ်သကဲ့သို့ လူငယ်ယုံကြည်သူသည် အသက်အရွယ်အရ ရင့်ကျက်ပြီဟု ထင်ရသော်လည်း ပြုစုစောင့်ရှောက်ခြင်းသည် မရှိမဖြစ် လိုအပ်သောအရာဖြစ်ပါသည်။ ထိုသူသည် အပေါ်ယံကြည့်ခြင်းအားဖြင့် ဥအဆင့်၌ အကျိုးရှိ၍ ဖောက်ထွင်းမြင်နိုင်သော ယုံကြည်သူတစ်ဦးသည် ဆင်းရဲဒုက္ခနှင့်စုံစမ်းနှောင့်ယှက်ခြင်းတို့ကို ရင်ဆိုင်ရ သောအခါ ကြီးမားစွာ အထောက်အကူပြုနိုင်မည်ဟု ထင်ရ၏။

လူငယ်အရွယ် –အဆင့် #၂

သင်ခန်းစာ

- လူငယ်ယုံကြည်သူများသည် ခိုင်ခံ့သောခရစ်ယာန်အသက်တာ၌ ရှင်သန်ဖို့ရန်အတွက် ဘုရားသခင်၏ နှုတ်ကပတ်ကို မည်ကဲ့သို့ အသုံးပြုရမည်ဟူသည်၊ သင်ယူခြင်းဆိုင်ရာစိန်ခေါ်မှုကို ရင်ဆိုင်ကြရ သည်။

- ကျွန်ုပ်တို့အသက်တာ၌ ဝိညာဉ်ရေးရာတိုက်ပွဲများ ရှိလာလိမ့်မည်။ အကြောင်းမှာ ကျွန်ုပ်တို့ သွေးသားနှင့်ရန်သူသည် မိမိတို့ကိုထိခိုက် နာကျင်စေရန် လောကကို အသုံးပြုသောကြောင့်တည်း။

- ဘုရားသခင်သည် သူ၏နှုတ်ကပတ်တော်အားဖြင့် ကျွန်ုပ်တို့အား အပြောင်းအလဲမရှိသော အောင်မြင်မှုကို တွေ့ကြုံခံစားစေနိုင်ကြောင်း ကတိပြုထားသည်။

- ဤအဆင့်၌ ဝိညာဉ်ပိုင်းဆိုင်ရာ ထိုးထွင်းမြင်နိုင်ခြင်းသည် မိမိ၏ဝိညာဉ်ရေးရာ အသက်တာ၌ တချို့သောအရာ အဘယ့် ကြောင့် ဖြစ်ပျက်နေသည်ကို နားမလည်သောသူတည်းဟူသော စိတ်ရှုပ်နေသော လူငယ်ယုံကြည်သူအား ကြီးမားစွာအထောက်အကူ ပြုနိုင်သည်။

ကျက်မှတ်ဆင်ခြင်ပါ

- ၂ပေါ ၁:၄

အသက်၏အနှစ်သာရ

တာဝန်ပေးအပ်ခြင်း

➡ သင်သည် ဘုရားသခင်၏နှုတ်ကပတ်တော်အားဖြင့် သင့်ကိုယ်သင် ကျွေးမွေးခြင်းဆိုင်ရာ ခိုင်ခံ့သောဝိညာဉ်ရေးရာ စည်းကမ်းချက်ရှိပါ သလား။ အဘယ့်ကြောင့် ရှိသနည်း။ သို့မဟုတ် အဘယ့်ကြောင့် မရှိပါသနည်း။

➡ နေ့စဉ် ဘုရားသခင်၏နှုတ်ကပတ်တော် ထည့်သွင်းခြင်းသည် ဝိညာဉ် ရေးရာအသက်တာ ခိုင်ခံ့ဖို့ရန် အရေးကြီးသည်ဟု သင်ယူဆပါသလား။ အဘယ့်ကြောင့် ထိုသို့ယူဆပါသနည်း။

➡ တစ်စုံတစ်ဦး၏ရှုံးနိမ့်ခြင်းနှင့်အောင်မြင်ခြင်းကို ဆက်စပ်မှုပြုပါ။ တစ်ခုချင်းစီကို သုံးသပ်ပါ။ သင်သည် အဘယ့်ကြောင့် ရှုံးနိမ့်ရသ နည်း။ သင်သည် အဘယ့်ကြောင့် အောင်မြင်ရသနည်း။

➡ သင်သည် တိုက်ခိုက်ခြင်းနှင့်စုံစမ်းနှောင့်ယှက်ခြင်းကို ရင်ဆိုင်နေရ သောသူ တစ်စုံတစ်ဦးအား ပြောပြဖို့ရန် ကောင်းကောင်းရင့်ကျက်ပါ သလား။

#၁၇
ရင့်ကျက်သောအရွယ် –အဆင့် #၃

ယောဟန်သည် ဤတတိယအဆင့်တည်းဟူသော နောက်ဆုံး အဆင့်ဖြစ်သည့် "ဖခင်အရွယ်"ကို ထိုးထွင်းသိမြင်စွမ်း အပြည့်ဖြင့် ဖော်ပြထားသည်။ တစ်စုံတစ်ဦးသည် "လူငယ်တစ်ဦး" ဖြစ်လာသောအခါ မရေရာမှု အချို့ရှိနိုင်သော်လည်း ဖခင်အရွယ်သည် ပို၍သေချာ၏။ ဖခင် တို့သည် သားသမီးများ ရရှိပိုင်ဆိုင် ကြ၏။

ကျွန်ုပ်တို့၏လက်ရှိကမ္ဘာ သည် နိုင်ငံရေးမူဝါဒအမှားကို ပြင်ဆေ ခြင်း၄၊ ဘုရားသခင်ဖွဲ့စည်းလိုက် သည့် ညီ့နို့ငြ်:၍ရသော ဘဝ၏နှစ်သက်ဖွယ်ကို ဖျက်ဆီး
ပစ်လိုက်၏။ အကယ်၍ ထိုထက်ကျော်လွန်၍ မိမိတို့၏ မိသားစုအကြောင်းကို စဉ်းစားနိုင်ပါက ယုံကြည်သူတိုင်းအတွက် ဘုရားသခင်၏ရည်မှန်းချက် ပန်းတိုင်များ အကြောင်းကို ပိုမိုနားလည်လာနိုင်သည်။ အကြောင်းမှာ ကျွန်ုပ် တို့ အသီးသီးသည် ဖခင်ရှိကြ သောကြောင့်တည်း။ ကျွန်ုပ်တို့ ဖခင် များသည် အလိုအလျောက်ဖခင်ကောင်းများ မဟုတ်ကြပါ။ ကျမ်းစာ သင်တန်းများကို ကျွန်တော်ဦးစီး၍ လုပ်ဆောင်သည့်နေရာ၌ များစွာသော လူတို့သည် ဖခင်ကောင်းများ မပိုင်ဆိုင်ကြပေ။ အကယ်၍ သူတို့က ငါတို့၌ ဖခင်ကောင်းများ ရှိကြပါသည်ဟု ဆိုသည့်တိုင်အောင် ဖခင်ကောင်းဟူသည် မှာ မည်သို့ဖြစ်ကြောင်းကို ရှင်းရှင်းလင်းလင်း နားလည်သဘောပေါက်ခြင်း မရှိကြပေ။

ကျွန်ုပ်တို့အဖို့ ဘုရားသခင်၏ပန်းတိုင်များ
ရင့်ကျက်သောယုံကြည်သူ အဆင့်အတန်းနှင့်စပ်လျဉ်း၍ ထူးခြားချက် သုံးမျိုးရှိသည်။

အသက်၏အနှစ်သာရ

(၁) ဘုရားသခင်သည် ကျွန်ုပ်တို့အား ဉ္စတတိယအဆင့်တည်း ဟူသော နောက်ဆုံးအဆင့်ဖြစ်သည့် ဝိညာဉ်ပိုင်းဆိုင်ရာကြီးထွားဖွံ့ဖြိုးခြင်း သို့ ရွှေ့လျားရန် အလိုရှိ၏။

(၂) ဘုရားသခင်သည် ကျွန်ုပ်တို့အသီးအသီးအား အခြားသူများကို ဝိညာဉ် ရေးရာအသက်တာသစ်သို့ ပို့ဆောင်စေလိုသည်။

(၃) ဘုရားသခင်သည် ကျွန်ုပ်တို့အနီးအနားရှိ ဝိညာဉ်ရေးရာ အသက် တာရရှိသောသူတို့အား တာဝန်ယူပြုစုစောင့်ရှောက်ရန် အလိုရှိတော်မူ၏။

ဦးစွာပထမ၊ ဘုရားသခင်သည် ကျွန်ုပ်တို့အသီးသီးအား ဝိညာဉ် ရေးရာ ရင့်ကျက်ခြင်းသို့ ရှေ့ရှုရွှေ့လျားရန် အလိုရှိ၏။ "ငါတို့ရှိသမျှသည် ယုံကြည်ခြင်းသို့ ၎င်း၊ ဘုရားသခင်၏သားတော်ကို သိက္ခမ်းခြင်းသို့၎င်း၊ တညီတညွတ်တည်းရောက်၍ ခရစ်တော်၏ပြည့်စုံခြင်း ပမာဏအရပ်တည်း ဟူသော ကြီးရင့်သောသူ၏ အဖြစ်သို့ ရောက်ကြသည်တိုင်အောင် ဖြစ် သတည်း"(ဧ၄:၁၃)။

ကလေးငယ်အဆင့်သည် နှစ်လိုဖွယ်ကောင်းသော်လည်း ရင်းသည် ပန်းတိုင်မဟုတ်သလို၊ ဆယ်ကျော်သက်အရွယ်လည်း မဟုတ်ပေ။ သူတို့အဖို့ ဘုရားသခင်စီစဉ်သည့်အတိုင်း ထိုသူတို့သည် လေ့ကျင့်ခြင်း၌ ရှိနေကြ သေး၏။ တမန်တော်ပေါလုက "ဖခင်" အဆင့်ကို ခရစ်တော်၏ပြည့်စုံခြင်း ဖြင့် ရင့်ကျက်သောသူဟု အဓိပ္ပယ်ဖွင့်ဆိုထားပါသည်။ ယေရှု ခရစ်တော်၏အမှတ်လက္ခဏာသည် ကျွန်ုပ်တို့ အသက်တာထဲ၌ ရှင်းလင်းစွာ ပေါ်လွင်သင့်သည်။

ပေါလုသည် "ဖခင်များ"ဟူ၍ သုံးစွဲသော်လည်း ရင်းသည် "သူ" ဖြစ်ကြောင်း သိသာထင်ရှား၏။ ယောဟန်သည် "ယောက်ျားတို့၏ဝိညာဉ် ရေးရာ ကြီးထွားဖွံ့ဖြိုးမှုကို"သာ မပြောဆိုဘဲ။ "မိန်းမတို့၏ ဝိညာဉ်ရေးရာ ကြီးထွားဖွံ့ဖြိုးမှု"ကိုပါ ပြောဆိုသကဲ့သို့ဖြစ်၏။ တိုင်းနိုင်ငံအသီးသီးနှင့် ယဉ်ကျေးမှု အသီးသီးထဲက ယုံကြည်သူအပေါင်းတို့သည် ခရစ်တော်၌ ကြီး ထွားရင့်ကျက်ရန် မျှော်လင့်သောသူများ ဖြစ်ကြသည်။

ကြီးထွားနိုင်ဖို့အလို့ငှာ ကျွန်ုပ်တို့သည် မိမိတို့အဖို့ ဘုရားသခင်၏ရှုပါရုံ ကို ရရှိရမည်။ ၎င်းကို ရရှိဖို့ရန် ယုံကြည်ခြင်းလိုအပ်သည်။ "အကယ်၍ ဘုရားသခင်သည် ငါတို့အား ကြီးထွားစေလိုလျှင် ၎င်းကို ကိုယ်တော် ကိုယ်တိုင် အမှုပြုပါလိမ့်မည်" ဟု မိမိတို့တွေးတောနိုင်ပါသည်။ ဤ သည်ကား ယုံကြည်ခြင်းဖြင့် တည်ဆောက်ထားသော သမ္မာတရားများဖြစ်

ရင့်ကျက်သောအရွယ် - အဆင့် #၃

ပါသည်။ ယုံကြည်သူတိုင်း မြေကြီးပေါ်၌ ရှိနေစဉ် ခရစ်တော်နှင့်သဏ္ဌာန်တူ သည့်အဖြစ်သို့ ကြီးထွားရမည်ဟူသောအချက်ကို မိမိတို့သိရှိသောအခါ မိမိ တို့သည် မည်သို့သောအနှောင့်အယှက်မျိုးကို ရင်ဆိုင်နေရသည်ဖြစ်စေ ကြီး ထွားနိုင်ရမည့်အကြောင်း ထိုအမှုသည် ဘုရားသခင်လုပ်ဆောင်သောအရာ ဖြစ်သည်ဟု မိမိတို့သဘောတူကြရမည်။

အခြားသောသူများအကြောင်း စဉ်းစားခြင်း

ဒုတိယအနေဖြင့် ရင့်ကျက်သောသူသည် အသက်သစ်ကို ရှေ့ဆက် သယ်ပိုးစေရန် ဘုရားသခင်ပြုတော်မူ၏။ ထိုအမှုတို့သည် အသက်နှင့်ဆိုင် သောအကြောင်းအရာများ မဟုတ်ပါလော။ ယနေ့လောကီသားတို့သည် အသက်ကို ငြင်းပယ်၍ မျိုးဆက်ကိုဖြစ်ထွန်းစေသော ဉပုဒ်ရိပ်ကို စိတ်ပျက် ဖွယ် ကောင်းလောက်အောင် ရှူမြှစေခဲ့ကြ၏။ ကြီးထွားနေသောလူတစ်ဦး အကြောင်းကို စဉ်းစားကြည့်ပါ။ ထိုသူသည် ထိမ်းမြားမည့်သူကို ရှာဖွေ လျက် သားသမီးများထွန်းကားရန် ကြီးမားသောရည်မှန်းချက်ထားရှိ၏။ ဉသို့သော လိုအင်ဆန္ဒများသည် မိမိတို့အထဲ၌ တည်ရှိပြီးဖြစ်သည်။

ဝိညာဉ်သဘောအရ ပြောရလျှင် ကျွန်ုပ်တို့သည် ဝံဂေလိ သတင်းကောင်း ဝေငှရန် တာဝန်နှင့် အခြားသူများအား ယေရှုခရစ်တော် အားဖြင့် ဘုရားသခင်နှင့်ဆက်နွယ်ခြင်းသို့ ပို့ဆောင်ပေးရန် တာဝန်တို့ကို မည်သည့်အခါမျှ မမေ့လျော့ရ။ ကျွန်ုပ်တို့သည် ထိုသူတို့ကို ဉအသစ် သောဆက်နွယ်ခြင်းသို့ ပို့ဆောင်သောအခါ သူတို့ကို ပြုစုစောင့်ရှောက်ရန် မိမိတို့တာဝန်ရှိလာသည်။ ကျွန်ုပ်တို့ရှိသမျှသည် ဘုရားသခင်၏နှုတ်ကပတ် ကို ဟောပြောသောသူများ သို့မဟုတ် သင်ကြားပေးသောသူများ မဟုတ် သော်လည်း မိမိတို့အသီးသီးသည် မိမိတို့အနီးအနား၌ရှိသောသူတို့ကို ကယ်တင်ခြင်းရရှိဖို့ရန်နှင့်ကြီးထွားဖို့ရန် တာဝန်ရှိသောသူများဖြစ်ကြသည်။

ဝိညာဉ်ရေးရာ ပြုစုစောင့်ရှောက်ခြင်း

နောက်ဆုံးအနေဖြင့် ကျွန်ုပ်တို့သည် မိမိတို့အနီးအနား၌ရှိသော သူ တို့အတွက် ဝိညာဉ်ရေးရာ ပြုစုစောင့်ရှောက်ခြင်းကို လုပ်ဆောင်ရန်ဖြစ် ပါသည်။ ဘုရားသခင်ထံသို့ မိမိတို့ပို့ဆောင်သော ထိုသူတို့ကို မိမိတို့ကူညီရ မည်။ ကျွန်ုပ်တို့ထံသို့ ဘုရားသခင်ခေါ်ဆောင်လာသောသူတို့၌လည်း မိမိတို့ အလုပ်အကျွေး ပြုရန် တာဝန်ရှိ၏။

အသက်၏အနှစ်သာရ

ဤရွှေပြောင်းခေတ်ကြီး၌ လူတို့သည် ပုံမှန်အားဖြင့် မိမိ တို့၏အလုပ်များကို ပြောင်းလျက်နေကြ၏။ ခရစ်ယာန်တို့သည်လည်း ကမ္ဘာ အနှံ့ပတ်ချာလှည့်လည်၍ ပြောင်းလျက်နေကြ၏။ အခြားတိုင်းပြည်ထဲက ယုံကြည်သူများသည် မိမိတို့အနီးအနား၌ ရောက်ရှိလာနိုင်သည်။ ကျွန်ုပ် တို့သည် အခြားသူများကို အလုပ်အကျွေးပြုရန် အခွင့်အလမ်းရှာဖွေဖို့ လိုအပ်လာသည်။ ကျွန်ုပ်တို့သည် ဤအမှုကို ထောင်လွှား သောစိတ်ဖြင့် မ ပြုရ။ အကြောင်းမှာ ငှင်းသည် ဘုရားသခင်ဆိုလိုသော သူ့သိုး တို့ကို ပြုစု စောင့်ရှောက်ခြင်း ဖြစ်ပါသည်။ ဘုရားသခင်သည် မိမိတို့အနီးအနား၌ရှိ သော သူတို့ကို ပြုစုစောင့်ရှောက်ဖို့ရန် ပို၍ ရင့်ကျက်သောယုံကြည်သူများ ကို အသုံးပြု၏။

များစွာသောတိုင်းပြည်၌ ရောဂါဖြစ်ပွားမှုနှင့်သဘာဝဘေးဒဏ် ကြောင့် မိဘမဲ့ကလေးများ မရေတွက် နိုင်လောက်အောင်ပင် ဖြစ်ထွန်းစေ ပါသည်။ ထိုထဲမှ များစွာသောအသင်းတော်များနှင့် သင်းအုပ်တို့သည် မိမိတို့ မိသားစုများအတွက် လုံလောက်သောအစားအစာမရှိသော်လည်း ထိုကလေး များကို မွေးစားရန် ခြေလှမ်းလှမ်းကြ၏။

ထိုအတူ ကျွန်ုပ်တို့သည်လည်း မိမိတို့၏အလုပ်ကို လုပ်ဆောင်ဖို့ လိုအပ်သည်။ ထိုသို့ဆိုရာတွင် အခြားသောသူများအတွက် ဝိညာဉ်ပိုင်းဆိုင်ရာ ပြုစုစောင့်ရှောက်ခြင်းကိုဆိုလိုသည်။ ဤကား တပည့်တော် ဖြစ်စေရန် ဘုရားသခင်ပေးအပ်သည့်တာဝန်ဖြစ်ပါသည်။ ထိုတာဝန်တို့မှာ ယုံကြည် သူများ၏ကြီးထွား ဖွံ့ဖြိုးမှုအတွက် ဘုရားသခင်၏မေတ္တာနှင့် ပြုစု စောင့်ရှောက်ခြင်းတို့ကို ဝေမျှရန်ဖြစ်သည်။ များစွာသော အသင်းတော်များ တွင် အသင်းအဖွဲ့ဝယ်များ၏ကြီးထွားဖွံ့ဖြိုးမှုသည် ဤဖြစ်စဉ်၌ ကြီးမားစွာ အထောက်အကူ ဖြစ်စေသော်လည်း မိမိတို့၏အစီအစဉ်များနှင့် မ သင့်တော်သောအရာများ ရှိကောင်းရှိနိုင်၏။ ထိုသူတို့၏ လိုအပ်ချက်များကို သတိပေးကြပါစို့။

ဖခင်တစ်ဦးသည် မိမိနှစ်သက်အားရသည်များကိုသာ ရှာဖွေ၍ သားသမီးများ၏လိုအပ်မှုကို လျစ်လျူရှုလျှင် ထိုသူသည် စက်ဆုပ်ရွံရှာဖွယ် ကောင်းသောဖခင်ပင်ဖြစ်သည်။ ထိုအမှုသည် မှားယွင်းပါ၏။

အခြားသောသူများကို ပြုစုစောင့်ရှောက်ခြင်းသည် ထိုသူတို့ထံသို့ ဘုရားသခင်၏မေတ္တာနှင့် ဉာဏ်ပညာတို့ကို လွှဲပြောင်းပေးရန် ဘုရားသခင်၏ကြီးမားသောအခွင့်ထူးဖြစ်ပါသည်။ ယောက်ျားတို့အဖို့

ရင့်ကျက်သောအရွယ် –အဆင့် #၃

အသင်းတော်၌ အသင်းတော်ခေါင်းဆောင်ပိုင်းဆိုင်ရာရာထူးများထံ ခြေလှမ်း လှမ်းရန် သူတို့၏ လိုလားမှုလည်းပါဝင်သည်။ ထို့ပြင် စုံတွဲတစ်တွဲနှင့်အခြား စုံတွဲတစ်တွဲတို့စပ်ကြား၊ ညီအစ်မတစ်ဦးနှင့် အခြားညီအစ်မတစ်ဦးစပ်ကြား၊ ယောက်ျားတစ်ဦးနှင့်အခြားယောက်ျားတစ်ဦးစပ်ကြားတို့၌ အကြံပေးခြင်း လည်းပါဝင်သည်။ သင့်အနီးအနား၌ရှိသော သူ တို့၏လိုအပ်ချက်ရှိရာသို့ နားစွင့်ရမည်။ ဘုရားသခင်သည် ထိုသူတို့ကြီးထွား ခြင်း၌ အထောက်အကူဖြစ်စေရန် သင့်ကိုအသုံးပြုလိုသည်။

သင်ခန်းစာ

- "ဖခင်သည်" ရင့်ကျက်သောယုံကြည်သူဖြစ်၍ လူငယ်ယုံကြည် သူ၏ရန်ကန်လှုပ်ရှားမှုများ တစ်ဘက်၌ ခြေလှမ်းလှမ်းသဖြင့် အခြား သူများအပေါ်၌ မိမိ၏ဂရုစိုက်ခြင်းကို အာရုံစူးစိုက်နိုင်သူဖြစ်သည်။
- ဘုရားသခင်၏လူတို့သည် ခရစ်တော်၌ စုံလင်သောရင့်ကျက်ခြင်းသို့ ကြီးထွားနိုင် / သင့်သည်။
- ကျွန်ုပ်တို့သည် အခြားသူများအပေါ်၌ အသက်နှင့်ဆိုင်သော ဘုရားသခင်၏သမ္မာတရားကို လက်ဆင့်ကမ်းရန် တာဝန်ရှိသော သူများဖြစ်ကြသည်။

ကျက်မှတ်ဆင်ခြင်ပါ

- ဖော်၊ ၄:၁၃

တာဝန်ပေးအပ်ခြင်း

➡ ယေရှု၏နောက်လိုက်သူဖြစ်သည်မှာ ဘယ်လောက်ကြာပြီနည်း။ သင် သည် ဝိညာဉ်ရေးရာ၌ "ဖခင်" ဖြစ်ပါသလား။

➡ သင်သည် ခရစ်တော်၌ ပို၍ငယ်ရွယ်သောယုံကြည်သူများကို ပြုစု စောင့်ရှောက်ပါသလား။ ၎င်းသည် မည်ကဲ့သို့ ရွှေလျားသနည်း။ ၎င်း သည် မည်ကဲ့သို့ ပို၍ကောင်းနိုင်မည်နည်း။

➡ သင့်အနီးအနား၌ ပြုစုစောင့်ရှောက်နေသောသူ တစ်စုံတစ်ဦးရှိပါ သလား။

အသက်၏အနှစ်သာရ

#၁၈
ဘဝစက်ဝိုင်း

အသက်ရှင်ခြင်း၏စက်ဝိုင်းသည် ခန္ဓာနယ်ပယ်၌သာ မှန်ကန်မှုရှိသည်မဟုတ်ဘဲ ဝိညာဉ်ရေး ရာနယ်ပယ်၌လည်း မှန်ကန်မှုရှိ၏။ ကျွန်ုပ်တို့သည် ဤလောကသို့ မွေးဖွားလာ၍ ရုန်းကန်လှုပ်ရှားများနှင့် ကြီးထွားလာကာ အခြားသူများကို ဆွဲခေါ်လျက် ထိုသူတို့ကို ကြည့်ရှုစောင့်ရှောက်လေ၏။ ထို့နောက် ကျွန်ုပ်တို့သည် အခြားသူများအား အခွင့်အလမ်း လက်ဆင့်ကမ်းရန် ဤစက်ဝိုင်း၏သံသရာထဲမှ ခြေလှမ်းလှမ်းလေ၏။

ဤရုပ်လုံးပုံကြီးသည် ဤအသက်တာ၌ ကျွန်ုပ်တို့အသီးသီးအတွက် ဘုရားသခင်စီရင်သည့် အထူးအလုပ်ကို အကန့်အသတ်ရှိသည့်အချိန်၌ နားလည်လွယ်ကူစေရန် မိမိတို့အားအထောက်အကူ ပြုပါသည်။ ကျွန်ုပ်တို့သည် အချိန်နာရီနှင့်အခွင့်အလမ်း အကန့်အသတ်ရှိသည့် မရေရာမသေချာသော အရပ်၌ နေထိုင်သူများဖြစ်ကြသည်။ ကျွန်ုပ်တို့အား ဘုရားသခင်၏ကျေးဇူးတော်နယ်ပယ်ထဲသို့ ပို့ဆောင်ပေးသော ဘုရားသခင်၏ရည်ရွယ်ချက်ကို မိမိတို့စတင်နားလည်နိုင်ပါသည်။

ဤမြေကြီးပေါ်၌ ကျွန်ုပ်တို့ရရှိသောအချိန်သည် တိုတောင်လှသော်လည်း ၎င်းက ထာဝရကာလနှင့် ဆိုင်သောအရာကို ကြီးမားစွာပုံသွင်းနိုင်သည်။ သာမန်အားဖြင့် မိမိတို့၏ ယုံကြည်လက်ခံသည့်အရာများထက် မိမိတို့၏နေ့စဉ် ဆုံးဖြတ်ချက်များသည်သာ ပို၍အရေးကြီး၏။ ကျွန်ုပ်တို့ အသီးသီး၏လုပ်ဆောင်ချက်များသည် မိမိတို့အသက်တာများ၌ ထာဝရကာလအတွက် ကြီးမားစွာလွှမ်းမိုးနိုင်သည်။ ဘုရားသခင်သည် ဤအမှုကို အတိအကျလုပ်ဆောင်တော်မူ၏။

တစ်ခုလုံးကို ဆုပ်ကိုင်ရရှိခြင်း

ဝိညာဉ်ရေးရာကြီးထွားခြင်းကို အကျယ်တဝင့် နားလည်သဘောပေါက်ခြင်းသည် အသက်ရှင်ခြင်းကို အဆုံးစွန်ပြည့်စုံစေပါသည်။ ဖြစ်ပျက်သော လမ်းစဉ်မှာ

- တာဝန်ခံမှု - ကျွန်ုပ်တို့သည် မိမိတို့၏မျက်မှောက်အသက်တာ၌ အရေးပါသည့်အရာအတွက် ပိုမိုလွယ်ကူစွာ နိုးကြားတတ်၏။

အသက်၏အနှစ်သာရ

- ရှင်းလင်းမှု - ကျွန်ုပ်တို့သည် မိမိတို့အားဖြင့် ပေါက်ကြားပြီးသော အရာ သို့မဟုတ် မပေါက်ကြား သေးသည့်အရာနှင့်ဆိုင်သော ရုပ်လုံးပုံသဏ္ဌာန်ကို အတော်အတန် ရရှိပြီးဖြစ်သည်။
- ဦးတည်ချက် - ကျွန်ုပ်တို့သည် မိမိတို့အသက်တာအတွက် ဘုရားသခင်၏အထူးအကြံအစည်ကို ပြည့်စုံစေခြင်းမှစ၍ ရင့်ကျက်ခြင်းသို့ ရောက်ရှိခြင်းအားဖြင့် မိမိတို့၏ဆုံးဖြတ်ချက်ကို ပြတ်သားစေကြ၏။

ကျွန်ုပ်တော့်အဖေသည် ကျွန်ုပ်တို့အရပ်မြင့်တက်လာခြင်းကို တံခါးဘောင်၌ ခဲတံနှင့် အမှတ်အသား လုပ်ခြင်းဖြင့် တိုင်းထွာတတ်၏။ ငါ လည်း ဘယ်လောက် မြင့်တက်လာသည်ကို တွေ့မြင်ချင်၍ အမြဲစိတ် လှုပ်ရှားလျက်နေ၏။ ကျွန်ုပ်တို့လည်း ဝိညာဉ်ရေးရာ၌ ထိုအတူဖြစ်ပါသည်။ ယုံကြည်သူတို့သည် သာမန်အားဖြင့် သူတို့ကိုယ်တိုင်၏ဝိညာဉ်ရေးရာ ကြီး ထွားခြင်းအကြောင်းကို သိလို့စိတ်ပြင်းပြကြတတ်သည်။ တချို့သော အမှုသည် ယှဉ်ပြိုင်ရာကျသော်လည်း ဒင်းသည် စုလင်သော ရင့်ကျက်ခြင်း သို့ ပို့ဆောင်ပေးသည့် ပိုမိုကြီးထွားခြင်းကိုဖြစ်စေပါသည်။ ဤကြီးထွားခြင်း သည် ကျွန်ုပ်တို့ရင့်ကျက်ခြင်း အဆင့်သို့ ရောက်ရှိပြီး နောက်ပိုင်း၌လည်း ဤလောက၌ ဆက်လက်တိုးပွားနေမည်ဖြစ်သည်။

ယုံကြည်သူများကြားထဲ၌ ဝိညာဉ်ပိုင်းဆိုင်ရာပေါ့လျော့မှုနှင့်စပ်လျဉ်း၍ များစွာဂုပ်နေသောပြဿနာကား ရည်မှန်းချက်ပန်းတိုင်များ မရှိခြင်းပင် ဖြစ်သည်။ ထို့ကြောင့် ထိုသူတို့သည် ဝိညာဉ်ရေးရာ၌ မကြီးထွား တော့ဘဲ ရပ်တန့်လျက်နေကြ၏။ ထိုသူတို့သည် မိမိတို့အသက်တာထဲ၌ ဘုရားသခင်

ဘဝစက်ဝိုင်း

လုပ်ဆောင်လျက် ရှိသည့်အရာများကို အာရုံစူးစိုက်မည့်အစား သူတို့ ကိုယ်တိုင်၏ပြဿနာများ၌ စိတ်အနှောင့်အယှက်ဖြစ်၍ ဘာသာရေး ထောင်ချောက်၌ ယစ်မူးကာ လောက၏ဖမ်းဆုပ်ခြင်းကို ခံလျက်နေကြ၏။

စိတ်နှလုံးထဲ၌ ငိုကြွေးခြင်းနှစ်မျိုး

ယောရှုမှတ်စာနှင့်တရားသူကြီးမှတ်စာ နှစ်အုပ်တို့ကို ဖတ်ရှုပြီး နောက်ပိုင်း ငါ့စိတ်နှလုံးထဲ၌ နက်နဲသော ငိုကြွေးခြင်းနှစ်မျိုးကို ကောင်းကောင်းသဘောပေါက်လာသည်။

(၁) ယောရှုမှတ်စာသည် ကျွန်ုပ်အသက်တာတစ်လျှောက် ဘုရားသခင်၏ကြီးမားသောလုပ်ဆောင်ချက်ကို မျှော်လင့်တတ်ဖို့ရန် ကျွန်ုပ်စိတ်နှလုံးကို ဖိတ်ခေါ်ပါသည်။ အရာခပ်သိမ်း ဖြစ်နိုင်ပါသည်။ ငါ့ အထဲ၌ဖြစ်စေ၊ အသင်းတော်၌ဖြစ်စေ၊ ဒေသတစ်နေရာ၌ဖြစ်စေ၊ ကမ္ဘာတ ဝှမ်း၌ဖြစ်စေ မည်သည့်အရာမျှ ဘုရားသခင်၏ အလုပ်ကို မဟန့်တားနိုင် ပေ။

(၂) ယောရှုမှတ်စာသည် ကျွန်ုပ်စိတ်နှလုံးကို နှိမ့်ချစေပါသည်။ ကျွန်ုပ်အသက်တာ တဝန်ဝတ္တရားများနှင့် စပ်လျဉ်း၍ ကျွန်ုပ်၏လျစ်လျူ ရှုမှုများအပေါ်၌ အလွန်စိတ်မကောင်း ဖြစ်မိသည်။ ကျွန်ုပ်တော် ကောင်းကောင်း လုပ်နိုင်သောအရာများကို လုပ်ဆောင်ဖို့ ပျက်ကွက်ခဲ့သည်။

စွမ်းရည်နှင့်ပြည့်သောအောင်မြင်ခြင်းသည် ရှက်ကြောက်ဖွယ် ကောင်းသည့် ရှုံးနှိမ့်ခြင်း၏နောက်၌ နေရာယူလျက်နေ၏။ တစ်ခုခင်း စီသည် အခြားတစ်ခုဖြစ်နိုင်သည်ကို သတိရစေသည်။ ကျွန်ုပ်တို့သည် မကြီး ထွားသောကြောင့် ဒါးစားခံများ မဟုတ်ကြပေ။ ကျွန်ုပ်တို့သည် အချိန်နာရီ တိုင်းတွင် အခွင့်အလမ်း၏ တံခါးဝ၌ ရပ်လျက်နေသောသူများ ဖြစ်ကြသည်။

ကျွန်ုပ်တို့သည် ထိုတံခါးဝလမ်းမအတိုင်း လျှောက်လှမ်းသောအခါ မိမိတို့၏ဝိညာဉ်ပိုင်းဆိုင်ရာ ကြီးထွားဖွံ့ဖြိုးမှုသည် မည်သည့်အရပ်သို့ရောက် ရှိနေသည်ကို အကဲဖြတ်နိုင်ကြ၏။ ကျွန်ုပ်တို့စိတ်နှလုံးသည် ဘုရားသခင် လုပ်ဆောင်ပေးခဲ့သည့်အရာ၌ ကျေးဇူးတင်ရှိသော်လည်း၊ တရားသူကြီးမှတ် စာ၌ ဖော်ပြ သည့်အတိုင်း၊ ထိုလမ်းစဉ်များ၌ပင် မကြာခဏ အသက်ရှင်ခြင်း နှင့်ဆိုင်သော အခြေခံစည်းမျဉ်းများကို လျစ်လျူရှုတတ်ကြ၏။ အသက်တာ နှင့်ဆိုင်သော အခွင့်အလမ်းများမှာ အောက်ပါအတိုင်းဖြစ်သည်။ သင့် အုပ်စွာကား အဘယ်နည်း။

အသက်၏အနှစ်သာရ

- သင်သည် ကြောက်စရာကောင်းသော လင်နှင့်အသက်ရှင်နေပါ သလား။
- သင့်အထက်လူကြီးသည် သင်၏လုပ်နိုင်စွမ်းရည်ကို မသိမြင်တတ်သူ လော။
- သင့်ရည်းစားကို တစ်စုံတစ်ဦးက ခိုးယူခဲ့ပါသလား။
- သင်သည် အသက်ကြီးလျက်နေသည့်အပေါ်၌ စိတ်တိုပါသလား။

အကယ်၍ ကျွန်ုပ်တို့သည် မိမိတို့အနီးအနား၌ရှိသော အခြား သူများ၌သော်လည်းကောင်း၊ မိမိတို့ အသက်တာထဲ၌သော်လည်းကောင်း ပြဿနာများကို သတိပြုနေကြပါက အောင်မြင်ခြင်း၏နောက်၌သာ ထိုင် လျက်နေကြောင်း ကျွန်ုပ်တို့သတိရဖို့လိုအပ်သည်။ သမ္မာကျမ်းစာထဲ၌ ရန်သူ၏တန်ခိုးသည် မည်သည့်အခါမျှ အရေးမကြီးကြောင်း သင်သိရှိပါ သလား။ ရင်းသည် ရိုးရိုးလေးဖြစ်ပါသည်။ အကြောင်းမှာ ဘုရားသခင်သည် ပို၍ကြီးမြတ်ပါ၏။ သို့ဖြစ်၍ ယောရှုမှတ်စာသည် ကျွန်ုပ်တို့အား သတိပေး ရန် တရားသူကြီးမှတ်စာ မတိုင်မီနေရာယူလျက်ရှိ၏။

ကျွန်ုပ်တို့သည် အတိတ်၌ ဖြစ်ပျက်သောအရာကို ပြန်လည်မရယူနိုင် သော်လည်း၊ မိမိတို့၏ ဆောင်ရွက်မှုများကို ချဲ့ထွန်ဖို့ရန် သခင်ဘုရားအလိုရှိ သည့်အတိုင်း၊ ယုံကြည်မှုအပြည့်ဖြင့် မိမိတို့၏ အနာဂတ်ထဲသို့ လျှောက် လှမ်းဖို့ဖြစ်ပါသည်။ အတိတ်၌ ရှုံးနှိမ့်မှုများရှိခဲ့ရင်လည်း အရေးမကြီးပေ။ ဘုရားသခင်သည် ယနေ့ကျွန်ုပ်တို့အား လမ်းပြရန် အသင့်ပြင်ဆင်၍ အဆင်သင့်နေ၏။

တမန်တော်ပေါလုက မိမိတို့အား တိုက်တွန်းသည်မှာ "ထို့ကြောင့် ပညာမဲ့ကဲ့သို့မဟုတ်၊ ပညာရှိကဲ့သို့ စေ့စေ့မြေ့မြေ့ ကျင့်ဆောင် မည်အကြောင်း သတိပြုကြလော့။ ယခုနေ့ရက်ကာလတို့သည် ဆိုးယုတ် သောကြောင့် ကာလအချိန်ကို ရွေးနုတ်ကြလော့။ ထို့ကြောင့် သတိမရှိသူမ ဖြစ်၊ သခင်ဘုရား၏ အလိုတော်ရှိရာကို ပိုင်းခြား၍ သိသောသူဖြစ်ကြ လော့"(ဧ၊ ၅:၁၅-၁၇)။

အချိန်ဟူသည်မှာ ဘဝ၏အပိုင်းအစတစ်ခုဖြစ်၍ ကျွန်ုပ်တို့အားလုံးကို အကျိုးသက်ရောက်မှုပြုသည်။ ဘုရားသခင်၏ကျေးဇူးတော်ကြောင့် နှိမ့်ချ သောစိတ်နှင့် ကြိုးစားရှာဖွေစိတ်ရှိသောသူများအား ဘုရားသခင်သည် သူ တို့ဆုံးရှုံးသောအချိန်များအတွက် ကုစားပေးနိုင်သည်။ စပျစ်ရည်ကို

114

ဘဝစက်ဝိုင်း

အချဥ်ဖောက် လာသည့်ဖြစ်စဉ်ထိ ပြုလုပ်ရာတွင် အချိန်ကြာမြင့် သော်လည်း ယေရှုသည် တခဏအတွင်း၌သာ ရေကို စပျစ်ရည်ပြောင်း ပစ်လိုက်၏။

သင်သည် မည်သည့်ဝိညာဉ်ရေးရာ ဇယားပေါ်၌ ရှိကြောင်းရှင်းပြပါ။ သင်သည် မည်သည့်နေရာ၌ ရှိသင့်ပါသနည်း။ သင်ရှိသင့်သည့်နေရာ သို့ သခင်ဘုရားပို့ဆောင်ပါမည့်အကြောင်း၊ သူ့ကိုရှာဖွေ၍ သင့်အသက် တာ၌ သူ့အဖို့ အသီးအပွင့်တိုးပွားရန် ဆက်လက်ရှာဖွေရပါမည်။

သင်ခန်းစာ

- ဝိညာဉ်ရေးရာကြီးထွားမှု ဇယားအပေါ်၌ ကျွန်ုပ်တို့ရောက်ရှိသည့် နေရာ ဖော်ထုတ်ခြင်းတွင် မိမိတို့၏ အကန့်အသတ်ရှိသောအချိန် နေရာများသည် အရေးကြီး၍ မိမိတို့ရှေ့ဆက်သွားရန် စေ့ဆော်ပေး၏။

- ဘုရားသခင်သည် ကျွန်ုပ်တို့အသက်တာတစ်လျှောက် နည်းဗျူဟာ ကျကျ လုပ်ဆောင်စေလိုသော်လည်း ကြီးထွားမှု တိုးတက်ခြင်းနှင့် ရင့်ကျက်ခြင်းသည် မရှိမဖြစ်လိုအပ်အရာများဖြစ်သည်။

- ကျွန်ုပ်တို့သည် ကြီးထွားရန် ရည်ရွယ်ချက်ထားရှိသောအခါ ကြီးထွား မှုသည် လျှင်မြန်လွယ်ကူလာ၍ ပိုမိုစိတ်လှုပ်ရှားလာတတ်၏။

ကျက်မှတ် ဆင်ခြင်ပါ

- ဧ၅:၁၅-၁၇

အသက်၏အနှစ်သာရ

တာဝန်ပေးအပ်ခြင်း

➡ သင်သည် ဝိညာဉ်ရေးရာအသက်တာ ကြီးထွားခြင်းဇယား၌ မည်သည့်နေရာတွင် ရှိကြောင်း ထောက်ပြပါ။

➡ ဝိညာဉ်ရေးရာကြီးထွားမှု အရေးကြီးသည်ဟုခံစားပါသလား။ ဤအမှုနှင့်စပ်လျဉ်း၍ သခင်ဘုရားကို ပြောပြ၍ အသက်တာ၌ သင်၏ဦးစားပေးမှုအား မီးမောင်းထိုးပေးမည့်အကြောင်း ကိုယ်တော်ကို တောင်းခံပါ။

➡ သင်ကိုယ်တိုင်၏ကြီးထွားမှုအတွက် လိုအပ်သောအပြောင်းအလဲကို အတည်ပြုခြင်း၌ သင့်အား အာရုံစိုက်စေရန် လုပ်ငန်း၊ လုပ်ရိုးလုပ်စဉ်၊ အကြောင်းအရာနှင့်တိုးတက်မှုတစ်ခုခုကို ဖော်ထုတ်ပါ။ သင်သည် ၎င်းကို မည်ကဲ့သို့ / မည်သည့်အချိန်၌ အကောင်အထည်ဖော်မည်နည်း။ ဤအကြောင်းကို ထာဝရဘုရားအားပြောပြလော့(သု၊၃:၆)။

အသက်၏ရင်းမြစ် & အသက်၏အနှစ်သာရ

အခန်း ၁၉-၃၂

၁၉
တပည့်တော်ဖြစ်ခြင်း၏ရည်ရွယ်ချက်

အထက်ကဖော်ပြသည့်ကြီးထွားခြင်းဆိုင်ရာ အဆင့်သုံးဆင့်အကြောင်းကို ယုံကြည်သူများ ကြားသိသောအခါတွင် သူတို့သည် ခွန်အားရရှိပြီးဖြစ်ပါသည်။ သူတို့သည် ရင်းတို့၏ဆိုလိုရင်းကို နားလည်သောအခါ အသစ်သောခြေထောက်တစ်စုံ ရရှိသကဲ့သို့ခံစားကြ၏။ များစွာသောသူတို့သည် ခရစ်ယာန်အသက်တာ၌ အဆင့်ဆင့်ရှိကြောင်းကို မစဉ်းစားဖူးကြပေ။ ထိုသို့ မစဉ်းစားဖူးသောသူတို့တွင် ခရစ်ယာန်ဓမ္မဆရာများနှင့်တရားဟော ဆရာများလည်းပါဝင်သည်။

ငါမသိသောအရာများ

ယုံကြည်သူတို့သည် ထုံးစံအတိုင်း ခရစ်ယာန်အသက်တာကို မရှင်းမလင်း၊ နားလည်ရန်ခက်ခဲသည်ဟူ ထင်တတ်ကြ၏။ သူတို့က "ငါကယ်တင်ခြင်းရရှိပြီးပါပြီ၊ ဆိုတော့ အထက်ကောင်းကင်ကိုပဲ ရှေ့ရှုရမှာပေ့"ဟူ ဆိုတတ်ကြတယ်။ ထိုသူတို့သည် သန့်ရှင်းစင်ကြယ်ခြင်းအကြောင်းအရာနှင့် စပ်လျဉ်း၍ သိပ်ပြီးနားလည်ပုံ မပေါက်ဘူး။

ငါနှင့်ငါ့မိန်းမဟာ ကလေးမိဘတွေကို ကလေးမချီတဲ့နည်း လေ့ကျင့်ပေးကြတယ်။ အဲဒီနေရာမှာပင် ကျွန်ုပ်တို့အခက်ခဲရှိသေးတယ်။ မိခင်ကြီးများသည် မိသားစု၏လိုအပ်မှုကြောင့် အိမ်၌နေခြင်းအမှု နည်းသ ထက်နည်းလာသောအခါ အတွေ့အကြုံနည်းပါးလှသော ငယ်ရွယ်သည့်စုံတွဲ များသည် သူတို့၏ ကလေးငယ်များကို မည်ကဲ့သို့ပြုစုစောင့်ရှောက်ရမည်ကို မသိကြတော့ပေ။

အသက်၏အနှစ်သာရ

တစ်စုံတစ်ဦးက အခြေခံအဆင့်မျှသာဖြစ်သည့်ကလေးငယ်အား ပြုစုပျိုးထောင်ခြင်းနှင့်မိခင်နို့ တိုက်ကျွေးခြင်း အမှုတို့သည် သဘာဝ အလျောက်ဖြစ်လာလိမ့်မည်ဟု ဆိုကြ၏။ သို့သော် ထိုသို့မဖြစ်နိုင်ပေ။ တစ်စုံတစ်ဦးသည် မိမိ၏သားသမီးများကို ကောင်းမွန်စွာ နို့တိုက်ကျွေး၍ ပြုစု ပျိုးထောင်ရန် သင်ယူစရာ များစွာရှိပါသည်။ တစ်ခါတစ်ရံ သဘာဝ အလျောက်ပြုမူတတ်သည့် သဘောသည် စိတ်ပျက်ဖွယ် ကောင်းလောက် အောင် အထောက်အကူမဖြစ်ပေ။ ထိုအကြောင်းကြောင့် ဆေးရုံနှင့် ဆေးခန်းများတွင် ကလေးငယ်ပြုစုပျိုးထောင်ခြင်းနှင့်ဆိုင်သော ပညာပေး သင်ကြားခြင်း အတန်းများကို ထည့်သွင်းပေးခြင်း ဖြစ်သည်။

ခရစ်တော်၏သင်ကြားခြင်းသည်လည်း ထို့အတူဖြစ်၏။ ကျွန်ုပ် တို့သည် ဘုရားသခင်အတူပါရှိခြင်းကို သိရှိလျက် ဝတ်ပြုကိုးကွယ်ခြင်းအမှု ကို ပြုနိုင်ပါသလား။ ယုံကြည်သူများသည် အလိုအလျောက် ကြီးထွားပါမည် လော။ ပျိုးလဲကျရုံးခြင်းကလွဲ၍ အခြားဘာမျှမဖြစ်နိုင်ပေ။ များစွာသောသူ တို့သည် ဝိညာဉ်ရေးရာအကြောင်းအရာများကို မှန်မှန်ကန်ကန် နားလည် သဘောပေါက်ကြသော်လည်း ပြဿနာများ ရှိနေသေးကြောင်း ကျမ်းစာပင် လျှင်ဖော်ပြ၏။ ရင်းတို့မှာ အကျင့်ပိုင်းဆိုင်ရာ (ရော၊ ၂:၁၄-၁၅)၊ ဘုရားသခင် ပါရှိခြင်း (ရော၊ ၁:၁၉-၂၀) သို့မဟုတ် တစ်ကိုယ်ကောင်းဆန်ခြင်းနှင့် စပ်လျဉ်း၍ မှားယွင်းမှုတို့ဖြစ်ပါသည်။ ဤအရာတို့သည် မရှင်းမလင်းဖြစ်နိုင် ပါသည်။ ထိုစဉ်၌ မိမိတို့၏အာရုံခံစားမှုသည် မိမိတို့၌ရှိသည့် မရေရာသော အရာကို အလွယ်တကူ ပယ်ချနိုင်သည်။

ဤအကြောင်းကြောင့် ယေရှုက ကျွန်ုပ်တို့အား တပည့်တော်မွေး ထုတ်ရန် မိန့်ဆိုခဲ့ခြင်းဖြစ်သည်။ ကျွန်ုပ်တို့သည် ယေရှုမိန့်ဆိုခဲ့သော အရာနှင့်ပြုခဲ့သည့်အရာများကို အခြားသူများအား သင်ယူစေရန် ခေါ် ဆောင်လာရမည်။ "ငါသည် သင်တို့အား မိန့်မှာသမျှတို့ကို စောင့်ရှောက်စေ ခြင်းငှာ သူတို့အား ဆုံးမဩဝါဒပေးကြလော့" (မ၊၂၈:၁၉)။

မကြာသေးမီကနှစ်များတွင် များစွာသောသူတို့သည် တပည့်တော်ဖြစ် ခြင်း အကြောင်းနှင့်စပ်လျဉ်း၍ သင်ကြားပေးခြင်းနှင့်ရေးသားခြင်းများ လုပ်ဆောင်ခဲ့သည်ကို တွေ့ရှိ၍ ငါဝမ်းသာအားရဖြစ်၏။ သို့သော်လည်း လူ တို့သည် တပည့်တော်ဖြစ်ခြင်းကို ဦးတည်ရာလမ်းကြောင်းထက် နည်းဗျူဟာတစ်ခုဟု ယူဆလာခြင်းကြောင့်တစ်ကြောင်း၊ အကြောင်းအရာ ထက် ကိုယ်တိုင်ဆက်နွယ်ခြင်း အပေါ်၌ ပို၍အာရုံစိုက်လာခြင်းကြောင့်တစ်

တပည့်တော်ဖြစ်ခြင်း၏ရည်ရွယ်ချက်

ကြောင့် ငါသည် စိတ်ပျက်လာ၏။ သူတို့အသီးသီးက အခြားသူများအား မည် ကဲ့သို့လေ့ကျင့်သင်ကြားပေးမည်ဟူသောအရာ၌ အာရုံစိုက်သည်ကို ငါ လည်း အသိအမှတ်ပြုပါသည်။ ဤအကြောင်းအရာကို ငါလည်းသင်ပေး၏။ အကြောင်းမှာ ဤအကြောင်းအရာသည် အချို့ကိစ္စများ၌ မေ့လျော့၍ အဆင့်အတန်းလျော့ကျလာသောကြောင့်ဖြစ်သည်။ မည်သို့ပင်ဖြစ်စေ ကျွန်ုပ်တို့သည် ထိုအရာကို ကျော်လွန်၍ ဆက်သွားဖို့ လိုအပ်ပါသည်။ ကျွန်ုပ်တို့၏ရည်ရွယ်ချက်ကား အခြားသူများ သင်ယူစေခြင်း၌၊၊ သင်ကြား ပေးရန်ဖြစ်ပါသည်။ ဤ"သင်ယူလေ့လာခြင်း"သည် တပည့်တော်ဖြစ်ခြင်း ထက် သာလွန်သော တကယ့်အဓိပ္ပာယ်ဆိုလိုရင်းဖြစ်သည်။ ကျွန်ုပ်တို့ထဲ တွင် များစွာသောသူတို့သည် သင်ကြားပေးခြင်း အရေအတွက်ဖြင့် သက်သောင့်သက်သာ ခံစားကြ၏။ ထိုအရာတို့ကို စမ်းသပ်စစ်ဆေး၍ တိုင်းတာနိုင်၏။ အနောက်တိုင်း ပညာရေးသည် ဤအတွက် ကျွန်ုပ်တို့အား လေ့ကျင့်ပေးသည်။ သို့ရာတွင် ဝိညာဉ်ရေးရာ ကိစ္စများသည် လွယ်လွယ်ကူ ကူ စမ်းသပ်စစ်ဆေး၍ မဖြစ်ပေ။ ထို့ကြောင့် ရင်းသည်

(၁) လျှစ်လျူရှုလွယ်၍

(1) မရှင်းမလင်းဖြစ်ကာ

(2) အပြင်ပန်းအားဖြင့် ဆီလျော်မှုနည်းပါးတတ်သည်။

ပေါလုနှင့်အခြားသူများကလည်း ကျွန်ုပ်တို့သည် ယေရှုအကြောင်း ကို မှန်ကန်စွာ သင်ယူသောအခါ အရေးကြီးသည့်အပြောင်းအလဲ ဖြစ်ပေါ် ကြောင်း အတည်ပြုပြောဆိုကြ၏။ "မှန်သောဖြောင့်မတ်ခြင်း၊ သန့်ရှင်းခြင်း ပါရမီအားဖြင့် ဘုရားသခင်နှင့်အတူအမျှ ဖန်ဆင်းသောလူအသစ်ကို 9 ရရှိ ပြီးလျှင်(၄:၂၃) ဟူသောစကားစုသည် အရေးကြီးသော်လည်း လိုအပ်သည့် ပြောင်းလဲခြင်း ဖြစ်ပေါ်စေရန် လုံလောက်သော ရှင်းလင်းမှုနှင့်အခိုင်အမာ ယုံကြည်မှုတို့ပါတွဲဖက်ရမည်။

၁ ယော၊ ၂:၁၂-၁၄ ၌ရှိသော သမ္မာတရား၏တန်ခိုး

၁ယော၊၂:၁၂-၁၄ ၌ ဖော်ပြသည့်အကြောင်းအရာကို သင်ကြားခြင်း၌ ကျွန်ုပ်တော် အတော့်ကို စိတ်လှုပ်ရှားခဲ့ပါသည်။ ကျွန်ုပ်တို့အားလုံးသည် မိသားစုအကြောင်းနှင့်ပတ်သက်၍ ရင်းနှီးကြသောကြောင့် ယောဟန်သည်

အသက်၏အနှစ်သာရ

ဤအရာကို ချက်ချင်း သင်ယူရန်အတွက် အလွန်ရှိုးရှင်းစွာဖော်ပြ၏။ ဘုရားသခင်သည် ဤအရာကို လွယ်လွယ်ကူကူ သင်ယူရန်နှင့်ကြီးထွားရန် အတွက် လုပ်ဆောင်ခြင်းဖြစ်သည်။

ထိုထက်မက ယောဟန်သည် တစ်ဦးချင်းစီနှင့်ဆိုင်သည့် ကဏ္ဍများ ကို ပိုမိုကောင်းမွန်စွာ သင်ယူလေ့လာနိုင်ရန် ကျွန်ုပ်တို့အား အထောက်အကူ ဖြစ်စေမည့် ပြည့်စုံသောနည်းစနစ်ကို ပြင်ဆင်ပေး၏။ အသက်တာနှင့် ဆိုင်သော ထိုအဆင့်သုံးဆင့်အကြောင်းကို အစပိုင်း၌ ဖော်ပြပြီးဖြစ် သော်လည်း ရင်းသည် အစပြုခြင်းသာဖြစ်သည်။ ဝိညာဉ်ပိုင်းဆိုင်ရာ သင်ယူ လေ့လာခြင်းသည် နက်နဲလှသော ပင်လယ် သမုဒ္ဒရာထဲသို့ လမ်းလျှောက် ခြင်းနှင့်တူ၏။ ကျွန်ုပ်တို့သည် မမျှော်လင့်သောလှိုင်းတံပိုး ရိုက်ခတ်ခြင်း ဒဏ်ကို ခံရနိုင်သည်သာမက ပင်လယ်အောက်ခြေကို မတွေ့ဘဲနေနိုင်၏။ ထိုသို့ဖြစ်သည့်တိုင်အောင် ဘုရားသခင်သည် ကျွန်ုပ်တို့အား ပို၍နက်သော ရေထဲသို့ ဆင်းလာရာ ဆက်လက်ခေါ်ဖိတ်တတ်၏။ ကိုယ်တော်သည် ကျွန်ုပ် တို့အား ပို့ဆောင်လေရာရာ၌ သူ့ကိုသာ ကိုးစားစေလို၏။ ထိုသို့ဖြင့် ကျွန်ုပ် တို့သည် သူ၏ဘုန်းအသရေရှိသောပုဂ္ဂိုလ်ဖြစ်ခြင်းနှင့်အကြံအစည်များကို ပိုမိုထိတွေ့ခံစားနိုင်မည် ဖြစ်သည်။

သင်ကြားခြင်းထဲက အမြင်

အသက်၏ရင်းမြစ်နှင့်အချက်အချာဖြစ်သည့် ဤအပိုင်းရှိ ဖွဲ့စည်းမှု စနစ်အားလုံးတို့သည် ပညာရေးရာနှင့်သင်ကြားခြင်း ရှုထောင့်အမြင်ထဲက အစိတ်အပိုင်များနှင့်အပြန်အလှန်ဆက်နွယ်မှု ရှိကြောင်းကို ကျွန်ုပ်တို့ ပြသသွားမည်ဖြစ်ပါသည်။ ကျွန်ုပ်တို့သည် ဤအရာကို တစ်ဦးချင်းအဆင့် အကန့်အသတ်ဖြင့် လုပ်ဆောင်ခဲ့သော်လည်း အသင်းတော်ကြီး၌ အသုံးပြု ရန်လည်း အရေးကြီးပါသည်။

ဤချဉ်းကပ်မှုသည် ကျွန်ုပ်တို့သင်ကြားခြင်း၌ အကောင်အထည်ဖော် စေနိုင်သည့် သင်ကြား လေ့ကျင့်ခြင်းဆိုင်ရာ လက်တွေ့ကျသောနည်း လမ်းများဖြစ်၍ မိမိတို့အတွက် အထောက်အကူဖြစ်စေသည်။ ထို့အပြင် ကျွန်ုပ်တို့၏သင်ကြားလေ့ကျင့်ခြင်း၌ ဝိညာဉ်ပိုင်းဆိုင်ရာ ကြီးထွားဖွံ့ဖြိုးမှု ကိုပါ ဖြစ်ပေါ်စေသည်။ ဆရာသမားများ ကြည့်ရနဲ့ ကျွန်ုပ်တို့သည် အရည်အသွေးပမာဏများကို ထုတ်လုပ်နိုင်လိမ့်မည်ဟု သေချာပေါက်မ ပြောနိုင်ပါ။ သို့သော် အခြားသူများအား သင်ကြားလေ့ကျင့်ပေးသောအခါ

တပည့်တော်ဖြစ်ခြင်း၏ရည်ရွယ်ချက်

မိမိတို့အဖို့ ဘုရားသခင်ပြင်ဆင်ပေးတော်မူသည့် ပန်းတိုင်များသို့ ရောက်ရှိမည်ဟု သေချာပေါက်ပြောနိုင်သည်။

ခရစ်ယာန်ဓမ္မဆရာများသည် အသင်းတော်၌ဖြစ်စေ၊ ကျောင်း၌ဖြစ်စေ မိမိတို့၏ ကျောင်းသား/သူများကို ခရစ်တော်၌ စုံလင်စေသောသူများအဖြစ် ဝိညာဉ်ရေးရာ၌ ကြီးထွားစေလိုကြ၏။ အကယ်၍ ဤအရာသည် မိမိတို့၏ပန်းတိုင်များဖြစ်ပါက သင်ယူခြင်း၌ စိတ်အားထက်သန်မှု ကင်းအောင်လာရန်အတွက် ကောင်းမွန်သောဖော်ရွေမှုကို ပျိုးထောင်ပေးရမည်။ တပည့်တော်ဖြစ်ခြင်းသည် မိမိတို့အဖို့ ဘုရားသခင် ပြင်ဆင်ပေးသော ပန်းတိုင်ရှိရာသို့ ရောက်ရှိရန် အထောက်အကူပြုသည့် အဓိကသော့ချက် အယူအဆဖြစ်ပါသည်။

သင်ခန်းစာ

- တပည့်တော်ဖြစ်ခြင်းသည် သင်ယူနေခြင်း၌ ဖြစ်ပျက်သည့်အရာ တည်းဟူသော ပိုမိုရင့်ကျက်သော သူတစ်ဦးက နုနယ်သေးသောသူ တစ်ဦးအား ယေရှု၏အကြောင်းအရာများကို သင်ယူစေရန် ကူညီ သည့်အကြောင်း ဖော်ပြခြင်းပင်ဖြစ်သည်။ ထိုသူသည်လည်း ခရစ်တော်ကဲ့သို့ မည်ကဲ့သို့ခိုင်ခံ့စွာ အသက်ရှင်မည်ကို သိရှိလာမည်။

- ခရစ်ယာန်တို့၏သင်တန်းပို့ချခြင်းဆိုင်ရာ စိန်ခေါ်မှုသည် သမားရိုးကျ ဖြစ်စေ၊ သမားရိုးကျမဟုတ်သည် ဖြစ်စေ ယုံကြည်သူများအား ဘုရား တရားကြည်ညိုခြင်း အသက်တာကို အမှန်တွေ့ကြုံခံစား ကြသည်အထိ ပြောင်းလဲစေရန်ဖြစ်သည်။

- တိုင်းတာ၍ရသော သိရှိနားလည်မှုအပေါ်၌ အာရုံစူးစိုက်မှုကင်မဲ့ခြင်း သည် သင်ယူခြင်းဆိုင်ရာ အရည်အသွေးကို အကဲဖြတ်ရန် ခက်ခဲ စေသည်။

- ခရစ်တော်လုံ့ဆော်ခြင်းအားဖြင့် ဘုရားသခင်ကို သိရှိသောအခါ အသက်တာပြောင်းလဲခြင်း ဖြစ်ပေါ်သည်။ ထိုသို့ဖြင့် ဆရာ သည် မိမိတပည့်၌ ပြောင်းလဲခြင်းကို မြင်တွေ့နိုင်ခြင်းဖြစ်သည်။

ကျက်မှတ် ဆင်ခြင်ပါ

- ၉း၁၉း၂၄

အသက်၏အနှစ်သာရ

တာဝန်ပေးအပ်ခြင်း

➡ သင်သည် တစ်စုံတစ်ရာအကြောင်းကို သင်ယူခဲ့ပြီး ၎င်းကို လက်တွေ့ ကျင့်သုံးရန် နားမလည်သည့် ဥပမာတစ်ခု ဖော်ပြပါ။

➡ သင်သည် ယခုပင် ဝိညာဉ်ရေးရာ ကြီးထွားရန် စိတ်ဆန္ဒပြင်းပြသည်ဟု ပြောနိုင်ပါသလား။ ဘာ့ကြောင့် ပြောနိုင်၍ ဘာ့ကြောင့် မပြောနိုင် သနည်း။

➡ တစ်စုံတစ်ဦးအား တပည့်တော်ပြုဖူးပါသလား။ မည်သူနည်း။ မည် သည့်အချိန်၌နည်း။

#၂၀
အသက်၏အနှစ်သာရ

ကျွန်ုပ်တို့ထဲမှ များစွာသောသူတို့သည် ဤမြေကြီး၏အတွင်းပိုင်း လုပ်ဆောင်ချက်များကို သတိမမူဘဲ အသက်ရှင်ကြ၏။ မြေငလျင်လှုပ် သောအခါ လူအနည်းငယ်ခန့်သာ မိမိတို့၏ခြေဖဝါးအောက်၌ရှိသော အကြောင်းအရာကို စဉ်းစားတတ်ကြ၏။ သို့သော် အများစုမှာ ဇင်း အကြောင်းအရာကို အချိန်ပေးပြီး မစဉ်းစားမိကြပေ။

ကျွန်ုပ်တို့၏ခရစ်ယာန်အသက်ရှင်ခြင်းသည်လည်း ထိုအတူဖြစ်သည်။ ခရစ်ယာန်တို့သည် သူတို့၏ ခရစ်ယာန်အသက်တာ အောက်၌ဖြစ်ပျက်နေ သော အကြောင်းအရာကို မသိရှိကြပေ။ သန့်ရှင်းစင်ကြယ်ခြင်း ဖြစ်စဉ်ကို လေ့လာ၍ အကျယ်တဝင့်ရေးသားခဲ့ကြသော်လည်း ဝိညာဉ်ရေးရာအသက် တာ၌ အရေးကြီးဆုံး အကြောင်းအရာကို လျစ်လျူရှုကြ၏။

ဤစာအုပ်၏အစပိုင်း၌ သန့်ရှင်းသောဝိညာဉ်တော်အားဖြင့် လုပ်ဆောင်လျက်ရှိသည့် အသက်တာ၏ တန်ခိုးအကြောင်းကို ကျွန်ုပ်တို့ ဖော်ပြပြီးဖြစ်ပါသည်။ အသက်သည် စွမ်းအားသက်သက်မဟုတ်ဘဲ ပုဂ္ဂိုလ် ဖြစ်ပြီး လိုအင်ဆန္ဒနှင့်ရည်ရွယ်ချက်ရှိ၏။ တစ်စုံတစ်ဦးသည် ဝိညာဉ် တော်၏ရည်ရွယ်ချက်နှင့်တကွ သတိရှိစွာ လုပ်ဆောင်သောအခါ ထို အင်အား၏တန်ခိုးကို ပို၍နားလည်ရ၏။ ယုံကြည်သူများသည် ဝိညာဉ် တော်၏ရည်ရွယ်ချက်ကို လျစ်လျူရှုသောအခါ ရှုပ်ထွေးခြင်း သွင်ပြင်အမျိုး မျိုးကို ဖြစ်စေသည့် သတိမဲ့သောအသက်တာ၌ အသက်ရှင်ကြရ၏။ တစ် နည်းပြောရလျှင် ယုံကြည်သူတစ်ဦး၏အသက်ရှင်ခြင်းမှ ထွက်ခွာခြင်းသည် ဝိညာဉ်တော်နှင့် ဆန့်ကျင်ဘက်ဖြစ်သည်။

ခရစ်ယာန်အသိုင်းအဝန်းထဲတွင် သန့်ရှင်းသောဝိညာဉ်တော်၏အလုပ် စီးဆင်းမှု တချို့ကို ဖော်ထုတ်သည့်လှုပ်ရှားမှု အသင်းအဖွဲ့ရှိ၏။ ထိုသူ တို့သည် သူတို့ခေါ်လေ့ရှိသည့် "သန့်ရှင်းသော ဝိညာဉ်တော်နှင့် ပြည့်ဝ ခြင်း" အထဲသို့ ဝင်ရောက်ရန် စိတ်လှုပ်ရှားကြ၏။ သို့သော်လည်း များသောအားဖြင့် သူတို့လည်းမဟုတ်ကြဘူး။ သူတို့သည် မိမိတို့၏အသက် တာထဲ၌ ဘုရားသခင်၏ကြီးမြတ်သော ရည်ရွယ်ချက်ကို လျစ်လျူရှုကြ၏။

အသက်၏အနှစ်သာရ

တမန်တော်ပေါလုသည် ချစ်ခြင်းမေတ္တာအကြောင်းကို ဖော်ပြသည့် ၁ကော အခန်းကြီး ၁၃ ကို သန့်ရှင်းသောဝိညာဉ်တော်၏ဆုကျေးဇူး အကြောင်းကိုဖော်ပြသည့် အခန်းကြီး ၁၂ နှင့် ၁၄ စပ်ကြားတွင် ရည်ရွယ်ချက်ရှိရှိ ညှပ်ထားသည်။ ဤဆုကျေးဇူးများသည် ကနဦးမှချ အရေးကြီး၏။ သတိပြုရမည်မှာ တမန်ပေါလုသည် ပိုမိုကြီးမြတ်သော တစ်စုံတစ်ရာကို ကျွန်ုပ်တို့အား ပြသခြင်းနှင့် ဆွေးနွေးချက်ကို စကားကြား ဖြတ်လိုက်လေ၏။ "သင်တို့သည် အမြတ်ဆုံးသောဆုကျေးဇူးတော်တို့ကို အလွန်အလိုရှိ ကြသည့်တွင် သာ၍မြတ်သောလမ်းကို ငါပြဦးမည်"(၁ကော၊ ၁၂:၃၁)။

စိတ်နှလုံးအကြောင်းအရာပေါ် အာရုံစူးစိုက်ခြင်း

ကျွန်ုပ်တို့အသက်တာ၌ ဝိညာဉ်တော်အားဖြင့် ဘုရားသခင်ပြုသော အမှုသည် ကျွန်ုပ်တို့အား ခရစ်တော်ကဲ့သို့ ပိုမိုသန့်ရှင်းစေ၏။ ထို အမှုသည် သာမန်မျက်စိဖြင့် မြင်၍မရသော သန့်ရှင်းသော ဝိညာဉ် တော်၏ရည်ရွယ်ချက်ဖြစ်ပါသည်။ သန့်ရှင်းခြင်းအသက်တာမရှိသည့် ဆု ကျေးဇူးများသည် အလွဲသုံးစား ခံရလိမ့်မည်။

သန့်ရှင်းသောဝိညာဉ်တော်၏အတွင်းပိုင်း လုပ်ဆောင်ချက်များနှင့် ရည်ရွယ်ချက်တို့ကို "အသက်၏ အချက်အချာ"ဟု ငါခေါ်ဝေါ်ခဲ့သည်။ အကြောင်းမှာ ၎င်းသည် ကျွန်ုပ်တို့ ယုံကြည်သူများ၏အဓိက လုပ်ဆောင်ချက်ဖြစ်သောကြောင့်တည်း။ သန့်ရှင်းသောဝိညာဉ်တော်သည် အသက်ကို ယူဆောင်လာ၍ ယုံကြယ်သူများကိုလည်း အလင်းဖွင့်ပြ ပေးသည်။ သူသည် ကျွန်ုပ်တို့အား ဝိညာဉ်ပိုင်းဆိုင်ရာ ဆုကျေးဇူးများကို ပေးသနား၍ မိမိတို့အား ယုံကြည်ခြင်း၌ လျှောက်လှမ်းနိုင်ရန် ဘုရားသခင်၏ နှုတ်ကပတ်တော်အားဖြင့် လှုံ့ဆော်ပေးလျက် စကားပြောတော်မူ၏။

"သမ္မာတရားနှင့်ပြည့်စုံ သော ထိုဝိညာဉ်တော်သည် ရောက်လာသောအခါ သမ္မာတရားကို သင်တို့အား အကြွင်းမဲ့ သွန်သင်ပြသလိမ့်မည်။ ထိုဝိညာဉ်တော်သည် ကိုယ် အလိုအလျောက် ဟောပြောမည်မဟုတ်။ ကြားသမျှတို့ကို ဟောပြောလိမ့်မည်။ နောင်လာလတံ့သောအရာတို့ကို သင်တို့ အား ဖော်ပြလိမ့်မည်"(ယော၊ ၁၆:၁၃)။

အသက်၏အနှစ်သာရ

ဝမ်းနည်းစရာကောင်းသည်မှာ ဝိညာဉ်တော်၏ထိတွေ့ခြင်းမပါဘဲလျက် သန့်ရှင်းသောဝိညာဉ်တော် အကြောင်းကို ကျွန်ုပ်တို့သိရှိနိုင်သည်။ ဤ အရာသည် ကျွန်ုပ်တို့ဦးနှောက်နဲ့ သိခြင်း၏အခြေခံ ပြဿနာ ဖြစ်ပြီး၊ မိမိတို့ သင်ယူလေ့လာခြင်းသည်လည်း မိမိတို့အသက်တာ၌ ကောင်းကောင်း ကျင့်သုံး၍မရပေ။ လူတို့သည် သန့်ရှင်းသောဝိညာဉ်တော်ကို လည်းကောင်း၊ သူ၏ရည်ရွယ်ချက်ကို လည်းကောင်း နားလည် သဘောပေါက်ခြင်း မရှိဘဲလျက် သွားလာလှုပ်ရှားနိုင်သည်။ ၎င်းကို လျစ်လျူ ရှုခြင်း ဟုခေါ်ပါသည်။

သန့်ရှင်းသောဝိညာဉ်တော်၏ကောင်းမြတ်ခြင်းနှင့် ဘုရားတရား ကြည်ညိုသောရည်ရွယ်ချက်တို့အား ဆန့်ကျင်တုံ့ပြန်ခြင်းကို "မနာခံခြင်း" ဟု ခေါ်သည်။ တချို့သောသူတို့သည် သူတို့အား သန့်ရှင်းသော ဝိညာဉ်တော် လုပ်ဆောင်စေလိုသောအရာကို သိရှိကြသော်လည်း သူပြုစေလိုသည့် လမ်းစဉ်အတိုင်း ပြည့်စုံစေရန် မပြုလုပ်ကြပေ။ ရှောလုမင်းသည် ဝမ်းနည်း ဖွယ်နှင့်စိတ်ပျက်ဖွယ်ကောင်းသည့် ခေါင်းမာသော ပုဂ္ဂိုလ်မာကိုဆောင်ထား ပါသည်။ သူသည် သူ၏သင်ခန်းစာယူစရာများကို မေ့လျော့ခြင်းအားဖြင့် သင်ယူစရာ အခွင့်အလမ်းကောင်းများစွာကို လက်လွတ်ဆုံးရှုံးခဲ့ရ၏။

ကျွန်ုပ်တို့၏စိတ်သဘောထားကို ဆန်းစစ်ခြင်းသည် မိမိတို့၏အတွင်း ပုဂ္ဂိုလ် ပိုရုပ်များကို ပို၍ ကောင်းမွန်စေသည်။ ကျွန်ုပ်တို့သည် တွန့်တိုခြင်း မရှိဘဲ ပေးကမ်းရန်ဖြစ်သည် (၂ကော၉:၇)။ ကျွန်ုပ်တို့သည် သူတစ်ပါးအား ညည်းညူခြင်းမရှိဘဲလျက် အမှုထမ်းရမည်။ ကျွန်ုပ်တို့အား ဘုရားသခင်ပြသ သည့် ဦးစားပေးမည့်အရာကို မိမိတို့သည် အလျင်အမြန် ပြည့်စုံစေရန် ဆောင်ရွက်ရပါမည်။

ဘုရားသခင်အား ယေဘုယျအားဖြင့် တုံ့ပြန်ချက်နှစ်မျိုး

သန့်ရှင်းသောဝိညာဉ်တော်အားဖြင့် ကျွန်ုပ်တို့၌ ဘုရားသခင် လုပ်ဆောင်သောအရာကို မိမိတို့နားလည် သဘောပေါက်သောအခါ မိမိတို့ ကိုယ်တိုင် သူနှင့်သူ၏ရည်ရွယ်ချက်များနှင့်အတူ ပူးပေါင်းဖို့ရန် များစွာ လွယ်ကူ၍ ပိုမို၀မ်းမြောက်ဖွယ်ဖြစ်လာသည်။

အသက်၏အနှစ်သာရ

အထက်ပုံဇယားတွင် ယုံကြည်သူနှင့်သနှစ်ရှင်းသောဝိညာဉ်တော် စပ်ကြား၌ အဟန့်အတားပုံစံဖြင့် ရှိသည့် လျစ်လျူရှုခြင်းနှင့်စိတ်နှလုံး ခိုင်မာခြင်းတို့ကို ကျွန်ုပ်တို့တွေ့မြင်ရပါသည်။ ညာဘက်ခြမ်းပုံ၌ရှိသော အဟန့်အတားသည် ဆွဲထုတ်ခြင်းကိုခံရ၍ ယုံကြည်သူအထဲသို့ သနှစ်ရှင်း သောဝိညာဉ်တော် စီးဆင်းခွင့် ရရှိလေ၏။ ဤသည်မှာ ဝိညာဉ်တော်နှင့် ပြည့်ဝခြင်းဆိုင်ရာ ဆိုလိုရင်းအဓိပ္ပာယ်မှန်ဖြစ်သည်။ တနည်းဆိုသော် ဘုရားသခင်၏ဝိညာဉ်တော်အားဖြင့် လုံးလုံးလွှမ်းမိုးခြင်းခံရသည်။

ဘုရားသခင်၏လူတို့သည် ဘုရားသခင်၏အမှုတော်မြတ်တို့၌ စိတ်အား ထက်သန်စွာ ပူးပေါင်းနိုင်ရ မည့်အကြောင်း ခရစ်ယာန်သင်တန်းပို့ချခြင်း သည် သနှစ်ရှင်းသောဝိညာဉ်တော်၏ရည်ရွယ်ချက်ကို ရှင်းရှင်းလင်းလင်း ဖော်ထုတ်ပြသသင့်သည်။ ဝမ်းနည်းဖွယ်ကောင်းသည်မှာ များစွာသောသူ တို့သည် ဤအမှုတော်လုပ်ငန်းကို ရှင်းလင်းစွာ မရှင်းပြနိုင်ကြပေ။ ထို့ကြောင့် ဘုရားသခင်၏လူအပေါင်းတို့သည် မျက်နှာပြင်အောက်၌ ဖြစ် ပျက်နေသောအရာများကို လျစ်လျူရှုနေကြခြင်းဖြစ်ပါသည်။

ယုံကြည်သူများ အားနည်းခြင်းနှင့်ခွန်အားမဲ့နေခြင်းတို့ကို သူတို့အဖို့ ဘုရားသခင်လိုအင်ဆန္ဒနှင့် ယှဉ်ကြည့်ရပါမည်။ ယုံကြည်သူ၏ခွန်အား သည် သနှစ်ရှင်းသောဝိညာဉ်တော်၏လုပ်ဆောင်ချက်ကို မိမိ၏ လိုအင်ဆန္ဒ နှင့်တကွ ဆက်နွှယ်လျက် အတည်ပြုခြင်းအားဖြင့် ဖြစ်လာသည် (ရော၊ ၁၂:၁-၂)။

အသက်၏အနှစ်သာရ

သင်ခန်းစာ

- များစွာသောယုံကြည်သူတို့သည် သန့်ရှင်းသောဝိညာဉ်တော်၏ရည်ရွယ်ချက်ကို လျစ်လျူရှုကြသောကြောင့် ဝိညာဉ်တော်၏အလုပ်ကို မေ့လွယ်၍ သံသယရှိလာကြ၏။

- ယုံကြည်သူသည် သန့်ရှင်းသောဝိညာဉ်တော်၏လုပ်ဆောင်ချက် အပေါ် တုံ့ပြန်ရန် မလိုလားသောအခါ ဝိညာဉ်ပိုင်းဆိုင်ရာမောက်မာမှု နှင့်တာဝန်မဲ့ခြင်း တိုးပွားလာသည်။

- ကျွန်ုပ်တို့သည် သန့်ရှင်းသောဝိညာဉ်တော်အားဖြင့် ဘုရားသခင်၏သန့်ရှင်းစင်ကြယ်စေခြင်း ရည်ရွယ်ချက်ကို ကိုယ်တော် သည် မည်ကဲ့သို့အကောင်အထည်ဖော်သည်ကို ရှင်းလင်းသောအခါ ပို၍ကျယ်ပြန့်သည့် မိမိတို့၏ဝိညာဉ်ရေးရာ အသက်တာပိုင်းဆိုင်ရာ အမြင်ကို လက်ခံရရှိလေ၏။ ရှင်းက မိမိတို့အား ဝိညာဉ်တော်နှင့် ပြည့်ဝလျက် အသက်ရှင်ခြင်းကို နားလည်စေသည်။

ကျက်မှတ် ဆင်ခြင်ပါ

- ယောဟန် ၁၆:၁၃

တာဝန်ပေးအပ်ခြင်း

➡ ယောဟန် ၁၆:၅-၁၅ ကိုဖတ်ရှုပါ။ သန့်ရှင်းသောဝိညာဉ်တော် အကြောင်းနှင့်စပ်လျဉ်း၍ သင်လေ့လာ တွေ့ရှိသောအရာများကို ရေးချပါ။

➡ များမကြာမီက သင်ရှန်းကန်ခဲ့သည့် ဝိညာဉ်တော်၏ကမ်းလှမ်းချက် တစ်စုံတစ်ရာကို လုပ်ဆောင်ဖို့ သင့်မသင့်ကို စဉ်းစားပါ။ ထိုအရာ သည် အဘယ်နည်း။ သင်သည် ရင်းကိုမည်ကဲ့သို့တုံ့ပြန်သနည်း။

#၂၁
ရူပါရုံကို ဆုပ်ကိုင်ခြင်း

ကျွန်ုပ်တို့သည် ဆရာသမားများနှင့်သင်ကြားပို့ချသူများ ဖြစ်သည့် အလျောက် ယုံကြည်သူအသီးသီး အတွက်ရော မိမိတို့ကိုယ်ပိုင်အသက်တာ အတွက်ပါ ဘုရားသခင်ပါဝင်ပတ်သက်ခြင်း အပြည့်အဝကို ဆုပ်ကိုင်ထားဖို့ လိုအပ်ပါသည်။ အဘယ့်ကြောင့်နည်း။ အကြောင်းမှာ ဤကား ယုံကြည် ခြင်းတည်းဟူသော ကျွန်ုပ်တို့အား ဘုရားသခင်ရောက်ရှိစေလိုသောအရာ၊ စောင့်ထိန်းစေလိုသောအရာ၊ သူတစ်ပါးအား လက်ဆင့်ကမ်းစေလိုသော အရာ ဖြစ်ပါသည်။

ယနေ့များစွာသောသူတို့သည် ရည်မှန်းချက်ပန်းတိုင်များ၊ ရူပါရုံနှင့် သာသနာအကြောင်းတို့ကို ပြောဆို ကြသော်လည်း အမှန်စင်စစ် သူတို့သည် ကျမ်းချက်များဥာသာ နစ်မြုပ်လျှက်နေကြ၏။ ဘုရားသခင်သည် သူကိုယ်တိုင် ရေးဆွဲထားသည့်ပုံစံအတိုင်း ပြုမူလှုပ်ရှား၍ သူ၏ကြီးမြတ်သော အကြံအစည်ကို ပြည့်စုံ စေလျှက်နေ၏။ ဖန်ဆင်းခြင်း၏လုပ်ဆောင်ချက် သည် အံ့သြဖွယ်အကြံအစည်ဖြစ်၍ ကိုယ်တော်၏ လက်ရာပြောင်မြောက်ခြင်း - ဘုရားသခင်၏အသင်းတော် - ကိုယ်တော်၏ရွေးနှုတ်ခြင်းလည်း ဖြစ်သည်(ကော၊ ၁:၁၅-၂၀)။

ရာဇဝင်ချုပ်ဒုတိယစောင် ၂၉ သည် ဟေဇကိမင်း၏ပြုပြင်ပြောင်းလဲမှု များ အတောအတွင်း ယုဒပြည်၌ ဖြစ်ပျက်သောအံ့သြဖွယ်ရာ ပြောင်းလဲခြင်း အကြောင်းကို ဖော်ပြသည်။ သူတို့သည် အတိတ်က ရှင်ဘုရင်တို့၏ ပြုပြင် ပြောင်းလဲမှုများထက် ပိုမိုနက်ရှိုင်းစွာ ထိုးဖောက်၏။ အကြောင်းမှာ သူသည် ဖြစ်နိုင်သည့်အရာအတွက် မျှော်လင့်ချက်တစ်ခုရှိသောကြောင့်တည်း။

ထိုမျှော်လင့်ချက်သည် ဘုရားသခင်၏နှုတ်ကပတ်တော် ကြားနာခြင်း အားဖြင့် ဖြစ်ပေါ်သည်။ သူသည် ပသခါပွဲစောင့်ထိန်းခြင်းနှင့်စပ်လျှဉ်း၍ ဘုရားသခင်အလိုရှိသောအရာကို ရုပ်လုံးဖော်စဉ်းစား၏။ ထိုအခါ သူသည် ထို အတိုင်းပြု၍ တောင်ပိုင်းယုဒနိုင်ငံရှိ လူတို့ကို ခေါ်မည့်အစား အစ္စရေးလူအ ပေါင်းတို့ကို ခေါ်ဖိတ်လေ၏။ သူ၍သို့ ပြုရခြင်းမှာ အစ္စရေးလူယောက်ျား ရှိသမျှတို့ ပါဝင်ခြင်း အရေးကြီးပုံကို ကျမ်းစာက မီးမောင်းထိုးပေး

129

အသက်၏အနှစ်သာရ

သောကြောင့်တည်း။ သူသည် ဘုရားသခင်၏နှုတ်ကပတ်တော် ထောက်မရာတွင် နိုင်ငံရေး ပိုင်ဆိုင်ရာ အငြင်းအခုံဖြစ်မှုအပေါ် ရဲရင့်၏။

ကျွန်ုပ်တို့၏ရည်မှန်းချက်ပန်းတိုင်များသည် မိမိတို့ယှဉ်ကျေးမှုအရ အရေးပါသည်ဟု ယူဆသော အရာထက်မဟုတ်ဘဲ ကျမ်းစာထဲ၌ မိမိတို့တွေ့မြင်သည့်အရာထဲမှ ဖြစ်သင့်သည်။ သမ္မာကျမ်းစာသည် မိမိတို့၏အိမ်ထောင်ရေး၊ အသင်းတော်နှင့်စပ်လျဉ်းသောအသက်တာ၊ တစ်ဦးချင်းဆက်နွယ်မှုနှင့် မိမိတို့ အသက်တာနှင့်ဆိုင်သော အခြားကဏ္ဍများစွာအတွက် ဘုရားသခင်အလိုရှိသောအရာများကို သင်ပေး၏။ နှုတ်ကပတ်တော်၏ဖော်ပြချက်သည် မိမိတို့အတွေ့အကြုံ့မဟုတ် ထင်မြင်ယူဆချက်နှင့် ခြားနားသောအခါ မိမိတို့အား မေးခွန်းနှစ်မျိုးဖြင့် စိန်ခေါ်မှုပြု၏။

(၁) သင့်အတွက် ဘုရားသခင်၏ရည်မှန်းချက်များသည် သင်၏ရည်မှန်းချက်ကို ပုံသွင်းသင့်သည်ဟု သင်ယုံကြည်ပါသလား။

(၂) ဤရည်မှန်းချက်များ ရောက်ရှိရန် သင့်အား ဘုရားသခင်ကူညီ နိုင်သည်ဟု ယုံကြည်ပါသလား။

ရည်မှန်းချက်များနှင့်အသီး

ကျွန်ုပ်တို့ဥယျာဉ်၌ စိုက်သမျှသောအပင်တို့သည် လျှို့ဝှက်သည့် အကြံအစည်အတိုင်း ကြီးထွားလာရန် စီမံထားသကဲ့သို့ သန့်ရှင်းသော ဝိညာဉ်တော်သည်လည်း ကျွန်ုပ်တို့တစ်ဦးချင်းစီအပေါ်၌ သူ၏အကြံအစည် ဖြန့်ကျဲလာရန်ဖြစ်သည်။ ဤစာအုပ်၌ ကျွန်ုပ်တို့၏အဓိက မျှော်လင့်ချက်မှာ ကျွန်ုပ်တို့အသက်တာနှင့်တကွ ခရစ်တော်၌ ဘုရားသခင်၏လျှို့ဝှက်သော အကြံအစည်နှင့်တန်ခိုးတို့စပ်ကြား၌ရှိသည့် ဆက်နွယ်မှုကို ဖော်ထုတ်ရန်အတွက် ဖြစ်သည်။

ရုပါရုံကို ဆုပ်ကိုင်ခြင်း

မှန်ပါ၏။ တစ်ဦးချင်းတိုင်းနှင့်လုပ်ငန်းတိုင်းသည် ထူးခြားမှုရှိ သော်လည်း တူညီမှုများလည်းရှိ၏။ အပင်များ၊ အမြစ်များ၊ အကိုင်းခက်များ၊ အရွက်များနှင့်အသီးများအကြောင်းကို စဉ်းစားကြည့်ပါ။ အပင်တိုင်းသည် ထူးခြားသော်လည်း တူညီသောလုပ်ဆောင်ချက်များရှိ၏။ ရှမ်းဆီးပင်သည် ဆီးဖြူပင်နှင့် ဆင်တူရိုးမဖြစ်သော်လည်း ခြားနားမှုရှိ၏။ ခြားနားမှုသည် ဘယ်ရီသီးများ၏အရောင်အဆင်းများထက် များစွာကျော်လွန်၍ရှိသည်။

ခရစ်ယာန်ယုံကြည်သူများ အသက်ရှင်မှု၌ တူညီသောပုံစံများရှိ သော်လည်း သူတို့၏ခေါ်ခြင်းနှင့် ခရစ်တော်နောက်လိုက်ရာတွင် ဘုရားသခင်၏ရည်ရွယ်ချက် ပေါ်လွင်ထင်ရှားစေခြင်း ခြားနားမှုရှိ၏။ ယုံကြည် သူများသည် ဘုရားသခင်၌ ဆက်ကပ်အပ်နှံလျှက် မိမိတို့၏အသက်တာများ ကို စင်ကြယ်စေ သောအခါ ကျွန်ုပ်တို့၏ကောင်းမြတ်သော ဘုရားသခင် သည် ထိုအရာများကို သူတို့အား ဖွင့်ပြတော်မူ၏။ အပင်သည် မရင့်ကျက် မချင်း အသီးမသီးပေ။ အကယ်၍ အပင်သည် သန်မာကြံ့ခိုင်ပါက များစွာ သော အသီးကို သီးနိုင်၏။

ဘုရားသခင်၏လူအပေါင်းတို့အတွက် အခြေခံမှမခြင်းနှင့်ဆိုင်သော သင်တန်းရှိသကဲ့သို့ ဘုရားသခင်၏နိုင်ငံတော်လုပ်ငန်း၌ ပါဝင်သောယုံကြည် သူ အသီးသီးအတွက် ပိုမိုထူးခြားသော သင်တန်းလည်းရှိ၏။ ထိုနေရာ၌ သူ တို့သည် အသီးသီးစပြုလာသောအခါ အထင်ရှားဆုံး ကြီးထွားမှုနှင့် ပြောင်းလဲမှုတို့ကို ကျွန်ုပ်တို့မြင်တွေ့ပါလိမ့်မည်။ မည်သူမျှ နုနယ်သော သေးသည့်အပင်၌ ရင့်သောအသီးကို မမျှော်လင့်သလို ကျွန်ုပ်တို့လည်း စောလျှင်စွာ အသီးကြီးထွားလာဖို့ရန် မမျှော်လင့်ပေ။ ထိုအတူ ယုံကြည်သူ သည် မိမိ၏ကြီးထွားမှုကို ဖော်ထုတ်ရာ၌ မိမိ၏စွမ်းအားအပေါ် အာရုံစူးစိုက်မှု ပို၍အရေးကြီး၏။ ထိုကြောင့် ပင်ကိုယ်စွမ်းရည် ကြီးထွားဖွံ့ဖြိုးမှုသည် လို အပ်ခြင်းဖြစ်၏။ အချိန်တန်သောအခါ အသီးသီးရန် ဘုရားသခင် လုပ်ဆောင်ခဲ့၏။

ထိုမှတပါး လူသည် လယ်၌ မျိုးစေ့ကျပြီးမှ နောက်တစ်ဖန် မိမိမ ကြည့်မမှတ်။ နေ့ ည အိပ်လျှက် နိုးလျှက်နေသော်လည်း အပင်ပေါက်၍ ကြီးပွားသည်နှင့် ဘုရားသခင်၏နိုင်ငံတော် တူ၏။ မြေကြီးသည် မိမိအလိုအလျောက် အသီးကို သီးစေ၍ ရှေးဦးစွာ အညှောက်၊ ထိုနောက် အနံ၊ ထိုနောက် အနံ့ထဲမှာ အောင်မာသောအဆန်ကို ဖြစ်စေတတ်၏(မ၄း၂၇-၂၈)။

အသက်၏အနှစ်သာရ

ဤကား မိမိတို့အသက်တာကို ခရစ်တော်ထံသို့ မောင်းနှင် ပေးသည့် အသက်စွမ်းအား၏ တွန်းအားဖြစ်ပါသည်။ ခရစ်တော်သည် မိမိ၏ရည်ရွယ်ချက်များကို ယူဆောင်လာ၍ ကျွန်ုပ်တို့အား ကောင်းမြတ် သောအသီးများကို သီးစေလိုပါသည်။

တချို့သောလူတို့သည် အကြောင်းမလှစွာဖြင့် ရည်မှန်းချက်နှင့် စံနှုန်းအကြောင်းတို့ကို စဉ်းစားတွေးခေါ်ခြင်း မရှိကြပေ။ အကယ်၍ မှန် မှန်ကန်ကန် နားလည် သဘောပေါက်ခဲ့လျှင် သင်ကြားခြင်းက ကျွန်ုပ်တို့ကို ထိုရည်မှန်းချက်များသို့ ပို့ဆောင်ပေး၍ လွှဲသွား စေမည်မဟုတ်ပေ။

ကြမ်းပြင်ပေါ်၌ လေးဖက်တွားသွားနေသော ကလေးငယ်လေး အကြောင်းကို စဉ်းစားကြည့်ပါ။ မိဘနှစ်ပါးသည် ဤကလေးငယ်လေး အရွယ်ရောက်လာမည့်အချိန်ကို စောင့်ဆိုင်းလျှက် မျှော်လင့်နေကြ၏။ သူတို့က ဤကလေးငယ်လေး "အရွယ်ရောလာ၍ အိမ်ထောင်ကျသောအခါ ကျရင် ..." ဟူ၍ ပြောဆိုနိုင်ကြ၏။

လူတစ်ဦး၏အသက်တာနှင့်ပတ်သက်၍ ယာယီအားဖြင့် မွေးကင်းစ ကလေး၊ ကလေးငယ်နှင့် အရွယ်ရောက်လာသည့်အရွယ် ဟူ၍ အဆင့်ဆင့်ရှိ၏။ အကြောင်းမှာ ၎င်းတို့သည် ဖွံ့ဖြိုးတည်ဆောက်မှုနှင့် ဆိုင်သောကြောင့်တည်။ ကောင်းမွန်သောလေ့ကျင့်မှုသည် တစ်ဦးချင်း စီ၏ဖြစ်ခြင်းကို ဖော်ထုတ်ခြင်းအားဖြင့် အစပြု၏။ ထို့နောက် တဆင့်ပြီး တဆင့် ဝိညာဉ်ပိုင်းဆိုင်ရာ လိုအပ်သောပြုစုစောင့်ရှောက်ခြင်းနှင့် သင်ကြား ခြင်းတို့ကို ဖြည့်ဆည်းပေးရမည်ဖြစ်သည်။ အသိပညာနှင့်အတွေ့အကြု မ ရှိဘဲလျက် မိမိတို့ တွေ့ကြုံခြင်းသည် တုပခြင်းသာဖြစ်သည်။ ၎င်းသည် အတိုင်အတာတစ်ခုထိ ကောင်းသော်လည်း မိမိတို့သည် လေ့ကျင့်မှုကို လျစ်လျူရှုနေဆဲပင်ဖြစ်သည်။

လေ့ကျင့်ပေးခြင်းနှင့်မိဘများ

ငါနှင့်ငါ့မိန်းမသည် မိဘနှင့်ဆိုင်သောသင်ခန်းစာများကို သင်ပေး ကြ၏။ ကွင်းဆင်းသောအခါ မေးခွန်း မေးမြန်းခြင်းခံရ၍ ငါ့မိန်းမလည်း ထို မေးခွန်းမဖြေဆိုမီ ကလေးသည် မည်သည့်အရွယ်ရှိကြောင်းကို လိမ္မာပါးနပ် စွာ အရင်ဖော်ထုတ်လိုက်၏။ တစ်နှစ်အရွယ်၊ နှစ်နှစ်အရွယ်ကလေးငယ်လေး သည် ထိန်းကျောင်းသူတစ်ဦး ပြုရမည့်အကြံပြုချက်နှင့် ကြီးမားသော လွဲချော်မှုပြုတတ်၏။

ရှုပါရုံကို ဆုပ်ကိုင်ခြင်း

ကျွန်ုပ်တို့ခရစ်ယာန်အသက်တာ အဆင့်ဆင့်၌ မိမိတို့အဖို့ ဘုရားသခင်ထားပေးသည့်အရာကို နားလည်သဘောပေါက်သောအခါ "မည်သို့နည်း" ဟူသောလေ့ကျင့်ပေးခြင်းသည် လေ့ကျင့်ပေးသူရော လေ့ကျင့်ခံရသူနှစ်ဦးစလုံးအတွက်ပါ ပိုမိုရှင်းလင်းလာသည်။ ကျွန်ုပ် တို့သည် အသင်းတော်နှင့်ဆိုင်သော အစီအစဉ်တချို့ကို ပြည့်စုံစေခြင်း သက်သက်မဟုတ်ဘဲ အထူးရည်မှန်းချက်များ ပြည့်စုံဖို့ရန် ယုံကြည်သူတို့ အား သူတို့အဆင့်အတန်း၏ရင့်ကျက်ခြင်း၌ မူတည်လျက် အထောက်အကူပြုရန် လေ့ကျင့်ပေးနေခြင်းဖြစ်ပါသည်။

ငါနှင့်ငါ့မိန်းမသည် လေ့ကျင့်ပေးသူများ သို့မဟုတ် အကြံဉာဏ်ပေး သူများဖြစ်သည့်အားလျော်စွာ ထာဝရဘုရား၌ ဆည်းကပ်၍ လုပ်ဆောင် သည့်အတိုင်း ဘုရားသခင်၏အလိုတော်ကို ရှာဖွေတွေ့ရှိရင်း ထိုလေ့ကျင့် ပေးခြင်းကို ဤတပည့်တော်များ၏အသက်တာထဲသို့ ပေါင်းစပ်ဖို့ရန် အကောင်းဆုံးနည်းလမ်းကို ရှာဖွေကြ၏။ ကောင်းမွန်သောမိဘများက သူ တို့၏သားသမီးများအား လေ့ကျင့်ပေးခြင်းနှင့် ဘာမျှ ခြားနားချက်မရှိပေ။

ဘုရားသခင်၏ရည်ရွယ်ချက်နှင့်တန်ခိုး

ဤဖြစ်စဉ်နှင့်စပ်လျဉ်း၍ အကြီးမားဆုံးသောအရာကား ယေရှု ခရစ်တော်သည် ကျွန်ုပ်တို့အထဲ၌ ကြီးထွားနေသော အသက်၏စွမ်းအား ဖြစ်၍ သူ၏ရည်မှန်းချက်ရှိရာသို့ ကျွန်ုပ်တို့အား ပို့ဆောင်နေခြင်း ဖြစ်သည်။ ဤအရာကား စနစ်တကျမရှိသောအရာ မဟုတ်ဘဲ အထူးပြုသည့်ဖြစ်စဉ် ဖြစ်ပါသည်။ ဘုရားသခင်သည် သူ၏ရည်ရွယ်ချက်များကို သယ်ပိုးနိုင်ဖို့ရန် ကျွန်ုပ်တို့အထဲ၌ ရှင်သန်လျက်နေ၏။

ဤအသက်တာကို ကျွန်ုပ်တို့ဖန်တီးစရာမလိုသလို ကြီးထွားဖို့ရန် ဖိအားပေးစရာလည်းမလိုအပ်ပေ။ အကယ်၍ အစစ်အမှန်ဖြစ်လျှင် ထိုဗီဇက ကြီးထွားစေ၍ အသီးသီးစေပါလိမ့်မည်။ လယ်သမားတစ်ဦးက မိမိ၏လယ်ယာကို စောင့်ရှောက်သကဲ့သို့ ကျွန်ုပ်တို့သည်လည်း ဘုရားသခင်လုပ်ဆောင်ခြင်းနှင့်အတူ ရိုးရှင်းစွာ လုပ်ဆောင်ခြင်းသာ ဖြစ်သည်။ ယေရှုက ပေတရုအား "ငါ့သိုးတို့ကို ကျွေးမွေးလော့" ဟူမိန့်ဆို သောစကားကို သတိရပါ။ ပေတရုက သိုးတို့အား အသက်ပေးစရာမလိုပါ ဘူး။ သို့သော် သူသည် သိုးထိန်းကောင်းဖြစ်သည့်အလျောက် သိုးတို့ကို ကျွေးမွေး၍ စောင့်ရှောက်ရန်သာဖြစ်သည်။

အသက်၏အနှစ်သာရ

လေ့ကျင့်ခြင်းသည် ငါတို့အားဖြင့် အစပြု၍ ၎င်းက အခြားသူများ လေ့ကျင့်ခြင်းအဖြစ်သို့ အလွယ်တကူ ကူးပြောင်းနိုင်မည်ဖြစ်သည်။ လေ့ကျင့်ပေးခြင်းဟူသည်မှာ မိမိတို့အသက်တာထဲ၌ ဘုရားသခင် လုပ်ဆောင် ခဲ့ပြီးသောအရာများကို အခြားသူများအား သင်ကြားခြင်းသာ ဖြစ်သည်။

သင်ခန်းစာ

- ဝိညာဉ်ပိုင်းဆိုင်ရာ ရှူပါရုံသည် ဝိညာဉ်ပိုင်းဆိုင်ရာ သမ္မာတရားများမှ ပေါက်ဖွား၍ ၎င်းက ကျွန်ုပ်တို့၏ မျှော်လင့်ချက်များနှင့် ဦးတည်ချက်များကို ပုံဖော်ပေးသည်။
- ရည်မှန်းချက်များသည် ဝိညာဉ်ပိုင်းဆိုင်ရာ ကြီးထွားဖွံ့ဖြိုးမှု အဆင့်ဆင့်အတွက် အတိအကျဖြစ်ဖို့ လိုအပ်သည်။
- ကျွန်ုပ်တို့သည် ရည်မှန်းချက်ပန်းတိုင်များကို ကြီးထွားခြင်းအတွက် တီထွင်ကြံဆ ဖန်တီးနေခြင်း မဟုတ်ဘဲ ကျမ်းစာ၌ ဘုရားသခင်မိန့် ဆိုပြီးသောအရာများကို ဂရုတစိုက် ထိန်းသိမ်းလျက် မိမိတို့ အသက် တာထဲသို့ ဆက်သွယ်ခြင်းသာဖြစ်သည်။
- ဘုရားသခင်သည် ယုံကြည်သူအသီးသီးတို့အား သူ၏မေတ္တာသီးကို သီးလျက် ဤလောက၌ ထွန်းလင်းရန် အထူးအကြံအစည်ရှိသည်။ ဤ ကား ထိုယုံကြည်သူ၏အသီး သို့မဟုတ် ကောင်းသော လုပ်ဆောင်ချက်များဟု ခေါ်သည်။

ကျက်မှတ်ဆင်ခြင်ပါ

- မာကု၊၄:၂၄-၂၈

ရှုပါရုံကို ဆုပ်ကိုင်ခြင်း

တာဝန်ပေးအပ်ခြင်း

➡ သင့်အသက်ထဲ၌ရှိ၍ ၌အဆင့်၌ သင့်အဖို့ ဘုရားသခင်၏ရည်မှန်းချက်ကား အဘယ်နည်း။ အနည်းဆုံး သုံးခု ဖော်ထုတ်ပါ။

➡ ရည်မှန်းချက်ပန်းတိုင်များ ချမှတ်ခြင်း၌ သင်မည်ကဲ့သို့ တုံ့ပြန်မည် နည်း။ သင်သည် ထိုဖြစ်စဉ်အားဖြင့် စိတ်အားထက်သန်သလော သို့မဟုတ် စိတ်ပျက်သလော။ အကြောင်းရင်းကို ရှင်းပြပါ။

➡ ဥယျာဉ်ရှိ အပင်နှင့်အသီးတစ်ချို့အတွက် ဘုရားသခင်၏ရေရှည် ရည်မှန်းချက်ကား အဘယ်နည်း။ ၎င်းသည် သင့်အသက် တာ၏ဝိညာဉ်ရေးရာ၌ မည်သို့အဓိပ္ပါယ်သက်ရောက်ပါသနည်း။

➡ အထက်၌ ဖော်ပြပြီးသောရည်မှန်းချက်သို့ ရောက်ရှိဖို့ရန် သင့်ကိုယ် သင် သတိပေး၍ သင့်အနီးအနားရှိ အချို့သောယုံကြည်သူများ အကြောင်းကို စဉ်းစားရမည်။ သူတို့အသီးသီး ကြီးထွားဖို့ရန် ဘုရားသခင်မစစေခြင်းငှာ ဆုတောင်းပေးရမည်။ အကယ်၍ ဘုရားသခင်သည် ထိုသူတို့အား ကူညီဖို့ရန် သင့်စိတ်နှလုံး၌ စကားပြောဆိုလျှင် ၎င်းကို လိုက်နာရမည်။

#၂၂
ကျွန်ုပ်တို့၏အကန့်အသတ်များ

ယုံကြည်သူတစ်ဦး၏ရေရှည် ရည်မှန်းချက်သည် ခရစ်တော်နှင့်တူခြင်း သို့ ကြီးထွားရန်ဖြစ်သော်လည်း၊ ၎င်းကို ပိုို၍သေသေချာချာ ရှင်းလင်းဖွဲ့လိုအပ် ပါသည်။ ကျွန်ုပ်တို့အသက်တာအတွက် ဘုရားသခင် အလိုရှိသောအရာကို မိမိတို့သည် ပိုို၍ရှင်းလင်းစွာ ရုပ်လုံးဖော်မြင်တွေ့လေလေ ထိုရည်မှန်းချက်ကို ရရှိရန် လွယ်ကူလေလေဖြစ်သည်။

လေ့ကျင့်ပေးသူတစ်ဦး၊ ကျောင်းဆရာတစ်ဦး၊ မိဘတစ်ပါးဖြစ်သည့် အလျောက် ကျွန်ုပ်တို့သည် ကျွန်ုပ်တို့နှင့်အတူ လက်တွဲသူများအတွက် ဘုရားသခင်၏ရည်မှန်းချက်ပန်းတိုင်များကို အလျင်အမြန် ရှာဖွေတွေ့ချက်ပြု ရပါလိမ့်မည်။ ၎င်းသည် ကျွန်ုပ်တို့အသိအမှတ်ပြုရန်နှင့် လက်ခံဖို့ရန် လိုအပ်သော အရာဖြစ်သည်။

ပထမအနေဖြင့် တချို့လူအတွက် ကျွန်ုပ်တို့လေ့ကျင့်ပေးခြင်း သည် တစ်လ၊ တစ်နှစ်၊ ငါးနှစ် စသည့်ဖြင့် အချိန်အကန့်အသတ်ဖြစ်ပါ လိမ့်မည်။ ထိုအတူ သူတို့နှင့်အတူ ကျွန်ုပ်တို့အချိန်ယူခြင်းလည်း အမျိုး မျိုး ကွဲပြားပါလိမ့်မည်။ ကျွန်ုပ်တို့သည် အတန်းတစ်ခုကို တစ်ပတ်မှာ တစ် နာရီ သင်ကြားပေးလိမ့်မည် သို့မဟုတ် အပတ်တိုင်း တစ်ဦးချင်းကို မကြာခဏ တွေ့ဆုံပါလိမ့်မည်။

ဒုတိယအနေဖြင့် ကျွန်ုပ် တို့ က ပို ့ယ် က ့ ဘုရားသခင်၏လက်ထောက်များ အဖြစ် ထင်မှတ်ရန် အရေးကြီး သည်။ ဘုရားသခင်သည် သူ ကိုယ်တိုင်၏ရည်ရွယ်ချက်ကို တစ် ဦးချင်းစီ အပေါ်၌ ပြီးပြည့်စုံ လျက် နေ သ ည် ။

ရေရှည်ရည်မှန်းချက်များ
အချိန်အခါ
ရည်ရွယ်ချက်
ရေတိုရည်မှန်းချက်များ

သူ၏ရည်ရွယ်ချက်ကို အခြားသူများထံသို့ လုပ်ဆောင်ရာ၌ အထောက်အကူ ပြုရန် ကျွန်ုပ်တို့အားဖြင့် အလုပ်လုပ်တော်မူ၏။ ယေရှုသည် သူတို့ကိုယ် သူ တို့ အခြား သူ များအထက် မှ မြင် သော သူ များ ရော

အသက်၏အနှစ်သာရ

ဘုရားသခင်၏ရည်ရွယ်ချက်မှ သွေဖည်၍ သီးခြားလုပ်ဆောင်သူများကိုပါ ပြင်းထန်စွာ ပြစ်တင်ရှုပ်ချခဲ့၏။

သို့သော် သင်တို့သည် ရဗ္ဗိဟုခေါ်ဝေါ်ခြင်းကို မခံကြနှင့်။ အကြောင်းမူကား သင်တို့၏ဆရာသည် တစ်ပါးတည်းသာရှိ၍ သင်တို့အားလုံးသည် ညီအစ်ကိုများဖြစ်ကြ၏။ သင်တို့သည် ခေါင်းဆောင်ဟုလည်း ခေါ်ဝေါ်ခြင်းကို မခံကြနှင့်။ အကြောင်းမူကား သင်တို့၏ခေါင်းဆောင် ခရစ်တော်တစ်ပါးတည်းဖြစ်၏(မ၊၂၃:၈၁၀)။

ယေရှုက ကျွန်ုပ်တို့၌ ဆရာများဟူ၍ မရှိသင့်၊ သို့မဟုတ် တစ်ဦးချင်း စီကို ဆရာဟူ၍ မခေါ်သင့်ဟု ဆိုလိုခြင်းမဟုတ်ပေ (ယာ၃:၁ ကိုကြည့်ရှု ပါ)။ သို့သော် ကိုယ်တော်ဆိုလိုသည်မှာ ကျွန်ုပ်တို့၏ဒီဂရီ၊ ရာထူး အဆင့်အတန်းပေါ်၌ မိမိတို့၏စိတ်နေသဘောထားကို ဖော်ပြနေခြင်းဖြစ် ပါသည်။ ကျွန်ုပ်တို့သည် လူတစ်ဦး၏ဝိညာဉ်ရေးရာ ကြီးထွားဖွံ့ဖြိုးမှုကို ပုံပိုး ပေးရန် ဘုရားသခင်နှင့်အတူ လုပ်ဆောင်နေသောသူများ ဖြစ်ကြောင်းကို နားလည်ရမည်။ ၎င်းသည် အရေးပါသော အမှုဖြစ်သော်လည်း ကျွန်ုပ် တို့သည် အဓိကသော့ချက်မဟုတ်ကြပေ။ ဤအမှု၌ ခန္ဓာပိုင်းဆိုင်ရာအသက် ပြုစုပျိုးထောင်ခြင်းနှင့် စပ်လျဉ်းသည့် ပုံရိပ်သည် ကျွန်ုပ်တို့ကို အထောက်အကူ ဖြစ်စေပါသည်။ ကျွန်ုပ်တို့သည် လူတစ်ဦးကို မကြီးထွား စေ နိုင်သော်လည်း ထိုသူကို ကြီးထွားမှု လွယ်ကူစေရန် အထောက်အကူ ပြု နိုင်သည်။

အကျွန်ုပ်တို့၏အပိုင်းကို မှန်ကန်စွာ သိမြင်ခြင်း

ကျွန်ုပ်တို့သည် မိမိတို့၏အသင်းတော်နေရာသို့ ပြန်လှည့်သောအခါ သန့်ရှင်းသောဝိညာဉ်တော်အားဖြင့် ပေးအပ်သည့်ခေါင်းဆောင်ပိုင်းဆု ကျေးဇူး သို့မဟုတ် သင်ကြားခြင်းဆုကျေးဇူးကို ရရှိနိုင်ကြောင်း ကျွန်ုပ်တို့ တွေ့မြင်နိုင်သည်(ရော၁၂:၇-၈)။ ထိုဝိညာဉ်တော်သည် အခြားသူများ ကြီး ထွားဖွံ့ဖြိုးရန် ကျွန်ုပ်တို့ အထံ၌ သူပေးသည့်ဆုကျေးဇူးကို အသုံးပြုတတ်၏။ ကျွန်ုပ်တို့၏လေ့ကျင့်ခြင်းကာလသည် အချိန်တို့ အတွင်း၌ စိတ်ပျက်ဖွယ် ကောင်းသည်ဟု ထင်ရသော်လည်း ယုံကြည်ခြင်းပါရှိ၏။ ထိုအချိန်

138

ကျွန်ုပ်တို့၏အကန့်အသတ်များ

အတောအတွင်း၌ ပုံဖော်ခြင်းဖြစ်ပျက်ဖို့ရန်အတွက် ဘုရားသခင်ကိုသာ ကိုးစားပါ။ ထိုကာလ တစ်လျှောက်လုံး တပည့်တော် အသက်တာအဖြစ်သို့ ဘုရားသခင်ပို့ဆောင်လိုသောကြီးထွားခြင်းကို သင်မည့်ကဲ့သို့ အကောင်းဆုံး ကြည့်ရှု စောင့်ရှောက်နိုင်သည်ကို ကြိုတင်မျှော်မှန်းရပါမည်။

ဤအမှုသည် "ဘုရားသခင်နှင့်ဆိုင်သည့် ပိုမိုကြီးမြတ်သော အလုပ်"ဖြစ်သည်ဟု အောက်မေ့ပါ။ ဘုရားသခင်သည် တစ်ဦးချင်းစီအတွက် သူစိတ်နှလုံးထဲ၌ ပြည့်စုံသောအလုပ်ရှိသည်ဟူသော ယုံကြည် စိတ်ချမှုဖြင့် အလုပ်လုပ်ပါ။ ကျွန်ုပ်တို့လုပ်ဆောင်ရမည့်အမှုသည် သေးသေးလေးပင် ဖြစ်သည်။

ကျွန်ုပ်တို့၏ကန့်သတ်ခြင်းများကို ရှာဖွေတွေ့ရှိခြင်း

ရေရှည်ရည်မှန်းချက်များ အဘယ်သို့ဖြစ်သည်ကို ဆန်းစစ်ပြီးလျှင် ငှင်း တို့သည် ယုံကြည်သူ တစ်ဦးချင်းစီအတွက် တူညီပါလိမ့်မည်။ ကျွန်ုပ်တို့ နှင့်အတူ လုပ်ဆောင်လျက်ရှိသော လူတစ်ဦး၏ကြီးထွားမှု အဆင့်အတန်း အတိအကျကို ကျွန်ုပ်တို့သိရှိဖို့ လိုအပ်၏။ ကျွန်ုပ်တို့၏အချိန်၊ အခြေအနေ၊ အရင်းအမြစ်များ၊ ဆုကျေးဇူးများနှင့်ဘုရားသခင်၏ရည်ရွယ်ချက်တို့ကို စဉ်းစားတွေးခေါ်ရင်၊ ထိုအချိန်အခါမှတဆင့် ဘုရားသခင်သည် မည်သည့် အရာကို ပြီးမြောက်အကောင်အထည်ဖော်ရန် ကြိုးစားအားထုတ်မည်နည်း။

အချိန် - လေ့ကျင့်ခံသူနှင့်ကျွန်တော်တို့အချိန် ဘယ်လောက်ရသည်ကို ဆုံးဖြတ်ရမည်။ ဥပမာအားဖြင့် အတန်းချိန်နှင့်ပတ်သက်၍ မိမိတို့တစ် ဆယ်ယှဉ်သုံးနာရီ ရရှိနိုင်ပါသည်။ နာရီတိုင်း၌ လုပ်နိုင်သောအရာကို ရေးဆွဲ ချမှတ်၍ အိမ်စာများကိုလည်း သေသေချာချာ လုပ်ခိုင်းရမည်။

အခြေအနေ - အရွယ်ရောက်သူတစ်ဦး၏သင်ယူလေ့လာခြင်း အခြေအနေသည် ဆားဒေးစကူးလ် အတန်းထဲမှာလား၊ ကျမ်းစာကျောင်းမှာ လား၊ ညွှန်ပြပေးနေတဲ့အချိန်မှာလား၊ အခြားအစီအစဉ်မှာလားဆိုတာ အရေးကြီးတယ်။ ကျွန်ုပ်တို့အခြေအနေများသည် ကျွန်တော်တို့ဆွေးနွေးရ မည့် လိုအပ်ချက်တွေအတွက် တခါတလေ လမ်းညွှန်ပေးတတ်၏။

အရင်းအမြစ်များ - ကျွန်ုပ်တို့၏အရင်းအမြစ်များသည် မိမိတို့လုပ်နိုင် သောအရာကို အများအားဖြင့် ပုံဖော်တတ်၏။ တစ်နေရာ၌ စာအုပ်များစွာရှိ နိုင်သော်လည်း အခြားတစ်နေရာ၌ ပုံနှိပ်ထားတဲ့ စာအုပ်တစ်အုပ်မျှမရှိတာ

လည်းဖြစ်နိုင်တယ်။ တစ်ဦးဦး၌ ကွန်ပျူတာအလုံးရေ များများရှိနေတဲ့အခါ အခြားသူတစ်ဦးမှာ စာသင်ခန်းအတန်းကို လှည့်လည်ဖို့ရန်အတွက် လုံလောက်တဲ့ငွေကြေးပင် မရှိတာလည်း ဖြစ်နိုင်ပါတယ်။ အဲဒီလိုအပ်ချက် တွေအတွက် သတိပြုရမယ်။ အကန့်အသတ်ရှိတဲ့ အရင်းအမြစ်များဟာ ထိ ရောက်သောလေ့ကျင့်ခြင်းကို မကြာခဏစိန်ခေါ်မှုပြု၏။ သို့ရာတွင် ဘုရားသခင်သည် ခက်ခဲသော အနေအထားများ၌ပင် အခြားသူများအား ဆက်လက်အားပေးရန် သင့်ကို လေ့ကျင့်ပေး လျက်နေ၏။

ဆုကျေးဇူးများ - မျှော်လင့်ချက်ကြီးစွာဖြင့် ကျွန်ုပ်တို့လုပ်ဆောင် သောအရာသည် များသောအားဖြင့် မိမိတို့အား ဘုရားသခင်ပေးတော်မူ သော ဝိညာဉ်ပိုင်းဆိုင်ရာဆုကျေးဇူးနှင့် ဆက်စပ်မှုရှိ၏။ ဤအရာသည် အရေးကြီး၏။ အကြောင်းမှာ ကျွန်ုပ်တို့၏ဝိညာဉ်ဆုကျေးဇူးများ အစင်း အကြောင်းတလျှောက်တွင် မိမိတို့၏လုပ်ငန်းကို သယ်ပိုးရန်အတွက် မိမိတို့၌ တိုးပွားသောယုံကြည်ခြင်းရှိသောကြောင့်တည်း။ ကျွန်ုပ်တို့၏ဆုကျေးဇူး များသည် မိမိတို့အလေးထားသောအနေအထား၌ မိမိတို့လိုချင်သည့် အတိုင်း လုပ်ဆောင်နိုင်ခြင်းမရှိသည်ကိုလည်း သတိပြုရမည်။ ၎င်းက စိတ်ရှည်ခြင်းနှင့်ဘုရားသခင်၏ဉာဏ်ပညာ ရှာဖွေခြင်းကို တောင်းဆိုမှု ပြုသည်။

ဘုရားသခင်၏ရည်ရွယ်ချက် - ဤကား အားလုံးထဲတွင် အရေးကြီးဆုံး အခန်းကဏ္ဍဖြစ်နိုင်ခြေရှိသည်။ ဘုရားသခင်သည် ကျွန်ုပ်တို့၏ဆုကျေးဇူး များ သို့မဟုတ် အရင်းအမြစ်များဖြစ်သည့် မိမိတို့၏ ကန့်သတ်ချက်များ အားဖြင့် ကန့်သတ်၍မရပေ။ ဤအကြောင်းကြောင့် ဤအချိန်နာရီများ၌ ဘုရားသခင် လိုလားသောအရာကို ပြုလုပ်ဖို့ရန် ဆုတောင်းခြင်းနှင့် သတိထား စဉ်းစားဆင်ခြင်ခြင်းသည် အရေးကြီးခြင်း ဖြစ်သည်။

ကျွန်ုပ်တို့အပိုင်းများကို နားလည်ခြင်း

အခြားသောသူများ စိတ်ရှုပ်ထွေး၍ မျှော်လင့်ချက်မဲ့နေသောအချိန်၌ တချို့သောလူတို့သည် သက်သောင့်သက်သာဖြစ်၍ အသင့်နေကြ၏။ ကျွန်ုပ်တို့သည် ဘုရားသခင်ပြုစေလိုသောအရာကို ပို၍ဆုပ်ကိုင်ထားလေ လေ မိမိတို့ထည့်ဝင်နိုင်သောအရာသည် အလွန်နည်းပါးသည်ကို ပို၍မြင် တွေ့ လေလေဖြစ်သည်။ လုပ်ငန်းတာဝန် သေးငယ်သော်လည်း ကိစ္စမရှိပါ

ကျွန်ုပ်တို့၏အကန့်အသတ်များ

ဘူး။ ဘုရားသခင်သည် သင်၏လုပ်ငန်းကို တန်ဖိုးကြီးကြီးထားနေဆဲ ဖြစ်သည်။ မည်သည့်အခါမျှ အထင်အမြင်သေးခြင်းမရှိပေ။

လူတစ်ဦးရပ်လျက် မိမိအိမ်နားရှိ အပင်များရေလောင်းနေသည့် အကြောင်းကို စဉ်းစားကြည့်ပါ။ ထိုသူသည် မိမိ၏လုပ်ဆောင်မှုအားဖြင့် ရှင်သန်ခြင်း သို့မဟုတ် ကြီးထွားခြင်းကို မပြုနိုင်သော်လည်း ဘုရားသခင် သည် သူ၏ကြီးမြတ်သောအလုပ်များကို ပြီးမြောက်စေနိုင်သည်။ သင်၏ လုပ်ငန်းသည် သေးငယ်ပါသလား၊ ကိစ္စမရှိပါဘူး။ ထည့်ဝင်ခြင်း ကြီးပါ သလား၊ ဒါလည်း ကိစ္စမရှိပါဘူး။

"ငါသည် စိုက်ပျိုးသောသူဖြစ်၏။ အာပေါလုသည် ရေလောင်း သောသူဖြစ်၏။ အပင်ကို ကြီးပွားစေသောသူကား ဘုရားသခင် ပေတည်း။ စိုက်ပျိုးသောသူ မတတ်နိုင်။ ရေလောင်း သောသူ လည်း မတတ်နိုင်။ ကြီးပွားစေတော်မူသောဘုရားသခင် သာလျှင် တတ်နိုင်တော်မူ၏" (၁ကော၊ ၃:၆-၇)။

သို့ဖြစ်၍ ကျွန်ုပ်တို့၏ကန့်သတ်ခြင်းများစွာတို့ကို သိရှိဖို့ရန်လိုအပ် သည်။ ကျွန်ုပ်တို့သည် ထိုအရာများကြောင့် ဘုရားသခင်၏အဆင့်အတန်း နည်းပါးစေရန် သို့မဟုတ် မိမိတို့ထည့်ဝင် ခြင်းများအား အထင်အမြင်သေးခြင်း ဖြစ်စေရန် အခွင့်မပေးရ။ ကျွန်ုပ်တို့ ဖြစ်သင့်သည်ထက် မိမိတို့ကိုယ်ကို ပို၍မြှင့်မားစွာ မထင်ရ။ ယုံကြည်ခြင်း ကင်းမဲ့ခြင်းနှင့်ထောင်လွှားခြင်းသည် အခြားသောသူများ၏အသက်တာ များ၌ ဘုရားသခင်ပြုလိုသည့် အံ့ဩဖွယ်အလုပ်ကို ဖျက်ဆီးသည့်အရာနှစ် ခုဖြစ်ပါသည်။

ကျွန်ုပ်တို့ယုံကြည်ခြင်းကို လေ့ကျင့်ရန် အားသစ်လောင်းခြင်း

ဘုရားသခင်၏ရည်မှန်းချက်ပန်းတိုင်များကို ဆန်းစစ်သော် ထို ရည်မှန်းချက်ပန်းတိုင်များကို သတ်မှတ် ပိုင်းခြားထားသည့် အချိန်နှင့် ကန့်သတ်ခြင်းများ၌ ကျွန်ုပ်တို့မည်ကဲ့သို့ပြည့်စုံစေနိုင်မည်ကို မှန်းဆ တွေးဝေလျက်နေကြ၏။ ကျွန်ုပ်တို့၌ အံ့ဩဖွယ်ဖြစ်ရပ်လိုအပ်သည်။

အခါအားလျော်စွာ ကျွန်ုပ်တော်သည် ခရစ်ယာန်ခေါင်းဆောင်များ အတွက် ပင်လယ်ရပ်ခြား ဘာသာစကားနှစ်မျိုး နှီးနှောဖလှယ်ပွဲသင်တန်းကို ဦးစီးလုပ်ဆောင်တတ်၏။ ထိုအချိန်၌ ကျွန်တော်သည် ဘေးကျပ်နံကျပ်ဖြစ် ခြင်းကို ရင်ဆိုင်ရပါသည်။ အချိန်သည် ကန့်သတ်မှုရှိ၏။ ဘာသာစကား

အသက်၏အနှစ်သာရ

သည်လည်း အဟန့်အတားဖြစ်၏။ ရာသီဥတုလည်း အိုက်စပ်စပ်ဖြစ်၏။ ကျွန်ုပ်တော့်တို့သည် အိန္ဒိယနိုင်ငံ၌ သင်ကြားခြင်း ပြုလုပ်နေစဉ် အပြင် ဘက်၌ ရုပ်တုနှင့်ဆိုင်သောပွဲရှိ၍ အလွန်ဆူညံခြင်းနှင့်ရင်ဆိုင်ရသည်ကို အမှတ်ရသေး၏။ ကျယ်လောင်သောဗျောက်အိုး ဖောက်သံသည် ကျွန်ုပ်တို့ ပြောစကားသံများနှင့် အပြိုင်အဆိုင်ဖြစ်၏။

ကျွန်ုပ်တို့ကိုယ်တိုင် ယုံကြည်ခြင်း၌ ဦးစီးဦးရွက်ပြုခြင်းသည် ဆရာ သမားများဖြစ်သည့်အလျောက် ပဓာနကျ၏။ ကျွန်ုပ်တို့သည် ဘုရားသခင်၏ကြီးမြတ်သော ရည်ရွယ်ချက်များကို ရှေးရှုမည်ဖြစ် သောကြောင့် စိတ်ဓာတ်ကျခြင်းနှင့်ဆိုင်သော စိုးမိုးမှုကို အခွင့်မပေးသင့် ပေ။ လေ့ကျင့်သင်ကြားခြင်း ကာလတလျှောက်တွင် ဘုရားသခင်၏နာမကြီး မြတ်ဖို့ရန် ကိုယ်တော့်ကို နေရာပေးရပါမည်။ တစ်နာရီအတွင်း၌ ကျွန်ုပ် တို့ပြီးမြောက် နိုင်သောအရာထက် တစ်မိနစ်အတွင်း၌ ကိုယ်တော်ပြီးမြောက် နိုင်သောအရာ ပို၍များပြား၏။ ဘုရားသခင်၏ လူတို့အား ပြုစုပျိုးထောင်ခြင်း တည်ဟူသော ကိုယ်တော်၏ရည်ရွယ်ချက်တစ်ခုလုံးကို နားလည်ခြင်း အားဖြင့် ကျွန်ုပ်တို့၏ယုံကြည်ခြင်းသည် အားတက်မြှင့်တင်ခြင်းခံရ၏။ "ငါဆိုသည်ကား သင်သည် ပေတရုဖြစ်၏။ ဤကျောက်ပေါ်မှာ ငါ့အသင်း တော်ကို ငါတည်ဆောက်မည်။ ထိုအသင်းကို မရဏာနိုင်ငံ၏တံခါးတို့သည် မနိုင်ရ"(မ၊ ၁၆:၁၈)။

ပေတရု၌ ယေရှုပေးအပ်သည့် အခွင့်အာဏာများစွာရှိသည့် တိုင်အောင် ယေရှုကသာ သူ၏ အသင်းတော်ကို တည်ဆောက်လျက်ရှိ ကြောင်း အခိုင်အမာနှင့်ဆိုခဲ့၏။ မည်သည့်အရာကမျှ သူ၏ အကြံအစည် ကို အနှောင့်အယှက် မပြုနိုင်ပေ။

ဘုရားသခင်ကို အားထားမှီခိုနေရသောအသက်တာဖြင့် အသက်ရှင် ခြင်း

အကယ်၍ ကျွန်ုပ်တို့၏ရည်မှန်းချက်များသည် ဘုရားသခင်၏ကြီးမြတ်သော ရည်ရွယ်ချက်များနှင့်အညီ မှန်ကန်စွာဖွဲ့စည်း ထားပါက ကျွန်ုပ်တို့သည် မိမိတို့၏အသက်တာကို ဖန်တီးမည့်အစား မြှင့်တင် အားပေးခြင်းကိုသာ ပြုရပါလိမ့်မည်။ ကျွန်ုပ်တို့သည် ခရစ်တော် နည်းတူ ကြီးမြတ်သော ဆရာမဖြစ်ကြပေ။ ကျွန်ုပ်တို့သည် ဆရာသမားများ

ကျွန်ုပ်တို့၏အကန့်အသတ်များ

နှင့်လေ့ကျင့်ပေးသူများ နာမည်ခံများဖြစ်သည့်အလျောက် မိမိတို့အပိုင်း ကို အာရုံစိုက်ဖို့လိုအပ်ပါသည်။ ထိုသို့ပြုသောအခါ ကျွန်ုပ် တို့၏အကန့်အသတ်ရှိသောအချိန်နှင့် အခြေအနေများ၌ ဘုရားသခင် အလိုရှိသောအရာကို ပြီးမြောက်နိုင်ဖို့ရန် ဘုရားသခင်သည် ကျွန်ုပ်တို့အား သူ၏ဝိညာဉ်တော်နှင့်ပြည့်ဝစေရန် ကြိုးပမ်းလေ၏။

ကျွန်ုပ်တို့သည် ဒေသနာဝေဖန်ချက်ကို သင်ကြားသည်ဖြစ်စေ။ ဆားဒေး စကူးလ် အတန်းကို သင်ကြားသည်ဖြစ်စေ။ အဖွဲ့ငယ်လေးကို သင်ကြားသည် ဖြစ်စေ မိမိတို့သည် ဘုရားသခင်၏ကြီးမြတ်သော အလင်းပေးခြင်းအောက်၌ အသက်ရှင်ကြ၏။ သို့ဖြစ်၍ ကျွန်ုပ်တို့သည် ကိုယ်တော်၏အံ့အားသင့်ဖွယ် ကောင်းသောအလုပ်ကို သင့်တင့်လျောက်ပတ်စွာ ထမ်းဆောင်ရမည့် အကြောင်း၊ ကိုယ်တော်၏ လုပ်ပိုင်ခွင့် အာဏာကို နှိမ့်ချစွာ ရှာဖွေကြရမည်။

ခရစ်တော်၏ပြစ်တင်ကြိမ်းမောင်းခြင်းကို သတိပြုရမည်။ အကယ်၍ ကျွန်ုပ်တို့သည် တတ်ကျွမ်းသည်ဟု ထင်မှတ်ပါက ပြဿနာကို အဖြေရှာ ခြင်းထက် ထိုပြဿနာဘက်၌ ပါနေသူများဖြစ်ကြသည်။ ဘုရားသခင်သည် စစ်မှန်သောကြီးထွားခြင်းကို ဖြစ်ပေါ်စေ၍ ယုံကြည်သူများအား ကြီးထွားဖွံ့ဖြိုး ခြင်းတစ်ဆင့်မှ အခြား တစ်ဆင့်သို့ ပို့ဆောင်ပေးသည်။

ခရစ်တော်သည် အနိုင်းမဲ့ဆရာဖြစ်ပါသည်။ သူ၏ဝိညာဉ်သည် တပည့်တော်တစ်ဦးချင်းထံ၌ ဆရာအဖြစ်လည်းကောင်း၊ လေ့ကျင့်ပေးသူ အဖြစ်လည်းကောင်း ကဏ္ဍနှစ်ခုစလုံး၌ လုပ်ဆောင်တော်မူ၏။ ခရစ်တော် သည် သူ၏သမ္မာတရားကို ထိထိရောက်ရောက် လက်ဆင့်ကမ်းနိုင်ဖို့ရန် သံတမန်များကို ရှာဖွေလျက်နေ၏။ ကျွန်ုပ်တို့သည် သာလွန်သော ဆုတောင်းခြင်းလိုအပ်သည်။

သင်ခန်းစာ

- ရေရှည်ရည်မှန်းချက်များသည် ကျွန်ုပ်တို့၏သေးဖွဲသောအရာ ကို ပိုမိုကောင်းမွန်စွာ နားလည်စေ၍ သင်ကြားခြင်းနေရာ၌ သိသာထင်ရှားမှု ရှိ၏။

အသက်၏အနှစ်သာရ

- ကျွန်ုပ်တို့သည် ကန့်သတ်မှုရှိသောအချိန်၌ ရှိနေ သောကြောင့် ယုံကြည်သူတစ်ဦးအား ကြီးထွားစေဖို့ရန် မိမိတို့၏အင်အား များကို အကောင်းဆုံး အသုံးချနိုင်ရမည့်အကြောင်း ၉၁ဏ်ပညာအတွက် ဘုရားသခင်ကို နှိမ့်ချစွာတောင်းခံဖို့လိုအပ်ပါသည်။

- ကျွန်ုပ်တို့သည် ယုံကြည်ခြင်းအားဖြင့် သွန်သင်၍ ညွှန်ပြရ မည်။ သို့မှသာ ဘုရားသခင်သည် ကျွန်ုပ်တို့၌ရှိသည့်အနည်းငယ်သော အရာကိုယူ၍ သူ၏မဟာကောင်းမြတ်မှု စုလင်စေဖို့ရန် ရင်းကို တိုးပွားစေမည် ဖြစ်သည်။

- အကောင်းဆုံးသောဆရာသည် ထာဝရဘုရားဘက်၌ ထောက်မ သူအဖြစ်ရပ်တည်ခြင်းအားဖြင့် မိမိ၏စိတ်နှလုံးကို လုပ်ဆောင်လျက်ရှိ သည့်အလုပ်ပေါ်၌ ချထား၏။

ကျက်မှတ်ဆင်ခြင်ပါ

၁ကော၊ ၃:၆-၇

မ၊ ၂၃:၈၊၁၀

တာဝန်ပေးအပ်ခြင်း

➡ ဤအခန်းထဲမှ သင်လေ့လာသင်ယူခဲ့သည့် အရေးပါဆုံးတစ်ခုကို ဖော်ပြပါ။ ရင်အပေါ်၌ ဆုတောင်းပါ။

➡ သင်သည် မြင့်မားသောရည်မှန်းချက်ထား၍ စိတ်ပျက်အားလျော့ရန် ရည်ရွယ်ပါသလား သို့မဟုတ် နှိမ့်ကျသောရည်မှန်းချက်ထား၍ အကျိုးယုတ်ရမည်လော။ ကျေးဇူးပြု၍ ရှင်းပြပါ။

➡ မြင့်မြင့် သို့မဟုတ် နှိမ့်နှိမ့်အောင်မြင်သောသူများအဖို့ သင်ကြား ခြင်းဆိုင်ရာ သူတို့၏အမြင် တိုးတက်ခြင်းနှင့်စပ်လျဉ်း၍ ဤ သင်ခန်းစာသည် မည်ကဲ့သို့အထောက်အကူပြုနိုင်သနည်း။

➡ ၁ကော၊ ၃:၅-၁၀ ကို စဉ်းစားဆင်ခြင်၍ အခြားသူများအား သွန်သင်ရန် နှင့်လေ့ကျင့်ပေးရန် အကောင်းဆုံးချဉ်းကပ်မှုကို အကျဉ်းချုပ်ဖော်ပြ ပါ။

#၂၃
တစ်ခုလုံး၏အစိတ်အပိုင်းများ

ဘုရားသခင်၏ရည်မှန်းချက်အလုံးစုံ မည်ကဲ့သို့ဖြစ်မြောက်ကြောင်း ကို အပြည့်အဝ နားမလည်ခြင်းသည် လေ့ကျင့်သင်ကြားခြင်း၌ သိသာ ထင်ရှားသောပြဿနာကြီးဖြစ်ပါသည်။ ယောဟန်သည် ၁ယော၊၂၊၁၂-၁၄ ၌ ပုံကြည်သူ၏ဝိညာဉ်ရေးရာ ခရီးစဉ်ကို စိစစ်ခွဲဝေပေးလျက် အသက်တာ အဆင့်ဆင့်၌ ကြီးထွားခြင်းကို နားလည်စေရန် ကျွန်ုပ်တို့သိရှိဖို့ လိုအပ် သောအရာကို ချပြလေ၏။

အသက်တာ၏တူညီချက်၊ ရှင်းလင်းစွာပြောဆိုနိုင်သည့် ရင်းမြစ်၊ စွမ်းရည်၊ ပုံစံနှင့်အသက်တာ မောင်းနှင်ခြင်းတို့သည် တကယ် အထောက်အကူပြုသော်လည်း တိုင်တာ၍ရသောရည်မှန်းချက်များသို့ ကျွန်ုပ်တို့ကို မပို့ဆောင်နိုင်ပေ။ ရင်းတို့ကို အခြားသူများအား အလွယ်တကူ တင်ဆက်နိုင်၍ လေ့လာလိုက်စားရန် စိန်ခေါ်နိုင်ပါသည်။ ယောဟန်သည် အဆင့်တစ်ခုမှ အခြားအဆင့်တစ်ခုကို ပိုင်းခြားပေးခြင်းသက်သက်မဟုတ် ဘဲ အထူးအဆင့်များ၌ ဖြစ်ပျက်မည့်ကြီးထွားမှုဆိုင်ရာ အဓိက ကဏ္ဍကို လည်း ဖော်ထုတ်ပြသပေး၏။

ကြီးထွားဖွံ့ဖြိုးခြင်း၏အမှတ်အသားဖြစ်ပါသည်။ ကလေးငယ် များသည် ကျွန်ုပ်တို့၏တိုက်ရိုက် အကျိုးပြုခြင်းကို ခံသောသူများမဖြစ်ကြ သော်လည်း ထိုအမှတ်အသားများမှာမူ သူတို့အဖို့ သွယ်ဝိုက်သော ရည်မှန်းချက်များဖြစ်ပါသည်။ မိဘ၏တာဝန်သည် ပြုစုစောင့်ရှောက်ခြင်း နှင့်ပတ်ဝန်းကျင်တစ်ခု၌ ကြီးထွား စေခြင်းသာဖြစ်သည်။

ငါ့ကလေး နှစ်ယောက်တို့လည် စကားစပြောရန် အလွန်နှေးကွေးခဲ့ သည်။ ကျွန်ုပ်တို့သည် မိဘဖြစ်သည့်အလျောက် တစ်ခုခုများဖြစ်သလား ဟု စိုးရိမ်မိ၏။ တကယ်တော့ ဘာမျှမဖြစ်ပါ။ ကလေးတိုင်း မတူညီတဲ့ ခြေလှမ်းနဲ့ ကြီးပြင်းလာကြတာကို ကျွန်ုပ်တို့သင်ယူမိတယ်။ ကျွန်ုပ် တို့သည် ၍ကြီးထွားဖွံ့ဖြိုးမှု၌ မြန်ဆန်အောင်မလုပ်ပေးနိုင်သော်လည်း ကြီး

145

အသက်၏အနှစ်သာရ

ထွားခြင်းဆိုင်ရာ ထိုအမှတ်အသားများသည် သိသာထင်ရှား၍ ထိုအမှတ်အသားများက သူတို့ကောင်းမွန်လျက်ရှိကြောင်း ကျွန်ုပ်တို့ကို ပြောပြ နေခြင်းဖြစ်သည်။

ယနေ့ခေတ်ကြီးမှာ ဆေးပညာလည်း အရမ်းကိုမြင့်မားလာပြီဖြစ်တဲ့ အတွက် ကလေးတစ်ဦး ပုံမှန်မကြီးထွားလျှင် ထိုကလေးဘာဖြစ်နေသည်ကို ချက်ချင်းထောက်ပြနိုင်ကြ၏။ ထိုကလေးသည် ပုံမှန်ကြီးထွားဖွံ့ဖြိုးမှုအတွက် အာဟာရဓာတ် ချို့တဲ့တာလည်းဖြစ်နိုင်ပါသည်။ အကြောင်းရင်း အမျိုးမျိုး ရှိ နိုင်ပါသည်။ ဓာတုဗေဒပိုင်းဆိုင်ရာဆေးဝါးများသည် ခန္ဓာကိုယ်ဖွဲ့စည်းမှု မှန်ကန်နိုင်ဖို့ရန် ဖြည့်ဆည်းပေးနိုင်ပါသည်။ ထိုသို့သော လုပ်ဆောင်ချက် မှန်သမျှတို့သည်လည်း ခန္ဓာကိုယ်၏ ဖွဲ့စည်းတည်ဆောက်မှု စည်းမျဉ်း စည်းကမ်းများနှင့် အကြောင်းအရာများအတိုင်း လုပ်ဆောင်ခြင်း ဖြစ်ရပါ မည်။

ဝိညာဉ်ရေးရာ ရည်ရွယ်ချက်ပန်းတိုင်များ

ဒီဟာလည်း ဝိညာဉ် ရေးရာလို့ အပ်ချက်များ အခြေအနေအတိုင်းဖြစ် ပါသည်။ နည်းစနစ်ကို ဖန်တီး နေခြင်းမဟုတ်ဘဲ လုပ်ဆောင် နေခြင်းသာဖြစ်ပါသည်။ ကျွန်ုပ်တို့၏ယုံကြည်စိတ်ချမှု ကို ဘုရားသခင် ဖန်တီးပေး

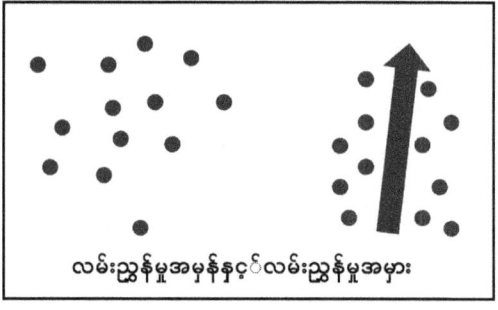

လမ်းညွှန်မှုအမှန်နှင့်လမ်းညွှန်မှုအမှား

သည့် ဝိညာဉ်ရေးရာ နည်းစနစ်ထဲ၌ ချထားခြင်းဖြစ်ပါသည်။ ဒီအရာသည် တကယ်အလုပ်ဖြစ်၍ ဝိညာဉ်ရေးရာကြီးထွားခြင်းကို ဖြစ်ပေါ်စေပြီး နှုတ်ကပတ်တော် ကျမ်းချက်များသည်လည်း ကျွန်ုပ်တို့၏ ကြီးထွားမှု ပမာဏကို အထောက်အကူပြုစေရန် ကြီးထွားခြင်းဆိုင်ရာ အမှတ်လက္ခဏာ ဖြစ်စေပါသည်။ ကျွန်ုပ်တို့သည် ဘုရားသခင်ခန့်ထားသည့် သင်ကြားသူ နှင့် သင်ကြားခံရသူများ ဖြစ်သည့်အလျောက် ၍ကြီးထွားခြင်းပုံစံကို တိုက်တွန်းရခြင်းဖြစ်ပါသည်။

တစ်ခုလုံး၏အစိတ်အပိုင်းများ

လူတို့အား ကျွန်ုပ်တို့ကြီးထွားစေသောကြောင့် ကြီးထွား ခြင်း၏လက္ခဏာသည် ကျွန်ုပ်တို့၏ ရည်မှန်းချက်များဖြစ်လာရခြင်း မဟုတ် ဘဲ အဆင့်အတန်းအမျိုးမျိုးသောလူများ၌ ဘုရားသခင် လုပ်ဆောင်လျက်ရှိ သည့်အရာကို နားလည်စေသောကြောင့်ဖြစ်ပါသည်။ ကျွန်ုပ်တို့သည် ကောင်းမွန်သည့် ကြီးထွားမှုကို အားဖြည့်စေရန်နှင့်မြှင့်တင်ပေးရန် လိုအပ်ချက်ကို ဖြည့်ဆည်းပေး၏။ ပေါလု၏ သွန်သင်ချက်နှင့်စပ်လျဉ်း သည့် သူ၏ရည်ရွယ်ချက်ပန်းတိုင် အဆင့်သုံးဆင့်မှာ "ကျွန်ုပ်တို့ ညွှန်ကြားချက်၏ ရည်ရွယ်ချက်ပန်းတိုင်ကား စင်ကြယ်သောစိတ်နှလုံး၊ ကြယ် လင်သောအသိစိတ်နှင့် ဟန်ဆောင်မှု ကင်းသောယုံကြည်ခြင်းတို့မှ ဖြစ် ပေါ်လာသည့် ချစ်ခြင်းမေတ္တာဖြစ်၏"(၁တိ၊၁း၅)။

ယောဟန်သည် အဆင့်တိုင်း၌ ဖြစ်ပျက်ရန် လိုအပ်သောအရာ အမျိုးမျိုးကို ခွဲခြားပေးခဲ့၏။ ကျွန်ုပ်တို့သည် ခန္ဓာကိုယ်ကြီးထွားဖွံ့ဖြိုးမှုကို အသုံးပြုခြင်းဖြင့် ဤအတွေ့မျိုးကို ဆက်လက်ဖြည့်စွက် နိုင်ပါသည်။ ယောဟန်၏နိုင်ယှဉ်ဆင်ခြင်ခြင်းသည် လွယ်လွယ်ကူကူ ပြောင်းလဲ၍ရ သည့် အယူအဆများကို ချပြရုံတင်မကဘဲ အကောင်အထည်ဖော်ခြင်း ဆိုင်ရာ လက်တွေ့ကျသည့်အဆင့်များကိုပါ ဖော်ထုတ် ပြသကြောင်း ငါ ကိုယ်တိုင်တွေ့ရှိခဲ့ပါသည်။ ၎င်းတို့သည် ရိုးရှင်းသော်လည်း အလွန်လေးနက် သော အရာဖြစ်ပါသည်။

ငါလည်း သင်ကြားပေးသူတစ်ဦးအနေနဲ့ ရေတွင်းတိုင်း၌ နက်ရှိုင်းစွာ တူးဖော်ခဲ့သော်လည်း မည်သည့်အခါမျှ အောက်ရေနက်တိုင်ကို မတွေ့ခဲ့ပါ။ ပို၍နက်ရှိုင်းလာအောင် အမြဲတူးဖော်နေရမည်။

ထူးကဲသောလေ့ကျင့်မှု

ထူးကဲသောလေ့ကျင့်မှု၏အဓိကသော့ချက်မှာ ဤသွင်ပြင်နှစ်ခုကို ကျွန်ုပ်တို့မည်ကဲ့သို့ ဆက်နွယ်ထားသည် ဆိုသည့်အနေအထားပေါ်၌ မူတည်ပါသည်။

(၁) ကျွန်ုပ်တို့သည် ကြီးထွားမှု အစိတ်အပိုင်း မှာသမျှကို ဘုရားသခင်၏ရည်ရွယ်ချက်နှင့်အညီ ဝိညာဉ်ရာရာ ကြီးထွားဖွံ့ဖြိုးမှုသို့ ဆက်နွယ်ခြင်းအားဖြင့် ကြည်လင်ပြတ်သားစေသည်။

(၂) ဝိညာဉ်ရေးရာ စောင့်ရှောက်ခြင်း မဟာဗျူဟာနှင့် ညွှန်ကြားချက်တို့သည် တစ်ဦးချင်းစီအတွက် ချက်ချင်းလိုအပ်၏။

အသက်၏အနှစ်သာရ

ယုံကြည်သူများသည် မှန်ကန်သောလေ့ကျင့်မှုကို မရှိသောအခါ ကြီးမားသောပြဿနာများကို ရင်ဆိုင်ကြရ၏။ သခင်ဘုရားထံတော်ပါးမှ လူအများလွင့်မျောသည့်နေရာ၌ ယုံကြည်သူများလည်း မကြီးထွားတော့ဘဲ ရပ်တန့်သောအခါ ပို၍ဆိုးရွားသောခက်ခဲမှုများရှိလာသည်ကို ကျွန်ုပ်တို့ မြင်တွေ့ ရပါသည်။

တစ်ခါတစ်ရံ အသင်းတော်၌ တစ်စုံတစ်ရာ အလိုလိုမှားယွင်းမှု ဖြစ်ပျက်လျက်ရှိတတ်၏။ ဤသို့ဖြစ်ရခြင်းသည်လည်း အရေးပါလှသည့်ဤ အဆင့်နှစ်ဆင့်ကို အသင်းတော်၌ မေ့နေသောကြောင့် သော်လည်းကောင်း၊ ယုံကြည်သူများအနေဖြင့် ကောင်းမွန်သော စောင့်ရှောက်ခြင်းကို လက်ခံရရှိခြင်း မရှိသောကြောင့်သော်လည်းကောင်း ဖြစ်နိုင်ပါသည်။

သင်ခန်းစာ

- ဘုရားသခင်၏လုပ်ဆောင်ချက် တစ်ခုလုံး၏ရုပ်လုံးပုံသည် ကျွန်ုပ်တို့အား အရာရာအားလုံးကို ရှုမြင် တတ်စေပါသည်။
- လေ့ကျင့်မှု၌ ဖြစ်ပျက်သည့် အကြီးမားဆုံးပြဿနာများမှာ တစ်ခုလုံးထဲက အစိတ်အပိုင်း ကွဲပြားခြင်း ကြောင့်ဖြစ်ပါသည်။ ရေရှည် ရည်ရွယ်ချက်ပန်းတိုင်များကနေ့ ရေတို ရည်ရွယ်ချက် ပန်းတိုင်များသို့ ကူးပြောင်းခြင်း

ကျက်မှတ်ဆင်ခြင်ပါ

- ၁တိ၊၁း၅

တာဝန်ပေးအပ်ခြင်း

- သင့်အသက်တာ၊ ကျောင်း၊ အလုပ် စသည့်တို့၌ အဓိက တာဝန်ရှိခြင်းကိုဖော်ပြပါ။

- ဤလောက၌ သင့်အသက်တာအတွက် ဘုရားသခင်၏ရေရှည် ရည်ရွယ်ချက်ပန်းတိုင်ကား အဘယ်နည်း။ ဘုရားသခင်သည် သင့်ကို ဝိညာဉ်ရေးရာ၌ မည်ကဲ့သို့ကြီးထွားစေလို၍ သူ့ကိုမည်ကဲ့သို့ အစေခံစေလိုပါသနည်း။

- သင့်၏ဝိညာဉ်ရေးရာ ကြီးထွားဖွံ့ဖြိုးမှုအတွက် သင့်အသက်တာသည် ဘုရားသခင်၏ရေရှည် ရည်ရွယ်ချက်ပန်းတိုင်းနှင့် ဆက်နွယ်မှုရှိဖူးပါသလား။

#၂၄
ရည်ရွယ်ချက်နှင့်တကွ လေ့ကျင့်ပေးခြင်း

လေ့ကျင့်မှုအမြင်ဘက်ကနေ၍ ကြီးထွားခြင်းအဆင့်တိုင်း၌ ဖြစ်ပျက်ရန် တကယ်လိုအပ်ချက်များကို ဆွေးနွေးခြင်းမတိုင်မီ တစ်ဦးချင်း၏အစိတ်အပိုင်းများနှင့်စပ်လျဉ်း၍ ကျွန်ုပ်တို့နားလည်ခြင်းကို တစ်ခုလုံး အနေနဲ့ မည်ကဲ့သို့ပုံဖော်သည်ကို ကြည့်ကြပါစို့။

၌အမှု၌ ကျွန်ုပ်တို့သည် တပည့်တော်မွေးထုတ်ရန် ရည်ရွယ်ချက် ရှိသည်ဟု ဆိုကြပါစို့။ လူသုံးဦးကို တပည့်တော်ဖြစ်စေ၍။ တပည့်တော် ဖြစ်စေခြင်းဆိုသည်မှာ အထူးပုံစံဖြင့် လေ့ကျင့်ပေးခြင်းကို ခေါ်သည်။ ကျွန်ုပ်တို့သည် ထိုသုံးဦးတို့၏ကြီးထွားခြင်းအပေါ် ဂရုဏယူပါသော်လည်း သူတို့၏အသက်တာ ကဏ္ဍ နည်းနည်းကိုသာ စိတ်ဝင်စားတာဖြစ်နိုင်ပါသည်။

လေ့ကျင့်ပေးခြင်းကာလ၌ သူတို့အား ကျွန်ုပ်တို့သင်ကြားလျက်ရှိ သည့်အရာကို ဂရုစိုက်ဖို့ရန် လိုအပ်လှပါသည်။ သူတို့အတွက် အရေးပါ သည့်ရည်ရွယ်ချက်ပန်းတိုင်ကား သူတို့လည်း ငါတို့လိုပဲ အခြားသူများကို တပည့်တော်ဖြစ်စေလိုကြသည်။ ကျွန်ုပ်တို့နာခံလိုက်လျှောက်သည့် ပညတ်ချက်ကိုသာ ဦးတည်မထားဘဲ သူတို့လည်း ငါတို့လို တပည့်တော်မွေး ထုတ်ရန် ရှုပါရုံရှိကြ၏။

ကျွန်ုပ်တို့လေ့ကျင့်ပေးသောသူများသည် သွား၍ တပည့်တော် မွေးထုတ် နိုင်ကြမည်လော။ မည်သို့ပြုမည်ကို သူတို့တကယ် သိကြပါ သလား။ သူတို့ တကယ်ဂရုတစိုက်ရှိကြပါသလား။ အခြားသူများကို ဆင့်ကဲ တပည့်တော် မွေးထုတ်ဖို့ရန် သူတို့ကိုသူတို့ လေ့ကျင့်လျက်နေသော သူများဟုတ်ပါသလား။ ပေါလုသည် ၌သို့ လုပ်ဆောင်လျက်နေ၏။

များစွာသောသက်သေတို့ရှေ့၌ ငါ့ထံမှ ကြားရသောအရာတို့ကို အခြား သူတို့အားလည်း သင်ကြားပေးနိုင်စွမ်းရှိသည့် သစ္စာရှိသောသူတို့၌ ပေးအပ်လော့(၂တိ၊၂:၂)။ ၌ကျမ်းချက်သည် တပည့်တော်ဖြစ်စဉ်ကို ကောင်းကောင်းဖော်ပြပေးသည်။ ပေါလုက တိမောသေကို တပည့်တော်ဖြစ်

149

အသက်၏အနှစ်သာရ

စေ၍ တိမောသေမှတဆင့် အခြားသူများကို ဆင့်ကဲဆင့်ကဲ တပည့်တော် မွေးထုတ်ခြင်း ဖြစ်ပါသည်။

လူငယ်များစွာတို့သည် ထိမ်းမြားခြင်းကို အတူတကွငြင်းပယ်လာ ကြ၏။ အကြောင်းမှာ ထိမ်းမြားသည် ပို၍ကောင်းမွန်ကြောင်းကို သူတို့နားမ လည်ကြသောကြောင့်ဖြစ်သည်။ သူတို့သည် လူတကာနှင့် သောင်းပြောင်း လင်ဆက်ဆံလာကြ၏။ ခရစ်ယာန်မိဘများသည်လည်း သူတို့သားသမီးများ ကို ပုံသက်သေ ကောင်းမဖြစ်နိုင်ကြတော့ပေ။ လက်ထပ်ထိမ်းမြားခြင်းမရှိဘဲ ထိုသို့အတူတကွနေခြင်းသည် အလွန် နိမ့်ကျသော ရည်ရွယ်ချက်ပင် ဖြစ်သည်။ စုံတွဲဆိုသည်မှာ အရင်ဆုံးထိမ်းမြားပြီးမှသာ အိမ်ထောင်ကို ထူထောင်၍ရ၏။ ထိုနည်းတူစွာ သူတို့ကလေးများလည်း သူတို့မိဘကဲ့သို့ ပြုမူအတုယူလာမည်ဖြစ်ပါသည်။

ထိမ်းမြားခြင်းမရှိဘဲ အတူတကွနေထိုင်ခြင်းဖြင့် ကလေးယူခြင်း ဆိုသည်မှာ ရှေ့ရေးကို မစဉ်းစားခြင်း ပင်ဖြစ်ပါသည်။ ထိမ်းမြားသောသူများ ကလည်း ရင်ကို အရေးမထားလျှင် ထိမ်းမြားခြင်းနှင့် စပ်လျဉ်း၍ သူတို့ ကလေးများကို အထင်အမြင်သေးစရာဖြစ်စေပါသည်။

ဤအကြောင်းနှင့်စပ်လျဉ်း၍ ကျွန်ုပ်တို့ခရစ်ယာန်ကျောင်းများ နှင့်ပညာရေးမူဝါဒများ၌ မည်သို့ ရှိ ပါသနည်း။ ရင်းတို့သည် ဘုရားသခင်၏အလိုရှိသောအရာနှင့်ကိုက်ညီမှုရှိပါသလား။ များသောအားဖြင့် ကျွန်ုပ်တို့၏ပညာရေးလောကနှင့် အစိုးရလောကတွင် ဘုရားသခင်မိန့်တော်သော စကားများထက် ရေတိုရည်ရွယ်ချက်ပန်းတိုင် များက လွှမ်းမိုးနေပါသည်။

ခရစ်ယာန်များက ဤဖိအားကို ဝိညာဉ်ရေးရာ သတင်းစကားဝေ့ သည့်နေရာ ဝတ်ပြုဆုတောင်းခြင်း၌ ဖြေရှင်းရန် ကြိုးစားအားထုတ်ကြ သည်။ ဤနေရာသည် မှတ်သားစရာကောင်းသော်လည်း တကယ် လုံလောက်မှုရှိပါသလား။ ခရစ်ယာန်များသည် ဝတ်ပြုဆုတောင်းသည့် နေရာသို့ တက်ရောက်ခြင်း၌ ကျေနပ်ရောင့်ရဲသည်ထက် သူတို့၏ဝိညာဉ် ရေးရာ ကြီးထွားခြင်း၌ သင့်လျော်သောအဆင့်သို့ ရောက်ရှိရန် အသီးသီး စိန်ခေါ်မှုပြုရန် လိုအပ်၏။

ရည်ရွယ်ချက်နှင့်တကွ လေ့ကျင့်ပေးခြင်း

ကျွန်ုပ်အသက်တာ၌ အကျပ်အတည်းတစ်ခု

ဥပမာတစ်ခုနဲ့ အဆုံးသတ်ပါရစေ။ ကျမ်းစာကျောင်း၌ နှစ်ပေါင်းများစွာ ဘာသာစကားသင်ယူပြီးမှ ကျောင်းပြီးသောအခါ ကောင်းမွန်သော အသင်းတော်တစ်ပါး၌ ပါဝင်လုပ်ဆောင်လေ၏။ နောက်ဆုံး၌ ငါ့အိပ်မက် တကယ် ဖြစ်လာကြောင်းကို တွေ့ရှိလေ၏။ ငါသည် နိုင်ငံရပ်ခြား သာသနာပြု တစ်ဦး ဖြစ်လာ၍ အဖွဲ့အစည်းကြီး၏အဖွဲ့ဝင်လည်း ဖြစ်လာပါသည်။ ရင်းနှင့် အတူ အနည်းငယ်သောသာသနာပြုများက အသင်းတော်တစ်ပါးကို စတင် လာကြ၏။ အံ့ဩဖွယ်ကောင်း လောက်အောင် ပထမဆုံး ရေနစ်ချင်းမင်္ဂလာပွဲ ကျင်းပခြင်းသည် ထိုင်ဝမ်နိုင်ငံတောင်ပိုင်းရှိ ထိုနေရာသစ်၌ဖြစ်ပါသည်။

ဤသို့ ယုံကြည်သူအသစ်များစွာ ပြောင်းလဲလာကြသောအခါ အကျွန်ုပ်ဘာလုပ်ရမည်ကို နားမလည် တော့ပေ။ ဒါဟာ ကျမ်းစာကျောင်း၌ သာသနာပြုခြင်း သင်ခန်းစာကို မသင်ကြားခဲ့လို့လည်း မဟုတ်ပါဘူး။ ကျမ်းစာကျောင်းမှာ နေတုန်းက အသင်းတော်တည်ထောင်ခြင်းကိုလည်း သင်ယူခဲ့ပြီးပါပြီ။ တပည့်တော် ဖြစ်စေခြင်းကိုလည်း သင်ယူခဲ့ပြီးပြီ။ သို့သော်လည်း တစ်စုံတစ်ခုသည် လိုအပ်နေဆဲဖြစ်ပါသည်။

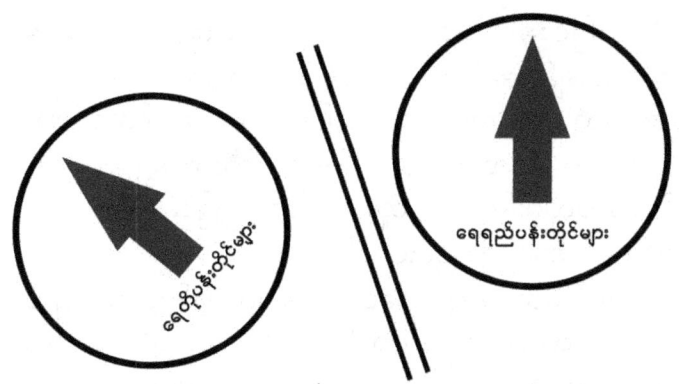

အဆက်ပြတ်သည့်အကြောင်းရင်း

ငါလည်း ယုံကြည်သူသည် မည်ကဲ့သို့ ကြီးထွားရမည်ကိုလည်းကောင်း၊ ကြီးထွားဖွံ့ဖြိုးမှု အဆင့်တိုင်း၌ သူတို့အား မည်ကဲ့သို့ကူညီရမည်ကို လည်းကောင်း မသင်ကြားခဲ့ဖူးပေ။ ငါ့သင်တန်း လေ့ကျင့်ပေးခြင်း၌ တပည့်တော်များမွေးထုတ်ခြင်းဆိုင်ရာ နောက်ဆက်တွဲဖြစ်စဉ်ကို ပျက်ကွက်

အသက်၏အနှစ်သာရ

ခဲ့ပါသည်။ ဘုရားသခင်လုပ်ဆောင်နေသောအရာ တစ်ခုလုံးကို ဘယ်ခါမျှငါမ ရရှိခဲ့ကြောင်း ငါတွေ့မြင်လေ၏။ သီအိုလော်ဂျီ စာသင်ခန်း၌ သင်ယူခဲ့သည့် သနှင့်ရှင်းစင်ကြယ်ခြင်းကို တပည့်တော်ဖြစ်စေခြင်း နယ်ပယ်၌ ဘယ်ခါမျှမ ကျင့်သုံးခဲ့ဖူးပေ။ ဝေဌခဲ့သည့် နှုတ်ကပတ်တော်သည်လည်း ကြားနာသော သူတို့ဝိညာဉ်ရေးရာ ကြီးထွားခြင်း၌ ဘယ်ခါမျှမချိတ်ဆက်ပေးနိုင်ပေ။

နိုင်ငံများစွာနှင့်အသင်းတော်များစွာတို့ကို လှည့်လည်၍ သင်ကြား ခဲ့ဖူးသော်လည်း ထိုပြဿနာသည် ပထဝီဝင်ဒေသ၊ အသင်းတော်ဂိုဏ်းဂဏ သို့မဟုတ် ပညာရေးစသည့်အနေအထားများ၌လည်း ရှိနေဆဲပင် ဖြစ်သည်။ အနည်းငယ်သောယုံကြည်သူများနှင့် အသင်းတော်များကသာလျှင် တပည့်တော်ဖြစ်စေခြင်း သင်တန်းအားဖြင့် သူတို့လူများကို မွေးထုတ်ရန် ရှုပါရှိကြ၏။

အသင်းတော်အနေဖြင့် နှစ်ပေါင်းနှစ်ထောင်လွန်သွားပြီးသည်ထိ တပည့်တော်ဖြစ်စေခြင်း၏ အခြေခံတရားကို နားမလည်ခြင်းသည် ဖြစ် သင့်ပါသလော။ ဘာ့ကြောင့် အခြေခံအကျဆုံးအရာများကို လျစ်လျူရှု ရသနည်း။

ကျနော့်အယူအဆပြောရရင် အခြားသူများကို မှန်ကန်စွာ လေ့ကျင့်ပေးခြင်းနှင့် ဘုရားတရား ကိုင်းရှိုင်းသောလူများအဖြစ် တည်ဆောက်ပေးရန် အကြီးဆုံးအဟန့်အတားမှာ ခရစ်ယာန်အသက်တာ တစ်ခုလုံး၏ရုပ်လုံးပုံကို မသိရှိခြင်းပင်ဖြစ်သည်။ ခရစ်ယာန်များသည် သူ တို့၏ဝိညာဉ်ရေးရာ အသက်တာ ဖြစ်စဉ်၌ ကြီးထွားဖွံ့ဖြိုးမှု တစ်ဆင့်ပြီး တစ်ဆင့် တက်လှမ်းဖို့ရန် အထူးသင်ကြားပို့ချခြင်း လိုအပ်ပါသော်လည်း ရှင်းရှင်းလင်းလင်း သင်ကြားခြင်းမရရှိကြပေ။

တန်ခိုးကြီးသောဘုရားသခင် ပေးအပ်သည့်ရည်ရွယ်ချက်ပန်းတိုင်မဲ့ နေခြင်းသည် သင်လိုက်စား နေသည့်လေ့ကျင့်ပေးခြင်းကို ကျေနပ်ရောင့် ရဲစေရန် ပို၍သေးငယ်သော သို့မဟုတ် ချို့ယွင်းသော ရည်ရွယ်ချက်ပန်းတိုင် ကို ဖြစ်ပေါ်စေပါသည်။

သင်ခန်းစာ

- သခင်ဘုရားသည် ယုံကြည်သူအသီးသီးအတွက် ကြံစည်သည့် အတိုင်း၊ ရေတို ရည်ရွယ်ချက် ပန်းတိုင်များကို ပုံသွင်း၍ ပို၍ကြီးမားသော ဝိညာဉ်ရေးရာအသက်တာ ရည်ရွယ်ချက်ပန်းတိုင်သို့ ချိတ်ဆက်ရမည်။

ရည်ရွယ်ချက်နှင့်တကွ လေ့ကျင့်ပေးခြင်း

- အခြားသူများထံသို့ ဉာဏ်ရူပါရုံကို ကျွန်ုပ်တို့အရေးတကြီး လေ့ကျင့် ပေးခြင်းမှာ အခြားသူများထံသို့ ဆင့်ကဲဆင့်ကဲ လေ့ကျင်ပေးရန် ဖြစ်သည်။
- ခရစ်ယာန်အသက်တာ၏ပြည့်ဝသော ရူပါရုံနှင့်အတွေ့အကြုံသည် ပြည့်ပြည့်ဝဝ လက်ဆင့်ကမ်းခြင်း မရှိပေ။ အကြောင်းမှာ လက်တွေ့ကျမှု အနည်းငယ်သာလျှင် ဘုရားသခင်၏ရည်ရွယ်ချက်တစ် ခုလုံးသို့ ဆက်နွယ်မှုရှိ၏။

ကျက်မှတ်ဆင်ခြင်ပါ

- ၂တိ၊ ၂:၂

တာဝန်ပေးအပ်ခြင်း

➡ အခြားသူများကို တပည့်တော်မွေးထုတ်ဖူးပါသလား။ ထိုအလုပ်ကို သင်တကယ် လုပ်ဆောင် နေပါ သလား။

➡ လုပ်ဆောင်ပါက ယုံကြည်သူကို မည်သည့်အဆင့်ထိ လေ့ကျင့် ပေးပါသနည်း။ မည်ကဲ့သို့လုပ်ဆောင် သည်ကို ရှင်းပြပါ။

➡ အိမ်ထောင်ရှိသောသူသည် သင့်အိမ်ထောင်ဖက်ဖြစ်ပါက ကလေးကို သင်လိုချင်မည်လော။

#၂၅
ရည်ရွယ်ချက်ကို သတိပြုခြင်း

ဆရာသမားများနှင့်ညွှန်ပြသူများဖြစ်သည့်အလျောက် ကျွန်ုပ်တို့၏ပြဿနာထက်ဝက် မည်သို့ သင်ကြားမည်ကို သိရှိလျက် အခြားတစ်ဝက်ကို ကျွန်ုပ်တို့ကျောင်းသားများအား သင်ယူစေရန် လှုံ့ဆော် စေခဲ့၏။ အမှုတိုင်း၌ အချိန်ကန့်သတ်မှုရှိသော်လည်း အခြားသူများအား ထိရောက်စွာ လေ့ကျင့်ပေးခြင်းနှင့် ဆိုင်သည့် ကျွန်ုပ်တို့၏စိန်ခေါ်မှုကို ပုံဖော်ပေးပါ လိမ့်မည်။

ကျွန်ုပ်တို့ဝိညာဉ်ရေးရာ ကြီးထွားခြင်းအတွက် ဘုရားသခင်၏အကြံအစည်သည် အစဉ်အမြဲ တက်တက်ကြွကြွ လုပ်ဆောင်လျက်ရှိ၏။ ကျွန်ုပ်တို့သည် ကိုယ်တော်၏အပိုင်းကို ထိရောက်စွာသယ်ပိုးရန် သူ့ကို ကိုးစား နိုင်ပါသည်။ သို့သော် မာရ်နတ်မင်း၏စွမ်းအားကို ထိပ်တိုက်ရင်ဆိုင်ဖို့ရန် ထိုသို့ပြုခြင်းသည် လုံလောက်ပါမည်လော။ ဟုတ်ပါတယ်၊ တကယ်လုံလောက်ပါ၏။ ပြဿနာကား ပေးအပ်သည့်အလုပ်ကို အသင်းတော်က မှန်ကန်စွာ သယ်ပိုးခြင်းမရှိသောကြောင့် ဖြစ်ပါသည်။

ဂရုတစိုက်ချိန်ရွယ်ခြင်း

ပုံမှန်အားဖြင့် ကျမ်းစာကျောင်းနှင့် အသင်းတော်၌လည်းကောင်း၊ ပုံမှန်မဟုတ် သည့်နေအိမ် သို့မဟုတ် တစ်ဦးချင်းစီ၌ လေ့ကျင့်ပေးခြင်း အနေအထား၌လည်းကောင်း ကျွန်ုပ် တို့၏လူများအား မိမိတို့ လေ့ကျင့်ပေး သည့်လမ်းစဉ်ကို ပြန်လည်စဉ်းစားဖို့ လို့ အပ်ပါသည်။ ကျွန်ုပ်တို့သည် ပို၍မဟာဗျူဟာမြောက်စွာ ဦးတည် သောအခါ၌သာ အောင်မြင် ရပါလိမ့်မည်။ အတိတ်က ကျွန်ုပ် တို့၏နည်းစနစ်များသည် ဘုရားသခင်၏ လူများနှင့်ခေါင်းဆောင်များကို ထိရောက်စွာ လေ့ကျင့်ပေးခြင်းမရှိခဲ့ပေ။ သက်စမ်းရေသည် ကွယ်ဝစွာ မစီးဆင်းပါ။ များစွာသောခေါင်းဆောင်တို့သည် သူတို့၌ လုံလောက်သော

အသက်၏အနှစ်သာရ

ခေါင်းဆောင်များ မရှိဟုညည်းတွား နေချိန်မှာ ခေါင်းဆောင်နှင့်ပတ်သက်၍ မကြာခဏ ပြဿနာတက်နေသောသူများလည်းရှိပြန်၏။

ပြဿနာကား ကျွန်ုပ်တို့အနိုင်ရနိုင်သည်ဟူသောအရာ မဟုတ်ပေ။ ယောဟန်က လူငယ်ယုံကြည် သူများရော ကျွန်ုပ်တို့ပါမကျန် အောင်မြင် သောသူများဖြစ်သည်ဟုဆို၏။ ယုံကြည်ခြင်းသည် ဆရာနှင့် ကျောင်းသား ကို မှန်ကန်စွာ အားဖြည့်ပေး၍ ညွှန်ပြပါလိမ့်မည်။ သို့သော် တစ်ချို့ကိစ္စ များ၌ ကျောင်းသားများသည် ဤယုံကြည်ခြင်းကို မပိုင်ဆိုင်ကြပေ။ ဤသို့ သောအနေအထားများတွင် ဆရာ၏ ယုံကြည်ခြင်းသည် မိမိအတွက်ကော ကျောင်းသားအတွက်ပါလုံလောက်မှုဖြစ်စေမည်။

ကျောင်းသားသစ်များအတွက် စဉ်းစားကြည့်ကြရအောင်။ သူ တို့၏အပြုအမူ၊ အသိတရားနှင့် ကျွမ်းကျင်မှုတို့၌ သူတို့၏ကြီးထွားခြင်း အဆင့်ကား အဘယ်သို့နည်း။ ဆရာသမားသည် သင်ခန်းစာ၏ ရည်ရွယ်ချက်ပန်းတိုင်ကို ရယူရန်လိုအပ်၍ ၎င်းကို သင်ကြား၍ရအောင် စာသင်ချိန်တို့အတွင်း၌ ချပြရမည်။

ကျောင်းသားများနှင့် အချိန်ယူခြင်းသည် အလွန်တိုတောင်း သောကြောင့် ကျွန်ုပ်တို့၏သင်ခန်းစာနှင့် အကြောင်းအရာများကို ဂရုတစိုက် ရွေးချယ်ဖို့ လိုအပ်ပါသည်။ ကျောင်းသားများအတွက် သင့်တော်မှန်ကန်သောအရာကို ကျွန်ုပ်တို့မှန်ဆနိုင်မည်လော။ သူ တို့သည် ဘယ်အထိ တိုးတက်ခဲ့ပြီလဲ။ သူတို့သည် သင်ခန်းစာအဆုံး၌ ဘယ် နေရာ၌ရှိသင့်သနည်း။ အသင်းများသည် အသင်းတော်၌ ငါးနှစ်ပြီးနောက် ဘယ်နေရာ၌ ရှိသင့်ပါသနည်း၊ သို့မဟုတ် ကျောင်းသားများသည် ဘွဲ့ရရှိပြီး နောက် ဘယ်နေရာ၌ ရှိသင့်ကြပါသနည်း။

ကျမ်းစာသည် သင်ယူလေ့လာရန် ကောင်းပေသည်မဟုတ်လော။

သမ္မာကျမ်းစာ၏ကောင်းမွန်သောအသိပညာသည် ကျောင်းသားများ အတွက် အချိန်ပြည့် လုပ်ဆောင် နိုင်ဖို့ရန် လုံလောက်သည်ဟု ကျနော်တို့ ယူဆပါသည်။ အဲဒါမှန်တယ်ဆိုတာကို သံသယရှိစရာမလိုပေ။ ဒီလိုနဲ့ ဆရာ တွေဟာ ဓမ္မဟောင်းခြိုင့်လေ့လာခြင်းနှင့် ဓမ္မသစ် ခြိုင့်လေ့လာခြင်းဟူ၍ သူ တို့သင်ခန်းစာနဲ့ အလုပ်များလာကြ၏။ အချိန်ကောင်းရရှိရင် အထူး အကြောင်းအရာအနေနဲ့ ယောဟန်ခရစ်ဝင်ကျမ်းကိုပါ ပေါင်းထည့်တတ် ကြ၏။ .

ရည်ရွယ်ချက်ကို သတိပြုခြင်း

ဒါဟာ ကောင်းတဲ့အရာပါ၊ သို့သော် အကောင်းဆုံးဟုတ်ပါသလား။ ကျောင်းသားတွေရဲ့ သမ္မာကျမ်းစာ ဗဟုသုတဖြစ်တဲ့ ယေဘုယျလိုအပ်ချက် များကို ကြည့်ရင် ဒါဟာ ဟုတ်တလိုပါပဲ။ အိန္ဒိယနိုင်ငံသား ဝေဂေလိဆရာ တစ်ဦး အရိုက်ခံတာကို ကျနော်တွေ့ဖူးတယ်။ ဘာလို့လဲဆိုတော့ လူတွေက ကမ္ဘာဦးကျမ်းအစပိုင်းကို မေးလာတဲ့အခါမှာ သူက သေချာမရှင်းပြနိုင်ခဲ့လို့ ဖြစ်ပါတယ်။

ငါသိသလောက် များစွာသောသင်းအုပ်၊ သာသနာပြု၊ လူငယ် သို့မဟုတ် အကြံပေးသူ စသည်ပုဂ္ဂိုလ်များသည် ကျမ်းစာကျောင်းဘက်ဆို့ ခြေရာခံလိုက်တတ်၏။ သို့သော်လည်း ထိုသူတို့သည် ကျနော်တို့ဟာ ဘယ်သူဘယ်ဝါဖြစ်ကြောင်းကို ဖော်ပြမည့်အစား ကျနော်တို့ဘာ လုပ်ရမည် ကိုသာ ဖော်ပြတတ်ကြပါတယ်။ ဒီတော့ အသက်၏အချက်အချာဟူသော ဤ စာအုပ်လေးက ဤရှုထောင့်အမြင်ကို စိန်ခေါ်မှုပြုပါတယ်။ အကြောင်းမှာ ဤသင်ခန်းစာသည် ကျောင်းသားတစ်ဦး၏သင်ယူရန် လိုအပ်မှုကို ပို၍နက်ရှိုင်းသော တောင်းဆိုမှုပြုသောကြောင့်ဖြစ်ပါသည်။ ကျနော်တို့သည် ဘုရားသခင်မည်ကဲ့သို့ လေ့ကျင့်ပေးသည်ကို ဖော်ထုတ်နိုင်မှသာလျှင် ကျ နော်တို့၏နည်းလမ်းများကို ကိုယ်တော်၏ နည်းလမ်းများနှင့်အတူ ထ ရောက်စွာပူပေါင်းနိုင်မည်ဖြစ်ပါသည်။

ကျွန်ုပ်တို့သည် မိမိတို့ပတ်ပတ်လည်၌ရှိသောသူများအား လေ့ကျင့်ပေးခြင်းကို အပြစ်ရှာတာ မဟုတ်ပါ။ ကျနော်အပါအဝင် များစွာ သောသူတို့သည် ထိုသင်ခန်းစာများအားဖြင့် ကြီးစွာအကျိုးဖြစ်ထွန်းပါပြီ။ ကျွန်ုပ်တို့အရေးတကြီးလိုအပ်သည်မှာ ကျွန်ုပ်တို့၏ရှုပါရုံကို ထက်မြက်စေ ရန်ဖြစ်သည်။ ကျွန်ုပ်တို့၏ ရည်ရွယ်ချက်ပန်းတိုင်များသည် ယေဘုယျ အားဖြင့် မှုန်ကန်ပါသော်လည်း ၎င်းတို့သည် ဘုရားသခင်၏ စည်းမျဉ်းဥပဒေ သနှင့် ဘုရားသခင်၏လေ့ကျင့်ပေးခြင်းဆိုင်ရာ ရည်ရွယ်ချက်နဲ့ တခြားစီ ဖြစ်ပါသည်။

သမ္မာကျမ်းစာ၏အခြေခံအကြောင်းအရာများကို ဆက်လက်အသုံးပြု ရာတွင် ကျမ်းစာဗဟုသုတကို ရှာဖွေစူးစမ်းခြင်းထက် ပို၍ကြီးမားသော ရည်ရွယ်ချက်ပန်းတိုင်များ ရှိဖို့လိုအပ်လာပါသည်။ ၎င်းအချက် တို့သည် တချို့ စဉ်းစားတွေးခေါ်စရာများဖြစ်ပါသည်။

- ကျွန်ုပ်တို့သည် ဘုရားသခင်၏နှုတ်ကပတ်တော် သိရှိခြင်းအပေါ်၌ ဂါထားနိုင်သည်။

အသက်၏အနှစ်သာရ

- ကျွန်ုပ်တို့သည် ဘုရားသခင်၏နှုတ်ကပတ်တော်ကို မှားယွင်းစွာ သင်ယူလျက် မိမိတို့၏ဝိညာဉ်ရေးရာ အကျိုးကိုမပေးဘဲနေနိုင်ပါ၏။ (ဥပမာ ဖာရိရှဲလိုမျိုး)
- ကျွန်ုပ်တို့သည် မိမိ၏ယုံကြည်ခြင်းကို လျှော့ပါးစေတဲ့ နည်းလမ်း၌ ဘုရားသခင်၏နှုတ်ကပတ်တော်ကို သင်ယူနိုင်ပါသည်။ (ဥပမာ ဇဒဲ များ)
- ကျွန်ုပ်တို့စိတ်နှလုံးထဲ၌ ဘုရားသခင်၏စကားပြောသံကို ကြားနိုင်ရ မည့်အကြောင်း ဘုရားသခင်၏ နှုတ်ကပတ်တော် သင်ယူရမည်။
- ကျွန်ုပ်တို့နေ့စဉ် ရင်ဆိုင်ရသည့်စိန်ခေါ်မှုကို မည်ကဲ့သို့သင်ခန်းစာ ရယူမည်ကို သိရှိမည့်အကြောင်း ဘုရားသခင်၏နှုတ်ကပတ်တော်ကို သင်ယူဖို့လိုအပ်သည်။
- ကျွန်ုပ်တို့သည် ဘုရားသခင်၏နှုတ်ကပတ်တော် သိရှိခြင်းကို ပိုမို စူးစမ်းသည့်အလျောက် ဘုရားသခင်သည် ယုံကြည်ခြင်းကို တိုးပွား စေသောဘုရားဖြစ်ကြောင်း ကျွန်ုပ်တို့သင်ယူနိုင်ပါသည်။
- ကျွန်ုပ်တို့သည် ဘုရားသခင်၏နှုတ်ကပတ်တော်ကို မှန်ကန်စွာ သင်ယူဖို့ရန် စိတ်နှလုံးပြင်ဆင်ရမည်။

အချက်အလက် ဖော်ပြချက်များရှိနိုင်သော်လည်း၊ ဆရာသမား အတွက်ရော ကျောင်းသားအတွက်ပါ စိန်ခေါ်မှုကြီးကြီးရှိကြောင်းကို နားလည် ဖို့လိုအပ်သည်။ ယေရှုက ရှင်းလင်းစွာ ဤသို့မိန့်ဆိုခဲ့၏။

"...ဟောပြောချက်ကား သင်တို့သည် ကြားလျက်ပင် လုံးဝနားမ လည်ဘဲ ကြားကြလိမ့်မည်။ မြင်လျက်ပင် လုံးဝသတိမမူဘဲ မြင်ကြ လိမ့်မည်။ အကြောင်းမူကား ဤလူတို့၏စိတ်နှလုံးသည် ထုံထိုင်းလျက် နားသည်လည်း လေးလျက် မျက်စိသည်လည်း ပိတ်လျက်ရှိကြ၏။ သို့မဟုတ် လျှင် သူတို့သည် မျက်စိဖြင့် မြင်၍ နားဖြင့်ကြားလျက် စိတ်နှလုံးဖြင့် နားလည်ကာ ပြောင်းလဲကြသဖြင့် ငါသည် သူတို့ကို ကျန်းမာစေရမည် ဟု၍ဖြစ်၏" (မ၁၃:၁၄-၁၅)။

ကျမ်းစာသိခြင်းတစ်ခုတည်းသာလျှင် ကျွန်ုပ်တို့ အဖို့ အထောက်အကူဖြစ်သည်ဟု မယူဆသင့်ပေ။ အဲဒီလို ယူဆခြင်းသည် ကြိမ်ဖန်များစွာ ဆန့်ကျင်ဘက်ဖြစ်တတ်၏။ အကောင်းဆုံးသောနည်းသည် လည်း အချည်ပေါက်နိုင်၏။ ကျွန်ုပ်တို့ကျောင်းသားများသည် သူ

ရည်ရွယ်ချက်ကို သတိပြုခြင်း

တို့၏စိတ်နှလုံးဖြင့် နားလည်၍ သခင်ဘုရားထံသို့ မလှည့်မချင်း စစ် မှန်သောကျန်းမာခြင်း သို့မဟုတ် သင်ယူခြင်းဆိုတာ မရှိနိုင်ပါ။

ဤအရာသည် ကျွန်ုပ်တို့အသင်းတော်၌ အဓိကပြဿနာ မဟုတ်ပါ လော။ နှုတ်ကပတ်တော်သည် အသက်တာပြောင်းလဲဖို့ရန် မဝေ့တော့ဘဲ ဖျော်ဖြေဖို့ရန်သာ ဖြစ်လေတော့သည်။ လူတို့သည် ဘုရားသခင်၏နှုတ်ကပတ် တော်အားဖြင့် သူတို့၏အသက်တာကို တကယ် ပြောင်းလဲစေနိုင်သည် ဟူသောအရာပေါ် ယုံကြည်စိတ်ချမှု ပျောက်ဆုံးလာကြ၏။ ထုံးစံ အချိန်အခါ အတိုင်း ဝတ်ပြု ကိုးကွယ်ခြင်းသည် ဘုရားသခင်၏လူတို့ကို သန့်ရှင်းသော အသက်တာထံသို့ မပို့ဆောင်နိုင်ပါ။ အကြောင်းမှာ ဘုရားသခင်၏မျက်မှောက် တော်သို့ မရောက်ရှိ နိုင်ကြသောကြောင့်တည်း။ ဘုရားသခင်လူ တို့၏စိတ်နှလုံး မှန်ကန်စွာ ပြင်ဆင်ဖို့ များစွာလုပ်ဆောင်ဖို့ လိုအပ်ပါသည်။

သင်ခန်းစာ

- ဝိညာဉ်ရေးရာ လေ့ကျင့်ပေးခြင်းသည် ကျွန်ုပ်တို့၏လေ့ကျင့်ပေး ခြင်းရှိသမျှထဲသို့ ပေါင်းစပ်ရမည်။ ဝိညာဉ်ရေးရာ ရည်ရွယ်ချက် ပန်းတိုင်များ၏အရေးကြီးပုံသည် ပညာရေးနှင့်ဆိုင်သောအရာများ ထက် အလေးသာနေရမည်။
- တချို့နေရာများတွင် ဆရာသမားများက အသိပညာသာလျှင် ကျောင်းသားများအတွက် အခြေခံ လိုအပ်ချက်ဖြစ်သည်ဟု ယူဆ ထားသည်မှာ မှားယွင်းမှုဖြစ်ပါသည်။
- ကျွန်ုပ်တို့၏လေ့ကျင့်ပေးခြင်းသည် ဘုရားသခင်၏လေ့ကျင့်ပေး ခြင်း ဖြစ်စဉ်အောက်၌ ပြန်လည် သုံးသပ်ရမည်။ သို့မဟုတ်လျှင် အထူး သင်ကြားချက်သည် အချည်းနှီးဖြစ်သွားပါလိမ့်မည်။

ကျက်မှတ်ဆင်ခြင်ပါ

- မာ၁၃:၁၄-၁၅

အသက်၏အနှစ်သာရ

တာဝန်ပေးအပ်ခြင်း

➡ အတန်းတစ်ခုခု သင်ကြားဖို့ရန် ကျမ်းစာကို အသုံးပြုဖူးပါသလော။ မည်သည့်အတန်း၌ အကောင်းဆုံး လုပ်ဆောင်ခဲ့သနည်း။ ကြောက် စရာကောင်းသည့် လုပ်ဆောင်ချက်ကား အဘယ်နည်း။

➡ သင့်ရဲ့လေ့ကျင့်ပေးခြင်း / ပညာရေးသည် လုပ်ငန်းအတွက် သင့် ကို ပြင်ဆင်မှုဖြစ်စေသည်ဟု ခံစားပါသလား။

➡ ပိုမိုကောင်းမွန်အောင်ပြုနိုင်သောအရာရှိသေးပါသလော။

#၂၆
ကွာဟချက်ကို ဆက်စပ်ခြင်း

အနောက်တိုင်းပညာရေးသည် အသိပညာအပေါ်၌ အခြေခံထား ပါသည်။ ခရစ်ယာန်များ အထူးသဖြင့် ကျမ်းစာကျောင်းများက ၎င်းကို ချေပ ကြရမည်။ ကျွန်ုပ်တို့သည် လူတို့၏အသက်တာထဲ၌ ဘုရားသခင်၏ နှုတ်ကပတ်တော် တန်ခိုးဖြန့်ချီခြင်းဖြစ်သည့် ပိုမိုကြီးမားသော ရည်ရွယ်ချက်ပန်းတိုင်အားဖြင့် လုံ့ဆော်ခြင်း ခံရ၏။

သီအိုလော်ဂျီပိုင်းဆိုင်ရာ လေ့ကျင့်ပေးခြင်းနှင့်ထိရောက်သော သာသနာလုပ်ငန်း စပ်ကြား၌ အချိတ်အဆက်မရှိသည့်အရာ ကြီးကြီးမားမား ရှိနေပါသည်။ ဓမ္မကောလိပ်မှ ကျောင်းပြီးသွားသော ကျောင်းသားများသည် သူတို့၏ရှေ့၌ လုပ်ဆောင်စရာလုပ်ငန်းအတွက် အသင့်ပြင်ဆင်ခြင်း မရှိကြ ပေ။ လောကအမြင်အရ ဩပြသနာဖြေရှင်းချက်ကား ပညာများများလိုသည် ဟုပင် ဖြစ်ပါသည်။ ယနေ့ခေတ်၌ မဟာဘွဲ့နှင့်ပါရဂူဘွဲ့တို့သည် နေရာ အနှံ့အပြားတွင် တွေ့ရှိရရှိနိုင်ပါသည်။

မှန်ပါသည်။ ဩဒီဂရီများကို ရရှိဖို့ရန် များများကြီးစားအားထုတ်ရ မည်ဟု ပြောဆိုနိုင်ပါသည်။ မိမိကိုယ်ကို ထိန်းချုပ်နိုင်ခြင်းသည် ကြီးမြတ်သောဆုလက်ဆောင်ဖြစ်သော်လည်း နောက်ကို ဆုတ်၍ နောက်ကွယ်၌ရှိသောအရာကို တစ်ချက်စိုက်ကြည့်ဖို့ လိုအပ်ပါသည်။ ကျွန်ုပ်တို့နှင့်ပတ်သက်တဲ့ ကျောင်းသားများအား သာသနာအတွက် အသင့်ဖြစ်မဖြစ် မေးဖူးပါသလား။ များသောအားဖြင့် အသင့်ဖြစ်ကြမှာ မဟုတ်ပါဘူး။

ကျွန်ုပ်တို့၏ပညာရေး ကိုင်တွယ်ဖြေရှင်းချက်ကား လူတစ်ဦးသည် မှန်ကန်သော အသိပညာအားဖြင့် ကြီးမားသောအရာများကို အမြတ်အစွန်း ရရှိလိမ့်မည်ဟု ဆိုထားသည်။ ဩကား လူသားနှင့်ပတ်သက်သည့် အတက်(အညောက်)တစ်ခုပင်ဖြစ်သည်။ အသိပညာသည် ထည့်သွင်း စဉ်းစားရမည့်အပိုင်းအစ ဖြစ်သော်လည်း အားလုံးမဟုတ်ပေ။ ဝိညာဉ်

161

အသက်၏အနှစ်သာရ

ရေးရာပုံသွင်းခြင်းအပြင် ခရစ်ယာန်အသက်တာ၌ ဖြစ်ပျက်မည့်အရာဖြစ် သည့် ပို၍အရေးပါသော အကြောင်းအရာများလည်းရှိ၏။

အသိပညာသည် မကြာခဏ လူများနှင့်အတူတကွ ဆယ်နွယ်စေ မည့်အစား ဝေးဝေးနေစေတတ်၏။ ဝိညာဉ်ရေးရာ ရင့်ကျက်ခြင်းသည် လည်း သီအိုလော်ဂျီပိုင်းဆိုင်ရာ လေ့ကျင့်ပေးခြင်းနှင့် မှားယွင်းစွာ တူစေ တတ်ကြသည်။ တကယ်တော့ ဒီနှစ်ခုဟာ အလှမ်းဝေးကွာပါသည်။ အသိပညာကို အထူးပြု ဦးစားပေးသောအခါ ဘုရားတရားကြည်ညိုလျက် ထက်မြက်စွာအသက်ရှင်၍ ထက်မြက်စွာအစေခံဖို့ရန် စိတ်နှလုံးမြှင့်တင် ခြင်းအတွက် အချိန်အနည်းငယ်သာပေးနိုင်တော့သည်။ ဥပမာ ကျွန်ုပ် တို့သည် မြင့်မြင့်မားမား သင်ယူသောအခါ ဘုရားသခင်၏နှုတ်ကပတ် တော်အားဖြင့် ကျွန်ုပ်တို့အား ဘုရားသခင် မည်ကဲ့သို့သွန်သင်ရမည်ကို သင်ယူဖို့ရန် အချိန်အနည်းငယ်သာ အခွင့်ပေးနိုင်တော့သည်။

ကျွန်ုပ်တို့သည် သဘောမတွေ့စရာ အကြောင်းအရာတွေကြားရလို့ ဝမ်းသာပေမယ့် တစ်ခုလုံးအနေနဲ့ ကြည့်ရင် လက်ရှိအသင်းတော် ခေါင်းဆောင်များက ငွေကြေးပိုင်းဆိုင်ရာ ရင်းနှီးငွေကြီးကြီးမားမားကို မှားယွင်းစွာ လေ့ကျင့်သင်ကြားလျက်နေ၏။ ဓမ္မကောလိပ်ရှိသမျှကို လှဒါး နေတဲ့ ထက်ဝက်ကျော်ဟာ နောက်ငါးနှစ်ပြီးရင် သာသနာလုပ်ငန်းကို စွန့်ခွာ တော့မှာ သံသယရှိစရာ မလိုပါဘူး။

အဘယ့်ကြောင့် ရှုံးနိမ့်ရသနည်း။

ဘာ့ကြောင့် ဤရှုပ်ထွေးခြင်းနှင့်ရှုံးနိမ့်ခြင်း ရှိရတာလဲ။ ဘုရားသခင်၏နှုတ်ကပတ်တော် ရှုံးနိမ့်နေ သောကြောင့်လော။ သို့မဟုတ် ဘုရားသခင်၏နှုတ်ကပတ်တော်က ကျွန်ုပ်တို့စိတ်နှလုံးကို မထိုးဖောက် နိုင် လို့လား။ သို့မဟုတ် အသင်းတော်၌ မှန်ကန်စွာ အမှုတော်ထမ်းဆောင်ဖို့ရန် လိုအပ်သော လေ့ကျင့်ပေးခြင်းကို ရရှိခံစားခြင်းမရှိလို့လား။

တမန်တော် ပေါလုက ကြားနာသော သူ၏နားထဲသို့ ဘုရားသခင်၏နှုတ်ကပတ်တော် မရောက်ရှိ သောကြောင့် ယုံကြည်ခြင်း အားနည်းရခြင်းဖြစ်သည်ဟု ဆိုပါသည်။ မျိုးစေ့ကျသည့် ပုံဥပမာ၌ ဤ အကြောင်း အရာကို ယေရှုက ပိုမိုလေးလေးနက်နက် ဖော်ပြထားပါသည်။ သူက ဘုရားသခင်၏လူတို့သည် သူတို့၏ စိတ်နှလုံးကို အသင့်မပြင်ဆင်ကြ သောကြောင့် မှန်ကန်စွာ သင်ယူခြင်းမရှိကြဟုဆို၏။

ကွာဟချက်ကို ဆက်စပ်ခြင်း

ဓမ္မကျောင်းသူ/သားများသည် ဘုရားသခင်၏နှုတ်ကပတ်တော်ကို မှန်ကန်စွာ စူးစမ်းလေ့လာနိုင် မည့်အကြောင်း သူတို့၏စိတ်နှလုံး အသင့် ဖြစ်စေဖို့ရန် ကျွန်ုပ်တို့ဦးတည်ချက်ကို ပြောင်းသွားမည်ဆိုလျှင် ဘာဖြစ်မည် နည်း။ ထိုသူတို့သည် ကျမ်းစာနှင့်စပ်လျဉ်း၍ အိမ်စာကို ပြီးမြောက်အောင် ဖတ်ရုံသက်သက် သို့မဟုတ် အခြားသူများက မည်သို့ပြောဆိုထားသည် ဟူသောအရာကို လေ့လာခြင်းတို့ထက် ယုံကြည်ခြင်းကို မည်သို့ပြု၍ ရရှိမည် ကို သင်ယူဖို့ရန်လိုအပ်ပါသည်။

ကျွန်ုပ်တော်သင်ယူချိန်တုန်းက ဓမ္မဟောင်းပါမောက္ခတစ်ပါးက "ဒီ အချိန်ဟာ မင်းတို့အသက်တာ၌ ဓမ္မဟောင်းကျမ်းကို ဖတ်ရှုရန် အချိန်ကောင်းဖြစ်နိုင်သည်"ဟု ဆို၏။ စာသင်ခန်းထဲ၌ သူသင်ကြားပေးသော အရာကို စဉ်းစားကြည့်ပါ။

- ဓမ္မဟောင်းက အရေးမကြီးပါဘူး။
- ဓမ္မဟောင်းက မင်းတို့အသက်တာနှင့် လိုက်လျောညီထွေမှု ရှိလိမ့်မည်မဟုတ်။
- ဓမ္မဟောင်းကျမ်းကို တစ်ခါဖတ်ပြီးရင် မင်းတို့ဆက်ဖတ်ချင်မှာ မဟုတ်တော့ဘူး။

ဒီပါမောက္ခဟာ သူ့ရဲ့ယုံကြည်မှုကို မတော်တဆ ထုတ်ဖော်မိတာ လည်း ဖြစ်နိုင်ပါတယ်။ အထက်က သူ့ရဲ့ဖော်ပြချက်တွေဟာ မမှန်ကန်ပါဘူး။ သို့သော် ကျမ်းစာကို အပေါ်ယံပဲ ဖတ်မယ်ဆိုရင် ယုံကြည်ခြင်း ကင်းမဲ့နိုင်ပါ တယ်။ သူက "ဓမ္မကျမ်းဟာ ငါ့ရဲ့အသက်တာနဲ့လည်း လိုက်လျောညီထွေမှုမရှိ ပါဘူး။ ဒါကြောင့် မင်းတို့ရဲ့ အသက်တာနဲ့လည်း လိုက်လျောညီထွေမှုရှိမယ် မထင်ဘူး" ဟူ၍ တိုက်ရိုက်ကြီးတော့ ပြောမှာ မဟုတ်ပါဘူး။

ကျောင်းသူ/သားများလည်း ဓမ္မဟောင်းကျမ်းကို ဖတ်ရှုရန် ထိတ်လန့်လာကြ၏။ သူတို့အဖို့ ယုံကြည်ခြင်း ကြီးထွားရန် အခွင့်အလမ်းမ ရှိတော့သလို ဖြစ်သွား၏။ ကျောင်းသူ/သားများသည် ကျောင်းပြီး နိုင်ဖို့ရန် စာသင်ရမည်ဖြစ်သောကြောင့် စာသင်ချိန်ဟာ အရေးကြီးတယ်ဆိုတာကို ဒီပါမောက္ခကြီးက နားလည်ပြီးသားဖြစ်ပါတယ်။

တစ်ချို့ပါမောက္ခများက ဓမ္မဟောင်းကျမ်းသည် ယုံကြည်အားထား လောက်သောအရာ မဟုတ်ဟု မစဉ်းစားတာလည်းဖြစ်နိုင်ပါ၏။ ဒီဓမ္မဟောင်း တရားကို ဝေဖန်တဲ့ပုံစံနဲ့ သင်ပေး၍ ယုံကြည်ခြင်းပိုင်းဆိုင်ရာကို အားနည်းစေ

အသက်၏အနှစ်သာရ

တတ်ကြ၏။ တစ်ချို့ပါမောက္ခများကမူ ဓမ္မဟောင်းကို ယုံကြည်အားထား လောက်သည်ဟု ယုံကြည်ကြသော်လည်း သူတို့အသက်တာနှင့် သာသနာ လုပ်ငန်းအတွက် လိုက်လျောညီထွေမှု မရှိဟု ယုံကြည်ကြပြန်၏။

တရားဟောတစ်ပါးသည် နှုတ်ကပတ်တော်သမ္မာတရားအားဖြင့် ပုံ သွင်းခြင်းမရှိဘဲလျက် ဒေသနာ တစ်ပုဒ်ကို ဝေဒုံရုံမျှသာ ဟောပြောသောအခါ အထက်က ဖော်ပြသည့်ပုံစံအတိုင်း မကြာခဏဖြစ်လေ့ရှိ၏။ တရားဟော ဆရာသည် ယုံကြည်ခြင်းအားနည်းသည့်တိုင်အောင် သူဝေဒုတဲ့နှုတ်ကပတ် တော်သည် ပရိသတ် အသက်တာအတွက် လိုက်လျောညီထွေမှုရှိပါ၏။

ကြွယ်ဝသောယုံကြည်ခြင်း

ယေရှုမူကား ဓမ္မဟောင်းကျမ်းကို လုံးလုံးခြားနားလျှက် သင်ကြား ပေး၏။ သူသည် ဓမ္မဟောင်းကျမ်း အတိုင်း ဘုရားတရားကြည်ညိုစွာ အသက် ရှင်ခဲ့၏။ စုံစမ်းနှောင့်ယှက်ခြင်းနှင့် တွေ့ဆုံသောအခါ ဓမ္မဟောင်းကျမ်းကို ကိုးကား၍ ချေပတတ်၏။ ဘုရားသခင်၏နှုတ်ကပတ်တော်အပေါ်၌ရှိတဲ့ သူ၏ ယုံကြည်ခြင်းက သူ့ကို အကာအကွယ်ပေး၏။ ဓမ္မဟောင်းကျမ်းအားဖြင့် သူ၏အသက်တာအတွက် ဘုရားသခင်ချပေးသည့်အရာကို သူနားလည် သဘောပေါက်၏။

နေ့ပေါင်းလေးဆယ်နှင့်ညပေါင်းလေးဆယ် အစာရှောင်ပြီး နောက် ဆာလောင်တော်မူ၏။ ထိုအခါဖြားယောင်းသွေးဆောင် သောသူသည် ချည်းကပ်လာ၍ သင်သည် ဘုရားသခင်၏ သား တော်မှန်လျှင် ဤကျောက်ခဲတို့ကို မုန့်ဖြစ်စေရန် အမိန့်ရှိပါ ဟုလျှောက်လေ၏။ ကိုယ်တော်ကလည်း လူသည် မုန့် အားဖြင့်သာအသက်ရှင်သည်မဟုတ်။ ဘုရားသခင်၏ နှုတ်ထွက်စကားရှိသမျှအားဖြင့် အသက်ရှင်၏ဟု၍ ကျမ်းစာ၌ ရေးထားသည်ဟု မိန့်တော်မူ၏ (မ၊၄း၂-၄)။

ကျွန်ုပ်တို့၏သင်ယူခြင်းဖြစ်စဉ်နှင့်အကြောင်းအရာအား ပြန်လည် ဆန်းစစ်ခြင်း အရေးကြီးပုံကို ဘယ်အခါမျှ အရေးတကြီးမရှိခဲ့ပါ။ ဆရာသမား သည်လည်း အကြောင်းအရာ သင်ကြားပေးခြင်း တစ်ဘက်ကိုကျော် လွန်သွား၍ ကျောင်းသူ/သားများ၏ယုံကြည်ခြင်းကို မြှင့်တင်ပေးရန် အထူး ဂရုစိုက်ဖို့ လိုအပ်ပါသည်။ ဤယုံကြည်ခြင်းသည် ကျွန်ုပ်တို့အတွက်

ကွာဟချက်ကို ဆက်စပ်ခြင်း

ဘုရားသခင်ထားပေးသည့် ရည်ရွယ်ချက် ပန်းတိုင်များ ရရှိဖို့ရန် တိုက်ရိုက် ဆက်နွယ်ပေး၏။

ကမ္ဘာအဝှမ်း၌ရှိသည့် ဘုရားသခင်၏လူများ ကြီးထွားခြင်း၌ ရပ်တန့် နေသည့်အကြောင်းရင်း တစ်ရပ်ရှိပါသည်။ ဘုရားသခင်၏လူတို့သည် ဘုရားသခင်၏ရည်ရွယ်ချက်ပန်းတိုင်များ ပြီးပြည့်စုံခြင်းကို မြင်တွေ့ခြင်း ထက် အသိပညာ၌ ကျေနပ်ရောင့်ရဲရန် လေ့ကျင့်ပေးခြင်းကို ခံယူလျက်နေ ကြ၏။

အကယ်၍ ကျွန်ုပ်တို့သည် ဘုရားသခင်၏ရည်ရွယ်ချက်များနှင့် တန်ခိုးကို အောင်အောင်မြင်မြင် ဖော်ထုတ်မည်ဆိုလျှင် အသိပညာအားဖြင့် ပြဿနာကိုင်တွယ်ဖြေရှင်းနိုင်သည်ဟူသော ဖော်ထုတ်ချက်ကို ချေပရမည် ဖြစ်ပါသည်။ ကျွန်ုပ်တို့သည် မိမိတို့အသက်တာ၌ ထက်မြက်စွာလုပ်ဆောင် တတ်သော ဘုရားသခင်၏နှုတ်ကပတ်တော်ကို လိုအပ်ပါသည်။

ကျမ်းစာကျောင်းမှ ကျောင်းပြီးလာသော ကျောင်းသူ/သားများစွာ တို့သည် ဘုရားသခင်ကို ကိုးစားမည့် အစား သူတို့၏အသိပညာ၌သာ မှီခို အားထားကြ၏။ ထို့သို့ဖြစ်သည့်တိုင်အောင် ကောင်းမြတ်သော ဘုရားသခင် သည် သူတို့၏နည်းလမ်းအားဖြင့် ကောင်းသောအမှုပြုနိုင်၏။ အကယ်၍ ထို ကျောင်းသူ/ သားများသည် အသက်တာပြောင်းလဲ၍ ယေရှုကဲ့သို့ အစေခံရန် ကျွန်ုပ်တို့မျှော်လင့်ပါက ဘာဖြစ်သွား မည်နည်း။ ကောင်းကင်ဘုံ၌ စံမြန်း တော်မူသော ကျွန်ုပ်တို့၏သခင်ဘုရားသည် သူ့နာမ၏ဘုန်းအသရေနှင့် သူ သိုးများအဖို့ မှန်ကန်သောလေ့ကျင့်ခြင်းကို ရရှိစေခြင်းငှာ ကျွန်ုပ်တို့အား စောင့်ဆိုင်းလျက်နေ၏။

- အကယ်၍ ကျောင်းသူ/သားများသည် ကျမ်းစာကျောင်းမှ သာသနာထဲ သို့ မည်ကဲ့သို့ခြေလှမ်းမည်ကို အခက်ခဲမရှိဘဲ ပြေပြစ်စွာ သင်ယူနိုင်ပါ က ဘာဖြစ်မည်နည်း။
- အသင်းတော်၌ရှိသော ဘုရားသခင်၏လူတို့သည် ရင့်ကျက်ခြင်းသို့ အပြည့်အဝ အမှန်တကယ် ကြီးထွားနိုင်ပါက ဘာတွေဖြစ်ပျက်နိုင် သနည်း။

ကျွန်ုပ်တို့ဆရာသမားများသည် ယုံကြည်ခြင်း၌ အားနည်းကြ သောကြောင့် ကျွန်ုပ်တို့၏ ကျောင်းသူ/ သားများနှင့် ဘုရားသခင်၏နှုတ်ကပတ်တော်သည် အလှမ်းဝေးသည်ဟု မျှော်လင့်ရ

အသက်၏အနှစ်သာရ

ပါသည်။ ယေရှုမူကား ဘုရားသခင်၏နှုတ်ကပတ်တော်ဖြစ်သည့် ဓမ္မ ဟောင်းကျမ်း၌ ကြီးမားသောယုံကြည်ခြင်းရှိ၏။ ရေးသားချက်၏ ဆိုလိုရင်း ကား ဘုရားသခင်မိန့်ဆိုခဲ့သော စကားတော်သည် ယနေ့ထိ တန်ခိုးနဲ့ ပြည့် ဝ လျက်ရှိ၏။

သင်ခန်းစာ

- အသိပညာ၌ ကိုးစားခြင်းသည် ပုံမှန်လေ့ကျင့်ပေးခြင်း၌ဖြစ်စေ၊ ပုံမှန် မဟုတ်သည့် လေ့ကျင့်ပေးခြင်း၌ ဖြစ်စေ ကျွန်ုပ် တို့၏ရည်ရွယ်ချက်ပန်းတိုင်များကို ရှုပ်ထွေးစေပါသည်။

- ဆရာသမားတစ်ဦး၏ယုံကြည်ခြင်းသည် အဆိုးရောအကောင်းပါမကျန် ကျောင်းသားတစ်ဦး၏ သင်ယူ လေ့လာခြင်းနှင့်ယုံကြည်ခြင်းကို လွှမ်းမိုးနိုင်သည်။

- ယေရှုကဲ့သို့ ဘုရားသခင်၏နှုတ်ကပတ်တော်ကို ယုံကြည်ဖို့ရန် မိမိတို့ ကိုယ်တိုင် ပြန်လည်ဆက်ကပ် အပ်နှံခြင်းအားဖြင့်သာလျှင် ကျွန်ုပ် တို့၏သင်ကြားခြင်းသည် လိုက်လျောညီထွေမှု၊ အင်အား၊ ကျန်းမာခြင်း နှင့်အထောက်အမရှိလာမည်ဖြစ်ပါသည်။

ကျက်မှတ်ဆင်ခြင်ပါ

- မ၄း၄

တာဝန်ပေးအပ်ခြင်း

→ များမကြာမီ သို့မဟုတ် လွန်ခဲ့တဲ့အချိန်၌ သင်ခန်းစာနှင့်ပတ်သက် သော ကျမ်းစာနှစ်အုပ်ကိုယူ၍ သင်ခန်းစာ၏ရည်မှန်းချက်များကို ဖော်ပြပါ။

→ ဆရာသမားများသည် ဤခေါင်းစဉ်နှင့်ပတ်သက်၍ မည်ကဲ့သို့သော ယုံကြည်ခြင်းကို ပိုင်ဆိုင်ကြ ပါသနည်း။

→ ဤသင်ခန်းစာများသည် သင့်ကို မည်ကဲ့သို့အကျိုးပြု၍ မည်ကဲ့သို့ အကျိုးယုတ်စေပါသနည်း။

#၂၇
အသစ်သောယုံကြည်သူကို လေ့ကျင့်ပေးခြင်း

ကျွန်ုပ်တို့သည် ပြီးခဲ့တဲ့သင်ခန်းစာ၌ ခေါင်းဆောင်မှုပိုင်းဆိုင်ရာ လေ့ကျင့်ပေးခြင်း၏အဓိကအမှားကို ဖော်ထုတ်ရာတွင် ယုံကြည်ခြင်း အားနည်းခြင်း၊ ဘုရားတရားမကြည်ညိုခြင်းနှင့်ခေါင်းဆောင်များ မွေးထုတ် ခြင်း မရှိခြင်းဟူ၍ ဖြစ်ပါသည်။

ကျွန်ုပ်တို့သည် ခရစ်ယာန်အသက်တာ ကြီးထွားဖွံ့ဖြိုးမှု အဆင့်ဆင့်တိုင်း၌ ဖြစ်ပျက်ရန် လိုအပ်သော အရာကို ရှင်းပြချက် အပြည့်အစုံမပေးနိုင်သော်လည်း ဖြစ်သင့်သောအရာကို မျှော်လင့်ချက် ကြီးစွာဖြင့် အကောင်းဆုံးတင်ဆက်ပေးနိုင်ပါသည်။ ဤအရာသည်လည်း သင်ကြားပေးသူ၊ သင်းအုပ် သို့မဟုတ် တပည့်တော်ပြုသူ စသည့်ပုဂ္ဂိုလ် များထံမှ အစပြု၍ ဘုရားသခင်၏လူတို့အား အနည်းဆုံး မည်သို့ပြင်ဆင်မှု ပြု ရန် လိုအပ်သည်များကို တွေးတောကြံစည်ရာ၌ အထောက်အကူပြုပါ လိမ့်မည်။

ယောဟန်၏တင်ပြခြင်း တန်ခိုးအရှိန်ဖြစ်သည့် ဝိညာဉ်ရေးရာ ကြီး ထွားဖွံ့ဖြိုးမှု အဆင့်အသီးသီး၏ လမ်းစဉ်သည် အစပြုပြီးဖြစ်ပါသည်။ ယော ဟန်က ယုံကြည်သူများကို သုံးဖွဲ့ဖြင့် ပိုင်းခြားထားပါသည်။ ကလေးငယ် များ၊ လူငယ်များနှင့်ဖခင်များတို့ဖြစ်ပါသည်။ ဤအပိုင်းသည် အသစ်သော ယုံကြည်သူများနှင့် ကလေးငယ်များ အပေါ်၌ ဦးတည်ပါလိမ့်မည်။

သားသမီးတို့၊ သင်တို့သည် ကိုယ်တော်၏နာမတော်အားဖြင့် အပြစ်များ ခွင့်လွှတ်ခြင်းခံရပြီ ဖြစ်သောကြောင့် သင်တို့ ထံသို့ ငါရေးလိုက်၏။ ..... သားသမီးတို့၊ သင်တို့သည် ခမည်း တော်ကို သိကြသောကြောင့် သင်တို့ထံသို့ ငါရေးလိုက်၏.... (၁ယော၊ ၂:၁၂-၁၄)။

ပြီးခဲ့တဲ့သင်ခန်းစာ၌ ယုံကြည်သူအသစ်ကို ပုံဆောင်ထားတဲ့ ကလေး ငယ်တစ်ဦးရဲ့ အထူးပြုစု စောင့်ရှောက်ခြင်း လိုအပ်မှုကို အကျဉ်းချုပ် ဆွေးနွေးပြီးဖြစ်ပါသည်။ သင်ကြားပေးသူများနှင့် လေ့ကျင့်ပေးသူများဖြစ် သည့်အလျောက် ၎င်းသည် ကျွန်ုပ်တို့အတွက် အရိပ်နိမိတ်ဖြစ်ပါသည်။ ခရစ်ယာန် အသက်တာ ကြီးထွားဖွံ့ဖြိုးမှုဆိုင်ရာ ဤအဆင့်အတွက် ကျွန်ုပ်

အသက်၏အနှစ်သာရ

တို့သည် ယောဟန်၏စကားများထဲမှ ဘုရားသခင်၏အဓိက ရည်ရွယ်ချက် ပန်းတိုင်များကို ရှင်းလင်းစွာ ဖော်ထုတ်နိုင်ပါသည်။ တစ်ချိန်တည်းမှာပင် အသစ်သောယုံကြည်သူများအား မည်ကဲ့သို့လေ့ကျင့်ပေးရန် လိုအပ်သည် ကို ကျွန်ုပ်တို့ နားလည်နိုင်ပါသည်။ ယုံကြည်သူများအတွက် ဘုရားသခင်၏ရည်ရွယ်ချက်ပန်းတိုင်များနှင့်ကျွန်ုပ်တို့၏လေ့ကျင့်ပေး ခြင်းတို့သည် အပြန်အလှန်ဆက်နွယ်မှုရှိရမည်။

သေးဖွဲသော ကြိုးပမ်းမှုများ

တပည့်တော်မွေးထုတ်ရန် အထူးလိုအပ်ချက်ကို ထိရောက်စွာ လုပ်ဆောင်ခြင်းမရှိခဲ့ပေ(မ၊ ၂၈:၂၀)။ သင်းအုပ်ဆရာ အနည်းငယ်သာလျှင် တပည့်တော်မွေးထုတ်ခြင်းသည် အရေးကြီးကြောင်း ယုံကြည်ကြ၏။ ၎င်း သည် သူတို့၏အပြုအမူအားဖြင့် ထင်ရှားတတ်၏။ များစွာသောသူများက ယေရှုကိုခေါ်၍ ယုံကြည်ရာတွင် ဝမ်းသာအားရဖြစ်သော်လည်း ထိုယုံကြည်ခါ စလူများကို ပြုစုစောင့်ရှောက်ရန် လျစ်လျူရှုတတ်ကြ၏။ အကယ်၍ မိန်းမ တစ်ဦးသည် ကလေးမွေးဖွား၍ ထိုကလေးသည် ချက်ချင်းလမ်းလျှောက်ပါက ကျွန်ုပ်တို့ အားလုံး တုန်လှုပ်အံ့ဩသွားပေမည်။ သို့ဖြစ်၍ ဝံဂေလိဆရာ များကသာလျှင် ပြောင်းလဲပြီးသူများကို ဆက်လက်သွန်သင်မှု ပြုနိုင်သည်။ တစ်ဘက်မှာ အစဉ်အလာအတိုင်း ဟောပြောခြင်းတစ်ခုသာ လုပ်ဆောင်ပြီး အသက်တာလေ့ကျင့်ပေးခြင်း မရှိသောအခါ ယုံကြည်သူများ၏အသက် တာသည် အားနည်းလာတတ်၏။

ကျွန်ုပ်တို့၏မိရိုးဖလာထုံးတမ်းစဉ်လာသည် ကျွန်ုပ်တို့အပေါ်၌ မည်သို့ပင်ဝယက်ရိုက်ခတ် သည်ဖြစ်စေ အသင်းတော်သည် အသစ်သော ယုံကြည်သူများကို ရက်ရက်ရောရောချစ်၍ သူတို့၏ ဝိညာဉ်ရေးရာကို ပြုစု စောင့်ရှောက်ဖို့ရန် ဘုရားသခင်ခေါ်ထားခြင်း ဖြစ်ပါသည်။ အထူးသဖြင့် အသင်းတော် အနေဖြင့် အစိတ်အပိုင်း၌ ထိုရှုစိုက်မှုကို ရရှိစေရန် လေ့ကျင့် ပေးဖို့ လိုအပ်ပါသည်။ သင်းအုပ်၊ ဝံဂေလိဆရာနှင့် ဓမ္မဆရာတို့သည် အသင်းတော်အား သူလုပ်ငန်းဖြစ်သည့် တပည့်တော်မွေးထုတ်ခြင်း ဆောင်ရွက်နိုင်ဖို့ရန် တပ်ဆင်မွေးမပေးရမည်။

အသစ်သောယုံကြည်သူကို လေ့ကျင့်ပေးခြင်း

တပည့်တော်ဖြစ်စေခြင်းနှင့်စပ်လျဉ်း၍ ကျွန်ုပ်တို့၏အခြား စာအုပ်များသည်လည်း ဤနယ်ပယ်၌ လေ့ကျင့်ပေးခြင်းကို အကျယ်တဝင့် ဖော်ပြပေးပါသည်။

ပထမ၊ ကျွန်ုပ် တို့သည် လေ့ကျင့်ပေးသူများ ဖြစ်သည့်အလျောက် အသစ် သောယုံကြည်သူများကို ပြုစု စောင့်ရှောက်စေရန် ရင့်ကျက်သောယုံကြည် သူများအတွက် တာဝန် ဝတ္တရားဖြစ်သည့် ရှုပါရုံကို ချဲ့ထွင်ပေးရမည်။ သက်တမ်း 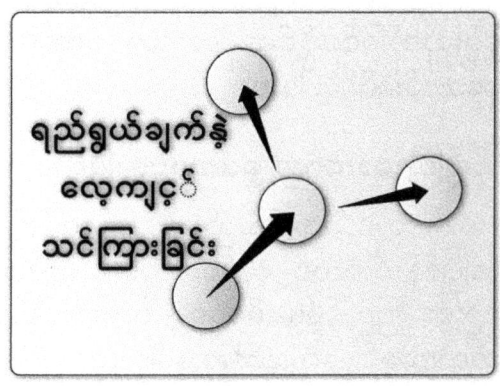 နှစ်နှစ်ရှိပြီဖြစ်တဲ့ ယုံကြည်သူကို လေ့ကျင့်ပေးခြင်းအားဖြင့် အခြား ယုံကြည်သူ အသစ်ကို လေ့ကျင့်ပေးနိုင်ပါလိမ့်မည်။

ဒုတိယ၊ ဤအခြေခံကျကျ ပြုစုခြင်းဆိုတာ ဘာလဲဆိုတာကို ကျွန်တော် တို့ရှင်းပြရမည်။ အဲဒီထဲမှာ သူငယ်ချင်းဖြစ်ခြင်း၊ သူတို့၏ပြဿနာကို ဝိုင်းဝန်း ကူညီခြင်း၊ ဘုရားသခင်၏နှုတ်ကပတ် သမ္မာတရားကို သင်ပေးခြင်းနှင့်သူတို့ ရင်ဆိုင်နေသောပြဿနာကို ကိုင်တွယ်နည်း စသည်တို့ပါဝင်ပါသည်။ ပို၍ခက်ခဲသော ပြဿနာများကို သင်အုပ်ထံသို့ လွှဲပြောင်းပေးနိုင်ပါသည်။

တတိယ၊ အသစ်သောယုံကြည်သူအား လေ့ကျင့်ပေးခြင်းသည် ဝိညာဉ်ရေးရာ ကြီးထွားဖွံ့ဖြိုးမှုနှင့် လေ့ကျင့်ပေးခြင်း ပုံရိပ်တစ်ခုလုံးနှင့် သင့်တော်ကြောင်း ကျွန်ုပ်တို့ပြသဖို့ လိုအပ်ပါသည်။ ဤရှုထောင့် အမြင် သည် လေ့ကျင့်ပေးသူအား အသစ်သောယုံကြည်သူများအပေါ်၌ ဖြစ်ပျက် မည့်ရှုပါရုံကို လက်ဆင့်ကမ်းရာတွင် အထောက်အကူဖြစ်စေပါသည်။

စတုတ္ထ၊ ခရစ်ယာန်အသက်တာကြီးထွားခြင်း ပထမအဆင့်၌ အသစ်သောယုံကြည်သူများ သင်ယူဖို့ရန်နှင့်ကျွမ်းကျင်ဖို့ရန် လိုအပ်သည် များကို ဖော်ထုတ်ပေးရမည်။ ထိုသို့ဆိုရာတွင် အသစ်သော ယုံကြည်သူများ ညွှန်ကြားရန်အတွက် သူတို့အသုံးပြုနိုင်သည့် လေ့ကျင့်ပေးခြင်းဆိုင်ရာ ပစ္စည်းများ ပါဝင်နိုင်ပါသည်။

အသက်၏အနှစ်သာရ

တမန်တော်ယောဟန်သည် ၅တစ်ခုလုံးဖြစ်စဉ် အဆင့်ဆင့် တိုင်း၌ အမှန်တကယ် ပြောစရာများစွာ ရှိပါသည်။ အခြားကျမ်းချက်များထဲမှ လည်း ကျွန်ုပ်တို့သင်ယူနိုင်ပါသည်။ အခြားယုံကြည်သူအသစ်များကို လေ့ကျင့်ပေးနိုင်မည့် ၅ယုံကြည်သူအသစ်များအတွက် တပည့်တော် မွေးထုတ်ခြင်းဆိုင်ရာ တာဆာ ပလာများကို ကျွန်ုပ်တို့အလျင်အမြန် စုဆောင်းရရှိနိုင်ပါသည်။

ပို၍ကြီးမားသော ရှုထောင့်အမြင်

ဘုရားသခင်သည် တပည့်တော်ပြုသူရော တပည့်တော် အပေါ်၌ပါ တပြိုင်နက်အလုပ် လုပ်တော်မူ၏။ မိခင်နှင့် ကလေးငယ် အကြောင်းကို စဉ်းစားကြည့်ပါ။ မိခင်က ကလေးငယ်အား ကျွေးမွေးပြုစုနေသည်ကို ဘုရားသခင် ကျေနပ်အားရပါသည်။ ဘုရားသခင်သည် ကလေးငယ်အား ကျွေးမွေးစေရန် သူ့မိခင်ကို အသုံးပြု၍ မိခင်သည် မင်္ဂလာရှိသောသူဟု မှတ်ယူခြင်းခံရ၏။ ထိုနည်းတူစွာ ဘုရားသခင်၏အသစ်သောသားသမီးတို့၏ ဆာလောင်မှုသည် သူတို့ကို ကျွေးမွေးပြုစုစေရန် ပို၍ရင့်ကျက်သောသူတို့ ကို သတိပေးလျက်နေ၏။ ဘုရားသခင်၏လူတို့သည် အသစ်သောယုံကြည် သူများကို ပြုစု၍ အကြံဉာဏ်ပေးသကဲ့သို့ သူတို့လည်းပဲ သူတို့နှင့်စပ်ဆိုင် သော အသစ်သောယုံကြည်သူများကို ထိုသို့ပြုလျက်နေကြ၏။ လေ့ကျင့်ပေး သူသည် အသစ်သောယုံကြည်သူများကို လေ့ကျင့်ပေး၍ သူ့ရဲ့ ပြုစု စောင့်ရှောက်ခြင်းကို ခံယူလျက်နေကြသော်လည်း ထိုအမှုနှင့် ကျေနပ် ရောင့်ရဲ မနေသင့်ပါ။ အခြားသောသူများကို လေ့ကျင့်ပေးနိုင်တဲ့ အဆင့် ထိ ရောက်ရှိဖို့ လိုအပ်ပါသည်။ တပည့်တော်များသည် ကျွန်ုပ်တို့၏ပုံဉပမာ အားဖြင့် များစွာသင်ယူတတ်ကြ၏။

ကျွန်ုပ်တို့ကြိုက်သည်ဖြစ်စေ မကြိုက်သည်ဖြစ်စေ အသစ်သော ယုံကြည်သူကို လေ့ကျင့်ပေးခြင်းသည် အချိန်အကန့်အသတ်ရှိ၏။ ကလေးငယ်သည် အလျင်အမြန် ကြီးထွားလာ၍ အသက်နှစ်နှစ်ပြည့် သောအခါ နို့ဖြတ်ခြင်းခံရသည့်အတိုင်း အသစ်သောယုံကြည်သူလည်းပဲ ယုံကြည်ခြင်း၏အခြေခံသမ္မာတရားကို သင်ကြားပေးဖို့ လိုအပ်ပါသည်။ တပည့်တော်မွေးထုတ်သောသူများသည် အသစ်သောယုံကြည်သူများနှင့် တွေ့ဆုံ၍ ထိုယုံကြည်သူသစ်များ ယုံကြည်လာပြီးနောက် ချက်ချင်း ၅သမ္မ

အသစ်သောယုံကြည်သူကို လေ့ကျင့်ပေးခြင်း

တရားများကို အနည်းဆုံး ခုနှစ်ခါဆယ်ခါဆွေးနွေးကြမည်ဟု ကျနော်ယူဆ ပါသည်။

သင်အုပ်ဆရာများနှင့်ဝေဂေလိဆရာများကို လေ့ကျင့်ပေးသောသူ တို့သည် ယုံကြည်သူများ၏ အသက်တာများမှစ၍ ပို၍ရင့်ကျက်သော ယုံကြည်သူများ၏အသက်တာအားဖြင့် အသစ်သော ယုံကြည်သူများကို လေ့ကျင့်ပေးရန် ဘုရားသခင်ပြုစေလိုသည့်ဉာဏ်ရှုရပါရံကို ချဲ့ထွင်ရပါမည်။ ဉာဏ်အရာသည် လေ့ကျင့်ပေးခြင်းနှင့်စပ်လျဉ်း၍ ကျွန်ုပ်တို့၏အဓိက ရည်ရွယ်ချက်ပန်းတိုင်များထဲမှ တစ်ခုဖြစ်မလာဖြစ်ပါက ကျွန်ုပ်တို့ လေ့ကျင့်ပေးသည့်ထိုသူတို့သည် အခြားသူများကို လေ့ကျင့်ပေးရန် လျစ်လျူရှုနေသော အသစ်သောယုံကြည်သူကဲ့သို့ ဖြစ်သွားလိမ့်မည်။

ကျွန်ုပ်တို့သည် အသစ်သောယုံကြည်သူများကို ပြုစုဖို့ရန် အခြား သူများကို မည်ကဲ့သို့လေ့ကျင့်ပေးရန် မသိရှိသောအခါ ခေါင်းဆောင်များ လေ့ကျင့်ပေးခြင်း အကောင်းဆုံးအခွင့်ထူးကို ကျွန်ုပ်တို့ဆုံးရှုံးရပါ၏။ ထိုသို့ဖြင့် ကျွန်ုပ်တို့သည် အသစ်သောယုံကြည်သူများအား သူတို့လိုအပ် သည့်ကြီးထွားခြင်းကို မဖြည့်ဆည်း ပေးနိုင်တော့ပေ။

ယုံကြည်သူများသည် စောလျှင်စွာ လေ့ကျင့်ပေးခြင်း မပြုလုပ်ကြ သောကြောင့် ပြဿနာသည် သူတို့၌ အမှန်တကယ်အစပြုသည်ဟု သင် စဉ်းစားဖူးပါသလား။ အသင်းတော်၌ အခြားသောယုံကြည်သူများကို သမ္မာကျမ်းစာအတိုင်း လေ့ကျင့်ပေးမည့်အစား ဝိညာဉ်ရေးရာ ကြီးထွား ခြင်းမရှိဟု ပြစ်တင်ဝေဖန်နေခြင်းသည် အလွန်ရှက်စရာကောင်းလှပါသည်။

အမှန်စင်စစ် သင်တို့သည် အချိန်ကာလအရ ဆရာများဖြစ်သင့်ဖြစ် သော်လည်း ဘုရားသခင်၏ နှုတ်ကပတ်တရား၏အခြေခံကို တစ်စုံတစ်ယောက်က သင်တို့အား အစမှပြန်သင်ပေးရန် လိုအပ် နေ၏။ နို့ရည်ကို သောက်သုံးနေသောသူတိုင်းသည် ကလေးသူငယ် ဖြစ်သောကြောင့် ဖြောင့်မတ်ခြင်းနှင့်ဆိုင်သော နှုတ်ကပတ်တော် နှင့် ရင်းနှီးကျွမ်းဝင်ခြင်းမရှိ (ဟေဗြဲ ၅:၁၂-၁၃)။

ကျွန်ုပ်တို့၏စိန်ခေါ်မှု

ယနေ့ခေတ်ကြီးမှာ ကျွန်ုပ်တို့သည် မိခင်က မွေးကင်းစကလေးငယ် လေးကို ပြုစုစောင့်ရှောက် သကဲ့သို့တစ်ဦးပေါ်တစ်ဦး ပြုစုစောင့်ရှောက်

အသက်၏အနှစ်သာရ

ခြင်းကို ချဲ့ထွင်လျက် အသက်တာထဲ၌ လိုအပ်နေတဲ့ နှုတ်ကပတ်တော်နဲ့ စစ်စစ်ကို တိုက်ကျွေးဖို့ အထူးလိုအပ်လာပါသည်။

"ဒီအရာအားဖြင့် ငါ့ကို ကြီးစွာအထောက်အကူ ဖြစ်စေပါတယ်။ ငါ သင်ယူခဲ့တဲ့အရာကို ဘယ်တော့မှ မမေ့နိုင်ပါဘူး။" ဟူ၍ ငါတို့အဖွဲ့ထဲက လူ တွေက မှတ်ချက်ပေးလာတာကို ကြားရတာ ငါအရမ်း နှစ်သက်အားရမိ ပါ တယ်။ ဤသို့သော မှတ်ချက်သည် ကမ္ဘာအဝှမ်း ပျံ့နှံ့ပါစေလို့ ဆုတောင်း လိုက်ပါတယ်။

သင်ခန်းစာ

- ယုံကြည်သူတိုင်းက ပို၍ရင့်ကျက်သောယုံကြည်သူကို လိုအပ်၏။
- ကိုယ်တိုင် တပည့်တော်ဖြစ်စေခြင်း မရှိပါက အသစ်ယုံကြည်သူများ သည် မလိုအပ်သော ရှန်းကန်မှု များစွာနဲ့ ရင်ဆိုင်၍ အသင်းတော်မှ စွန့်ခွာနိုင်သည်။
- ဝံဂေလိလုပ်ငန်းနှင့်သာသနာလုပ်ငန်း၌ ပါဝင်နေသောသူများသည် အသစ်သောယုံကြည်သူများ လေ့ကျင့်ပေးခြင်းတစ်ခုတည်းကိုသာ မ လုပ်ဆောင်သင့်ဘဲ တစ်နေ့သောအခါ ဘုရားသခင်အသုံးပြုခံ၍ အသစ်သောယုံကြည်သူအဆင့်မှ အခြားယုံကြည်သူသစ်များကို လေ့ကျင့်ပေးနိုင်သောသူ ဖြစ်သည် အထိ ရှုပါရုံထားရှိရမည်။

ကျက်မှတ်ဆင်ခြင်ပါ

- ဟေဗြဲ ၅:၁၂-၁၃

တာဝန်ပေးအပ်ခြင်း

➡ ယုံကြည်သူအသစ်ကို သင်ညွှန်ပြဖူးပါသလား။ ဘယ်အချိန်မှာလဲ။ ဘယ်သူလဲ။

➡ မညွှန်ပြဖူးပါက ဘာ့ကြောင့်ပါလဲ။

➡ ယုံကြည်သူအသစ်များကို သင်မည်ကဲ့သို့လေ့ကျင့်ပေးသနည်း။ ဆွေးနွေးလို့ရသော အကြောင်းအရာ တစ်ခုကိုမှတ်သားလိုက်ပါ။

#၂၈
အသစ်သောယုံကြည်သူများကို တပ်ဆင်ပေးခြင်း

အသစ်သောယုံကြည်သူများအပေါ် ကျွန်ုပ်တို့၏ပြုစုစောင့်ရှောက် ခြင်းသည် လေ့ကျင့်ပေးခြင်း ဖြစ်စဉ် တစ်ခုလုံးကို ကြီးစွာလွှမ်းမိုးထား ပါသည်။ အကယ်၍ ကျွန်ုပ်တို့သည် ကျွန်ုပ်တို့၏ ခေါင်းဆောင်များကို တပည့်တော်မွေးထုတ်ရန် ကောင်းကောင်းမမွမ်းမံနိုင်ပါက သာသနာတစ်ခု လုံးကို အားနည်းစေနိုင်ပါသည်။ ဘုရားသခင်၏အလုပ်လည် တကယ်လိုအပ် တဲ့နေရာ၌ အကောင်အထည်ဖော်လိမ့်မည်မဟုတ်ပေ။

မှန်ကန်သောလေ့ကျင့်ပေးခြင်း သည် အခြားသူများ၏အသက် တာ ကဏ္ဍအမျိုးမျိုး၌ လေ့ကျင့် ပေးမည့် ခေါင်းဆောင်များကို မွမ်းမံရန် အတွက် ကျွန်ုပ်တို့အား လိုအပ် သောအပြောင်းအလဲကို သယ်ပိုး ပေး ပါသည်။ ဤအခန်းသည် အသစ်သောယုံကြည်သူများအား လေ့ကျင့်ပေးမည့် သဘောသဘာဝနှင့် အသက်၏ အချက်အချာနှင့်တကွ ဤလေ့ကျင့်ပေးခြင်း၏ အရေးကြီးပုံကို ဆောင်ယူပေးသည်။

အသက်အွတိုင်သည် စစ်မှန်သော ယုံကြည်သူတိုင်း၏ အသက်တာနှင့် အသင်းတော်တစ်ခုလုံး၌ ဘုရားသခင်၏ အထူး လုပ်ဆောင်ချက် အကြောင်းအရာကို ပြောဆိုခြင်းဖြစ်ပါသည်။ အသစ်တစ်ဖန်မွေးဖွားခြင်း သည် တဘဝလုံးအတွက် အစပြု၍ ယုံကြည်သူတိုင်း၌ သန့်ရှင်းသော ဝိညာဉ်တော်၏သန့်ရှင်းစင်ကြယ်စေခြင်း အလုပ်သည် ရပ်နားခြင်းမရှိဘဲ လုပ်ဆောင်လျက်နေ၏။

ကိုယ်တော်သည် ငါတို့ပြုခဲ့သည့် ဖြောင့်မတ်သောအကျင့် အားဖြင့် မဟုတ်ဘဲ မိမိ၏ ဂရုဏာတော်နှင့်အညီ အသစ်မွေး ဖွားခြင်းနှင့်ဆိုင်သော ဆေးကြောခြင်းနှင့် သန့်ရှင်းသော ဝိညာဉ်တော်၏အသစ်ပြုပြင်ခြင်းအားဖြင့် ငါတို့ကို ကယ်တင်

အသက်၏အနှစ်သာရ

တော်မူ၏။ ဘုရားသခင်သည် ထိုဝိညာဉ်တော်ကို ငါ တို့၏ကယ်တင်ရှင်ယေရှုခရစ်တော်အားဖြင့် ငါတို့အပေါ် ကြွယ်ဝစွာ သွန်းလောင်းတော်မူ၏(တိ၊၃း၅-၆)။

သန့်ရှင်းသောဝိညာဉ်တော်၏သွန်းလောင်းခြင်းသည် ကျွန်ုပ်တို့ အသက်တာထဲ၌ မြစ်ရေကဲ့သို့ စီးဆင်းနေသည့် ဘုရားသခင်၏အဆက်မပြတ် လုပ်ဆောင်ချက်ကို ရည်ညွှန်းခြင်းဖြစ်ပါသည်။

တမန်တော်ယောဟန်၏တိကျမှန်ကန်သော တွေ့ရှိချက်ကား အသစ် သောယုံကြည်သူ၏ အထူး လိုအပ်ချက်သည် ကလေးသူငယ်ကဲ့သို့ ဖြစ်သည် ဟုဆို၏။ မိဘများသည် သူတို့၏ကလေးငယ် လေးအတွက် အချိန်နာရီနှင့် ငွေရေးကြေးရေးကို ချိန်ညှိလျက် အလိုက်အထိုက်စဉ်းစား တတ်ကြ၏။ ဥပမာ ပြောရရင် မိဘများသည် သူတို့၏ကလေးငယ်လေးများအတွက် လိုအပ်သော အစားအစာနှင့် ဝေယျာဝစ္စများကို သူတို့၏ဝင်ငွေပမာဏအတိုင်း အသုံးပြု တတ်ကြ၏။ ယောဟန်သည်လည်း အသစ်သောယုံကြည်သူများ ပြုစု စောင့်ရှောက်ခြင်းအတွက် ဤသဘောတရားကို အသုံးပြုခြင်းဖြစ်ပါသည်။

အသစ်သောယုံကြည်သူများကို ပြုစုရန် အခြားသောသူများအား လေ့ကျင့်ပေးခြင်း၌ ကျွန်ုပ်တို့ ရင်ဆိုင်ရသည့် စိန်ခေါ်များထဲမှ အကြီးမား ဆုံးတစ်ခုကား ကျွန်ုပ်တို့ကိုယ်တိုင် လေ့ကျင့်ခြင်း မရှိခြင်းပင် ဖြစ်သည်။ တကယ်တော့ ကျွန်ုပ်တို့၌ ပို၍ကောင်းမွန်သောအရာများ ရှိနိုင်တဲ့အကြောင်း ကို ကျွန်ုပ်တို့ မမြင်တွေ့နိုင်ခြင်းကြောင့်ပေတည်း။။

လူငယ်များကြား၌ မယုံကြည်ခြင်းက အပြေးအလွှား ထကြွနေတာကို ကျနော်တို့တတွေ မမြင်နိုင်ဘဲ နေကြတယ်မဟုတ်လား။ ထိုလူငယ်တွေလည်း ဝေဂေလိတရားရဲ့တန်ခိုးကို မမြင်နိုင်ကြတော့ပါဘူး။ ကျွန်ုပ်တို့၏အကြီးမား ဆုံး စိန်ခေါ်မှုကား သူတို့၏အသက်တာ အသီးသီးအတွက် ဝေဂေလိတရား၏ ထိုက်သင့်လျော်ကန်မှုကို ပြသဖို့ရန်ဖြစ်ပါသည်။

ကျွန်ုပ်တို့၏အသင်းတော်များသည် အခြားသူများ၏အသက်ကို ကယ်တင်ဖို့ရန် သူတို့၏အချိန်နှင့် ငွေကြေးများစွာကို အသုံးပြုကြ သော်လည်း အသစ်သောယုံကြည်သူများအား ပြုစုပျိုးထောင်ခြင်း၌ အင်မတန်နည်းပါးလှပါသည်။ လူတစ်ဦးသည် အကောင်းဆုံးမျိုးစေ့ကို ဝယ်ယူဖို့ရန် ငွေကြေးများစွာကို အသုံးပြုခဲ့သော်လည်း မျိုးစေ့ပေါက်လာ၍ အညှောက်ထွက်လာသောအခါ ရေလောင်းဖို့ မေ့သကဲ့သို့ ဖြစ်ကြ၏။

အသစ်သောယုံကြည်သူများကို တပ်ဆင်ပေးခြင်း

အသင်းတော်ဖြစ်စေ၊ ကျမ်းစာကျောင်းဖြစ်စေ၊ သင်တန်းကျောင်းဖြစ်စေ ကျွန်ုပ်တို့သည် ရည်ရွယ်ချက် အပြည့်ရှိရမည်။

(၁) အသစ်သောယုံကြည်သူများအား လေ့ကျင့်ပေးရန် အရေးကြီးပုံနှင့် လိုအပ်ချက်ကို ဘုရားသခင်၏ လူတို့အား လက်ခံယုံကြည်စေရမည်။

(၂) အသစ်သောယုံကြည်သူများအား မည်ကဲ့သို့လေ့ကျင့်ပေးမည်ကို ထိုသူတို့အား တပ်ဆင်မွေးမြေ့ရမည်။

(၃) အသစ်သောယုံကြည်သူများအား လေ့ကျင့်ပေးရာတွင် အသုံးပြုဖို့ ပစ္စည်းများကို ထောက်ပံ့ရမည်။

(၄) အသစ်သောယုံကြည်သူများအား စိတ်နှလုံးအကွင်းမဲ့ လေ့ကျင့်ပေးရန် ထိုသူတို့ကို စိန်ခေါ်ရမည်။

အခြားသောသူများကို လက်ခံယုံကြည်စေပါ

အကယ်၍ အနီးအနား၌ အသစ်သောယုံကြည်သူများရှိလျှင် သူတို့အား ပြုစုစောင့်ရှောက်ဖို့ရန် လိုအပ်တဲ့အကြောင်းကို ဘုရားသခင်၏လူများ ထံသို့ အလွယ်တကူ လက်ခံယုံကြည်စေခဲ့သော်လည်း ထိုအသစ်သော ယုံကြည်သူများသည် အနောက်နိုင်ငံသားများကဲ့သို့ ဝံဂေလိတရားဘက်၌ စိတ်နှလုံး ခိုင်မာနိုင်လျှင် ထိုသူတို့ကို ပုံမှန်အတိုင်းမတွေ့ဆုံဘဲ အခွင့်အလမ်းကို ရှာဖွေရမည်ဖြစ်ပါသည်။

ပထမအနေနဲ့ ပျောက်ဆုံးတဲ့လူဝိညာဉ်တွေကို ကျွန်တော်တို့ရှာဖွေရ မည်။ များစွာသော ခရစ်ယာန်တို့သည် ပျောက်ဆုံးတဲ့လူဝိညာဉ်တွေကို ရှာဖွေ ရာမှာ ကျွမ်းကျင်မှုမှာကော မြင်ကွင်းမှာပါ အလွန်အားနည်းကြပါသည်။ သခင်ဘုရားထံသို့ လူတွေခေါ်ဆောင်သွားနိုင်ရန် လိုအပ်ပါက အချိန်များများ ပေးဆပ်ရပါမည်။ အသက်၏အချက်အချာ သင်ရိုးညွှန်းတမ်းအတိုင်း ဝံဂေ လိဖြန့်ချီပါ။ ဒုတိယအနေဖြင့် ကျွန်ုပ်တို့သည် ကျွန်ုပ်တို့၏အသင်းတော်၊ ကျမ်းစာကျောင်းသာမကဘဲ သခင်ဘုရားက ကျွန်ုပ်တို့၏ တပည့်တော်မွေး ထုတ်ခြင်းကို တိုးချဲ့နိုင်ဖို့ရန် အခွင့်အလမ်းများကို ရှာဖွေကြရမည်။ ကျွန်ုပ် တို့သည် တကယ်လိုအပ်သည့်နေရာကို သွားဖို့လိုအပ်ပါသည်။ နေရာအနှံ့ တွင် ထိခိုက်နာကျင်သော သိုးများနှင့် လမ်းပျောက်နေသည့်သိုး များစွာရှိ ပါသည်။ ဘုရားသခင်၏လူတို့သည် ထိုသိုးတို့ကို ကြည့်ရှုစောင့်ရှောက်ရန် သခင်ဘုရားနှင့်အတူ လုပ်ဆောင်ဖို့ရန်အတွက် သင်ယူလေ့လာကြရမည်။

အသက်၏အနှစ်သာရ

အခြားသောသူများကို တပ်ဆင်မွမ်းမံပါ

အသစ်သောယုံကြည်သူများအား တပည့်တော်ဖြစ်စေခြင်းသည် အရေးကြီးသောအရာဖြစ်ကြောင်း လူတို့သည် တစ်ခါလက်ခံယုံကြည်လျှင် ထိုသူတို့ကို လွယ်လွယ်ကူကူ ကျွန်ုပ်တို့တပ်ဆင်မွမ်းမံနိုင်သည်။ ဆရာသမားသည် အရင်ဦးဆုံး လေ့ကျင့်ပေးခြင်းခံရသူ အသစ်သောယုံကြည်သူနှင့် ရင်းနှီးကျွမ်းဝင်မှုရှိရမည်။ သို့မှသာ ထိုသူတို့ကို တပ်ဆင်မွမ်းမံနိုင်မည်ဖြစ်ပါသည်။

တစ်ချို့ခေါင်းဆောင်များသည် အခြားသောသူများအား မွမ်းမံသော အချိန်၌ထက် ဤအရာကို လုပ်ဆောင်ခြင်း၌ ပို၍မွမ်းမံခြင်းခံကြရ၏။ သင့် အသင်းတော်အထဲ၌ဖြစ်စေ၊ အပြင်၌ဖြစ်စေ လေ့ကျင့်ပေးခြင်း လုပ်ဆောင် သောအခါ ပေးအပ်ပြီးသောအထူးဆုကျေးဇူးကို အသုံးပြုရန် မမေ့လျော့ရ။ အသစ်သော ယုံကြည်သူ ဆယ့်ငါးဦးအား စာအုပ်ငယ်လေးဖြင့် လေ့ကျင့် ပေးခြင်းကို ငါအမှတ်ရမိသည်။ ငါသည် သူတို့အား အချက်အလက်နဲ့ ပြုစုခဲ့ သည့်စာအုပ်ငယ်လေးကို တစ်အုပ်စီဝေမျှ၏။ နောက်ကြာလာသောအခါ ဤ စာအုပ်ငယ်လေးသည် သူတို့အတွက် အခြားသူများအား တပည့်တော်မွေး ထုတ်ရာ၌ လက်ကိုင် ဖြစ်လာပါသည်။ ငါသည် သူတို့၏မြင်ကွင်းကို ကျွမ်းကျင်မှုမှစ၍ အသိပညာလေ့ကျင့်ခြင်းနှင့်တကွ တည်ဆောက်ပေး ခဲ့၏။ နောက်တော့ သူတို့သည် အခြားသူများအား လေ့ကျင့်ပေးဖို့ရန် ဤ စာအုပ်ငယ်လေးကို အသုံးပြုတတ်လာကြပါသည်။

ဤသင်ခန်းစာ သင်ယူခြင်းကို မြှင့်တင်ဖို့ရန် နည်းလမ်းများစွာရှိ၏။ ဤအရာကို အကောင် အထည်ဖော်ဖို့ရန် နည်းလမ်းတစ်ခုကား မည်ကဲ့သို့ လုပ်ဆောင်သည်ကို ထင်ရှားစေခြင်းအားဖြင့် ဖြစ်ပါသည်။ ခေါင်းဆောင်သည် ပထမအသုတ် တပည့်တော်ဖြစ်စေခြင်း လေ့ကျင့်ပေး ခြင်း ကြီးကြပ်ရမည်။ သူသည် သင်တန်းကာလတစ်လျှောက်၌ လေ့ကျင့်ခံ တစ်ဦးနှင့် တွဲဖက်ရပါမည်။ ရှက်တတ်သောလူတို့အား ငါတို့နှင့်တွဲဖက် လုပ်ဆောင်နိုင်ကြောင်းကိုလည်း အသိပေးကြေငြာရမည်။ ဥပမာအားဖြင့် သတင်းကောင်း တရားနှင့်ယုံကြည်ခြင်းတရားကို ပြောဆိုတဲ့အခါ ယေရှုက သူတို့ကို ဘယ်လိုကယ်တင်ခဲ့ကြောင်း ပြောဆို နိုင်ပါသည်။ သူတို့သည် သင်ယူလျက် တစ်ချို့မြန်ဆန်၍ တစ်ချို့နှေးကွေးနိုင်သည်။ ဘုရားသခင်သည် ထိုလူနှစ်မျိုးစလုံးတို့ကို အခြားသူများ လေ့ကျင့်ပေးရာ၌ အတူတကွ အသုံးပြုနိုင်သည်။

176

အသစ်သောယုံကြည်သူများကို တပ်ဆင်ပေးခြင်း

မိခင်များသည် သူတို့၏ကလေးငယ်များကို အစားစာကျွေးမွေးနိုင်ကြ သော်လည်း ပို၍များသော ပြဿနာကား ဘေးပတ်ဝန်းကျင်အခက်အခဲကို မည်ကဲ့သို့ကိုင်တွယ်ရန် မသိရှိကြပေ။ ကျွန်ုပ်တို့သည် သူတို့ဘေးနား၌ ရပ် လျက် အားပေးစကားပြောရပါမည်။ သူတို့က သင့်ကို မေးမြန်းရန် အချိန် မ စောင့်ဆိုင်းပါနှင့်။ အသစ်သောတပည့်တော်များသည် စိတ်အားမငယ်မိ စေရန် သင်သည် ဤသူတို့နှင့်အတူ အချိန်ယူရမည်။ အခြားသောသူများ အား တပည့်တော်မွေးထုတ်ရန် ဦးစွာပထမ အတွေ့အကြုံ ကြီးကြီးကို ချပေး ရမည်။

အခြားသောသူများကို လေ့ကျင့်ပေးရန် ထောက်ပံ့ပါ

တပည့်တော်မွေးထုတ်ခြင်းဆိုင်ရာ လေ့ကျင့်ပေးခြင်း အစီအစဉ် များနှင့် ပစ္စည်းများ၏ အရေအတွက်သည် တိုးပွားလျက်နေ၏။ ဤအရာ သည် ကောင်းသောအရာဖြစ်၏။ တစ်ချို့သောလူတို့က ထိုအကြောင်းအရာကို စဉ်းစားတွေးခေါ်လျက်နေကြ၏။ ကျွန်တော်ငယ်ရွယ်သောအချိန်၌ လူနည်းစု သာလျှင် တပည့်တော်မွေးထုတ်ခြင်းကို မြှင့်တင်လုပ်ဆောင်ကြ၏။

တစ်ခုရှိတာက သူတို့တတွေဟာ အသင်းတော်ကို ဗဟိုပြု၍ လုပ်ဆောင်ခြင်းမဟုတ်ဘဲ တစ်ဦးချင်းရဲ့ ဝိညာဉ်ရေးရာအသက်တာကို အခြေခံပြီးလုပ်ဆောင်ကြပါတယ်။ အသင်းတော်၏သီအိုလော်ဂျီ ပိုင်းဆိုင်ရာ လည်း မှန်ကန်စွာပေါင်းစပ်ခြင်းမရှိပေ။ ကိုယ်ပိုင်မှုနှင့်ဆိုင်တဲ့ တန်ဖိုးထား ခြင်းက ပိုပြီးနေရာယူ လာတာကို တွေ့ရပါတယ်။ အရာရာဟာ ပိုကောင်းလာ သလိုဖြစ်ပေမယ့် အသင်းတော်နှင့် အသင်းတော် ငယ်လေးတွေ စပ်ကြား၌ တစ်ချို့ အားပြိုင်မှုရှိနေသေး၏။ တကယ့်တော့ သူတို့တွေဟာ ရည်ရွယ်ချက် တစ်ခုအတွက် အတူတကွလုပ်ဆောင်သင့်ပါသည်။

အနည်းငယ်သောအသင်းတော်များသည် သူတို့၌ရှိသောအရာများ အားဖြင့် လုပ်ဆောင်ရန် ပြင်ဆင်မှု ရှိကြ၏။ ငါလည်း ဤသို့သော အလားအလာကို အားပေးလိုပါသည်။ အသင်းတော်တိုင်းက သူတို့နှင့်ဆိုင် တဲ့ အသစ်သောယုံကြည်သူအား တပည့်တော်မွေးထုတ်ခြင်း အရင်းအနှီး များကို ဝန်ဆောင်မှုပေးနိုင်ပါ၏။ ဘာသာပြန်ဆိုထားတဲ့ အမျိုးမျိုးကို လည်းကောင်း၊ စာအုပ်ငယ်လေးကို လည်းကောင်း၊ ပုံနှင့်တကွ ထုတ်ဝေ ထားသည့်စာပေများကိုလည်းကောင်း ဝေမျှပေးလူနိုင်ပါသည်။

177

အရေးကြီးဆုံးသာအရာကား အမှန်တကယ် ကျေနပ်ရောင့်ရဲခြင်းပဲ ဖြစ်ပါသည်။ ဤစာအုပ်သည် တပည့်တော်မွေးထုတ်ခြင်းဆိုင်ရာ အဆင့် သုံးဆင့်အတွက် ဘုရားသခင်၏ရည်ရွယ်ချက်အမြင်ကို ဆွေးနွေး၍ အမှန် တကယ် ကျေနပ်ရောင့်ရဲခြင်းအကြောင်းကို အကျဉ်းချုပ် မိတ်ဆက်ပေးခဲ့ ပါသည်။

အထူးပြု ကြည့်ရှုစောင့်ရှောက်ခြင်း

အသစ်သောယုံကြည်သူများ၏လိုအပ်ချက် ဂရုစိုက်ခြင်းသည် အသင်းတော်၏ဦးစားပေးအရာအဖြစ် ရပ်တည်ရမည်။ မိသားစုသည် ကလေး၏လိုအပ်ချက်ကို ဖြည့်ဆည်း၍ စောင့်ရှောက်ပေးသကဲ့သို့ အသင်း တော်သည်လည်း ဘုရားသခင်၏အသစ်သောယုံကြည်သူများအတွက် သင့်တော်သည့် ပြုစုစောင့် ရှောက်ခြင်းကို သေချာလုပ်ဆောင်ပေးရမည်။

အသစ်သောယုံကြည်သူများအတွက် ရှင်းလင်းသောဝေဂေလိတရား၊ ဘုရားသခင်၏နှုတ်ကပတ်တော် အားဖြင့် တိုက်ကျွေးခြင်း၊ သူတို့အပေါ်၌ ခမည်းတော်၏စောင့်ရှောက်ခြင်းကို နားလည်စေခြင်းတို့ လိုအပ်ပါသည်။ သူ တို့သည် ယုံကြည်ခြင်း၌ ခိုင်ခံ့စွာ ရပ်တည်နိုင်ရမည့်အကြောင်း သူ တို့၏ယုံကြည်ခြင်းကို အားပေးရန် ရည်ရွယ်ထားခြင်းဖြစ်သည်။

ထို့သူတို့သည် အသက်တာမယိမ်းယိုင်ရ ဘဲ အပြစ်တရား၊ ခွင့်လွှတ်ခြင်းတရား၊ ခရစ်တော်နှင့် ယုံကြည် ခြင်း စသည်တို့ကို ရှင်းလင်းစွာ နားလည်ရ မည့်အကြောင်း သူ တို့၏ယုံကြည်ခြင်းကို အားပေးဖို့ လိုအပ် ပါသည်။ သို့မှသာ သူ တို့၏ပတ်ဝန်းကျင်၌ တည်မြဲသောဘုရားသခင်၏ချစ်ခြင်းမေတ္တာကို ပိုမို လေးနက်စွာ ယုံကြည်စိတ်ချစေမည်ဖြစ်သည်။

အသစ်သောယုံကြည်သူများကို တပ်ဆင်ပေးခြင်း

အသစ်သောယုံကြည်သူတစ်ဦးသည် မိမိအသိုင်းအဝန်းထံမှ ထွက် လာသောအခါ ခရစ်ယာန် အသက်တာ၏ပုံစံအမျိုးမျိုး၊ မိတ်သဟာယဖွဲ့ခြင်း နှင့်သန့်ရှင်းခြင်းတို့ကို ဆက်လက်လေ့ကျင့်ပေးဖို့ လိုအပ်လာ ပါသည်။ အကယ်၍ သူတို့သည် တရားဥပဒေအသိုင်းအဝန်းထဲမှ ထွက်လာသောသူများ ဖြစ်လျှင် ကယ်တင်ခြင်းတရား၊ သန့်ရှင်းစင်ကြယ်စေခြင်းနှင့် ဝံဂေလိ တရား၏လွတ်မြောက်ခြင်းတို့အပေါ်၌ အထူးရှင်းလင်းချက် လုပ်ဆောင်ပေးရ မည်။

အကယ်၍ အခြားယုံကြည်သူ တစ်ဦးသည် အိမ်၌ဖြစ်စေ အလုပ်၌ဖြစ်စေ အများသုံးဝါကြောင့် အခက်တွေ့နေလျှင် ထိုသူရင်ဆိုင်နေ တဲ့ပြဿနာကို အထူးကိုင်တွယ်ဖြေရှင်းဖို့လည်း လိုအပ်ပါသည်။ မည်သည့် ကမ္ဘာ၌မဆို ထိုသို့သောသူတို့ကို ကယ်တင်၍ အပေါင်းအသင်းဖွဲ့စေဖို့ လိုအပ် ပါသည်။ ဤအကြောင်းကြောင့် ဝိညာဉ်ရေးရာကြီးထွားဖွံ့ဖြိုးမှု ပထမ အဆင့်၌ တစ်ဦးပေါ်တစ်ဦး တပည့်တော် မွေးထုတ်ခြင်းသည် အရေးပါ ခြင်းဖြစ်ပါ၏။ ထို့ကြောင့် အသစ်သောယုံကြည်သူအတွက် ပထမအဆင့် ကား ခရစ်ယာန်တို့၏အခြေခံတရားကို နားလည်ခြင်း၊ ဒုတိယအဆင့်ကား ခရစ်ယာန်အသက်တာ၌ ကြီးထွားဖွံ့ဖြိုးမှုကို ဦးတည်ခြင်းတို့ဖြစ်ပါသည်။

ယုံကြည်ခြင်းကို ပေါင်းစပ်ပါ

ထိုသူတို့၏အသက်တာသစ်ကို နားလည်ခြင်းနှင့်အတူ တစ်ခုလုံး အနေဖြင့် ဘုရားသခင် လုပ်ဆောင် နေသောအရာကို ပေါင်းစပ်ခြင်းသည် ဝေဖန်စရာဖြစ်တတ်၏။ တကယ်တော့ သူတို့သွားနေတဲ့ ခရစ်ယာန် အသက် တာအတွက် နက်နဲသောအုတ်မြစ်ချခြင်းဖြစ်သည်။ ဥပမာ နှစ်ခု ဖော်ပြပါ မည်။

ဘုရားသခင်၏နှုတ်ကပတ်တော်အပေါ် သူတို့၏ဆာဝတ်မှုအသစ်ကို ဖော်ထုတ်ရမည်။ ကလေးငယ် တစ်ဦးက မိမိ၏မိခင်နို့ဆာလောင်နေခြင်းနှင့် တူပါသည်။ ထိုသို့ဖြစ်ခြင်းသည် သူတို့၏အသက်တာသစ်ဖြစ်၍ ဘုရားသခင်၏နှုတ်ကပတ်တော်ကို ဆာဝတ်ခြင်းဖြစ်ကြောင်း သိစေပါ။ အစားအစာကို စားရသကဲ့သို့ ရင်သည်လည်း ပုံမှန်သွားနေမည်ဖြစ်သည်။

အသစ်သောယုံကြည်သူများသည် အခြားသောသူများနှင့်အတူ ဆုတောင်း၍ နှုတ်ကပတ်တော်ကို ဝေငှလိုကြ၏။ ရင်သည် သူတို့၏အသက် တာထဲ၌ ဘုရားသခင်၏ဝိညာဉ်တော် နိုးကြားစေခြင်းဖြစ်၍ သူတို့သည်

အသက်၏အနှစ်သာရ

ပို၍ကြီးမားသော ဝိညာဉ်ရေးရာ မိသားစုဝင်များဖြစ်ကြောင်းကို သိစေရမည်။ ဤအတိုင်း ပုံမှန်ညွှန်ကြားသောအခါ အသစ်သောခရစ်ယာန်များသည် သူတို့ အသက်တာထဲ၌ ဘုရားသခင်ပါဝင် ခြင်းအပေါ် ကောင်းကောင်း ကိုင်တွယ်စ ပြုတတ် လာကြမည်။ သေးငယ်သော ဤသင်ခန်းစာများသည် ပို၍ကြီးမားသော ရုပ်လုံးကို ပုံဖော်စေပါသည်။ သူတို့အသက်တာ၌ ဖြစ်ပျက် နေသောအရာနှင့် ဘာကြောင့် ဖြစ်ပျက်ရတာလဲဆိုတဲ့အရာ နှစ်ခုကို ချိတ်ဆက်ပေးဖို့ သတိရပါ။ ဘုရားသခင်၏ဝိညာဉ်တော်သည် သူတို့အထဲ၌ လုပ်ဆောင်လျက်နေ၏။ ထိုအသက်သည် ကြီးထွားလျက် သူ့ဘာသာသူ ဖော်ပြ လျက်နေ၏။

ဘုရားသခင်၏မဆုံးသောမေတ္တာ

ဘုရားသခင်၏မေတ္တာသည် တည်တံ့မြဲမြံ၍ အစစ်အမှန်ဖြစ်ပါသည်။ ကျွန်ုပ်တို့မှားယွင်း သော်လည်း ခရစ်တော်အားဖြင့် ခွင့်လွှတ်ခြင်းကို ရရှိဖို့ ရန် ဘုရားသခင်သည် လမ်းကို ပြင်ဆင်ပေးတော်မူ၏။ ကိုယ်တော်သည် ကျွန်ုပ်တို့အား အားပေးသူ သို့မဟုတ် ထောက်ခံသူဖြစ်ပါသည် (၁ယော၊ ၂း၁-၂)။ အကယ်၍ ငါတို့သည် ကောင်းမွန်သောမိသားစုအသိုင်းအဝန်းမှ မ ကြီးပြင်းလာပါ က ငါဟာ ချစ်ခြင်းမခံစားရဟု ခံစားနိုင်တယ်။ သို့သော် မှန်ကန်သောတပည့်တော်ဖြစ်စေခြင်း၌ဆိုသည်မှာ အသစ်သောယုံကြည် သူများအား သူတို့အပေါ် ၌ တည်မြဲသောဘုရားသခင်၏မေတ္တာရှိကြောင်း သဘောပေါက်စေခြင်းအားဖြင့် ကြီးထွားလာခြင်း ကိုခေါ်သည်။

ခရစ်တော်အားဖြင့် သူတို့နှင့်မထိုက်တန်သော ခရစ်တော်၏အပြစ် ခွင့်လွှတ်ခြင်းကို မှန်ကန်စွာ သိရှိသင်ယူလာကြသောအခါ ချီးမွမ်းဂုဏ်ပြု ခြင်းသည်လည်း ပို၍လေးနက်လာပါသည်။ သူတို့၏ ကြိုးစား အားထုတ်မှု ကြောင့် မဟုတ်ဘဲ လက်ဝါးကပ်တိုင်ပေါ်၌ သူတို့ကိုယ်စား ယေရှု ခရစ်တော်၏ လုပ်ဆောင်ချက် ဖြစ်သည့် ကြီးမြတ်သောအရေးပါမှုကို မြင် တွေ့လာကြပါလိမ့်မည်။ .

ဘုရားသခင်သည် အဆင့်တိုင်း၌ နောက်တစ်လှမ်း ကြီးထွားဖွံ့ဖြိုးမှု အတွက် တန်ဖိုးရှိသော အခြေခံအုတ်မြစ်ကို တည်ဆောက်လျက်နေ၏။ အသစ်သောယုံကြည်သူများသည် ဘုရားသခင်၏မေတ္တာကို ကောင်းကောင်း ဆုတ်ကိုင်ထားခြင်းမရှိပါက ဝိညာဉ်ရေးရာ ကြီးထွားဖွံ့ဖြိုးမှု၏ဒုတိယ အဆင့်၌ အခက်ခဲ ရှိနိုင်ပါသည်။ ယနေ့ အသင်းတော်၌ ကြီးမားသော

အသစ်သောယုံကြည်သူများကို တပ်ဆင်ပေးခြင်း

ပြဿနာကား ထိုအရာပေတည်း။ အသစ်သော ယုံကြည်သူများကို ကောင်းကောင်းမပြုစုခြင်းသည် ကြီးရင့်သောသူယုံကြည်သူများကို ချွတ်ယွင်းစေပါသည်။

အကျဉ်းချုပ်

ပြောစရာများစွာရှိသော်လည်း အနှစ်ချုပ်ပြောရလျှင် အသစ်သော ယုံကြည်သူများကို ပြုစုပျိုးထောင် သည့်နေရာ၌ပထမအဆင့် လေ့ကျင့်ပေးခြင်းအတွက် ဘုရားသခင်၏ရည်ရွယ်ချက် ပြန်လည် အားဖြည့် စေခြင်းအား ဦးစားပေးခြင်းကို ကျွန်ုပ်တို့ညိဖို့လိုအပ်ကြောင်း အောက်မေ့ရမည်။ အသစ်သော ယုံကြည်သူများကို ပြုစုစောင့်ရှောက်ဖို့ရန် ကျွန်ုပ်တို့သည် ဘုရားသခင်၏လူတို့အား ထက်မြက်စွာ လေ့ကျင့်ပေးခြင်း ဖြစ်ကြောင်း ယုံကြည်စိတ်ချရမည်။

ဤသင်ခန်းစာများသည် အခြေခံကျ၍ မရှိမဖြစ်လိုအပ်သောအရာဖြစ် သော်လည်း အသင်းတော်၌ အကြီးအကျယ် လိုအပ်လျက်ရှိ၏။ ပြုစု စောင့်ရှောက်ခြင်းမရှိဘဲလျက် သူတို့သည် ခရစ်ယာန်အသက်တာ၏ ဒုတိယ အဆင့်၌ မှန်ကန်စွာ ကြီးထွားဖို့ရန် တည်မြဲသောမေတ္တာနှင့်ယုံကြည်မှုကို ရရှိနိုင်ကြမည်မဟုတ်ပေ။ ထိုသူတို့သည် သင်မျှော်လင့်သည့်အတိုင်း ဖြစ်မ လာကြဘဲ သူတို့၏ခရစ်ယာန်အသက်တာ၌ ဒယိမ်းဒယိုင် ဖြစ်လာကြ လိမ့်မည်။

အသစ်သောယုံကြည်သူတွေဟာ မတည်တံ့ကြဘူးဆိုတဲ့ အပြစ်တင် စကားကို ငါတို့ရပ်တန့်ဖို့ အချိန်ကျရောက်ပါပြီ။ အစကတည်းက ငါတို့အား ဘုရားသခင်သွန်သင်ခဲ့သည့် သူတို့ပြုစု စောင့်ရှောက်ခြင်းကို စတင်ဖို့ ဖြစ်လာသည်။

အသစ်သောယုံကြည်သူ၏အဆင့်သည် တိုတောင်း၍ ချက်ချင်း ပြည့်ဆည်းပေးဖို့လိုအပ်ပါသည်။ နတ်ဆိုးသည် သူတို့ကို ဖျက်ဆီးရန် အသင့်စောင့်ဆိုင်းလျက်နေ၏။ ကျွန်ုပ်တို့သည် သူတို့ထံရောက်အောင် အစွမ်းကုန်ကြိုးစား၍ သူတို့ကိုလမ်းပြကြရမည်။ အစပိုင်း၌ သူတို့စိတ်နှလုံးကို လုံ့ဆော်၍ သင်ယူစေရန် ခက်ခဲသလိုဖြစ်သော်လည်း ခရစ်ယာန်အသက် တာ၌ လဲကျနေသောသူများအား ပြန်လည်ထူထောင်ခြင်းထက် သူတို့နှင့် အတူ လုပ်ဆောင်ရသည်မှာ ပျော်ရွှင်ဖွယ်ဖြစ်ပါသည်။ ဘုရားသခင်၏အလို တော်ကို မဖြစ်ဖြစ်အောင် ဆောင်ရွက်ကြပါစို့။

အသက်၏အနှစ်သာရ

သင်ခန်းစာ

- အသင်းတော်နှင့်ခရစ်ယာန် လေ့ကျင့်ပေးရေးအဖွဲ့အားလုံးတို့သည် အသစ်သောယုံကြည်သူများကို ကိုယ်တိုင်ကိုယ်ကျနှင့်ဂရုတစိုက် တပည့်တော်ပြုကြရမည်။
- အသစ်သောယုံကြည်သူများကို အနာဂတ်အတွက် မျှော်မှန်းလျက် လေ့ကျင့်ပေးရုံမကဘဲ ပြည့်ဝသော ကြီးထွားခြင်းသို့ ပို့ဆောင်ကာ အခြားယုံကြည်သူအသစ်များကို မွေးထုတ်နိုင်သည်ထိ ဘုရားသခင် အသုံးပြုဖို့ လေ့ကျင့်ပေးရမည်။
- အသစ်သောယုံကြည်သူများအတွက် အထူးလုပ်ပေးသည့်ပစ္စည်းကို သူတို့အသက်တာ၌ အထူးလိုအပ်မှု ရှိသောအခါ ပေးအပ်ရမည်။

ကျက်မှတ်ဆင်ခြင်ပါ

- တိ၊၃:၅-၆

တာဝန်ပေးအပ်ခြင်း

➡ အသစ်သောယုံကြည်သူများကို သင်လေ့ကျင့်ပေးဖူးပါသလား။ ရှင်းပြပါ။

➡ အသစ်သောယုံကြည်သူကို လေ့ကျင့်ပေးဖို့ရန် ဘာအစီအစဉ် သို့မဟုတ် ဘာပစ္စည်း ရှိပါသနည်း။

➡ သင်သိတဲ့ အသစ်သောယုံကြည်သူသုံးဦး အကြောင်းကို စဉ်းစားပါ။ အကယ်၍ သူတို့ကို သင်တပည့်တော်မွေးထုတ်မည်ဆိုလျှင် သူတို့ အတွက် လိုအပ်သောအရာ သင်မည်သို့ ထည့်သွင်း စဉ်းစားပေးမည် နည်း။

➡ အကယ်၍ သင်သည် တပည့်တော်မွေးထုတ်ခြင်း၌ ပါဝင်လျှင် သင့် လူများက အခြားသူများကို လေ့ကျင့်ပေးရာတွင် အသုံးပြုဖို့ အထူးပြု သင်ခန်းစာများကို ချပြရမည်။ သင်မည်ကဲ့သို့ ဖြစ်စေလိုသည်ကိုရေးချ ပါ။

#၂၉
လူငယ်ယုံကြည်သူများကို ထောက်ခံအားပေးခြင်း

လူငယ်ယုံကြည်သူတစ်ဦးသည် အသစ်သောယုံကြည်သူတစ်ဦးထက် လိုအပ်ချက်အမျိုးမျိုးရှိသကဲ့သို့ ဆယ်ကျော်သက်အရွယ်သည်လည်း ကလေး ငယ်လေးထက် လိုအပ်ချက်အမျိုးမျိုး ရှိတတ်၏။ ဤအခန်းသည် ခရစ်ယာန် လူငယ် ယုံကြည်သူများအား လေ့ကျင့်ပေးခြင်း၌ ဦးတည်ထားခြင်းဖြစ် ပါသည်။

လူငယ်ယုံကြည်သူသည် အသစ်သောအနေအထား၌ ရင့်ကျက်ခြင်း သို့ အလျင်အမြန် ဦးတည်လာ သော်လည်း သူတို့သည် တကယ်မရောက်ရှိ နိုင်ပေ။ သူတို့ကြုံတွေ့နေသော အခက်ခဲတစ်လျှောက် သူတို့ကို လမ်းပြဖို့ရန် ဝိညာဉ်ရေးရာ လေ့ကျင့်ပေးခြင်း လိုအပ်ပါသည်။

".... လူငယ်လူရွယ်တို့၊ သင်တို့သည် မကောင်းသောအရာကို အောင်နိုင်ခဲ့သောကြောင့် သင်တို့ထံသို့ ငါရေးလိုက်၏။ ..... လူငယ်လူရွယ်တို့၊ သင်တို့သည် ခွန်အားနှင့်ပြည့်စုံ၍ ဘုရားသခင်၏နှုတ်ကပတ်တော်သည် သင်တို့၌ တည်သဖြင့် မကောင်းသောအရာကို သင်တို့ အောင်နိုင်ခဲ့ကြသောကြောင့် သင်တို့ထံ ငါရေးလိုက်၏"(၁ယော၊ ၂:၁၂-၁၄)။

တစ်ဖန် ယောဟန်သည် ကျွန်ုပ်တို့အား ၁ ယော၊ ၂:၁၂-၁၄ ထဲမှ အထူး ထိုးထွင်းအမြင်ဖြင့် ခင်းကျင်းပေး၏။ သူသည် ကျွန်ုပ်တို့အား ရှုံးကန်လှုပ်ရှားမှု အမျိုးမျိုးကြုံလျက်၊ ဖြားယောင်း သွေးဆောင်ခြင်းခံ လျက်၊ ဘုရားသခင်၏နှုတ်ကပတ်တော်ထဲမှ သင်ယူလျက်ရှိသည်ဟု ဦးတည် ထားဟန်ရှိ၏။ ဖေက်အခန်းကြီး ၆ ထဲမှ ယုံကြည်သူတစ်ဦး၏ဝိညာဉ်ရေးရာ လက်နက်စုံအကြောင်းကို ဤသို့တွေ့ရ၏။

သင်တို့သည် မာရ်နတ်၏လျှို့ဝှက်သောအကြံအစည်များကို ခုခံ ဆီးတားနိုင်ရန် ဘုရားသခင်၏ လက်နက်စုံကို ဆောင်ယူ ဝတ်ဆင်ကြလော့။ အကြောင်းမူကား ငါတို့သည် အသွေးအသား ရှိသောသူကို ရင်ဆိုင်တိုက်ခိုက်နေကြသည်မ ဟုတ်။ အုပ်ချုပ်မှုများ၊ အာဏာ စက်များ၊ ဤလောကမှောင်မိုက် ခြင်းကို အစိုးတရပြုသောမင်းများ၊ အထက်ကောင်းကင်အရပ်၌

အသက်၏အနှစ်သာရ

ရှိသည့် ဆိုးညစ်သောဝိညာဉ်တန်ခိုးများနှင့် ရင်ဆိုင် တိုက်ခိုက်နေကြခြင်းဖြစ်၏(ဧ၆း၁၁-၁၂)။

အရေးကြီးသည့် သတိပြုစရာအချက်ကား ဤအရာသည် ယုံကြည်သူ တစ်ချို့၊ သာမန်ဖြတ်သန်းရသည့် အရာမဟုတ်ဘဲ ယုံကြည်သူတိုင်း နောက်ဆုံး၌ ထိပ်တိုက်ရင်ဆိုင်ရမည့် အရာဖြစ်ပါသည်။ ဤအထဲ၌ ယုံကြည် သူတို့၏လေ့ကျင့်ခြင်းဆိုင်ရာ အစိတ်အပိုင်းများစွာ ပါဝင်ပါသည်။

အသစ်သောယုံကြည်သူကို လေ့ကျင့်ပေးခြင်းသည် လေ့ကျင့်ပေး သောသူတို့အား သူတို့အနီးအနား၌ ဘုရားသခင်ရှိနေသည်ဟူသည့် မှန်ကန် သောရှုထောင့်အမြင်ကို ရရှိစေပါသည်။ ထိုသို့ပြုခြင်းသည် သူတို့အား ညွှန် ပြသောသူများနှင့် ကောင်းမွန်သောဆက်နွယ်မှု ရရှိစေပါသည်။ သူတို့ အထဲ၌ ဤအရာကို သဘောပေါက်ခြင်း နက်ရှိုင်းစွာမရှိပါက သူတို့သည် လူငယ်ယုံကြည်သူ လေ့ကျင့်ပေးခြင်း တစ်လျှောက်၌ ဘုရားသခင်ကို အလွယ်တကူ ကိုးစားနိုင်ကြမည်မဟုတ်ပေ။ စိတ်ပျက်ခြင်းကို ဖြစ်စေသည့် သံသယသည် အလွယ်တကူဝင်လာ၍ သူတို့ကို စိတ်အားငယ်ခြင်းနှင့် ရှုံးနိမ့်ခြင်းသို့ ပို့ဆောင်သွားမည်ဖြစ်ပါသည်။

ဝိညာဉ်ရေးရာဗဟုသုတမှာသမျှကို ဆယ်ကျော်သက်အရွယ်များအား သင်ကြားပေးရာတွင် လေ့ကျင့်ပေးသူအတွက် လွယ်ကူမှုရှိပါသည်။ ကျွန်ုပ် တို့သို့ ပါဝင်လာသောအသစ်သောမိတ်ဆွေများနှင့် ကျောင်းသားများကို ရင်းနှီးအောင်လုပ်ကြပါစို့။ ထိုအခါကျွန်ုပ်တို့သည် သူတို့၏ဝိညာဉ်ရေးရာ အခြေအနေသို့ စတင်ဝင်ရောက်နိုင်ပါလိမ့်မည်။ ထိုသို့လုပ်ဆောင်ခြင်းသည် သူတို့၏ဝိညာဉ်ရေးရာ ကြီးထွားမှု လက်ရှိအခြေအနေကို အသင်းတော်က အကူအညီပေးနိုင်ရန် များစွာအထောက်အကူ ဖြစ်စေပါသည်။ တစ်ချိန်က မ ရေရာမသေချာတဲ့ အရာတွေလည်း အလွန်ပွင့်လင်းပြီး ရှင်းလင်းလာမည် ဖြစ်ပါသည်။

ကိုယ့်ကိုယ်ကိုနှင့်အခြားသူများ နှိုင်းယှဉ်ခြင်းသည် အန္တရာယ်ရှိ သော်လည်း မှန်ကန်စွာ တင်ပြရမည်။ သို့သော် ဝိညာဉ်ရေးရာကြီးထွားမှု အတိုင်းအတာကို တရားစီရင်ဖို့ရန် မဟုတ်ဘဲ သိရှိဖို့ရန် အကဲဖြတ် သုံးသပ် ခြင်းကို အသုံးပြုနိုင်ပါသည်။ ကျွန်ုပ်တို့၏ရည်ရွယ်ချက်သည် အပြစ်ရှာဖို့ နှိုင်းယှဉ်ဖို့မဟုတ်ဘဲ လူများ ကြီးထွားစေခြင်းငှာ အထောက်အကူအတွက်ဖြစ် ပါသည်။

လူငယ်ယုံကြည်သူများကို ထောက်ခံအားပေးခြင်း

လူငယ်ယုံကြည်သူ၏လိုအပ်ချက်များ

အသစ်သောယုံကြည်သူသည် ကယ်တင်ခြင်းနှင့်ထာဝရအသက် ယုံကြည်စိတ်ချမှုအကြောင်းကို သေချာသင်ယူလေ့လာဖို့ လိုအပ်သည်။ ဤ သမ္မာတရားများသည် ဘုရားသခင်၌ ကိုးစားရန် အခြေခံတရားကို တည်ဆောက်ပေးသည်။ ကျွန်ုပ်တို့၏ခမည်းတော်ဘုရားသခင်သည် ကျွန်ုပ်တို့ကို ကြည့်ရှု စောင့်ရှောက် တော်မူ၏။

လူငယ်ယုံကြည်သူသည် မိမိအသက်တာ၌ ဘုရားသခင်၏နှုတ်ကပတ်တော် မည်ကဲ့သို့အသုံးပြု ရမည်ကို သင်ယူ လေ့လာရမည်။ သူသည် ဇွန်းခူးကျွေးမွေးခြင်းကို မခံယူတော့ဘဲ ဘုရားသခင်၏ နှုတ်ကပတ်တော်အားဖြင့် မိမိကိုယ်ကို ကျွေးမွေးရပါမည်။ ဤအကူးအပြောင်းသည် ကျွန်ုပ်တို့၏ လေ့ကျင့်ပေးခြင်း အပေါ်၌ တိုက်ရိုက်ဆက်နွယ်မှု ရှိပါလိမ့်မည်။ ကျွန်ုပ်တို့သည် ယုံကြည်သူများအား သူတို့၏ဝိညာဉ်ရေးရာ စည်းကမ်း၌ ကြီးထွားစေလျက် သူတို့ကိုယ်တိုင် ဘုရားသခင်၏နှုတ်ကပတ်တော်၌ စိတ်နှလုံးအကြင်းမဲ့ ကိုးစားစေတတ်ရ မည်။ ဥပမာအနေဖြင့် လူတို့အား သမ္မာကျမ်းစာကို မည်ကဲ့သို့ ခြုံ့လေ့လာ ရမည်ကို သင်ပေးလျှင် ၎င်းသည် သူတို့အဖို့ ပိုမိုနက်ရှိုင်းစွာ လေ့လာဖို့ရန် ကြီးစွာ အထောက်အကူပြုပါလိမ့်မည်။ သို့သော် လူတိုင်း ထိုသို့လေ့လာနိုင် ဖို့ရန် တူညီတဲ့ပညာရေးနောက်ခံကောင်း မရှိကြကြောင်းကို ကျွန်ုပ်တို့ သတိပြုရပါမည်။

ဘုရားသခင်၏နှုတ်ကပတ်တော်နှင့်စပ်လျဉ်း၍ လူငယ်ယုံကြည် သူ၏ ပေါင်းစပ်ခြင်း အတိမ်အနက်သည် သူ့အသက်တာ၌ တိုက်ရိုက်အကျိုး ရှိ စေရုံသာမက နတ်ဆိုးကိုပါမည့်သို့တားဆီးရ မည်ကိုလည်း သင်ယူစေ ပါသည်။ အဖွဲ့လိုက်သင်ကြားခြင်းသည် အဆင်ပြေသော်လည်း တစ်ဦးချင်း၏ ရန်ကန်မှုများကို ကိုင်တွယ်ဖို့ရန် အကြံပေးတိုင်ပင်ခြင်းသည် ပို၍ကောင်းမွန်၏။

တစ်စုံတစ်ဦး၏အသက်အရွယ်သည် ယုံကြည်သူတစ်ဦး၏ဝိညာဉ် ရေးရာ ကြီးထွားခြင်းကို အလျှင်အမြန် အကျိုးသက်ရောက်မှုရှိစေနိုင်သည်။ လူငယ်တစ်ဦးသည် အသစ်သောယုံကြည်သူ အဆင့်ကို ဖြတ်ကျော်လျက် လျှောက်လှမ်းသောအခါ လူကြီးထက် ပို၍ရှည်လျားစွာ လျှောက်လှမ်းပါ

အသက်၏အနှစ်သာရ

လိမ့်မည်။ ၎င်းကို သူတို့၏စွမ်းရည်နှင့်တကွ ဆက်လက် လုပ်ဆောင်ရမည်။

လူငယ်ယုံကြည်သူအတွက် ရည်ရွယ်ချက်ပန်းတိုင်များ

ဤဒုတိယအဆင့် တပည့်တော်ဖြစ်စေခြင်း၏အရှည်အလျားသည် ခြားနားနိုင်သော်လည်း ခြုံပြီးပြောရလျှင် သုံးနှစ်ခန့်ကြာနိုင်သည်။ ကျွန်ုပ်တို့သည် အများကြီး သို့မဟုတ် မည်သည့်အခါမှ မကြီးထွားဟု ပြောရမည်လော။ တချို့သောလူငယ်ယုံကြည်သူများသည် လိုအပ်သော သင်ခန်းစာများကို မည်သည့်အခါမျှ ပိုင်ပိုင်နိုင်နိုင်မရှိကြပေ။ သူတို့၏ခရစ်တော် သိရှိခြင်း အတိုင်းအတာသည် ဝိညာဉ်ရေးရာ ရင့်ကျက်ခြင်း၏ပမာဏ မဖြစ်နိုင်ပေ။ လူငယ်ယုံကြည်သူတို့၌ အရေးကြီးသည့် လေ့လာသင်ယူစရာ များစွာရှိပါသည်။

(၁) ဝိညာဉ်ပိုင်းဆိုင်ရာကို ဘုရားသခင်၏နှုတ်ကပတ်တော်အားဖြင့် သူတို့ဖာသာသူတို့ ပြုစုပျိုးထောင် ကြ၏။

(၂) ကားတိုင်ပေါ်၌ ယေရှုခရစ်တော်၏လုပ်ဆောင်ချက်အားဖြင့် နတ်ဆိုးအပေါ် အနိုင်ယူသကဲ့သို့ ဟူသောနယ်ပယ်များနှင့်စပ်လျဉ်း၍ ဘုရားသခင်၏နှုတ်ကပတ်တော်ထဲမှ အဓိကသွန်သင်ချက်ကို နားလည် ကြ၏။

(၃) သူတို့အသက်တာထဲသို့ ဝင်ရောက်လာသည့် ဖြားယောင်း သွေးဆောင်ခြင်းများကို အဆက်မပြတ် သိမြင်၍ အောင်မြင်ကြ၏။ .

လူငယ်ယုံကြည်သူအတွက် အဓိက ရည်မှန်းချက်ပန်းတိုင်များအပေါ် အာရုံစူးစိုက်ခြင်းသည် ပို၍အရေးကြီး၍ ထိုရည်မှန်းချက်ပန်းတိုင်များသို့ ရောက်ရှိဖို့ရန် ဘာဖြစ်ရမည်ကို ဖော်ထုတ်ရမည်။ ငါတို့သခင်သည် ကျွန်ုပ်တို့အား လေ့ကျင့်ပေးရန် ကျွန်ုပ်တို့ရင်ဆိုင်သည့် အခြေအနေမျိုးစုံကိုလည်း အသုံးပြုနိုင်ပါသည်။ မည်သည့်အရာမျှ မချွတ်နိုင်ပေ။ သင်ယူလေ့လာသူဖြစ် အောင် ကြိုးစားပါ။ ကိုယ်တော်သည် ကျွန်ုပ်တို့၏လေ့ကျင့်ပေးသောအရှင် ဖြစ်သည့်အလျောက် တခဏမျှ အချိန်မဖြုန်းပါ။

ဘုရားတရားကြည်ညိုသော အကြံပေးသူများ မွေးထုတ်ခြင်း

ကျွန်ုပ်တို့၏လေ့ကျင့်ခြင်းအဆင့် စာအုပ်နှစ်အုပ်သည် ဤလူငယ်ယုံကြည်သူအဆင့်၌ ကြီးထွားဖို့ရန် ဘုရားသခင်၏နှုတ်ကပတ်တော် ကို မည်ကဲ့သို့အသုံးပြု၍ မည်ကဲ့သို့သင်ယူရမည်ကို ရောင်စုံမင်သားပေး၏။

လူငယ်ယုံကြည်သူများကို ထောက်ခံအားပေးခြင်း

ကျွန်ုပ်တို့သည် နတ်ဆိုးကို သီအိုရီအရနဲ့သာ နိုင်ခြင်းမဟုတ်ဘဲ လက်တွေ့နဲ့ ပါနိုင်ခဲ့တဲ့အကြောင်းကို ယုံကြည်သောသူတည်းဟူသော အကြံပေးသူ သို့မဟုတ် ဆရာသမားကို တွေ့ရှိထားသည်။

များစွာသောယုံကြည်သူများသည် ကောင်းကောင်းမွန်မွန် လေ့ကျင့် ပေးခြင်းမခံကြပေ။ သူတို့သည် ဤလိုအပ်သည့်ယုံကြည်ခြင်းဆိုင်ရာ သင်ခန်းစာများကို ကျွမ်းကျင်ခြင်းမရှိကြပေ။ လေ့ကျင့်ပေးသောသူသည် ဤသူတို့အား မည်ကဲ့သို့ခေါ်ဆောင်ရမည်ကို သင်ယူလေ့လာ၍ ယုံကြည် သူများကဲ့သို့ သူတို့ဖြစ်သင့်သော နေရာသို့ ဦးတည်စေရမည်။ အကယ်၍ အကြံပေးသူသည် မိမိအသက်တာနယ်ပယ်တစ်ခု သို့မဟုတ် တစ်ခုထက် ပိုသောနေရာ၌ ဖြားယောင်းသွေးဆောင်ခြင်းကို မည်ကဲ့သို့အောင်မြင်ရမည်ကို မသင်ယူခဲ့ပါက လေ့ကျင့်ခံသောလူငယ်ယုံကြည်သူသည် မိမိအား ဘုရားသခင်ကူညီနိုင်သည်ကိုပင် သံသယရှိလာမည် ဖြစ်သည်။ ဤအဖြစ် သည် တစ်စုံတစ်ဦး၏ယုံကြည်ခြင်းအား အားပေးမည့်အစား မေ့မြောသွား စေ မည်သာ ဖြစ်သည်။

ငါလည်း ရန်းကန်လျက်နေတဲ့နယ်ပယ်၌ ငါကိုယ်တိုင်ကြီးထွားနိုင်ဖွံ့ ရန် ဆွေးနွေးတိုင်ပင်ခြင်းဆိုင်ရာ သင်ခန်းစာများရယူလျက် ငါ့ကိုငါယုံကြည် စိတ်ချမှုရှိစေရန် သင်းအုပ်နဲ့ဆိုင်တဲ့ လေ့ကျင့်ပေးခြင်း စာအုပ်များစွာကို ဖတ်ရှုခဲ့ရသည်ကို အမှတ်ရမိပါသည်။ ဒါတွေဟာ အမှန်ဆိုရင် အစ ကတည်းက ငါလုပ်သင့်တဲ့အရာတွေပဲဖြစ်ပါတယ်။

အသက်၏အနှစ်သာရ

ယုံကြည်သူတွေဟာ သူတို့ကြုံတွေ့နေတဲ့ အခက်ခဲမျိုးစုံတို့ကို သူတို့ ကိုယ်တိုင် အောင်မြင် နိုင်တယ်ဆိုတာကို အသင်းတော်ထဲမှာ မယုံကြည်ကြ ဘူး။ ဤရှန်းကန်လှုပ်ရှားမှု အခက်ခဲတွေကို ကိုင်တွယ်မည်ဆိုရင် သူတို့ရဲ့ အလေးထားတဲ့အရာတွေမှာထက် သူတို့ရဲ့တည်ကြည်မှုပေါ်မှာ များစွာ မူပေါ် တည်ပါလိမ့်မည်။ အဓိကပြဿနာမှာ ဘာမဆို ကြိုတင်ကောက်ချက်ချ တတ်ကြတဲ့ အတွက်ကြောင့် အနိုင်ရရန် အကြောင်းမရှိ။ မယုံကြည်ခြင်း သည် သူတို့ကို လွှမ်းခြုံနေသော်လည်း၊ အကြံပေးသူက မိမိ၏အောင်မြင်ခြင်း အကြောင်းကို မျှဝေရမည်။

ထို့ကြောင့် အကြံပေးသူမှစ၍ အားလုံးတို့သည် သူတို့ရောက်ရှိနေ သည့်နေရာကို မြင်တွေ့နိုင် ရမည့်အကြောင်း ဝိညာဉ်ပိုင်ဆိုင်ရာ ကြီးထွားဖွံ့ ဖြိုးမှုအားလုံးကို ပြန်လည်လုပ်ဆောင်ဖို့ရန် လိုအပ်ခြင်း ဖြစ်ပါသည်။ ထိုသို့ လုပ်ဆောင်ခြင်းသည် ဆရာသမားများ၊ သင်းအုပ်များနှင့်လေ့ကျင့်ပေး သူများအား ယုံကြည်ခြင်းကို တည်ဆောက်ပေး၍ သူတို့ပြစ်မှားခဲ့သည့် အပြုအမူ ဥပမာ အပြာရုပ်ရှင် ကြည့်ခြင်း၊ ဝိညာဉ်ရေးရာ၌ မောက်မာခြင်း၊ အမျက်ထွက်ခြင်း စသည်တို့ကို ဘုရားသခင်ကူညီမစနိုင်တဲ့ အကြောင်း လှုံ့ဆော်ပေး၏။ ကျွန်ုပ်တို့သည် ပြဿနာရှိသောယုံကြည်သူများအား ပြဿနာကို ကုစားပေးတဲ့ အထူးဆရာများထံသို့ စေလွှတ်ခြင်းကို ကနှင့်ကွက်၏။ ၎င်းသည် အတိုင်းအတာတစ်ခုထိ ကောင်းသော်လည်း၊ သူ တို့၏ဝိညာဉ်ရေးရာကို ချို့တဲ့စေတတ်၏။ ထိုပြဿနာတွေကို အောင်မြင်ဖို့ရန် ဘုရားသခင်၌ မည်ကဲ့သို့ ကိုးစားရမည်ကို ဒီလူတို့အား ဘာလို့ မပြသတာလဲ။ ကျွန်ုပ်တို့၏ရည်မှန်းချက်ကား လူငယ်ယုံကြည်သူတို့၏ ထိုးထွင်းသိမြင်နိုင် စွမ်းကို တည်ဆောက်ပေးရန် ဖြစ်သည်။ သို့မှသာ သူတို့သည် နတ်ဆိုး၏ဖြားယောင်းခြင်းကို သိမြင်နိုင်၍ မည်ကဲ့သို့တုံ့ပြန်ရမည်ကို သေချာ သိရှိကြရမည်ဖြစ်သည်။ သူတို့သည် ဤသို့ဆက်လက် လုပ်ဆောင်လာ သောအခါ ဝိညာဉ်ရေးရာကြီးထွားခြင်း တတိယအဆင့်သို့ ရောက်ရှိသွားပေ မည်။

အဆင့်တိုင်းတွင် ဘုရားသခင်၏လုပ်ဆောင်ချက်အပေါ်၌ ယုံကြည် ခြင်းမရှိလျှင် စုံလင်သော ရင့်ကျက်ခြင်း အဆုံးသို့ ကျွန်ုပ်တို့ရောက်ရှိနိုင် မည်မဟုတ်ပေ။ မည်သို့ပင်ဖြစ်စေ တစ်နည်းတစ်လမ်းဖြင့် ဘုရားသခင် သည် ကျွန်ုပ်အပေါ်၌ ရည်ရွယ်ချက်ရှိ၍ အခြားသူများသည်လည်း ဝိညာဉ် ရေးရာ ကြီးထွားခြင်း ဒုတိယအဆင့်အားဖြင့် ရွှေလျားနေသည်ဟု ယုံကြည်

လူငယ်ယုံကြည်သူများကို ထောက်ခံအားပေးခြင်း

မယ်ဆိုလျှင် ကျွန်ုပ်တို့သည် ကိုယ်တော်ကိုကိုးစားလျက် ဖြတ်သန်းနိုင်မည် ဖြစ်ပါသည်။ ဘုရားသခင်၏လုပ်ဆောင်ချက် အပေါ်၌ထားရှိသော ကျွန်ုပ် တို့၏ ယုံကြည်ခြင်းသည် အရှုံးမပေးဘဲ ရှင်သန်နေမည်ဖြစ်သည်။

သင်ခန်းစာ

- လူငယ်ယုံကြည်သူသည် အသစ်သောယုံကြည်သူထက် ခြားနားသော ကြီးထွားခြင်း အလားအလာကို ပိုင်ဆိုင်၏။
- လူငယ်ယုံကြည်သူသည် အမျိုးမျိုးသော ဖြားယောင်းခြင်းများကို အောင်မြင်ရမည့်အကြောင်း၊ ဘုရားသခင်၏နှုတ်ကပတ်တော်၌ မိမိ ကိုယ်ကို မည်ကဲ့သို့ ပြုစုပျိုးထောင်ရမည်ကို သင်ယူလေ့လာ ရမည်။
- အသင်းတော်၌ အကျပ်အတည်းရှိရခြင်း အကြောင်းရင်းမှာ မည်သို့ သောဖြားယောင်းခြင်းကိုမဆို အသက်အရွယ်ကြီးရင့်သူများ အနေဖြင့် သူတို့ကိုယ်တိုင် အနိုင်ယူနိုင်သည်ကို သဘောပေါက်ခြင်း မရှိကြသောကြောင့်တည်း။
- ဖြားယောင်းသွေးဆောင်ခြင်းကို အောင်မြင်ကျော်လွှားရန် အဆင့် များသည် အခြေခံကျသော်လည်း လူငယ်ယုံကြည်သူများနှင့်တကွ လေ့ကျင့်ပေးသူများတို့သည် မည်ကဲ့သို့ လုပ်ဆောင်ရမည်ကို ရှင်းလင်းစွာမချပြနိုင်ကြသောကြောင့် ယုံကြည်သူများသည် မ ယုံကြည်ခြင်းသို့ နစ်မွန်းရခြင်းဖြစ်သည်။

ကျက်မှတ်ဆင်ခြင်ပါ

- ၉၆:၁၁-၁၂

တာဝန်ပေးအပ်ခြင်း

➡ သင့်ကိုယ်သင် လူငယ်ယုံကြည်သူတစ်ဦးဟု သတ်မှတ်ပါသလား သို့မဟုတ် မသတ်မှတ်ဘဲ နေပါသလား။ အကြောင်းပြချက်ပေးပါ။

➡ လူငယ်ယုံကြည်သူတစ်ဦးအား ဖြားယောင်းခြင်း အမျိုးမျိုးကို ကျော်လွှားဖို့ရန် ကောင်းကောင်း တပ်ဆင် ပေးပါသလား။

သင်မကျော်လွှားနိုင်တဲ့ နယ်ပယ်တွေရှိပါသလား။ ရင်တို့ကား အ ဘယ်နည်း။ သင့်ယုံကြည်ခြင်းကို ပြန်လည်ရရှိဖို့ သခင်ဘုရားအား တောင်း လျှောက်ပါ။

အသက်၏အနှစ်သာရ

၃၀
လူငယ်ယုံကြည်သူများကို တပ်ဆင်ပေးခြင်း

လူငယ်ယုံကြည်သူအတွက် လေ့ကျင့်ခြင်းအကြောင်းကို ဆွေးနွေး ကြပါစို့။ ကလေးငယ်တိုင်းသည် ခန္ဓာကိုယ်အရ ကြီးထွားကြသော်လည်း များ စွာသောသူတို့သည် ရင့်ကျက်ခြင်း၌ အခက်ခဲရင်ဆိုင်ကြ၏။ အထူးသဖြင့် မိသားစု၌ မေတ္တာမခံစားဘဲ ကြီးထွားလာလျှင် ထိုသူကလေးတို့သည် အရာရာ ကို အထင်လွဲမှားမှု ရှိလာနိုင်သည်။ သူတို့၏နောက်ခံသမိုင်း ပျက်စီးခြင်းသည် သူတို့ကို အခက်ခဲများစွာနဲ့ ရင်ဆိုင်စေပါသည်။ ခန္ဓာပိုင်းဆိုင်ရာ တည့်မှန် ခြင်းသည် လူငယ်ယုံကြည်သူများ ဝိညာဉ်ပိုင်းဆိုင်ရာသို့ လိုက်လျော့ညီထွေမှု ကို ဖြစ်ပေါ်စေပါသည်။

လူတို့အား လေ့ကျင့်ပေးခြင်း သည် သာသနာလုပ်ငန်းအတွက် ပြင်ဆင်မှုကို ဖြစ်ပေါ်စေသည်။ များစွာသောသူတို့သည် ကိုယ်တိုင်ပြဿနာများနှင့် တကွ ကျမ်းစာကျောင်းကိုသွား ကြ၏။ သီအိုလော်ဂျီသည် သူတို့ ကိုယ်တိုင် ရှုန်းကန်မှုများကို ကွယ်ပျောက်စေမည်ဟု ယူဆကြ၏။ တကယ် တော့ သူတို့အထဲ၌ရှိသည့် ရှုန်းကန်မှုများကို အောင်မြင်ကျော်လွှားနိုင်ဖို့ရန် သူတို့အသင်းတော်၌ လေ့ကျင့်ပေးခြင်းကို လက်ခံရယူကြရမည်။

ဝမ်းနည်းဖွယ်ကောင်းသည်မှာ သူတို့လိုအပ်သည့် လေ့ကျင့်ပေး ခြင်းဆိုင်ရာ တပည့်တော်ဖြစ်စေခြင်း ၎င်းဒုတိယ အဆင့်ကို များစွာသော အသင်းတော်များနှင့် ကျမ်းစာကျောင်းများ၌ မေ့လျော့နေကြခြင်းပင် ဖြစ်သည်။ အသင်းတော်သည် ၎င်နယ်ပယ်များ၌ ဘုရားသခင်၏လူတို့ကို ကောင်းမွန်စွာ မသွန်သင်ခဲ့သောကြောင့် ဆွေးနွေး လမ်းညွှန်ခြင်း ဘာသာရပ်များသည် နေရာယူထည့်ရှိ နှင့်လေ၏။

အဲဒီလို ဘာသာရပ်များကို သင်ယူလျက် တကယ်အကျိုးပြုသော သူများရှိလျှင် ငါတကယ် အံ့သြမိပါတယ်။ အကြောင်းရင်းကတော့ ခရစ်ယာန်

အသက်၏အနှစ်သာရ

တစ်ဦးဥ္ဇီ ရှိသင့်ရှိထိုက်တဲ့ ယုံကြည်ခြင်းမရှိလို့ပဲ ဖြစ်ပါတယ်။ များစွာသော ဆွေးနွေးတိုင်ပင်ဆရာများက တစ်စုံတစ်ဦးသည် အမျက်ဒေါသနှင့်စိုးရိမ်မှု များကို သည်းခံရမည်ဟု သင်ကြားပေးကြ၏။ သို့သော် သမ္မာကျမ်းစာက ကျွန်ုပ်တို့အား ပြောပြသည်မှာ အလွန်ခြားနားပါသည်။ ကျွန်ုပ်တို့သည် အမျက်ဒေါသကို ကိုင်တွယ်ရှိသက်သက်မဟုတ်ဘဲ အဆုံးသတ်လို၏။

ဘုရားသခင်သည် သူ၏ရည်မှန်းချက်ပန်းတိုင်များနှင့်ဆိုလိုရင်း ရှိ သော်လည်း အသင်းတော်က ငှင်းတို့ကို ကိုယ်တော်၏လူတို့အား ကြီးထွားဖို့ ရန်အတွက် အမွေဆက်ခြင်းမရှိပေ။ ပြဿနာကား အပြင်ဘက်မှ အသစ် သောယုံကြည်သူများ ဝင်ရောက်လာခြင်းကြောင့်မဟုတ်ဘဲ အသင်းတော် နှင့် ငှင်း၏ခေါင်းဆောင်များ၌ ယုံကြည်ခြင်းကင်းမဲ့နေကြသောကြောင့်ပေ တည်း။

ဘုရားသခင်သည် သူ့လူတို့ကို ခိုင်ခံ့၍ ဘုရားတရားကြည်ညိုသော သူများအဖြစ် ကြီးထွားဖို့ရန် ကြီးမြတ်သောလေ့ကျင့်ပေးခြင်းကို ရရှိစေလို သည်(ဧ၊ ၄း၁၅-၁၆)။ ဤလေ့ကျင့်ပေးခြင်းသင်တန်းသည် တိုင်းပြည်၌ လိုင်စင်ရ ကျွမ်းကျင်အတတ်ပညာရှင် အကြံပေးဆွေးနွေးဆရာများအား အဆင့်အတန်း လျော့ကျစေရန် မဟုတ်ပေ။ ယုံကြည်သူများက လူတစ် ဦး၏ဝိညာဉ်ရေးရာ ရှုပ်ထွေးမှုများကို အခြေခံကျကျ ကူညီနိုင်ဖို့ရန် ဒေါက်တာ ဘွဲ့ရရှိဖို့လိုသည်ဟု တိုး၍တိုး၍ ယူဆလာကြသည်။ ဒါဟာ တကယ့်အမှားအ ယွင်း ဖြစ်ပါသည်။

အသင်းတော်များသည် သူတို့၏လူများကို လေ့ကျင့်ပေးခြင်း ပြုလုပ်ပေးသော်လည်း များစွာ သူများသည် ပျက်ကွက်နေဆဲရှိသောကြောင့် ကျမ်းစာကျောင်းများ၌လည်း ဤသွန်သင်ခြင်း လိုအပ်နေရခြင်း ဖြစ်ပါသည်။ သင်းအုပ်ဖြစ်စေ၊ သာသနာပြုဖြစ်စေ၊ ဓမ္မဆရာဖြစ်စေ၊ လူငယ်ခေါင်းဆောင် ဖြစ်စေ၊ တစ်ကိုယ်တော်ဖြစ်စေ၊ မယားဖြစ်စေ ဤတရားကို သိရှိဖို့လို၍ ပြောင့်မတ်စွာ အသက်ရှင်ခြင်း လိုအပ်သည် မဟုတ်လော။ ဘုရားတရား ကြည်ညိုခြင်းဆိုသည်မှာ ခရစ်တော်ကဲ့သို့ အမှုတော်ထမ်းဆောင်ခြင်း ဖြစ်သည်။ ဘုရားသခင်၏လူအပေါင်းတို့သည် ဝိညာဉ်ရေးရာ၌ ခိုင်ခံ့၍ ကျန်းမာသန်စွမ်းလျက်ရှိကြောင်းကို ကျွန်ုပ်တို့သည် ယုံကြည်စိတ်ချနိုင်ရ မည့်အကြောင်း ဤသင်ကြားခြင်းကို ကျွန်ုပ်တို့လိုအပ်၏။

ခေါင်းဆောင်တို့လည်း လေ့ကျင့်ပေးခြင်း လိုအပ်ကြ၏။ သူတို့သည် ဘုရားတရားကြည်ညိုသည့် ဘုရားသခင်၏ရည်ရွယ်ချက်ပန်းတိုင်များကို

လူငယ်ယုံကြည်သူများကို တပ်ဆင်ပေးခြင်း

ခံယူဖို့လိုအပ်၍ အခြားသူများအား လေ့ကျင့်ပေးရန် သင်ယူကြ ရမည်။ လူငယ်ယုံကြည်သူတိုင်း လေ့ကျင့်ပေးခြင်းဆိုင်ရာ ရည်မှန်းချက်ပန်းတိုင် များကို လိုအပ်ကြပါသည်။

- ဖွားယောင်းသွေးဆောင်ခြင်း၏အစွန်းအထင်းကို ခုခံရန် အပြည့်အဝ ပြင်ဆင်ပါ။
- ဖွားယောင်းသွေးဆောင်ခြင်းဆိုင်ရာ အခြေခံကျသော ပြဿနာကို နားလည်ပါ။
- ဖွားယောင်းသွေးဆောင်ခြင်းသည် သူတို့၏အပြစ်သဘောသဘာဝနှင့် လောကသို့ မည်ကဲ့သို့ဆက်နွယ် သည်ကို သုံးသပ်ပါ။
- ဖွားယောင်းသွေးဆောင်ခြင်းကို တိုက်ခိုက်ရန် သမ္မာတရားကို ရယူ၍ အသုံးပြုပါ။
- သူတို့၏စိတ်နှလုံးများ၌ ခွင့်လွှတ်ခြင်းတရား နေရာယူခြင်းကို ဦးစားပေး စေပါ။
- ဘုရားသခင်၏နှုတ်ကပတ်တန်ခိုးကို ကိုယ်တိုင်သက်သေခံပါ။

တမန်တော်ယောဟန်က လူငယ်တို့သည် နတ်ဆိုးကို အောင်မြင်ကြ သည်ဟု ဆို၏။ ဘုရားသခင်၏ လူယောက်ျား၊ လူမိန်းမနှစ်ဦးစုံလုံး တို့သည် သူတို့အောင်မြင်ခြင်း၌ စိတ်ချမှုရှိကြ၏။ ငှင်းသည် ဖြစ်နိုင်သော အရာမဟုတ်ဘဲ ဖြစ်သည့်အရာဖြစ်ပါသည်။ ဘုရားသခင်၏နှုတ်ကပတ် တော်ကို ကျွန်ုပ်တို့အသက်တာထဲ၌ အခွင့်ပေးသောအခါ ကျွန်ုပ် တို့၏ယုံကြည်ခြင်းသည် အားရှိလာ၍ စာတန်၏လှည့်ဖြားမှုကို သိမြင်ကာ သမ္မာတရားကို လက်တွေ့ကျင့်သဖြင့် ခိုင်ခံ့စွာရပ်တည်လေ၏။

"အကြောင်းမူကား ဘုရားသခင်ထံမှ ပေါက်ဖွားလာသောသူ တိုင်းသည် လောကကို အောင်နိုင်၏။ လောကကို အောင်နိုင် သောအောင်ပွဲမှာ ငါတို့၏ယုံကြည်ခြင်းပင်ဖြစ်၏" (၁ယော၊၅း၄)။

ဤကား ကြီးမားသောအသက်တာ တစ်ခုလုံး၏အဓိကဖြစ်စဉ် ဖြစ် ပါသည်။ ဝိညာဉ်ရာရာအသက်သည် ဖွားယောင်းသွေးဆောင်ခြင်းကို အမြဲ အောင်နိုင်ဖို့ရန် ကျွန်ုပ်တို့အား ပေးအပ်ခြင်းဖြစ်ပါသည်။ များစွာသော အကြံပေးဆွေးနွေးသူများသည် ဘုရားသခင်၏လူတို့အား အောင်နိုင်ခြင်းသို့ မ

အသက်၏အနှစ်သာရ

ပို့ဆောင်ဘဲ မည်ကဲ့သို့ ကိုင်တွယ်ရမည်ကိုသာ ပြောပြတတ်ကြ၏။ ၎င်းသည် ယေရှုခရစ်တော်၏ခရစ်ဝင်ကျမ်း၌ ဘုရားသခင်၏ ရည်ရွယ်ချက်နှင့် အလှမ်းဝေးကွာ၏။ ဘုရားသခင်သည် ကျွန်ုပ်တို့အား အမြဲအောင်မြင်ခြင်း ကို ပေးလို၏။ ကျွန်ုပ်တို့သည် မိမိတို့၏အသက်တာထဲ၌ နတ်ဆိုး၏ခြေကုပ် နေရာယူလာရန် လုံးဝငြင်းပယ်ကြရမည်။

လေ့ကျင့်ပေးခြင်း၏အကျိုးအမြတ်များ

အစပိုင်း၌ ကျွန်ုပ်တို့သည် အပြစ်ခွင့်လွှတ်ခြင်းနှင့်ပကတိဖြစ် ခြင်းကို တွေ့ရှိဖို့ရန် ပုံမှန်အားဖြင့် ကားတိုင်၏တန်ခိုးသို့ ပြန်လှည့်ကြ၏။ ၎င်းသည် တနည်းပြောရရင် ဘုရားသခင်၏အံ့ဩဖွယ် ကျေးဇူးတရားကို ကျွန်ုပ်တို့အား သတပေးခြင်းဖြစ်ပါသည်။

ယုံကြည်သူသည် တိုက်ခိုက်မှု တစ်ခုပြီးတစ်ခု ခံရသည့်အလျောက် သူ့အပေါ်၌ နတ်ဆိုး၏အပ်ချောင်း ဆိုက်ဝင်သွားသည်ကို မြင်တွေ့လာသည်။ ထို့ကြောင့် ဤအဆင့်အတွက် လေ့ကျင့်ပေးခြင်းသည် ခိုင်ခံ့စွာ ရပ်တည် နိုင်ဖို့ရန် ဘုရားသခင်၏နှုတ်ကပတ်တော်အားဖြင့် နတ်ဆိုး၏အကြံအစည် အပေါ် မည်ကဲ့သို့ တားဆီးရမည်ကို ဦးတည်သွင်ပါသည်။

ဤလေ့ကျင့်ပေးခြင်းကို ကျောင်းသူ/သား၊ အသင်းသား၊ အသင်း တော်၌ ပါဝင်သူအပေါင်းတို့အား ဖြည့်ဆည်းပေးခြင်းအားဖြင့် ကျွန်ုပ် တို့သည် ယုံကြည်သူအသီးသီး၏ယုံကြည်ခြင်းကို မြှင့်တင်ပေး၏။ ဤကား ဘာသာတရား၏အစဉ်အလာအရ ကျက်မှတ်၍ "ငါယုံကြည်သည်" ဟုရိုးရှင်း စွာ ပြောဆိုခြင်းမဟုတ်တော့ဘဲ နတ်ဆိုးကို အောင်နိုင်ဖို့ရန် ဘုရားသခင်၏နှုတ်ကပတ်တော်ကို လေ့လာသင်ယူလျက် ထိုနှုတ်ကပတ် တော်ကို အသုံးပြုခြင်းဖြစ်ပါသည်။

၎င်းသည် ယုံကြည်သူအသီးသီးအတွက် ဘုရားသခင်၏ရည်ရွယ်ချက် မဟုတ်လော။ များစွာသော ယုံကြည်သူတို့သည် ထိုအဆင့်သို့ အဘယ့်ကြောင့် မည်သည့်အခါမျှ မရောက်ရှိကြသနည်း။ များစွာသော သင်းအုပ်နှင့်ဓမ္မဆရာများက ငါတို့သည် ဤဒုတိယအဆင့်မှာ ပဲ ရှိသေးသည်ဟု ငါ့အားဆိုကြ၏။ သူတို့သည် ထိုအဆင့်မှာပဲ ရှိသေးလျှင် အခြားသူများကို လေ့ကျင့်ပေးရန် ယုံကြည်ခြင်း၌ မရင့်ကျက်သေးပါ။ ဘုရားတရားကြည်ညိုသောအသက်တာဖြင့် အသက်ရှင်၍ ဖွားယောင်း

လူငယ်ယုံကြည်သူများကို တပ်ဆင်ပေးခြင်း

သွေးဆောင်ခြင်းကို အောင်နိုင်ရန် မဖြစ်နိုင်ပါဟု ဆိုသောခေါင်းဆောင်များ အတွက် လွန်စွာဆိုးဝါးပါ၏။

မည်ကဲ့သို့ လေ့ကျင့်ရန် သင်ယူခြင်း

ငါတို့သည် ဤအရာများကို မည်ကဲ့သို့လေ့ကျင့်ပေးနိုင်မည်နည်းဟု အံ့အားသင့်နိုင်သည်။ ဤအကျင့်စရိုက်များနှင့်ဝိသေသများကို လက်တွေ့ ကျင့်သုံးဖို့ရန် ဘယ်ကနဲ့ သင်ယူနိုင်မှာလဲ။ လေ့ကျင့်ခြင်းသည် ကိုယ်တိုင် အတွက် စိန်ခေါ်ခြင်းဖြစ်၍ ခက်ခဲရှုပ်ထွေးခြင်းမရှိပေ။ တမန်တော် ယောဟန် သည် ကျွန်ုပ်တို့ဦးတည်ရန် လိုအပ်သည့်ချိန်ရွယ်ခြင်း နယ်ပယ်များ၌ အကောင်းဆုံး လုပ်ဆောင် ပေးခဲ့သည်။

အခြေခံသဘောတရားများသည် 'သာမညောင်ညကို ကျော်လွန်၍ ရောက်ရှိခြင်း - အောင်နိုင်သောသူဖြစ်ခြင်း' ဟူသော ပထမအခန်းကြီးလေး ခန်း၌ ရှင်းပြပြီးဖြစ်သည်။ ၎င်း၌ ဘုရားသခင်သည် ကျွန်ုပ်တို့ကို ကြိုတင်၍ အောင်မြင်သောသူဖြစ်စေပြီး ကျွန်ုပ်တို့ ရင်ဆိုင်ရသော ဝိညာဉ်ရေးရာ တိုက်ပွဲ၌ သူ၏သန္နဋ္ဌာန်ရှင်းသောရုပ်လုံးထင်ဟပ်စေရန် ကျွန်ုပ်တို့ကိုယ်စား လုပ်ဆောင်လျက် နေ၏။ နောက်လာမည့်အခန်းများ၌လည်း ဤအခြေခံ သဘောတရားများကို အသုံးပြု၍ ကျွန်ုပ်တို့ကိုယ်တိုင်၏ ပြဿနာတည်း ဟူသော အမျက်ဒေါသ၊ တပ်မက်ခြင်းနှင့်မာနတို့ကို အောင်မြင်ဖို့ရန် ပြသ ပေး၏။

တစ်စုံတစ်ဦးသည် သေးငယ်သောဒုစရိုက်အပြစ်ကို မည်ကဲ့သို့ ကိုင်တွယ်ရန် ကောင်းကောင်း မသင်ယူပါက နောက်ဆုံး၌ ထိုအပြစ်သည် ထို သူကို စိုးမိုး၍ ဖျက်ဆီးပါလိမ့်မည်။ များစွာသော သင်းအုပ်တို့၏ သာသနာ လုပ်ငန်း တိုးချဲ့လာပုံကို စဉ်းစားကြည့်ပါ။ ဘုရားသခင်၏နှုတ်ကပတ်တော် အားဖြင့် စိတ်နှလုံး အထဲတွင် လိုအပ်သောအကွယ်အကာ ဖြစ်ပျက်၏။ "နှလုံးသည် အသက်၏အခြေအမြစ် ဖြစ်သောကြောင့် သင်၏နှလုံးကို အထူးသဖြင့် စောင့်ရှောက်လော့"(သု၊ ၄း၂၃)။

ဤလေ့ကျင့်ခြင်းသင်တန်းသည် အကြာကြီးမဟုတ်ပေ။ လူတစ်ဦး သည် ဆယ်ကျော်သက်အရွယ် တစ်လျှောက် ကြီးထွားသကဲ့သို့ လူငယ် ယုံကြည်သူတစ်ဦးသည် နှစ်အနည်းငယ်အတွင်း၌ စုံလင်သော ရင့်ကျက် ခြင်းသို့ ကြီးထွားပေမည်။

အသက်၏အနှစ်သာရ

ကျွန်ုပ်တော်ပြောလေ့ပြောထရှိသည့်အတိုင်း ဤအဆင့်၌ ကြီး ထွားဖို့ရန် သုံးနှစ်ခန့် ကြာနိုင်ပါသည်။ အကယ်၍ တပည့်တော်တစ်ဦး သည် ဘုရားသခင်၏နှုတ်ကပတ်တော်ကို ကောင်းစွာ သိတတ်နားလည် သော သူဖြစ်လျှင် အခြေခံသဘောတရားကို အလျင်အမြန် သင်ယူနိုင်ပါသည်။ အချိန် သို့မဟုတ် ကုန်ကျစရိတ်သည် ပြဿနာမဟုတ်ပေ။ အကြီးဆုံး ပြဿနာကား သင်းအုပ်များနှင့်ဓမ္မဆရာများအား ဤအရာသည် ဘုရားသခင်ပြုစေလိုသောအရာဖြစ်၍ ယုံကြည်သူတိုင်း၏အသက်တာ၌ လွယ်လွယ်ကူကူ ပြုနိုင်သောအရာဖြစ်သည်ကို ယုံကြည်စေရန် ဖြစ်ပါသည်။ ကျွန်ုပ်တို့သည် မျက်လှည့်ပညာ သို့မဟုတ် အနာငြိမ်းခြင်း ကဲ့သို့သောပုံစံ များဖြင့် အကြံပေးနေခြင်းမဟုတ်ဘဲ ရှင်းလင်းသော သမ္မာကျမ်းစာ၏ လုပ်ဆောင်ချက်ကို ရေးရှူခြင်းသာဖြစ်သည်။

ကျွန်ုပ်တို့၏ရှုပါရုံကို ရှင်းလင်းခြင်း

ခဏစဉ်းစားကြည့်ပါ။ ယုံကြည်သူများနှင့်စပ်လျဉ်း၍ ပျမ်းမျှ အားဖြင့် သင်၏ယုံကြည်မှုကား အဘယ်နည်း။ သူတို့သည် ဝိညာဉ်ရေးရာ၌ စုံလင်သောရင့်ကျက်ခြင်းသို့ ကြီးထွားနိုင်မည်ဟု သင်ယူဆ ပါသလား။ သူ တို့သည် ဖြားယောင်းသွေးဆောင်ခြင်းတိုင်း၌ ရပ်တည်နိုင်မည်လော။

ငါတို့သည် ကျရှုံးစရာမလိုအပ်မည့်အကြောင်း ဘုရားသခင်သည် ကျွန်ုပ်တို့အား ဖြားယောင်း သွေးဆောင်ခြင်းမှာသမျှကို အစဉ်အမြဲ အောင်မြင်ရန် အလိုရှိသည်ဟု ကျွန်ုပ်တို့ယုံကြည်နိုင်လျှင် ထိုအသံသည် နည်းနည်းတစ်မျိုးမဖြစ်ဘူးလား။ အသင်းတော်သည် နွှေးရုံမျှသာရှိ၏။ အကြောင်းမှာ အသင်းတော်၌ အမှန်အပြောင်းအလဲဖြစ်နိုင်သောအရာကို အရှုံးပေးသောကြောင့်တည်း။

ကျွန်ုပ်တို့သင်တန်းကျောင်းများနှင့်ကျမ်းစာကျောင်းများမှ မည်သို့ သောလူများက ကျောင်းပြီးသွား ကြသနည်း။ ကျွန်ုပ်တို့အသင်းတော်၌ မည်သို့သောခေါင်းဆောင်များကို မွေးထုတ်ပါသနည်း။ သူတို့၏ ဝိညာဉ်ရေးရာ ရင့်ကျက်ခြင်းအပေါ်၌ ကျွန်ုပ်တို့ကျေနပ်အားရမှု ရှိပါသလား။ ဖြေကြား မည်ဆိုရင် အများစုကတော့ 'no' ပဲဖြစ်မှာပါ။ အကြောင်းရင်းကတော့ ပြော စရာမလို ရှင်းပါတယ်။ ကျွန်ုပ်တို့သည် သူတို့ကို ဘုရားသခင်၏နှုတ်ကပတ် တော် ညွှန်ကြားသည့်အတိုင်း မလေ့ကျင့်ပေးကြလို့ပါ။ ရင်းသည်

လူငယ်ယုံကြည်သူများကို တပ်ဆင်ပေးခြင်း

အမိန့်တော်ဖြစ်သောကြောင့် ကျွန်ုပ်တို့၏ခေါင်းဆောင်များသည် ဘုရားသခင်၏နှုတ်ကပတ်တော် သမ္မာတရား အတိုင်း အသက်ရှင်ရန် သင်ယူ၍ အခြားသူများကိုလည်း ထိုနည်းတူစွာ သင်ကြားပေးရမည်။

ကျွန်ုပ်တို့အသင်းတော် လူထုပရိသတ်တို့သည် အပြောင်းအလဲ မလုပ်နိုင်ကြသောကြောင့် ထိုအရှုပ်အထွေးကြားမှာပဲ ရှိနေကြသည်။ သူတို့သည် မယုံကြည်နိုင်ကြသောကြောင့် အပြောင်းအလဲ မလုပ်နိုင်ကြပေ။ အသင်းတော်၌ မူးယစ်ဆေးစွဲနေသူများရှိသော်လည်း ထိုအဟန့်အတားကို မကျော်လွှားဘဲ ထုံးစံအတိုင်းသာ နေကြရ၏။

ဘုရားသခင်၏ရှုပါရုံကို အကောင်အထည်ဖော်ခြင်း

ဉာဏ်ရှုပါရုံကို ကျွန်ုပ်တို့ကျောင်းမှာကော အသင်းတော်မှာပါမည်ကဲ့သို့ အကောင်အထည်ဖော် ကြမည်နည်း။ တစ်ချို့သောသွန်သင်ခြင်းသည် စာသင်ခန်းများ၌ သင်ကြားရသော်လည်း အုပ်စုငယ်နှင့် တစ်ဦးချင်း အကြံပေးဆွေးနွေးခြင်းကသာ တစ်ဦးချင်းနှင့်ဆိုင်သော ရှန်ကန်မှုများကို ဖော်ထုတ်ရန် အခိကသော့ချက် ဖြစ်သဖြင့် အောင်မြင်ခြင်း ဖြစ်စဉ်၏လုပ်ဆောင်ချက် မည်ကဲ့သို့ဖြစ်သည်ကို ပြသနိုင် ခဲ့သည်။

လူတွေဟာ သူတို့ရဲ့ အားနည်းချက်နှင့်အပြစ်များကို လူသိရှင်ကြား ဝန်ခံလိုစိတ်မရှိကြပါ။ ထိုသူတို့သည် တစ်ချို့သောအပြစ်အကြောင်း ပြောဆိုခြင်းနှင့်ပတ်သက်၍ ဘာမှပြဿနာမရှိကြပါ။ သို့သော် တစ်ချို့သောသူ တို့သည် အပြစ်အကြောင်းပြောလာရင် မသိချင်၊ မကြားချင်ဘဲ ပုန်းတတ် ကြ၏။ ဒုစရိုက်အပြစ် များစွာတို့သည် ခွင့်မလွှတ်တတ်သောအပြုအမူကဲ့သို့ ပေါ်လွင်၍ ကျွန်ုပ်တို့ယုံရွယ်စဉ်ကပင် အထင်၌ စွဲနေပြီးသားဖြစ်ပါသည်။

ထိုအရာတို့ကို ငါမည်ကဲ့သို့ သိရှိနိုင်မည်နည်း။ ဘုရားသခင်၏နှုတ်ကပတ်တော်က ကျွန်ုပ်တို့အား ပြောပြ၏။ ကျွန်ုပ် တို့သည် ကိုယ်တော်၏စည်းမျဉ်းဥပဒေသများအတိုင်း အသက်မရှင်သောအခါ အဘယ်သို့ ဖြစ်သည်ကို ငါတွေ့မြင်ရ၏။ ကျွန်ုပ်တို့အသက်တာသည် အောင်မြင်ခြင်းထက် ရှုံးနိမ့်ခြင်းနှင့်ကျရှုံးခြင်းဖြင့် ဖွဲ့စည်းထားပါသည်။ တစ်ဘက်၌ ကျွန်ုပ်၏အသက်တာမှာကော အခြားသူများ၏အသက်တာမှာပါ တန်ခိုးနဲ့ ပြည့်စုံသော ကိုယ်တော်၏သမ္မာတရား လုပ်ဆောင်လျက်ရှိသည် ကို အံ့ဩခြင်းနှင့်အတူ ကျွန်ုပ်တော်မြင်တွေ့ ခဲ့ရပါသည်။ ကိုယ်တိုင် အောင်မြင်ခြင်းသည် လေ့ကျင့်ပေးသူများအား ထိရောက်သော ပျိုးထောင်

197

အသက်၏အနှစ်သာရ

ခြင်းနှင့် အတူ ဒွဲ့တွဲ၏။ သင်ကိုယ်တိုင် မပိုင်ဆိုင်သော တစ်စုံတစ်ရာကို အခြားသူများအား လက်ဆင့်မကမ်းနိုင်ပါ။ အသင်းတော်များနှင့်တွဲဖက် ထားသည့် ကျောင်းများသည် ၂ တိ၊၂း၂ ဖြစ်စဉ်ကို အကောင်အထည်ဖော်ဖို့ ရန် အောင်မြင်သောလေ့ကျင့်ပေးသူများကို ပျိုးထောင်ရမည်။

ဘုရားသခင်သည် ကျွန်ုပ်တို့အား အောင်မြင်ခြင်း၌ ပျော်ရွှင်စေလို ပါသည်။ သို့ဖြစ်၍ ကျွန်ုပ်တို့သည် အောင်မြင်ကျော်လွှားနိုင်ရမည့် အကြောင်း ရင်းကို ကိုယ်တော်စီရင်ပေး၏။ ကျွန်ုပ်တို့ဖို့ ပို၍ကြီးမားသော ကိုယ်တော်၏အကြံအစည်ဖြစ်သည့် ရင့်ကျက်ခြင်းထဲသို့ ရှေ့တိုး၍ ကြီး ထွားဖို့ရန် ကျွန်ုပ်တို့သည် ကိုယ်တော်ကို နာခံဖို့လိုအပ်ပါသည်။ ကျွန်ုပ်တို့ လုပ်ဆောင်ခြင်း အသီးအပွင့်နှင့်ဆိုင်သည့် အရည်အချင်းနှင့် အရည်အသွေးတို့သည် ဤဒုတိယအဆင့်၌ ကျွန်ုပ်တို့အဘယ်မျှလောက် ကောင်းအောင်လုပ်ဆောင်နိုင် သည်ဟူသောအရာ၌ မူတည်ပါ၏။

အကယ်၍ အသင်းတော်အနေနဲ့ မိမိ၏ယုံကြည်သူများကို လေ့ကျင့် ပေးရာတွင် ဤသမ္မာတရားများ ကိုသာ ပိုင်ဆိုင်ထားမည်ဆိုလျှင် ဘုရားသခင်၏လူတို့သည် သူတို့၏ယုံကြည်ခြင်း၌ ခိုင်ခံ့ကြပါလိမ့်မည်။ နိုးထ ခြင်း ဖြစ်ပေါ်၍ မိသားစုများလည်း ပြန်လည်အားကောင်း ကျန်းမာလာပါ လိမ့်မည်။ ခေါင်းဆောင် များစွာလည်း ပေါ်ထွန်းလာလိမ့်မည်။ စိတ်နှလုံး ကို မှန်ကန်စွာ ပုံသွင်းခြင်းမရှိလျှင် ကျွန်ုပ်တို့ အသက်တာထဲသို့ နတ်ဆိုး၏တွေ့ခေါ်မှုအလေ့အထ စိမ့်ဝင်လာသောအခါ ကျွန်ုပ်တို့၏ပြဿနာ သည် ဆက်လက်တည်တံ့နေမည်သာ ဖြစ်ပါသည်။ မှန်ကန်သောလေ့ကျင့် ခြင်း၌ ခိုင်ခံ့သောဘုရားတရား ကြည်ညိုခြင်းအသက်တာ တည်ဆောက်ခြင်း ပါဝင်၏။ ထိုသို့မဟုတ်ပါက မှန်ကန်သောချစ်ခြင်းမေတ္တာ မရှိခြင်းပင် ဖြစ်သည်။

သင်ခန်းစာ

- များစွာသောယုံကြည်သူတို့သည် ရှုံးနှိမ့်သောခရစ်ယာန်များ အဖြစ် သွားလာကြ၏။ အကြောင်းမှာ ဘုန်းတန်ခိုးနဲ့ပြည့်သည့် ဘုရားသခင်၏နှုတ်ကပတ်တော်လုပ်ဆောင်ချက်သည် သူတို့အသက် တာထဲ၌ ဆွဲဆောင်ခြင်းမခံရသောကြောင့်တည်း။

လူငယ်ယုံကြည်သူများကို တပ်ဆင်ပေးခြင်း

- ဘုရားသခင်သည် အသင်းတော်အား ကျရှုံးခြင်းများ၌ ကားတိုင်၏တရားကို တည်စေလျက် အပြစ်တရားကို ပုံမှန်အနိုင်ယူခြင်း အားဖြင့် သန့်ရှင်းစွာအသက်ရှင်စေလိုပါသည်။

- အသင်းတော်အနေဖြင့် ဖြားယောင်းသွေးဆောင်ခြင်းနှင့် အပြစ်တရားကို အနိုင်ယူရန် ယုံကြည်ခြင်း တရားကို လက်ခံယုံကြည် လာသောအခါ ဘုရားသခင်၏တန်ခိုးတော်နှင့်ခိုင်းထမှု၌ မည်ကဲ့သို့ အားထား ရမည်ကို သင်ယူပါလိမ့်မည်။

- လေ့ကျင့်ခြင်းသည် မိမိတို့အသက်တာများ၌ ဘုရားသခင်၏တန်ခိုးတော် လုပ်ဆောင်နေခြင်းကို မြင်တွေ့သော ခေါင်းဆောင်များမှ ဆင်းသက်လာရမည်။

ကျက်မှတ်ဆင်ခြင်ပါ

- ၁ ယော၅:၄

တာဝန်ပေးအပ်ခြင်း

→ သင့်အသက်တာ၌ အားနည်းချက်တစ်ခုကို ဖော်ပြပါ။ ပြီးမှ ၎င်းကို အောင်မြင်ဖို့ရန် လိုအပ်သော ခြေလှမ်းများကိုလှမ်းပါ။ သင်သည် ထိုပြဿနာကို အောင်မြင်ဖို့ရန် တက်တက်ကြွကြွ လုပ်ဆောင် လျက် နေပါသလား။ ၎င်းဖြစ်စဉ်ကို အခြားသောသူများနဲ့ ဆက်သွယ် နိုင်ပါသလား။

→ အခြားသူများ၌ သင်မြင်တွေ့သော အပြစ်ကြီးများကို ဖော်ပြပါ။ သူတို့အသီးသီးအား ထိုအပြစ်ထဲမှ လွတ်မြောက်လာရန် ယုံကြည်ခြင်း နှင့်မျှော်လင့်ချက်ရှိစေဖို့ရန် လိုအပ်သောခြေလှမ်းများကို ရှင်းပြပါ။

→ သင့်အသင်းတော် သို့မဟုတ် ကျမ်းစာကျောင်းတို့က ခေါင်းဆောင် များ၌ မရင့်ကျက်ခြင်းနှင့် ဒုစရိုက်အပြစ် တိုးပွားနေခြင်းကို သည်းခံ ခွင့်ပြုပါသလား။ ၎င်းပြဿနာကို မည်ကဲ့သို့ ချဉ်းကပ် သင့်ပါ သနည်း။

#၃၁
ရင့်ကျက်လျက်ရှိသော ယုံကြည်သူများကို ညွှန်ပြပေးခြင်း

ဖခင်အဖြစ် ယောဟန်ဖော်ပြထားသည့် ဒုတိယအဆင့် ဝိညာဉ်ရေးရာကြီးထွားခြင်းအကြောင်းကို သင့်တင့်လျောက်ပတ်စွာ စဉ်းစားတွေးခေါ်ရန် အကြီးဆုံးစိန်ခေါ်မှုတစ်ခုကား ထုံးတမ်းစဉ်လာအရ တစ်စုံတစ်ဦးအား သို့မဟုတ် အခြားသူများအား ရင့်ကျက်သောယုံကြည်သူ အဖြစ် ဖော်ပြခြင်းသည် မသင့်တော်သောအရာ ဖြစ်လာတတ်သည်။ ဤ တွေးတောမှုအလေ့အထသည် ဘုရားသခင်၏လူတို့ကို ကျမ်းစာအရ အသက် ရှင်ရန် လိုအပ်မှုများနဲ့ ကင်းဝေးစေပါ၏။ သူတို့ကိုသူတို့ ဖခင်တစ်ဦးအနေနဲ့ ငြင်းပယ်သောသူကို သင်တွေ့ဖူးပါသလား။ ဤဖြစ်ရပ်သည် တော်တော်ကို ရယ်ဖွယ်ကောင်းသည့် အရာဖြစ်ပါသည်။

မာန၏ပြဿနာများနှင့်၎င်း၏ထောင်ချောက်တို့သည် ကဲန်မှုချ ကြီးမားသောပြဿနာ ဖြစ်၏။ သို့သော်လည်း ငွင်းတို့ကို ဖခင်အဆင့်၍ မှန်ကန်စွာကြည့်မည်ဆိုလျှင် ထိုမာနကို ကိုင်တွယ်ခြင်း လမ်းစဉ်အတွက် သမ္မာကျမ်းစာ၏ရှုထောင့်အမြင်ရှိနေသည်ကို ကျွန်ုပ်တို့တွေ့မြင်ရ လိမ့်မည်။

တစ်ဦးနှင့်တစ်ဦး နှိုင်းယှဉ်ခြင်းသည် အပြစ်ရှိတဲ့ လူတွေအတွက် ပြဿနာတစ်ရပ်ဖြစ်ပါသည်။ လူသားတို့၏သဘောသဘာဝသည် သူတစ်ပါး ထက်သာလိုကြ၏။ ကျွန်ုပ်တို့အဖို့ သမ္မာကျမ်းစာ၏ ရှုထောင့် အမြင်သုံး မျိုးမှာ၊

(၁) ဘုရားသခင်၏စံနှုန်းနှင့်ရည်မှန်းချက်ပန်းတိုင်များကို တိုး၍တိုး၍ ဆက်ခံပါ။

(၂) ကျွန်ုပ်တို့အား ဘုရားတရားကြည်ညိုခြင်း၍ ညွှန်ပြပေးရန် ဘုရားသခင်ကို အစဉ်အမြဲရှာဖွေပါ။

(၃) ကျွန်ုပ်တို့အနီးအနား၍ရှိသောသူတို့ကို ပို၍ကောင်းအောင် လေ့ကျင့်ပေးပါ။

အသက်၏အနှစ်သာရ

ခြားနားချက်ကို သင်မြင်တွေ့နိုင်ပါသလား။ ကြီးထွားခြင်းကို ရှာဖွေခြင်းဖြင့် ကြီးထွားဖို့ရန် အခန်းထဲကို ကျွန်ုပ်တို့ဝင်ရောက်၍ ပို၍ရင့်ကျက် လေ၏။ အခြားသူများအား အစေခံခြင်း၌ အာရုံစူးစိုက်ခြင်း အားဖြင့် မိမိတို့ ကိုယ်ကို အခြားသူများနှင့် နှိုင်းယှဉ်မအားတော့ပေ။ ဤကား ဖခင်များနှင့် စပ်လျဉ်း၍ ဤတတိယအဆင့်ကို ကျော်လွန်သည့်မှန်ကန်သောစိတ်ထား ဖြစ်ပါသည်။ ဖခင်အဆင့်ဖြစ်မလာဘဲ တစ်နေရာရာ၌ ထောင်ချောက်မိနေ သည့် ကျွန်ုပ်တို့အနီးအနားရှိ ခရစ်ယာန်များအတွက် ကျွန်ုပ်တို့သည် အော်ဟစ်ဆုတောင်းပေးသင့်သည်။

ယေရှုက မိမိကိုယ်ကို ရင့်ကျက်သောသူအဖြစ် ယူဆခြင်းသည် ကောင်းသောအရာဖြစ်၍ သင့်တော်ပါသည်ဟု ဆို၏။ "မြေကြီးသည် အလိုအလျောက်အသီးသီးလျက် ဦးစွာအပင်၊ ထို့နောက်အနံ၊ ထိုမှတဆင့် အနံထဲတွင် အောင်သောအဆန်ကို ဖြစ်စေ၏" (မာ၊ ၄:၂၈)။ ဤနောက်ဆုံး အဆင့်သည် အသီးသီးရန် ကျွန်ုပ်တို့မျှော်လင့်သင့်သည့်နေရာဖြစ် ပါသည်။ ကျွန်ုပ်တို့သည် မိမိတို့အလိုသို့လိုက်၍ ဂိမ်းကစားခြင်း သို့မဟုတ် ရုပ်ရှင်ဇာတ်လမ်းကြည့်ခြင်းအားဖြင့် အချိန်ဖြုန်းလျက် ဝမ်းနည်းစရာ ကောင်းသော အသက်တာ၌ အသက်ရှင်တတ်ကြ၏။ ဖခင်တစ်ဦးသည် သူ့ သားသမီးများ၏လိုအပ်ချက်များကို လျစ်လျူရှုလျက် မိမိငွေကြေးများကို မိမိ အားပျက်စီးစေမည့်နေရာ၌ သုံးဖြုန်းခြင်းထက် ပို၍ကြီးမားသော အပြစ်မရှိ တော့ပေ။ တကယ်ဝမ်းနည်းစရာအမှုဖြစ်သော်လည်း ဖြစ်ပျက်လျက်နေ၏။

ပထမအဆင့်၌ ကလေးငယ်တစ်ဦးသည် မိဘနှစ်ပါး၌ လုံးလုံးမှီခို အားထားသည်ကို ကျွန်ုပ်တို့ တွေ့မြင်ရ၏။ ထိုနည်းတူစွာ ယုံကြည်သူတိုင်း သည် အခြားသောသူများကို ခရစ်တော်ထံသို့ ခေါ်ဆောင်သွား၍ သူ တို့၏ဝိညာဉ်ရေးရာ လျှောက်လှမ်းခြင်း၌ ကူညီနိုင်သောသူဖြစ်သည်အထိ ခရစ်တော်၌ ကြီးထွားစေရမည်။ အကယ်၍ အသစ်သောယုံကြည်သူများကို မည်သူတစ်စုံ တစ်ယောက်ကမျှ ပြုစုပျိုးထောင်ခြင်းမရှိလျှင် ထိုသူ တို့၏ယုံကြည်ခြင်းသည် စမ်းတဝါးဝါးဖြစ်ပါလိမ့်မည်။ သို့ဖြစ်၍ ဖခင်တစ် ဦး၏စိတ်နေထားနှင့် အသက်ရှင်ခြင်းသည် သူအနီးအနား၌ရှိသောသူတို့ကို ပြုစုပျိုးထောင်လျက် သူတို့ကို ခရစ်တော်ထံသို့ ပို့ဆောင်ခြင်းပဲဖြစ်ပါသည်။

တတိယအဆင့်မှုကား ကျွန်တော်တို့သည် ယုံကြည်သူများအား အခြား သူများကို ကောင်းမွန်စွာ ပြုစုစောင့်ရှောက်စေခြင်း၌ သင်ယူလေ့လာဖို့ အတွက် လေ့ကျင့်ပေးခြင်းဖြစ်ပါသည်။ အခြားသူများအား အစေခံခြင်း

ရင့်ကျက်လျက်ရှိသော ယုံကြည်သူများကို ညွှန်ပြပေးခြင်း

အကြောင်းရင်း၌ ကြီးထွားဖွံ့ဖြိုးခြင်းသည် ဘုရားသခင်နှင့် ပိုမိုရင်းနှီးသော အသက်တာနှင့် ပိုမိုနက်ရှိုင်းသောအသက်တာကို ဖြစ်စေ၍ ထိုသူတို့အား မည်ကဲ့သို့ပျိုးထောင်ရမည်ကို သဘောပေါက် စေသည်။ ယုံကြည်ခြင်း အားကြီးသောယောက်ျားနှင့်မိန်းမတို့သည် ဖခင်များသဖွယ် ထိုအရာ တို့၌ ရင့်ကျက်သောသူများဖြစ်၍ အသင်းတော်၏လိုအပ်ချက်များကို ကြည့်ရှုစောင့်ရှောက်ရန် လိုလားသော သူများကို ခေါင်းဆောင်များအဖြစ် သို့ ပျိုးထောင်ပေးကြ၏။

မိဘ၏ရှုထောင့်အမြင်ဘက်မှ

ငါ့မှာ ကလေးရှစ်ယောက်ရှိ၍ အကြီးဆုံးနှင့်အငယ်ဆုံးသည် အသက် ၂၂ ခုနှစ်ကွာခြားကြ၏။ ဆယ်ကျော်သက်အရွယ်လည်း လေးဦးရှိ သေး၏။ တစ်ချို့မှာ အထက်တန်းကျောင်းပြီးခါနီး၍ တစ်ချို့မှာ အရွယ်မ ရောက်သေးပေ။ ကျွန်တော်တို့သည် ကလေးတွေအဖို့ ဘာမှအလောတကြီးမရှိပါ ဘူး။ သို့သော် ကျွန်တော်တို့သည် သူတို့တွေအားလုံး ကောင်းမွန်တဲ့ပညာရေး ရရှိပြီး ထိုပညာရေးကနဲ့တဆင့် အလုပ်ကောင်းတွေ ရှာတွေ့နိုင်ကြဖို့ အမြဲ ဆုတောင်းပေးကြ၏။ ကျွန်တော်တို့သည် မိဘဖြစ်သည့်အားလျော်စွာ သူတစ်ပါးထက် ကိုယ့်သားသမီးတွေအတွက် ဆန္ဒပိုတတ်ကြပါသည်။

ထိုနည်းတူစွာ ကျွန်တော်တို့၏မိဘကဲ့သို့သော ဘုရားသခင်သည်လည်း ကျွန်တော်တို့အား စုံလင်သော ရင့်ကျက်ခြင်းသို့ ရွှေ့လျားစေလိုပါသည်။ ရင့်ကျက်ခြင်းသည် ကျွန်တော်တို့အသက်တာအဖို့ ဘုရားသခင် စီရင်ထား သည့်အရာကို အလေးထားခြင်းနှင့်တကွ ပြည့်စုံစေခြင်းသဘောပါဝင် ပါသည်။ ဝိညာဉ်ရေးရာ ကြီးထွားဖွံ့ခြင်းမှု တတိယအဆင့်သည် ဟိန္ဒူ ဘာသာ၏ဝိညာဉ်ရေးရာ ကျင့်ထုံးနည်းဖြစ်သည့် မိမိတို့၏ မိသားစုများ သို့မဟုတ် လူ့ဘောင်အသိုင်းအဝိုင်းထဲမှ ခွာလျက် ဝိညာဉ်ရေးရာ အလင်း တရား ရှာဖွေခြင်းနှင့် လုံးဝမတူညီပေ။ ရင့်ကျက်ခရစ်ယာန်သည် ဘုရားသခင်နှင့် ပို၍ အကျွမ်းတဝင်ဖြစ်ရန် ရှာဖွေတတ်၏။ သို့မှသာ သူသည် အခြားသူများကို စိတ်ပါဝင်စားစေ၍ လုပ်ကျွေးပြုစုနိုင်မည်ဖြစ်ပါသည်။

လောက၌ရှိလူတို့သည် ငွေကြေးအထောက်အပံ့ရရှိဖို့ သက်သက် အမှုထမ်းခြင်း ဖြစ်နိုင်သော်လည်း ဘုရားသခင်၏လူတို့မှာ မိမိတို့အသက် တာ၌ ကိုယ်တော်၏လုပ်ဆောင်ချက် လွှမ်းမိုးသောကြောင့် အမှုထမ်းခြင်း ဖြစ်၏။ သူတို့သည် ဘုရားသခင်အား နှစ်သက်စေဖို့ရန် ရှာဖွေ၍ အခြားသူများ

203

အသက်၏အနှစ်သာရ

ကို ကြည့်ရှု စောင့်ရှောက်၏။ တစ်ချို့ခရစ်ယာန်များသည် သင်းအုပ်များ အဖြစ် ခေါ်ခြင်းခံရ၍ ကျန်သည့်ယုံကြည်သူ အပေါင်းတို့သည် အခြားသူများ အား ပြုစုစောင့်ရှောက်ခြင်း၌ ကြီးထွားဖို့နန်ဖြစ်သည်။ သင်းအုပ်တို့သည် အမှုထမ်းဖို့ရန် လူတိုင်းအား တပ်ဆင်မွေးမံပေးကြ၏ (၄:၁၁-၁၂)။

အမှုထမ်းရန် နှလုံးသားနှင့်

အမှုထမ်းခြင်း၏ရှုထောင့်အမြင်သည် ကျွန်တော်တို့အသက်တာထဲသို့ မည်ကဲ့သို့သငွ်တော်သနည်း။ အမှုထမ်းခြင်း၏မြင်ကွင်းသည် ယုံကြည် သူ၏စိတ်နှလုံး၌ နက်ရှိုင်းစွာ ပေါင်းစည်းသငွ်သောအရာ ဖြစ်ပါသည်။ ထို အရာသည် ကမ္ဘာတစ်ဝှမ်းရှိ အမျိုးမျိုးသောအဖွဲ့အစည်းတိုင်း၌ ကြီးမားသော စိန်ခေါ်တစ်ရပ်ဖြစ်ပါသည်။ တစ်ကိုယ်ကောင်းဆန်ခြင်းသည် ပါးနပ် သော်လည်း ကျွန်တော်တို့အထဲ၌ တကယ်ရှိ၏။ ကျွန်တော်တို့သည် အခြားသူများ အတွက် တာဝန်ယူမှုကို နားလည်ခံယူတတ်ခြင်းမရှိဘဲလျှက် ကျွန်တော်တို့ နှစ်သက်သောအရာ အလိုလိုက်ခြင်းသို့ ရောက်ရှိသည့်နေရာ၌ အနားယူရန် ရှေ့ရှုတတ်ကြ၏။

မိမိအတွက်သာ စဉ်းစားပြီး အခြားသူများအတွက် မစဉ်းစားတတ် သောသူများကို ပေါလု ပြစ်တင်လေ၏။ "ညီအစ်ကိုတို့၊ စဉ်းစားဆင်ခြင်မှုနှင့် ပတ်သက်၍ ကလေးသူငယ်များ မဖြစ်ကြနှင့်။ မကောင်းမှုနှင့်ပတ်သက်၍ ကလေးသူငယ်များကဲ့သို့ ဖြစ်ကြလျက် စဉ်းစားဆင်ခြင်မှုနှင့်ပတ်သက်၍ စုံလင်ရင့်ကျက်သောသူ ဖြစ်ကြလော့"(၁ကော၁၄:၂၀)။

လေ့ကျင့်ပေးသူများအနေဖြင့် ကျွန်တော်တို့အနီးအနား၌ ရှိသောသူ တို့၏လိုအပ်မှုကို ကျွန်တော်တို့ ဂရုတစိုက် စောင့်ကြည့်ရှု၍ အထူးလေ့ကျင့် ပေးမှု လိုအပ်မှုမှာသမျှကို ပြင်ဆင်ပေးရမည်ဖြစ်ပါသည်။ တစ်ချို့သော အသင်းတော်များသည် တပည့်တော်ဖြစ်စေခြင်း အစီအစဉ်ကို ရှာဖွေလျှက် နေကြ၏။ အစီအစဉ်များသည် ထုံးစံအတိုင်း စည်းကမ်းတင်းကျပ်လွန်း သဖြင့် တစ်ဦးချင်းအပေါ် ဘုရားသခင်၏ ပို့ဆောင်ခြင်းကို မကြခဏ အခွင့် မပေးတတ်ကြပေ။ ကောင်းမွန်တဲ့ အရင်းအမြစ်တွေဟာ (ဗီဒီယို သင်တန်း) အရေးကြီးသော်လည်း လူတစ်ဦးအား သခင်ဘုရားမည်ကဲ့သို့ ပို့ဆောင် နေသည်ကို သိရှိဖို့ရန် တစ်ဦးချင်းစီနှင့် အချိန်ယူအသုံးပြုရမည်။

ဒီမနက် ဒီဟာမရေးသားခင်လေးမှာ ငါ့ ဆင်ခြင်နှလုံးသွင်းစဉ် နိုင်ငံ ရပ်ခြားခရီးစဉ်အတွက် ပြင်ဆင်ခြင်းအကြောင်းအရာနှင့်ပတ်သက်၍

ရင့်ကျက်လျက်ရှိသော ယုံကြည်သူများကို ညွှန်ပြပေးခြင်း

သခင်ဘုရား၏မျက်နှာတော်ကို ရှာဖွေလျက်နေ၏။ ဘုရားသခင်သည် တစ်ချို့ အကြောင်းအရာတွေကို ရှင်းလင်းဖို့ တစ်ချို့သောငါ့ညီအစ်တွေထံသို့ ငါ့အား ချက်ချင်း မှတ်စုစာရေးစေတော်မူ၏။ ငါ့ကွန်ပျူတာစကရင်ကို ဖွင့်လိုက်တာနဲ့ ထိုအကြောင်းအရာကို ငါတို့၏ တွဲဖက်အတွင်းရေးမှူးထံက အတည်ပြုပြီး မေးလ်ပေးပို့လာပါတယ်။ ဘုရားသခင်သည် ကျနော့်စိတ်နှလုံးကို တိုက်တွန်း၍ ဂုဏ်ကို အတည်ပြုလေ၏။ ဆုံးဖြတ်ချက်အကြောင်းအရာ၌ ငွေကြေးတောင်ဆိုမှုပါသော်လည်း ဘုရားသခင်အတူပါရှိတာကြောင့် ကိုယ်တော်ပြင်ဆင်ပေးလိမ့်မယ်ဟု ငါယုံကြည်နိုင်၏။ ဤနည်းအတိုင်း ငါ၏ယုံကြည်ခြင်းသည် ပို၍ကြီးမားသောအရာတွေအတွက် ပို၍ကြီးမားသော အဆင့်သို့ တည်ဆောက်ပေးခြင်း ခံရ၏။ ရင့်ကျက်သောယုံကြည်သူများကို လေ့ကျင့်ပေးပါ။

- ဘုရားသခင်နှင့်ရင်းနှီးရန် မည်ကဲ့သို့ ရှာဖွေရမည်နည်း။
- ကိုယ်တော်၏နှုတ်ကပတ်တော်၌ မည်ကဲ့သို့ ပိုမိုနက်ရှိုင်းစွာ ထိုးဆင်းရ မည်နည်း။
- ကိုယ်တိုင်အခက်ခဲများကို မည်ကဲ့သို့ ရှန်ကန်ရမည်နည်း။
- အခြားသူများအရှုံးပေးသောအခါ မည်ကဲ့သို့ သည်းခံရမည်နည်း။
- အခြားသူများ သံသယရှိသောအခါ မည်ကဲ့သို့ ယုံကြည်ရမည်နည်း။
- မသနပ်ရှင်းသောအသိုင်းအဝန်း၌ အသက်ရှင်သောအခါ မည်ကဲ့သို့ သန့်ရှင်းရမည်နည်း။
- အခြားသူများအား အမှုထမ်းဆောင်ရင် ဘုရားသခင်၏မေတ္တာကို မည် ကဲ့သို့ ပြသရမည်နည်း။
- အခြားသူများ လိုအပ်သည့်အတိုင်း မည်ကဲ့သို့ ကြင်နာစွာ ရင်ဆိုင် တွေ့ရမည်နည်း။

စစ်မှန်သောယုံကြည်သူသည် ယုံကြည်ခြင်း၌ မရပ်တန့်ဝံ့ပေ။ ကျ နော်တို့သည် ဘုရားသခင်နှင့် ဆက်နွယ်ခြင်း၌ ကြီးထွား၍ ယေရှုကဲ့သို့ဖြစ် ရန် ဆန္ဒပြင်းပြလျက် အခြားသူများကို ပိုမိုကောင်းမွန်စွာ အမှုထမ်းဆောင် လေ၏။ ကျနော်တို့သည် လေ့ကျင့်ပေးသူ သို့မဟုတ် လမ်းညွှန်ပေးသူများ ဖြစ်သည့် အလျောက် မိမိတို့အသက်တာ၏နယ်ပယ်တစ်ခု သို့မဟုတ် တစ်ခု

အသက်၏အနှစ်သာရ

ထက်ပိုသောနေရာ၌ မည်ကဲ့သို့ အကောင်းဆုံး မြှင့်တင်ရမည်ကို ဘုရားသခင်ထံ၌ ကြည့်မျှော်လျက်နေကြ၏။

သင်ခန်းစာ

- ယုံကြည်သူများသည် မိမိတို့အနီးအနားရှိသောသူများကို အမှုထမ်းဆောင်ဖို့ရန် ဘုရားသခင်ထံသို့ ချဉ်းကပ်၍ တန်ခိုးပေးခြင်းခံရမည့် အကြောင်း ဝိညာဉ်ရေးရာ၌ ကြီးထွားဖို့ စဉ်းစားသင့်သည်။

- ဘုရားသခင်သည် ကျွန်တော်တို့အသက်တာအားဖြင့် အသီးသီးစေ လို၏။ ထို့သို့ အသီးသီးခြင်း ကြီးမားစွာ ဖြစ်ပျက်ရန် အကြောင်းရင်းမှာ ဝိညာဉ်ရေးရာသဘောအရ ရင့်ကျက်သော ယုံကြည်သူများသည် သူ တို့အသက်တာအားဖြင့် ဘုရားသခင်၏ဝိညာဉ်တော် အံ့အားသင့်စွာ လုပ်ဆောင်လျက်ရှိသည်ကို မြင်တွေ့ဖို့လိုအပ်ပါသည်။

- ငါတို့၏လေ့ကျင့်ခြင်းသင်တန်းသည် ဤရှုပါရုံကို အပြည့်သွတ်သွင်း ခြင်း သက်သက်မဟုတ်ဘဲ ဘုရားသခင်နှင့် နီးကပ်စွာရပ်တည်၍ အခြားသူများ အမှုထမ်းဆောင်ရန်အတွက်လည်းဖြစ်ပါသည်။

ကျက်မှတ်ဆင်ခြင်ပါ

- ၁ ကော၁၄: ၂၀

တာဝန်ပေးအပ်ခြင်း

➡ သင်သည် ရင့်ကျက်သောယုံကြည်သူ ဟုတ်ပါသလား။

➡ ဘုရားသခင်ထံသို့ ချဉ်းကပ်ရန် သင့်၌မည်သည့်စိန်ခေါ်မှုရှိသနည်း။

➡ ဝိညာဉ်ရေးရာ၌ အခြားသူများ ခြောက်ကပ်နေချိန်မှာ သင်သည် ပူလောင်ပေါက်ကွဲမှု တွေ့ကြုံဖူး ပါသလား။ရင်းကိုသင်မည်ကဲ့သို့ ကိုင်တွယ်ခဲ့သနည်း။

#၃၂
ရင့်ကျက်သောယုံကြည်သူများကို တပ်ဆင်ပေးခြင်း

ခရစ်ယာန်တစ်ဦး၏ဝိညာဉ်ရေးရာ ကြီးထွားခြင်း အဆင့်သုံးဉ့်ရှိ သောသူများကို လေ့ကျင့်ပေးခြင်းသည် ပထမအဆင့်နှစ်ဆင့်၌ရှိသော သူများနှင့် သိသိသာသာခြားနားပါ၏။။

ပထမအဆင့်နှစ်ဆင့်၏ဦးတည်ချက်သည် ယုံကြည်သူအား အဆင့်များတလျှောက်လုံး အကူအညီ ပေးရန်ဖြစ်သည်။ ၁ယော၊၂:၁၂-၁၄ အရ စတုတ္ထအဆင့်ဟူ၍ မရှိပေ။ ဤအချက်သည် ဤအဆင့်၌ ကြီးထွား ခြင်းဆိုင်ရာ ကျွန်တော်တို့၏ချဉ်းကပ်မှုကို ပြောင်းလဲစေ၏။ သို့ဖြစ်၍ ယုံကြည်သူ သည် အဆင့်တစ်နှင့် နှစ်၌ ရှိနေစဉ် သူအား နောက်အဆင့်သို့ တက် လှမ်းစေမည့်ရည်မှန်းချက်ပန်းတိုင်အပေါ်၌ အာရုံစူးစိုက် လေ၏။

ဤအဆင့်၌ စိုးရိမ်ဖွယ်အချို့ရှိ၏။ အသင်းတော်ကို နှစ်ပေါင်းနှစ် ဆယ်ထက်မနည်း အုပ်ချုပ်၍ သူ၏ဝိညာဉ်ရေးရာ ကြီးထွားခြင်း၌ ဉ့်လျက်နေ သော အသင်းလူကြီးအကြောင်းကို ကျွန်တော်တို့စဉ်းစားနိုင်၏။ သို့မဟုတ် အသင်းတော်၌ နှစ်ပေါင်းသုံးဆယ်အတွင်း နောက်မှီ ပါသည့်ခုံရှည်၌ သစ္စာရှိ ရှိ ထိုင်လျက်ရှိသောသူကို စဉ်းစားနိုင်၏။ မောရှေသည် ဘုရားသခင်ထံမှ တင်းကျပ်သောစည်းကမ်းကို ခံယူထားသဖြင့် ကျောက်တုံးကို အမိန့်ပေး မည့်အစား တောင်ဝှေးနဲ့ ရိုက် လေ၏(တော၊၂၀:၁၁-၁၂)။

ဤပြဿနာများကို ခရစ်ယာန် တစ်ဦး၏ကြီးထွားဖွံ့ဖြိုးမှုဆိုင်ရာ ဤတတိယအဆင့်၌ ကြီးထွား ခြင်းကို မှန်ကန်စွာ နားလည် သဘောပေါက်ခြင်းအားဖြင့် ကိုင်တွယ်ဖြေရှင်း နိုင်၏။ ကျွန် တော်တို့သည် ခရစ်တော်အားဖြင့် ဘုရားသခင်နှင့် အကျွမ်းဝင်ခြင်း၌ ကြီး ထွားဖွံ့ဖို့ရန် နည်းလမ်းကို ရှာဖွေသည့်အတိုင်း ဝိညာဉ်ရေးရာ ကြီးထွားဖွံ့ဖြိုး မှုသည် ဆက်လက်မြင်သာလာမည်ဖြစ်ပါသည်။ အရွယ်ရောက်သော သူ

အသက်၏အနှစ်သာရ

တို့သည်လည်း သူတို့၏စုံလင်ရင့်ကျက်ခြင်း၊ ဉာဏ်ပညာ၊ သနားခြင်းဂရုဏာ နှင့် ခရစ်တော်၏ပြည့်စုံခြင်း၌ ကြီးထွားကြ၏ (ဧ၄:၁၃)။

မည်သို့ဖြစ်စေကာမူ နားလည်သဘောပေါက်ကြပါစို့။ သူတို့ဖာသာသူ တို့ ကြီးထွားပြီဟု မှတ်ယူလျက် ယုံကြည်ခြင်းလမ်း၌ ရပ်တန့်နေသော သူများထက် အသစ်သောယုံကြည်သူတစ်ဦးကို ဒုတိယအဆင့်၌ ရောက် ရှိသည်အထိ လေ့ကျင့်ပေးခြင်းသည် အမြဲပို၍ လွယ်ကူပါသည်။

ကျွန်ုပ်တို့ကြီးထွားခြင်းကို ထိန်းသိမ်းခြင်း

'ထိန်းသိမ်း' ဟူသောစကားလုံးသည် ကြီးထွားဖွံ့ဖြိုးမှု၏စကားလုံးကို အာရုံ၌မြင်ယောင်စေခြင်း မဟုတ်သော်လည်း ၎င်းက တစ်စုံတစ်ဦး၏အသက် တာ၌ ဝိညာဉ်ရေးရာ စည်းကမ်းတချို့ စဉ်ဆက်မပြတ် ဦးစားပေးသတ်မှတ်နေ ခြင်းဖြစ်ပါသည်။ ဥပမာအနေနဲ့ ဆုတောင်းခြင်းသည် ဘုရားသခင်နှင့် ရင်းနှီး စွာ တိုင်ပင်ဆွေးနွေးခြင်းဖြစ်၍ ကြီးထွားသင့်သည်။ တစ်ဦးချင်းကိုယ်တိုင် ကျမ်းစာလေ့လာသကဲ့သို့ ဆုတောင်းခြင်းသည်လည်း အမြဲလေးလေးနက် နက်ဖြစ်ဖို့ လိုအပ်ပါသည်။

ကျွန်တော်တို့အသက်တာထဲတွင် ဘုရားသခင်၏ရည်ရွယ်ချက်အပေါ် မိမိတို့၏ဆက်ကပ်အပ်နှံခြင်း နောက်ထပ် ကြီးထွားသည့်နေရာ၌ စိတ်ဝင်စားမှု လျော့ကျသွားစေရန် သို့မဟုတ် မနာခံခြင်း ရှိလာရန် ကျွန်တော် တို့သည် သွေးဆောင်ခြင်းခံတတ်၏။ ဒုတိယအဆင့်၌ သခင်ဘုရားမေး လေ့မေးထရှိသည့် မေးခွန်းမှာ "သင့်အသက်တာ၌ အရေးကြီးဆုံးအရာ ကား အဘယ်နည်း သို့မဟုတ် မည်သူနည်း။ ကျွန်တော်တို့တုံ့ပြန်မည့်အဖြေ သည် ကိုယ်တော်အား ကျွန်တော်တို့စိတ်နှလုံးအကွင်းမဲ့ ရှာသည်မရှာသည်ကို ဖော်ပြသွားမည်ဖြစ်ပါသည်။

ရှင်ဘုရင်တချို့တို့မှာ သူတို့၏အုပ်ချုပ်မှု အစပိုင်း၌ ကောင်းကောင်း လုပ်ဆောင်ခဲ့ကြသော်လည်း ကြာလာသောအခါ ထောင်လွှားမောက်မာ၍ ရုပ်တုကိုးကွယ်သောသူများဖြစ်လာကြ၏။ မည်သို့ဖြစ်စေကာမူ ဒုစိုးရိမ်ဖွယ် ဖြစ်ရပ်တို့သည် ကျွန်တော်တို့၏ဆက်ကပ်ခြင်း၊ မှန်ကန်တဲ့ဆုံးဖြတ်ချက်ချခြင်း နှင့် လျှောက်နေ သည့်လမ်း၌ ဆက်လျှောက်ဖို့ရန် တကယ့်အခွင့်ထူး ဖြစ်စေပါသည်။ ကျွန်တော်တို့တွေ့ကြုံသည့် ကြီးထွားခြင်း အတိုင်းအတာပေါ်၌ ဆက်လက်စွဲကိုင်ထားရန် အားပေးတိုက်တွန်းတဲ့ ကျမ်းချက်များစွာ ရှိ ပါသည်။ ရင်တို့မှာ

ရင့်ကျက်သောယုံကြည်သူများကို တပ်ဆင်ပေးခြင်း

"ကတိပေးတော်မူအရှင်သည် သစ္စာနှင့်ပြည့်စုံတော်မူသည်ဖြစ်၍ ယိမ်းယိုင်ခြင်းမရှိဘဲ ငါတို့ဝန်ခံသောမျှော်လင့်ခြင်းကို စွဲကိုင်ထားကြကုန် စို့"(၁၀:၂၃)။

"ထို့ကြောင့် ညီအစ်ကိုတို့၊ ခိုင်မြဲစွာရပ်တည်လျက် ငါတို့၏စကား အားဖြင့်ဖြစ်စေ၊ စာအားဖြင့်ဖြစ်စေ၊ သင်တို့သင်ယူထားသောဓလေ့ ထုံးတမ်းကို စွဲကိုင်ထားကြလော့"(၂သက်၊၂:၁၅)။

"သို့သော် အရာခပ်သိမ်းတို့ကို စစ်ဆေး၍ ကောင်းသောအရာကို စွဲကိုင်ထားကြလော့"(၁သက်၊၅:၂၁)။

"ငါသည် အလျင်အမြန်လာမည်။ သင်၏သရဖူကို မည်သူမျှ မလုယူ စေရန် သင့်၌ရှိသောအရာကို စွဲကိုင်ထားလော့"(ဗျာ၊၃:၁၁)။

ရင့်ကျက်သောယုံကြည်သူသည် သခင်ဘုရားအတွက် စိတ်အား ထက်သန်မှုကို စောင့်ထိန်းသတိပြု သွင်သည်။ ၎င်းသည် ခက်ခဲသောအရာ ဖြစ်သည်။ ထိုသူသည် စိတ်ပျက်ခြင်း၊ အလျှော့အပေးရှိခြင်း၊ သံသယ၊ အင်အား၊ စိတ်ဖိစီးခြင်း၊ ကျော်စောခြင်း၊ ခါးသီးခြင်း၊ ဝမ်းနည်းခြင်း၊ ဒုက္ခခံခြင်းနှင့် ညှဉ်းဆဲခြင်းတို့ကို ရင်ဆိုင်နိုင်ပါသည်။ တစ်ခုချင်းကို တွေ့ကြုံသည့် အနေအထား ရောက်လာသောအခါ ကျွန်တော်တို့သည် သမ္မာတရားများကို စွဲကိုင်၍ ဘုရားသခင်၏နည်းလမ်းအတိုင်း အသက်ရှင်ဖို့ရန် မိမိတို့ကိုယ်ကို တစ်ဖန် ဆက်ကပ်အပ်နှံကြရမည်။

ဝိညာဉ်ရေးရာ အသက်တာနှင့်ပတ်သက်၍ ကြီးမြတ်သောအရာတစ်ခု ကား ကြီးထွားခြင်း၌ အဆုံးဟူ၍ မရှိခြင်းဖြစ်ပါသည်။ ရှင်ကို ပေါလုက ကောင်းကောင်းဖော်ပြ၏။

"ငါသည် ထိုအခွင့်ကိုရရှိပြီ သို့မဟုတ် စုံလင်ခြင်းသို့ရောက်ပြီ ဟု ဆိုလိုသည်မဟုတ်ဘဲ ခရစ်တော်ယေရှုသည် ထိုအခွင့် အတွက် ငါ့ကို ဖမ်းကိုင်ထားသည်ဖြစ်၍ ငါသည်လည်း ထို အခွင့်ကို ဖမ်းကိုင်နိုင်ရန် ကြိုးစားလျက်ရှိ၏"(ဖိ၊၃:၁၂)။

ပေါလုသဘောပေါက်သည်မှာ မိမိ၏ဝိညာဉ်ရေးရာ ကြီးထွားဖွံ့ဖြိုးမှုနှင့် ဆက်လက်အသက်ရှင်မှုသည် မိမိအတွက်သာမကဘဲ သခင်ဘုရားအဖို့အလို့ ငှာ ကိုယ်တော်၏ရည်ရွယ်ချက်အတိုင်း မိမိအသက်တာအားဖြင့် အခြား သူများအတွက် လုပ်ဆောင်နေခြင်း ဖြစ်ပါသည်(ဖိ၁:၂၂-၂၄) ။ ပေါလုသည်

အသက်၏အနှစ်သာရ

မိမိအတွက် သခင်ဘုရား ကြံစည်ထားသည့် ကြီးသောအမှု၊ ငယ်သောအမှုရှိ သမျှတို့ကို ရရှိလို၏။

တတိယအဆင့်၌ ပေါင်းစပ်ခြင်း

အဆင့်သုံးဆင့်အသီးသီးအတွက် ၁ယော၊၂:၁၂-၁၄ ထဲ၌ဖော်ပြ သည့် ယောဟန်၏တိုက်တွန်းချက်များကို ကျနော်တို့စဉ်းစားသောအခါ ကျ နော်တို့သည် ကြီးထွားခြင်းအပေါ်၌ ပိုမို အာရုံစိုက်လာကြ၏။ ရင်သည် ခရစ်ယာန်အသက်တာ တတိယအဆင့်လည်းဖြစ်ပါသည်။ ရင်ကို အပြင် ဘက်ကနဲ့ကြည့်လျှင် ဘာသာရေးဆန်သော်လည်း ကျနော်တို့သည် ဘာသာ ရေးသက်သက်မဟုတ်ပေ။ ကျနော်တို့သည် မိမိတို့၏ခရစ်တော် သိရှိခြင်း ရည်ရွယ်ချက် ကို အသစ်မွမ်းမံ၍ ကျနော်တို့အသက်တာ၌ သူ၏ ရည်ရွယ်ချက် ရှင်သန်စေခဲ့၏။

ကျနော် တို့ သတိ မထား လျှင် အားအင်ကုန်ခန်း တတ်သည်။ အကယ်၍ ကျ နော်တို့သည် သခင်ဘုရား၏ ရှေ့တော် မှောက်၌ မိမိတို့ကိုယ်ကို အားသစ်မလောင်း ပါက လုပ်ဆောင်ခြင်းသည် လုပ်ရိုးလုပ်စဉ်ဖြစ်လာ၍ ခန်းခြောက်သွားမည်။ ရောမမြို့ရှိ ယုံကြည်သူများအား ပေါလုသတိပေးပုံကို ဂရုပြုပါ။ "လုံ့လဝီရိယ စိုက်ထုတ်ရာတွင် ပျင်းရိခြင်းမရှိဘဲ ဝိညာဉ်ရေး၌ ထက်သန်လျှက် သခင်ဘုရားကို အစေခံကြလော့"(ရော၊၁၂:၁၁)။

ဤအရာများကို ကျနော်တို့သယ်ပိုးခြင်းအတွက် ကျနော်တို့အလုပ်များ သည့် အနေထား၌ဖြစ်စေ၊ ကြုံရာမရသည့်အနေအထား၌ဖြစ်စေ ရည်ရွယ်ချက်ကို မမေ့လျော့ရ။ ယေရှုသည် နောက်ဆုံးပုံသက်သေဖြစ်၍ အပ်နှံခြင်းနှင့်လုပ်ဆောင်ခြင်းတို့စပ်ကြား၌ရှိသည့် ဆက်နွယ်ခြင်းကို ပြသ၏။

"ငါသည် စပျစ်ပင်ဖြစ်၏။ သင်တို့သည် အကိုင်းအခက်များဖြစ် ကြ၏။ မည်သူမဆို ငါ၌တည်နေ၍ ငါသည်လည်း သူ၌တည်နေ လျှင် ထိုသူသည် များစွာသောအသီးကို သီးတတ်၏"(ယော၊ ၁၅:၅)။

ရင့်ကျက်သောယုံကြည်သူများကို တပ်ဆင်ပေးခြင်း

အကယ်၍ ရည်ရွယ်ချက်လမ်းစဉ်အတိုင်း ကျနော်တို့အားဖြင့် ဘုရားသခင်လုပ်ဆောင်ခဲ့သည့်အရာကို ကျနော်တို့ဆက်လက်မြင်တွေ့ပါက စကားလုံးအသီးသီးသည် ကျနော်တို့အား ကျနော်တို့ထိန်းသိမ်းရမည့် အကျုံးဝင်သောဆက်နွယ်မှုကို သတိရစေပါသည်။

လေ့ကျင့်ပေးခြင်း ပစ္စည်းများကို ကြည့်ရှုစစ်ဆေးခြင်း

ဤအဆင့်၌ လေ့ကျင့်ပေးခြင်းသည် စာတန်က ယုံကြည်သူများကို ပါးနပ်စွာ သွေးဆောင်တတ်သည် အတွက်ကြောင့်ဖြစ်စေ၊ သခင်ဘုရားနှင့် အကျုံးတဝင် ဆက်နွယ်ခြင်း မြှင့်တင်ရန်အတွက်ကြောင့်ဖြစ်စေ ထိုးထွင်း သိမြင်နိုင်စွမ်း ပို၍လိုအပ်ပါသည်။ ထိုမှတဆင့် တိုးပွားခြင်းနှင့်အသီးသီး ခြင်း နှစ်ခုစလုံး ရှိလာမည်။ တချို့နေရာ တော်တော်များများ၌ ယုံကြည်သူများ သည် ဘုရားနှင့်အချိန်ယူခြင်းကို မထိန်းသိမ်း နိုင်ကြပေ။ အကျိုးဆက်မှာ ခရစ်တော်နှင့် သီးခြားဖြစ်လာ၍ မကြီးထွားနိုင်ကြတော့ပေ။ ကောင်းမွန်သော လေ့ကျင့်ပေးခြင်းသည်

- ✦ အရေးပါသည့် တိတ်ဆိတ်အချိန်ယူခြင်း ဖြစ်စဉ်ကိုလည်းကောင်း၊
- ✦ ပြိုလဲပြီးနောက် ကောင်းမွန်သော တိတ်ဆိတ်အချိန်ယူခြင်းကို ပြန်လည် ရရှိစေရန်လည်းကောင်း၊
- ✦ ခက်ခဲသောကျမ်းပိုဒ်များထဲက ထိုးထွင်းသိမြင်နိုင်စွမ်းကို ရရှိစေရန် လည်းကောင်း၊
- ✦ ကျမ်းစာများမှတဆင့် ဘုရားသခင်၏ဆိုလိုရင်းကို နားထောင် ရာ၌လည်းကောင်း စသည်တို့ဖြင့် အထောက် အကူပြုပါသည်။

ဤဖြစ်စဉ်များစွာတို့သည် ထုံးတမ်းစဉ်လာ အသင်းတော် သို့မဟုတ် ကျမ်းစာကျောင်းတို့၌ ရိုးရှင်းစွာ အာရုံစိုက်ခြင်းမဟုတ်ပေ။ ကျနော်တို့သည် လူတွေမသိရှိတဲ့အခါမှာ သူတို့အား သခင်ဘုရား၏မေတ္တာကို ပေးအပ်ဖို့ရန် ကြီးမြတ်သောလေ့ကျင့်ပေးခြင်းကို လုပ်ဆောင်ပေးမည့်အစား အပြစ်တင် တတ်ကြ၏။

အထူးအာရုံစိုက်ခြင်းသည်လည်း အသီးအပွင့် နယ်ပယ်တစ်ခုလုံး၌ လိုအပ်၏။ ရင့်ကျက်ခြင်းသည် အသီးအပွင့်ကို ဖြစ်ထွန်းစေ၏။ ယေရှု သည် ကျနော်တို့အား အသီးသီးရန်သက်သက်မမျှော်လင့်ဘဲ တည်မြဲဖို့ရန် လည်း မျှော်လင့်၏။(ယောဟန်၁၅:၁၆)။

အသက်၏အနှစ်သာရ

များသောအားဖြင့် ကျနော်တို့သည် မိမိတို့၏လုပ်ငန်းများကို ၎င်း၏အသီးအပွင့်ဖြင့် တိုင်းတာလျက် ရှိ၏။ ၎င်းသည် ကောင်းသောအမှု ဖြစ်သော်လည်း ဤတတိယအဆင့်၌ ပို၍ကျယ်ပြန့်သောရှုထောင့်အမြင် ထားရှိဖို့ အရေးကြီးပါသည်။ ခရစ်ယာန်တစ်ဦး၏ကြီးထွားခြင်းအဆင့် အစိတ်အပိုင်းတိုင်း၌ အထူးသဖြင့် အခက်အခဲရင်ဆိုင်လျက်ရှိသည့် တစ်စုံတစ်ဦး၌ အသီးအပွင့် အမြဲတွေ့လေ့မရှိကြောင်းကို သတိပြုရမည်။ ယေရှု၏ဆင်းရဲဒုက္ခများထက အသီးသည်သာလျှင် သူရှင်ပြန်ထမြောက်ပြီး နောက်ပိုင်း သိသာထင်ရှားလာ၏။

ခရစ်ယာန်များအား စိတ်အားထက်သန်မှုကို မြှင့်တင်ပေးရန်နှင့် ကျနော်တို့၏လုပ်ဆောင်ချက်ကို သင့်မြတ်စေဖို့ရန် စာအုပ်ကောင်းများစွာရှိ ပါသည်။ ကျနော်တို့ခေတ်ကာလ၌ ကျနော်တို့သည် လေ့ကျင့်ပေးခြင်း အားဖြင့် အားကြီးသောယုံကြည်သူများနှင့် တွေ့ဆုံနိုင်ခြင်း၊ ကောင်းမွန်သောစာအုပ်များ၊ ဗီဒီယိုအခွေများနှင့် အသံဖြင့် နားထောင်စရာ များ ရရှိနိုင်ခြင်းတို့သည် ကြီးမြတ်သောမင်္ဂလာများ ဖြစ်ပါသည်။ ငါတို့သည် သူတစ်ပါးအား စာဖတ်ရန်နှင့်လေ့လာရန် တောင်းဆိုမှုပြုနိုင်သော်လည်း ခရစ်တော်နှင့် အကျွမ်းဝင်မှု လေးနက်လာသည်နှင့်အမျှ အရေးကြီးဆုံး သင်ခန်းစာများစွာတို့သည် အလွယ်တကူ အုပ်စုခွဲ၍မရတော့ပေ။ ဤ အကြောင်းကြောင့် ကျောင်းသားများသည် ကျမ်းစာကျောင်း၌ မကြာခဏ လျစ်လျူရှုခြင်းခံလျက်နေကြ၏။

လက်တွေ့ ဂရုစိုက်ခြင်း

အုပ်စုသေးသေးလေးဖြစ်၍ တစ်ဦးကိုတစ်ဦး ပွင့်လင်းစွာ ဝေမျှနိုင် သည့်နေရာဖြစ်သောကြောင့် ဤအဆင့်၌ ညွှန်ပြပေးခြင်းသည် အကောင်းဆုံးဖြစ်၏။ တပည့်တော်ဖြစ်စေခြင်းနှင့်စပ်လျဉ်း၍ ကြီးမြတ်သော ပုံစံကား ယုံကြည်သူတစ်ဦးသည် ခရီးထွက်ခြင်း အတွေ့အကြုံ များစွာရှိခြင်းကြောင့် တပည့်တော် မွေးထုတ်နိုင်ခြင်းမဟုတ်ဘဲ အခြားသူ တစ်ဦးအား ရိုးရှင်းစွာနဲ့ တပည့်တော်ဖြစ်စေနိုင်သည်ဟူသော အရာပင် ဖြစ်ပါသည်။

ဥပမာအားဖြင့် ဤတတိယအဆင့်တွင် ညီအစ်ကိုတစ်ဦး သို့မဟုတ် နှစ်ဦးကိုရှာထား၍ လိုအပ်ချက် တစ်ခုကို ရှာဖွေရမည်။ ထိုအခိုန်၌ ငါက သင်သည် မည်သည့်နယ်ပယ်၌ ကြီးထွားလိုသနည်း ဟူ၍ မေးကာ ငါ

ရင့်ကျက်သောယုံကြည်သူများကို တပ်ဆင်ပေးခြင်း

လည်း သူ့အား ဖြစ်စေချင်သည့်အရာကို ပြောပြလေ၏။(ဥပမာ-ဘုရားသခင်၏စကားသံကို နားထောင်ခြင်း၊ ကျမ်းစာကို စူးစမ်းလေ့လာခြင်း)။ အချိန်အခါကို ဆုတောင်းခြင်း၊ ဝေမျှခြင်းနှင့်ဆွေးနွေးခြင်းဟူ၍ ခွဲထား၏။ နှစ်ဦးထဲက တစ်ဦးသည် မည်သည့်နေရာ၊ မည်သည့်အချိန်၌ဖြစ်စေ လက်တွေ့ တွေ့မြင်နိုင်ပါသည်။

သင်ခန်းစာ

ဤတတိယအဆင့် ဝိညာဉ်ရေးရာကြီးထွားခြင်းသည် အရင်ကျသောအဆင့်များနှင့် ခြားနားပါသည်။
အကြောင်းမှာ ရင်၏ရည်မှန်းချက်ပန်းတိုင်ကား ရင်းကို လက်ဆင့်ကမ်း မည့်အစား ထိုအဆင့်ထဲ၌ ရှင်သန်စေရန်ဖြစ်သောကြောင့်တည်း။

ခရစ်တော်နှင့် ရင်းနှီးခြင်း — အသီးသီးခြင်း

- ကျနော်တို့၏ကြီးထွားခြင်းကို ခြိမ်းခြောက်သည့်အန္တရာယ်များအား ကျနော်တို့အသက်တာထဲ၌ ဘုရားသခင်လုပ်ဆောင်လျက်ရှိသည့် အရာပေါ်၌ အာရုံစူးစိုက်ခြင်းအားဖြင့် ရှောင်ရှားနိုင်သည်။
- ဘုရားသခင်ကြစည်နှင့်သောလုပ်ဆောင်ချက်များကို သယ်ဆောင် သွားရန် လေ့ကျင့်ပေးသူသည် ယုံကြည်သူအသီးသီးအား မွမ်းမံတပ် ဆင်ရ၏။ သူသည်လည်း ရင်းကို ဘုရားသခင်၏ ကျေးဇူးတော် ကြောင့် ခရစ်တော်နှင့်ရင်းနှင့်ကျွမ်းဝင်၍ လုပ်ဆောင်နိုင်ခြင်း ဖြစ်သည်။
- ခရစ်ယာန်နှင့်ဆိုင်သည့်လေ့ကျင့်သင်ကြားခြင်းသည် ယုံကြည် သူများအား ကြီးထွားဖွံ့ဖြိုးမှုဆိုင်ရာ ဤတတိယအဆင့်၌ ကြီးထွားဖွံ့ ရန်အတွက် ပြင်ဆင်မှု များများလုပ်ဆောင်ရမည်။

ကျက်မှတ်ဆင်ခြင်ပါ

- ဖိ၊၃:၁၂

တာဝန်ပေးအပ်ခြင်း

အသက်၏အနှစ်သာရ

- သင့်ဝိညာဉ်ရေးရာ ကြီးထွားခြင်းကို အထောက်အကူပြုသည့် ခရစ်ယာန်အသက်တာ အကြောင်းအရာ သုံးခုကိုရေးချပါ။ တစ်ခုချင်းစီ က သင့်ကို မည်ကဲ့သို့အထောက်အကူပြုကြောင်း ရှင်းပြပါ။

- သင်သည် ယုံကြည်ခြင်း၌ နောက်ဆုတ်ခြင်းနှင့်ခြောက်ကပ်ခြင်းကို ကြုံတွေ့ဖူးပါသလား။ တစ်ခုကို ကောက်နုတ်၍ မည်ကဲ့သို့ စတင်ဖြစ် ပေါ်လာသည်ကို ထင်ဟပ်စေပါ။ ၎င်းကို နောက်ဆုံး၌ မည်ကဲ့သို့ ဖြေ ရှင်းပါသနည်း။

- သင်သည် ရငွံ့ကျက်ခြင်း၏တတိယအဆင့်သို့ ရောက်နေပါသလား။ ရှင်းပြပါ။

- ယုံကြည်ခြင်းကို စောင့်ထိန်းဖို့ရန် သင်၏အကြီးမားဆုံးစိန်ခေါ်မှုကား အဘယ်နည်း။

- သင်သည် တစ်စုံတစ်ဦးအား ဝိညာဉ်ရေးရာကြီးထွားဖွံ့ဖြိုးမှု တတိယ အဆင့်၌ ညွှန်ပြဖူးပါသလား။ ၎င်းသည်အဘယ်ကဲ့သို့ဖြစ်သနည်း။

အသက်၏ရင်းမြစ် & လေ့ကျင့်ပေးခြင်း

အခန်း ၃၃-၄၀

#၃၃
အဓိက ရည်ရွယ်ချက်

အသက်အူတိုင်သည် ယုံကြည်သူများ၏အသက်တာ၌ သခင်ဘုရား၏ရည်ရွယ်ချက်များကို လည်းကောင်း၊ အမျိုးမျိုးသောဝန်းကျင်များ၌ ဘုရားသခင်၏လူတို့ကို ပြုပြင်ပြောင်းလဲစေသည့် ဘုရားသခင်၏တန်ခိုးတော် စီးဆင်းမှုကိုလည်းကောင်း ဖော်ထုတ်ပြသ၏။

ဘုရားသခင်သည် ရှင်၏ကြီးထွားခြင်း အကြောင်းအရာကို ရှာဖွေလျှက်နေ၏။ ကျွန်တော်တို့သည် ဘုရားသခင်၏တိုက်ရိုက်ရည်ရွယ်ချက်များကို လျစ်လျှူရှုသည်ဖြစ်စေ၊ မရှုသည်ဖြစ်စေ ဆန့်ကျင် သောအခါ ဘုရားသခင်၏အထူး အသက်တာပြောင်းလဲစေခြင်း ပြတ်တောင်းပြတ်တောင်း ဖြစ်သွားနိုင်သည်။ သို့သော် သတိရှိရှိ စဉ်းစား ဆင်ခြင်ခြင်းအားဖြင့် ကိုယ်တော်၏ရည်ရွယ်ချက်များကို မိမိတို့ကိုယ်ပိုင် အတွက် ခံယူမည်ဆိုလျှင် အဆက်မပြတ် ကိုယ်တော်၏တန်ခိုး လုပ်ဆောင်ချက်ကို ကျွန်တော်တို့တွေ့မြင်ရလိမ့်မည်။

ကျမ်းစာကျောင်း၊ အသင်းတော်၊ မိသားစုနှင့်လူတစ်ဦးချင်း အသီးသီးတို့သည် ဘုရားသခင်၏ ရည်မှန်းချက်ပန်းတိုင်များကို ထောက်ရှု လျှက် အသီးသီး၏အခြေအနေများကို သေသေချာချာ ဆန်းစစ်ဖို့နှင့် ညှိယူဖို့ လိုအပ်ပါသည်။ ကောင်းမွန်သောအကဲဖြတ်ခြင်းသည် လေ့ကျင့်ပေးခြင်း အတွက် လက်ရှိ လိုအင်ဆန္ဒများအတွက်ရော လက်ရှိအစီအစဉ်များနှင့်

အသက်၏အနှစ်သာရ

စိမံကိန်းများ၌ ဘုရားသခင်နှင့် နီးနီးကပ်ကပ် မလုပ်ဆောင်ခြင်း၏အကျိုးဆက်များအတွက်ပါ သုံးသပ်ဆင်ခြင်ရမည်။

များစွာသောအသင်းတော်များနှင့် အခြားခရစ်ယာန်များ၏ဖွဲ့စည်းပုံသည် ခိုင်မာသော ရည်ရွယ် ချက်များနှင့် တည်ထောင်နေစဉ်တွင် များစွာသောသူတို့သည် အပိုင်စီးခံရ၍ လွင့်မျောလျှက် နေကြ၏။ အကယ်၍ အသင်းတော်တစ်ပါသည် ဘုရားသခင်၏ရည်မှန်းချက်ပန်းတိုင်များကို မရှာဖွေလျှင် သို့မဟုတ် အသီးမသီးလျှင် စပျစ်ပင်နှင့်အဆက်ပြတ်ခြင်း မရှိ ကြောင်း မည်ကဲ့သို့ ယုံကြည်စိတ်ချရမည်နည်း။ (ယော၁၅:၁-၆)။ များစွာသော သူတို့သည် မြင့်မြတ်သောရည်မှန်းပန်းတိုင်များနဲ့ အစပြုကြ သော်လည်း သူတို့၏လမ်းကြောင်းများမှ လမ်းလွဲကြပြန်၏။ ဤသို့ မကြာခဏ ဖြစ်ရခြင်းမှာ ဘုရားသခင်လုပ်ဆောင်သော အရာပေါ်၌ မမျှော်လင့်ဘဲ အခြားသူများ၏မျှော်လင့်သောအရာ၌ အာရုံစူးစိုက်ကြသောကြောင့်ဖြစ် သတည်း။

ဘုရားသခင်သည် ကျနော်တို့ထံက ဘွဲ့ရသောသူများ၏အရေအတွက် ဖြင့် ကျနော်တို့ကို တန်ဖိုးဖြတ် မည်မဟုတ်ပေ။ ဘုရားသခင်၏လူတို့သည် ပြောင်းလဲ၍ အခြားသူများ၏အသက်တာကို ပြောင်းလဲစေဖို့ရန် ဘုရားသခင်၏အသုံးတော်ခံဖို့ အဆင်သင့်ဖြစ်ကြပါသလား။ ခရစ်တော်က ကျနော်တို့အား ဤသို့မေးမြန်း နိုင်ပါသည်။ ငါ့လူတို့ကို မည်သည့်ဘွဲ့ အားဖြင့် ငါ့ကဲ့သို့ဖြစ်စေ၍ အခြားသူများကို အမှုထမ်းဆောင် စေပါသနည်း။

ကျနော်တို့၏အဆုံးရလဒ်ကို ကျနော်တို့၏ရည်မှန်းချက်ပန်းတိုင်များ နှင့်အတူ ဆန်းစစ်မည်ဆိုလျှင် ထိုရည်မှန်းချက်ပန်းတိုင်များ၏ပြီးစီးမှု တချို့ ကို ကျနော်တို့မြင်တွေ့ရလိမ့်မည်။ ၎င်းသည် ကောင်းသောအရာ ဖြစ် သော်လည်း ကျနော်တို့၏အာရုံစိုက်မှုနှင့် အဓိကကျသောကြိုးစားအားထုတ် မှုများကို ဝိညာဉ်ရေးရာ ကြီးထွားဖို့ ဖြိုးမှုနှင့်စပ်လျဉ်းသည့် ဘုရားသခင်၏ရည်ရွယ်ချက် အပေါ်၌ ပို၍တပ်ဆင်နိုင်မည်ဆိုလျှင် မွမ်းမံတပ် ဆင်ခြင်းသည် ပို၍ထိရောက်လာပါလိမ့်မည်။

ဘုရားသခင်သည် မိမိနှင့်အလုပ်လုပ်ဖို့ရန် နှစ်မြှုပ်အပ်ခြင်းကို တောင်းဆို၏။ ထိုတောင်းဆိုမှုသည် ကိုယ်တော်အရေးပါသည်ဟု ယူဆသော အရာကို မှီအောင်လိုက်ခြင်းလည်းဖြစ်သည်။ ဘုရားသခင်သည် အမြင် သဘောတရားနဲ့ သိခြင်းကို အလိုမရှိဘဲ ကိုယ်တိုင်သိခြင်းကိုသာ အလိုရှိ၏။ လူအသီးသီး ဘုရားသခင်၌ ယုံကြည်ကိုးစားမှုရှိရမည်။ ထိုသို့သော ယုံကြည်

အဓိက ရည်ရွယ်ချက်

ကိုးစားမှုသည် အမြဲဖြစ်ပျက်သောအရာဖြစ်၍ ခက်ခဲသော အချိန်အခါများ၌ ဘုရားသခင်၏မစခြင်းကို မိမိလူတို့က မကြာခဏ တွေ့ကြုံခံစားသောအရာ ဖြစ်ပါသည်။ ဒါဝိဒ်၏စကားကို နားထောင်ကြည့်ပါ။

အို ထာဝရဘုရား၊ အကျွန်ုပ်၏ခွန်အား ဗလတည်း ဟူသော ကိုယ်တော်ကို အကျွန်ုပ်ချစ်ပါ၏။ ထာဝရဘုရားသည် ငါ၏ကျောက်၊ ငါ၏မြို့ရိုး၊ ငါ့ကို ကယ်လွှတ်သခင်၊ ငါ၏ဘုရား၊ ငါ ကိုးစားသော အစွမ်းသတ္တိ၊ ငါ၏အကွယ်အကာ၊ ငါ့ကိုကယ်တင် သော ဦးချို၊ ငါ့ရဲတိုက်ဖြစ်တော်မူ၏(ဆာ၁၈:၁-၂)။

ဘုရားသခင်အပေါ်၌ ကိုယ်တိုင်ကိုယ်ကျ၏ယုံကြည်စိတ်ချမှု ခိုင်ခံ့ပုံကို ကျနော်တို့မြင်တွေ့ ရသည် မဟုတ်ပါလော။ ဒါဝိဒ်သည် ရဲရင့်သောစစ်သူရဲ့ လိမ္မာပါးနပ်သောသူဖြစ်သော်လည်း ထိုအရာတို့၏ နောက်ကွယ်၌ ဘုရားသခင်က မိမိတန်ခိုးပြ၍ သူ့ကို ကူညီခဲ့သည့် ဘဝအတွေ့အကြု ပေါင်းများစွာ ခံစားခဲ့သူလည်းဖြစ်ပါသည်။ ဘုရားသခင်သည် ထိုသို့သော အမှုအရာများကို စစ်မှန်သောယုံကြည်သူများ၌ ပြုလို၏။ ဘဝဆိုသည်မှာ ဘုရားသခင်လေ့ကျင့်ပေးသည့်ကျောင်းဖြစ်ပါသည်။

ဤဖြစ်စဉ်ကို ကျနော်တို့နားလည်ရသော်လည်း ဤအရာကို ကျနော်တို့ လေ့ကျင့်ခြင်း အစီအစဉ်များနှင့် ရောယှက်ဖို့ရန် အခက်အခဲရှိ၏။ ကျနော် တို့ကိုယ်တိုင် အသက်တာ၏ကြီးထွားဖွံ့ဖြိုးမှုသည် စစ်ဆေး တိုင်းတာရန် ခက်ခဲပါ၏။ တစ်ခါတစ်ရံ ကျနော်တို့ကိုယ်ပိုင်အသင်းတော်နှင့် တရားဝင် အသိအမှတ်ပြု အဖွဲ့အစည်းများက ကျနော်တို့၏အရည်အချင်းများ ရရှိ ထိန်းသိမ်းရန် ကျနော်တို့အား အထူးကူညီပံ့ပိုး ပေးကြ၏။ ၎င်းသည် သာမန် အားဖြင့် အကျိုးရှိသော်လည်း တစ်ချိန်တည်းမှာပင် ကျနော်တို့၏အဖွဲ့ အစည်းများကို ဘုရားသခင်၏စံအတိုင်းမဟုတ်ဘဲ သူတို့၏စံအတိုင်း တန်ဖိုးဖြတ်ရန် ဘောင်ခတ်တတ်ကြ၏။

အားပြိုင်မှု အခင်းအကျင်းများသည် သခင်ဘုရားထံတော်ပါးမှ ကျနော် တို့၏ရည်ရွယ်ချက်ပန်းတိုင်များ အမျိုးမျိုးရှိသကဲ့သို့ ဖြစ်ပါသည်။ ကိုယ်တော် သည် မိမိ၏အဆင့်အတန်းနှင့်မျှော်လင့်ချက် ကိုက်ညီမှုရှိအောင် ကျနော် တို့အပေါ်၌ တွန်းအားထားတတ်၏။ သခင်ဘုရားသည် ကျနော်တို့နည်းပျူဟာ ကို အထူးလမ်းညွှန်မှုနှင့် ဉာဏ်ပညာအားဖြင့် ပယ်ဖျက်နိုင်သည်မှန် သော်လည်း ကျနော်တို့အထဲ၌ တည်ရှိနေသည့်နည်းပျူဟာအတိုင်း ကျနော် တို့နှင့်အတူ အလုပ်လုပ်လေ့ရှိ၏။

217

အသက်၏အနှစ်သာရ

အသက်အရှုတိုင်သည် လက်ရှိကျနော်တို့၏လေ့ကျင့်ပေးခြင်း နည်းစနစ်များနှင့်အတူ ဘုရားသခင်နှင့် ဆိုင်သည့် ဝိညာဉ်ရေးရာကြီး ထွားဖွံ့ဖြိုးမှု လေ့ကျင့်ပေးခြင်းကို ပေါင်းစပ်စေခြင်းဌာ လမ်းကြောင်းအမျိုးမျိုး ပြင်ဆင်ပေးသည်။ အောက်တွင် ဤအရာနှင့်စပ်လျဉ်း၍ ကျနော်တို့မည်ကဲ့သို့ ပြုရမည်ဟူသော အယူအဆတချို့ကို မျှဝေပေးပါသည်။

အသက်အရှုတိုင်၏ထူးခြားသောလက္ခဏာများ

စိတ်နှလုံး၌ စောင့်ထိန်းရန် အရေးကြီးလှသည့် အခြေခံကျသော တချို့ထူးခြားသော လက္ခဏာများမှာ၊

➡ **ဉာဏ်ပညာအရ နိုးဆွပေးခြင်း**

အသက်၏နှိုင်းစာချက်နှစ်ခုကို မေးဆက်ပြီးဖြစ်သည်။ တစ်ခုကား အသက်၏ရင်းမြစ်နှင့်စပ်လျဉ်း၍ ဒုတိယတစ်ခုကား အသက်၏ကြီးထွားဖွံ့ဖြိုးမှုကို ဖော်ပြခြင်းဖြစ်သည်။ အလားတူသည့်အချက် တစ်ခုချင်းစီသည် အခြေခံကျသော ဝိညာဉ်ရေးရာ သမ္မာတရားများ၏ကြီးမားသော နားလည် သဘော ပေါက်မှုကို ဖြစ်ပေါ်စေပါသည်။ ကျနော်တို့သည် ၎င်းတို့အပေါ်၌ ပို၍စဉ်းစားတွေးခေါ်လေ ဝိညာဉ်ရေးရာ အသက်၏ဖြစ်ရပ်မှန်ဖြစ်သည့် မ မြင်နိုင်သည့်ပို၍နက်ရှိုင်းသော ထိုးထွင်းသိမြင်နိုင်စွမ်းကို ရရှိလေဖြစ်သည်။

သိပ်မကြာသေးခင် သမုဒ္ဒရာ၏အောက်ခြေကို လူတွေစူးစမ်းလေ့လာ နိုင်ခြင်း မတိုင်မီ ကျနော်တို့သည် ၎င်း၌ အသက်မရှိဟုယူဆကြ၏။ ယခုကျ နော်တို့သည် အလွန်နက်ရှိုင်းသော သမုဒ္ဒရာအောက်ခြေ၌ အသက် ပေါင်း

218

အဓိက ရည်ရွယ်ချက်

များစွာရှိ၍ စိတ်ဝင်စားဖွယ်ကောင်းသည့် စူးစမ်းလေ့လာစရာ ကျယ်ပြန့်သော ကွင်းပြင်အသစ် ရှိကြောင်းကို ကျွန်တော်တို့သိရှိရ၏။ ဤပုံစံ အတိုင်း ဘုရားသခင်၏ရည်ရွယ်ချက်နှင့် လမ်းစဉ်များကို အကျယ်တဝင့် လေ့လာခြင်းသည် ထိုအသက်ကို ပေးသောအရှင် ဘုရားသခင်အကြောင်းကို ဆင်ခြင် အောက်မေ့ခြင်း၊ သင်ယူသိရှိလိုစိတ် တိုးပွားခြင်းတို့ကို မြှင့်တင် ပေးသည်။

ဤအကြောင်းကို လေ့လာခြင်းသည် ဗုဒ္ဓဘာသာ သို့မဟုတ် ရှေးကျ သောအယူအဆများကဲ့သို့သော အကြောင်းအရာများကို လေ့လာခြင်းနှင့် ဆန့်ကျင်ဘက်ဖြစ်၏။ သူတို့သည် အဆုံး၌ လူ၏ပုံပျက်ခြင်းကို ထင်ဟပ် စေကြ၏။ သို့သော် အသက်အတိုင်မှကား ကျွန်တော်တို့အထဲ၌ရှိသည့် ခရစ်တော်တည်ဟူသော အသက်၏အချက်အချာသည် ကောင်းသောအရာ၊ မှန်သောအရာ၊ ရှင်သန်ခြင်းနှင့်ဖြစ်မြောက်ခြင်း စသည့်တို့ကို ကျွန်တော် တို့၏အသက်တာ ရင်းမြစ်ထဲသို့ သွင်းပေးလေ၏။(၁ယော၊၅၊၂၀)။

➡ လွယ်လွယ်ကူကူ အကဲဖြတ်ခြင်း

အမှန် အတိုင်း ဖြစ်စေဖို့ ရန် ကြီး ထွား ဖွံ့ ဖြိုး မှု ဆိုင် ရာ စက်ဝိုင်း၏အစိတ်အပိုင်း တချို့ကို တိုင်းတာရန် ခဲယဉ်းပါသည်။ သို့သော် ၎င်း တို့အထဲမှ အဆင့်တစ်နှင့်အဆင့်နှစ်တို့သည် လွယ်လွယ်ကူကူ ထုတ်ဖော်၍ အကဲဖြတ်နိုင်ပါသည်။ ဤသို့ ပြောဆိုသောကြောင့် ကျောင်းသူ/ သားများ၏အသက်တာ၌ အမှန်တကယ် ပြောင်းလဲခြင်းကို အာရုံစိုက်မည့် အစား အရေအတွက်နှင့်ဘွဲ့ဒီဂရီကိုသာ အာရုံစိုက်ကြသည့် အဖွဲ့အစည်း များအား တရားဝင်သည်ဟု ကျွန်တော်တို့ထောက်ခံနေခြင်းမဟုတ်ပေ။ ကျွန်တော် တို့သည် ၎င်းတိုင်းတာခြင်းကို လုပ်သင့်လုပ်ထိုက်သော လေ့ကျင့်ပေးခြင်း အစီအစဉ် ဖြစ်မြောက်စေခြင်း၌ ကျွန်တော်တို့အား လမ်းညွှန်ရန်အသုံးပြုသည်။

➡ ကိုယ်တိုင်ကိုယ်ကျ လုပ်ရကျိုးနပ်ခြင်း

ကျောင်းနှင့်စာသင်ခန်းများသည် ကျောင်းသူ/သားများကို ဆွဲချ နိုင်သည်။ ပညာရေးအပေါ် ပုံမှန်ထက် ဖိအားပေးခြင်းသည် ဝိညာဉ်ရေးရာ အသက်တာ ပြုစုပျိုးထောင်အတွက် အခန်းနည်းနည်းလေးသာ နေရာပေး တတ်၏။ ဥယျာဉ်၏မြေဆီလွှာ ဖိသိပ်လာသောအခါ အပင်၏အမြစ် ဖွံ့စည်းမှု

219

အသက်၏အနှစ်သာရ

နည်းစနစ် ကြီးထွားဖို့ရန် ခဲယဉ်းလာပါသည်။ အကျိုးရလဒ်ကား အပင်၏ကြီး ထွားမှု နည်းနည်းလေးသာရှိ၏။ ဤကဲ့သို့သော ပြဿနာမျိုးသည် ကျွန်ုပ် တို့၏အကောင်းဆုံးသော ကျမ်းစာကျောင်းများ၌လည်းရှိ၏။

ကျမ်းစာသင်ပေးသောဆရာများရော ကျောင်းသူ/သားများပါ နှစ်ဝက် စာသင်ကာလ၏အလုပ်နှင့် စပ်လျဉ်း၍ အသိပညာတောင့်ဆိုမှုကြောင့် အရှိန်ကျလာကြ၏။ ထိုသူတို့သည် သူတို့၏ဝိညာဉ်ရေးရာအတွက် တန်ဖိုးရှိ သည့်အချိန် နည်းနည်းလေးသာ ရရှိကြတော့သည်။ အာရုံစူးစိုက်မှုသည် စစ် မှန်သောကြီးထွားခြင်းသို့ ဦးတည်နိုင်သောအခါ အရာအရာအားလုံး ပိုမို အဓိပ္ပာယ်ရှိလာ၍ ကိုယ်ကိုယ်တိုင် အရာရောက်လာမည် ဖြစ်သည်။

➡ တန်ခိုးပေးခြင်းနှင့်စိတ်ဝင်တစားရှိခြင်း

ကျွန်ုပ်တို့သင်ယူခြင်းမှာသမျှသည် အသက်တာတည်ဆောက်ရေး အတွက် အဓိပ္ပာယ်ရှိစေသည့်အရာ ဖြစ်ရမည်။ ကျောင်းသားတစ်ဦးသည် မိမိကိုယ်ကို ယုံကြည်စိတ်ချရန်အတွက်သာ အသိပညာလိုအပ်တာ မဟုတ်ဘဲ ထိုအသက်တာကို ဘုရားသခင်ထံမှ ပြုစုပျိုးထောင်ရမည်။ ထိုကျောင်းသား သည် သူသင်ယူခဲ့သည့် အရာများကို သူ့အသက်တာထဲ၌ ပိုမိုကောင်းမွန်စွာ ချိတ်ဆက်နိုင်လေ သူ၏သင်ယူမှုသည် ပို၍မှန်ကန်မှု ရှိလေဖြစ်ပါမည်။ အသိပညာသင်ခန်းစာသည် နားလည်သဘောပေါက်ရုံအတွက်သာ ကောင်း သည် မဟုတ်ဘဲ၊ ၎င်းသည် အသက်တာနှင့်လုပ်ငန်းထဲသို့ မည်ကဲ့သို့ ဆက်နွယ်ကြောင်းကို နှလုံးသွင်းခြင်းသည် ပို၍ကောင်းပေ၏။ အကယ်၍ သူ တို့၏အသိပညာနှင့်လက်တွေ့လေ့လာမှုများကို အသက်အတိုင်း အယူအဆ များနှင့်အတူ တပြိုင်နက် ပေါင်းစပ်နိုင်လျှင် သူတို့အသက်တာနှင့်အခြား သူများ၏ အသက်တာများ၌ ဘုရားသခင်လုပ်ဆောင်လျက်ရှိသည့်အရာကို စေ့စေ့စပ်စပ် ကြည့်ရှုစစ်ဆေးနိုင်မည် ဖြစ်ပါသည်။ သင်ခန်းစာများသည် လည်း ဘုရားသခင်၏ရည်ရွယ်ချက်နှင့် တို၍တို၍ ပေါင်းစည်းလာမည်။ ဤ ထိုးထွင်းသိမြင်နိုင်စွမ်းသည် စိတ်လှုပ်ရှားဖွယ်ဖြစ်၍ တန်ခိုးရှိ၏။

➡ ဘုရားသခင်အပေါ် အာရုံစူးစိုက်မှုနှင့်ဝိညာဉ်တော်၏ ကွပ်ကဲမှု

ကျောင်းသားများသည် သီအိုလော်ဂျီနှင့်ဘုရားသခင် အကြောင်းကို သင်ယူလေ့လာနေကြသော်လည်း အန္တရာယ်များစွာရှိရင်ဆိုင်ကြ၏။

အဓိက ရည်ရွယ်ချက်

ဘုရားသခင်ကို သိရှိခြင်းနေရာ၌ အခြားအစားထိုးခြင်းသည် အကြီးမားဆုံး ပြဿနာ ဖြစ်လာသည်။ အကယ်၍ ကျွန်တော်တို့သည် ဘုရားသခင်၏ဘုန်း အသရေနှင့် ရည်ရွယ်ချက်အပေါ်၌ မှန်ကန်စွာအာရုံစူးစိုက်လာပါက အခြား သောအရာများ ပျောက်ကွယ်သွားမည်။ ဘုရားသခင်နှင့်အတူ ရှင်သန်ခြင်း၌ ဤသို့သော အဓိကရည်မှန်းချက်မရှိပါက အခြားသော ရည်မှန်းချက်များက နေရာယူ ထိန်းချုပ်ပေမည်။

➡ ကွဲကြွဲခံသော အသီး

ကျွန်တော်တို့၏လူ့အဖွဲ့အစည်းသည် ပြုပြင်ပြောင်းလဲခြင်း လိုအပ်သည်။ ဤလိုအပ်ချက်များသည် ဘုရားသခင်၏လူတို့က သူတို့ရရှိသည့်ဘွဲ့ဒီဂရီ ထက် ဘုရားသခင်နှင့်ရင်းနှီးလာခြင်းအားဖြင့် အပြောင်းအလဲ ရှိလာမည် ဖြစ်သည်။ ဝိညာဉ်ရေးရာ ပြုပြင်ပြောင်းလဲခြင်း၌ အချိန်အခါနှင့်အာရုံစူးစိုက် မှု လုံလောက်မှု မရှိသောအခါ အတွင်းပိုင်းကြီးထွားခြင်းသည် တစွပ်စွပ်မြည် လာ၍ စုံလင်ခြင်းသို့ မကြီးထွားမီ အသီးမသီးဘဲ နေတတ်၏။

ဂရုတစိုက် စစ်ဆေးခြင်း

ကျွန်တော်တို့သည် ကျောင်းသူ/သားများအား ကျမ်းစာကျောင်း၌ သူ တို့၏လေ့ကျင့်ခြင်းကာလအတွင်း ဖြစ်ပျက်သောအရာကို စစ်ဆေးခြင်း မဟုတ်ပေ။ ရန်သူသည် အမြဲလှုပ်ရှား၏။ သို့သော် မှန်ကန်သော လေ့ကျင့် ပေးခြင်းသည် ဘုရားသခင်၏လူတို့ကို ရန်သူ၏လှည့်ကွက်များထံမှ အကာအကွယ်ပေးနိုင်သည်။

ယေရှုက ကောင်းသောအလုပ်များဖြစ်သည့် သူ၏အလုပ်များသည် သူနှင့်ပေါင်းစည်းခြင်းမှ လာသည်ဟုဆို၏။(ယော၁၅:၅)။ လိုအပ်သည့် ကျွမ်းကျင်မှုများ၊ အကျင့်စရိုက်နှင့်ဝိညာဉ်ရေးရာ စည်းကမ်း ချက်များကို အသားပေးခြင်းအားဖြင့် ကျောင်းသားများ၏အသက်တာထဲသို့ ဤစိတ်နေ သဘောထားကို ပို၍ပေါင်းစပ်နိုင်မည်ဖြစ်သည်။

ပေါလုသည် ကျွန်တော်တို့ မြှင့်တင်ဖို့ရန် လိုအပ်သောဤ အပြောင်းအလဲကို အကျဉ်းချုပ်လိုက်ပါသည်။ "ဝိညာဉ်တော်၏အသီးအပွင့် မူကား ဝမ်းမြောက်ခြင်း၊ ငြိမ်သက်ခြင်း၊ စိတ်ရှည်ခြင်း၊ ကျေးဇူးပြုခြင်း၊ ကောင်းမြတ်ခြင်း၊ သစ္စာစောင့်ခြင်း၊ နူးညံ့သိမ်မွေ့ခြင်း၊ မိမိကိုယ်ကို

အသက်၏အနှစ်သာရ

ချုပ်တည်းခြင်းပေတည်း။ ဤအရာများကို ဆန့်ကျင်သောတရားမရှိ"(ဂလ၊ ၅:၂၂-၂၃)။

စကားလုံးအမျိုးမျိုး အသုံးပြုသော်လည်း ကျနော်တို့ရှာဖွေသည့် အသီးအပွင့်၏အရည်အသွေး၌ ဂရုတစိုက်အာရုံစူးစိုက်ဖို့ လိုအပ်ပါသည်။ ကောင်းသောအသီးသည် ဘုရားသခင်၏မျက်မှောက်တော်၌ အသက်ရှင် သောသူများ၏ထူးခြားသော လက္ခဏာဖြစ်ပါသည်။

အကျဉ်းချုပ်

ဝိညာဉ်ရေးရာ ကြီးထွားခြင်းအပေါ် အထူးအလေးပေးခြင်းနှင့်အတူ ၎င်း၏ကြီးထွားဖွံ့ဖြိုးမှုဆိုင်ရာ ရှင်းလင်းသောလမ်းကြောင်းသည် မရှိမဖြစ် လိုအပ်၏။ အကြောင်းမှာ သာသနားလုပ်ငန်းအတွက် ပြင်ဆင်မ နှစ်ကာလ အတောအတွင်း၌ ကျမ်းစာ၏ရှုထောင့်အမြင်ကို ထိန်းသိမ်းနိုင်ဖို့ရန်ဖြစ် သည်။

ကျနော်တို့၏ရည်မှန်းချက်ဖြစ်သည့် အသက်တာပြုပြင်ပြောင်းလဲ ခြင်း အစီအစဉ်သည် ကျောင်းသူ/သားများ၏အသက်တာထဲမှ ပေါက်ဖွားလာ သည့် အကြီးမားဆုံးသောအသီးအပွင့်အတွက်ကို ရှာဖွေရမည်။ သို့မဟုတ် လျှင် ဤအသက်သည် အခြားသူများ၏အသက်တာထဲ၌ သွတ်သွင်းမည့် အစား သေသွားမည် ဖြစ်သည်။ ခရစ်ယာန်အသိုင်းအဝန်း စာသင်ခန်းများ၌ လေ့လာဆည်းပူးခြင်းသည် ဘာသာရေးဆန်သည့် အတွေ့အခေါ် ဖြစ်လာ သော်လည်း တကယ့်အသက်ရှင်ခြင်းအတွက် ဘာမှအကျိုးမပြုပေ။ အသက်အတိုင်းသို့ ပြန်လှည့်ခြင်းသည် ကျနော်တို့အား ဘုရားသခင်ထံသို့ ပို့ဆောင်၍ သူ၏အသက်-ပွားများစေခြင်း တန်ခိုးကို ဖြစ်ပေါ်စေသည်။

သင်ခန်းစာ

- ဘုရားသခင်သည် သူ၏အဆင့်အတန်းနှင့်မျှော်လင့်ချက်များ အပေါ်၌ အာရုံစူးစိုက်ရန် ကျနော်တို့အား စိန်ခေါ်ခြင်းအားဖြင့် ကျ နော်တို့ကောင်းကျိုးအတွက် သြဇာလွှမ်းမိုးမှု အစပြု၏။
- အသက်အတိုင်း၌ တွေ့ရှိသည့်တန်ဖိုးသည် ဦးစားပေးဖို့ရန် ကြွယ်ဝ ချမ်းသာ၍ ထိုက်တန်လှပေ၏။

222

အဓိက ရည်ရွယ်ချက်

- ကျွန်တော်တို့သည် ကိုယ်တိုင်ကိုယ်ကျ လုပ်ရကျိုးနပ်သော လိုအပ်ချက် များကို ရှာဖွေသောအခါ ဘုရားသခင်ဆိုလိုသည့်သူနှင့်နီးကပ်စေ ခြင်းဖြစ်သည့် လေ့ကျင့်ခြင်းကို ရှာဖွေတွေ့ရှိခြင်းထက် ပို၍ တန်ဖိုးရှိသောအရာမရှိတော့ပေ။

ကျက်မှတ်ဆင်ခြင်ပါ

- ၀၁ ၅း၂၂-၂၃
- ဆာ၁၈း၁-၂

တာဝန်ပေးအပ်ခြင်း

➡ သင်၌ ဘဝရည်မှန်းချက်ပန်းတိုင်ရှိပါသလား။ ရင်းသည် အဘယ်နည်း။ ရှင်း၌ ဘုရားသခင်ကို ပို၍နက်ရှိုင်းစွာသိခြင်းနှင့်ပို၍ရင်းနှီးကျွမ်းဝင် ခြင်း နည်းလမ်းများပါဝင်ပါသလား။

➡ သင်တွဲဖက်ပါဝင်သည့် ကျမ်းစာကျောင်း သို့မဟုတ် အသင်း တော်၏အဓိက ရည်မှန်းချက်ပန်းတိုင်ကား အဘယ်နည်း။ သူတို့ကို ဂရုတစိုက်လေ့လာပါ။ ထိုသူတို့တည် ဘုရားသခင်၏ကြီးမြတ်သော ရည်မှန်းချက်ပန်းတိုင်များကို အဘယ်သို့ခိုင်းနိုင်သနည်း။ ရှင်းပြပါ။

➡ ဆာလံ ၁၈ ကို ဖတ်ရှု၍ ဒါဝိဒ်သည် သူ၏အသက်တာ၌ ဘုရားသခင်ပြု သောအမှုကြောင့် မည်ကဲ့သို့ လေးလေးနက်နက်အကျိုးထိရောက်မှု ရရှိသည်ကိုသတိပြုရမည်။

#၃၄
အတွင်းပိုင်း လုပ်ဆောင်ချက်များ

ပေါလုသည် သူ၏ရည်မှန်းချက်ပန်းတိုင်များကို "အသက်နှင့်ဆိုင် သောနှုတ်ကပတ်တော်ကို စွဲကိုင်ထားလျှက်"ဟူ၍ အကျဉ်းချုပ်ထား၏။ ၎င်း သည် သူ၏အတွေးအခေါ်များ၊ ဆုံးဖြတ်ချက်များနှင့် သဘောထားရှိသမျှ တို့၌ ခရစ်တော်၏နှုတ်ကပတ်တော် ထိထိရောက်ရောက် အားထုတ်၍ လမ်းညွှန်ဖို့ရန် အခွင့်ပေးခြင်းဖြစ်သည်။

"အရာခပ်သိမ်းကို ညည်းညူခြင်းနှင့် ငြင်းခုံခြင်းမရှိဘဲ လုပ်ဆောင်ကြလော့။ ၎င်းသည်ကား ကောက်ကျစ်၍ ဖောက်ပြန် လမ်းလွဲသောမျိုးဆက်၏အလယ်တွင် သင်တို့သည် ရိုးသား ဖြူစင်လျှက် အပြစ်တင်စရာမရှိသောသူများ၊ အပြစ်အနာအဆာ ကင်းသော ဘုရားသခင်၏ သားသမီးများဖြစ်ကြပြီး အသက် နှင့်ဆိုင်သောနှုတ်ကပတ်တော်ကို စွဲကိုင်ထားလျှက် ၎င်း လောက ၌ရှိသောအလင်းရောင်များကဲ့သို့ သူတို့အထဲတွင် ထွန်းလင်းကြမည်အကြောင်းတည်း။ ထိုသို့အားဖြင့် ငါသည် အချည်းနှီးအားထုတ် လုပ်ဆောင်ခဲ့သည်မဟုတ်ကြောင်း ခရစ်တော်၏ နေ့ရက်၌ ဂုဏ်ယူဝါကြွားနိုင်မည်(ဖိ၊၂း၁၄-၁၆)။

ပေါလုသည် သူ၏တွေးတောကြံမှုများနှင့်လုပ်ဆောင်ချက်များကို သူ အား ဘုရားသခင်ခေါ်ခြင်းနှင့် ယှဉ်လျှက် ပုံမှန်ပြန်လည်ဆန်းစစ်၏။ ကျောင်းများ၊ အသင်းတော်များ၊ ခရစ်ယာန်စီးပွားရေးလုပ်ငန်းများနှင့် ခရစ်ယာန်တစ်ဦးချင်းစီတို့သည် အပြင်ပန်းအားဖြင့် သူတို့၏ပုံစံ၊ ဘာသာစကားနှင့်အချိန်အခါတို့ဖြင့် ပုံဖော်ကြသော်လည်း ပေါလုကဲ့သို့ လုပ်ဆောင်ကြရမည်။ ၎င်းသည် ကောင်းပေ၏။ ဘုရားသခင်၏အသက် လမ်းကြောင်းနှင့်ဆိုင်သော အကြောင်းအရာကို မည်သည့်အရာနှင့်မျှ အလဲအလှယ်လုပ်လို့ မရပေ။

ကျွန်တော်တို့၏အဓိက အခက်အခဲကား ၎င်းအသက်အတိုင်ကို ကျွန်တော် တို့၏လေ့ကျင့်ခြင်း အလယ်ဗဟို၌ မည်ကဲ့သို့ မှန်ကန်စွာနေရာချထားမည် ကို သိရှိရန်ဖြစ်ပါသည်။ ဥယျာဉ်ထဲ၌ အပင်များ နီးနီးကပ်ကပ် စိုက်ခြင်းသည် အားလုံးကြီးထွားဖို့ရန် မွန်းကျပ်စေပါသည်။ အပင်တိုင်း နေရောင်ခြည်

225

အသက်၏အနှစ်သာရ

ကောင်းကောင်းရရှိ၍ လေဝင်လေထွက်ကောင်းအောင် ကျွန်တော်တို့သည် တစ်ပင်နှင့်တစ်ပင် အကွာအဝေးကို ဦးစားပေးချင့်ချိန် ရမည်။ ဤသို့ နေရာချထားခြင်းနှင့်စပ်လျဉ်း၍ ဦးစားပေးခြင်းသည် ဘုရားသခင်နှင့်အခြားသူများသို့ ဆိုလိုချက်တစ်ခုဖြစ်လာ၍ ကျွန်တော်တို့၏အဓိက ရည်ရွယ်ချက်သည် အရည်အသွေးထက် အရည်အချင်း ဖြစ်ပါသည်။

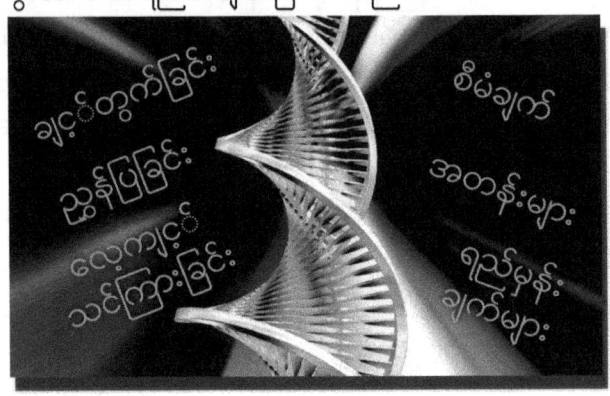

'ဘာလဲမဟုတ်ဘဲ မည်သူလဲဟူ၍ ဖြစ်၏'

အသီးသီးတို့အား ဘုရားသခင်အစပြု ပြောင်းလဲစေခြင်းသည် ကျွန်တော်တို့လေ့ကျင့်ခြင်း၏အဓိက အစိတ်အပိုင်း ဖြစ်လာသည်ကို ကျွန်တော်တို့ နားလည်ထားကြရမည်။ ဤသော့ချက် အစိတ်အပိုင်းမရှိပါက ထိရောက် သောလေ့ကျင့်ခြင်းသည် မကြာမီကျဆင်းသွားမည်။

ကျွန်တော်တို့သည် တစ်ဦးချင်း၏ပြောင်းလဲခြင်း အပေါ်၌ အာရုံစူးစိုက်ခြင်း မရှိတာလည်းဖြစ် နိုင်ပါသည်။ သည်နေရာ၌ ဖြစ်နိုင်ချေပုံစံနှစ်ခု ကို ကျွန်တော်တို့ချပြဖို့ မျှော်လင့်ထားပါသည်။

တစ်ဖန် ကျွန်တော်တို့ပြောနေရင်းနဲ့ စိတ်နှလုံးထဲ၌ ခရစ်ယာန်ကျောင်း တစ်ကျောင်းကို စဉ်းစားမိပြန်၏။ ရွေးစရာ နှစ်ခုရှိသည်။

(၁) အသက်အူတိုင် လေ့ကျင့်ပေးခြင်းကို ကြီးထွားဖွံ့ဖြိုးမှု ဆိုင်ရာ အစီအစဉ်အဖြစ် သီးသန့်ထိန်းသိမ်းပါ။

(၂) ဝိညာဉ်ရေးရာ ပြုပြင်ပြောင်းလဲခြင်း အစီအစဉ်ကို တည်ရှိ နေသည့်အစီအစဉ်ထဲသို့ ပေါင်းစပ် လိုက်ပါ။

အသီးသီး စိန်ခေါ်မှုရှိ၏။ ပထမတစ်ခုကို ရှင်းပြပါမည်။ အခြားတစ်ခု သည် ပထမတစ်ခုကို ကျွန်တော်တို့နားလည်လာသည်အမျှ ပိုရှင်းပေါ်လွင်လာပြီး

အတွင်းပိုင်း လုပ်ဆောင်ချက်များ

အကျဉ်းချုပ် ဆွေးနွေးသွားမည်ဖြစ်ပါသည်။ အသက်အသိုင်သည် အသင်း တော်နှင့်အခြားနေရာများ၌ အဘယ်ကဲ့သို့ဖြစ်သည်ကို ဤအရာက ပိုမို ကောင်းမွန်စွာ ရှင်းလင်းစေမည်။

ရင်း၏ထင်ရှားသောနေရာကို သီးခြားထားပါ

အသက်အသိုင်၏ကိုယ်စားပြုခြင်း ထိမ်းသိမ်းခြင်းသည် ရင်း၏ရည်မှန်းချက်ပန်းတိုင်များကို ရှင်းလင်း စေဖို့ရန်သော်လည်းကောင်း အခြားသောလေ့ကျင့်ခြင်း/သင်ခန်းစာများသို့ သင့်တော်သော ဆက်နွှယ်မှု ရှိ စေရန်သော်လည်းကောင်း၊ ရင်း၏အကာအကွယ်အား အာမခံပေး၍ စုံလင် သောကြီးထွားဖွံ့ဖြိုးမှု ရှိစေရန်သော်လည်းကောင်း အရေးကြီး၏။

ရစ်လိမ်သောပုံစံသည် ကျနော်တို့အသက်တာအတွက် ဘုရားသခင် နှင့်ဆိုင်သော ကြီးထွားဖွံ့ဖြိုးမှု အစီအစဉ်၏ကြီးထွားခြင်းနှင့်ညှိနိုင်ခြင်းတို့ ကို အားထုတ်မှုများကို အလေးထားသည်။ အသက်တစ်ချောင်း ဖြစ်သကဲ့သို့ ရင်းသည် တစ်ခုဖြစ်၍ ရည်မှန်းချက်ပန်းတိုင်လည်း တစ်ခုဖြစ်၏။ အရာ အားလုံးသည် ပေါင်းစပ်ထားခြင်းဖြစ်သည်။

သင်ခန်းစာ သို့မဟုတ် အစီအစဉ်တိုင်းသည် အသက်အသိုင် ရည်မှန်းချက်ပန်းတိုင်နှင့် သင့်တော်ရမည်။ တစ်စုံတစ်ယောက် သည် မ တူညီသော လှုပ်ရှားမှုများ သို့မဟုတ် အဆင့်အတန်း များကို အကဲဖြတ် သော သူသည် ရင်း၏အဓိက ရည်ရွယ်ချက် ဘက်သို့ ပြန်လှည့်လာရမည်။ ဝိညာဉ်ရေးရာ ဦးတည်ချက်ကို သီးသန့် စောင့်ထိန်းခြင်း အားဖြင့် ကျ နော်တို့ မြင်တွေ့လိုသော အရာမှစ၍ ကြီးထွားဖွံ့ဖြိုးမှု၏အဆင့်တိုင်း၌ မည်သို့ဖြစ်မည်ကို ရှင်းလင်းစေပါသည်။

ရည်မှန်းချက်ပန်းတိုင်သည် အမျိုးမျိုးဖော်ပြနိုင်သော်လည်း ရင်း၏အဆုံးသည် မည်သည့်အခါမျှ အမျိုးမျိုးမဖြစ်သင့်ပေ။ ကျနော် တို့သည် ယုံကြည်သူ အသီးသီးတို့၏စုံလင်သော ကြီးထွားဖွံ့ဖြိုးမှုကို မြင်တွေ့ လိုပါသည်။ သို့မှသာ သူတို့သည် ခရစ်တော်နှင့် ရင်းနှီးကျွမ်းဝင်၍ ဘုရားသခင်ရည်ရွယ်ထားသည့်အလုပ်ကို အပြည့်အဝသယ်ပိုးနိုင်မည်ဖြစ် ပါသည်။

များစွာသောသူတို့သည် တစ်စုံတစ်ရာကို ရေးရှူ၍ လုပ်ဆောင်လျက် သူတို့စိတ်ဝင်စားမှုများနှင့် အစွမ်းအစများကို ပေးဆပ်သည့်အလျောက် မြင့်မြတ်သော ဤရည်ရွယ်ချက်ပန်းတိုင်ကို ခြင်းပယ် ကြလိမ့်မည်။

အသက်၏အနှစ်သာရ

သို့သော် ဤကြီးထွားဖွံ့ဖြိုးမှုသည် ဖြစ်ပျက်လျက်ရှိသည်ကို ယုံကြည်စိတ်ချဖို့ အရေးကြီး ပါသည်။

အစပြုသည့်နေရာ

ကျောင်းသားတိုင်း အစပြုသောအခါ တစ်နေရာရာ၌ ရှိကြ၏။ ဝင် ခွင့်စာပေးပွဲသည် တစ်စုံတစ်ဦး၏ ကျမ်းစာဗဟုသုတနှင့် ကိုယ်တိုင် အတွေ့အကြုံကို စမ်းသပ်အကဲဖြတ်ခြင်းဖြစ်ပါသည်။ ဤအရာသည် အစပြု သည့်နေရာဖြစ်သော်လည်း ကျနော်တို့သည် တစ်စုံတစ်ဦး၏ဝိညာဉ်ရေးရာ ကြီးထွားဖွံ့ဖြိုးမှု အပေါ်၌ အခြေခံကျကျ အာရုံစိုက်ဖို့လိုအပ်ပါသည်။ အဆင့် သုံးဆင့် အသီးသီး၌ တချို့သောစံနှုန်းကို အသုံးပြု ခြင်းအားဖြင့် ကျောင်းသား၏ကြီးထွားခြင်း အခြေအနေကို စမ်းသပ်နိုင်ပါသည်။ ထိုသို့ဖြင့် သူသည် မည်သည့်နေရာ၌ ကောင်းကောင်းကြီးထွား၍ မည်သည့်နေရာ၌ ကြီးထွားဖို့ရန် လိုအပ်ကြောင်း သိရှိလာမည် ဖြစ်ပါသည်။

တစ်ဦးချင်းစီ၏ဝိညာဉ်ရေးရာ ရင့်ကျက်ခြင်းသည် အသိဉာဏ် ထက်မြက်မှုနှင့် မတူပေ။ ယေရှုသည် ဖာရိရှဲတို့၏အသိဉာဏ်နှင့် ပတ်သက်၍ အသိတရားကင်းမဲ့ခြင်းကို ဝေဖန်ပြစ်တင်ခြင်းမပြုခဲ့ပေ။ သမ္မာကျမ်းစာ အပေါ် သူတို့၏ချဉ်းကပ်မှုသည် လက်ခံဖွယ်ဖြစ်သော်လည်း ဝိညာဉ်ရေးရာ၌ သေလျက် အပြင်ပန်းသဏ္ဍာန်ကို အားထားကြသောကြောင့် ကျမ်းစာ၏ဆိုလိုရင်းကို မှန်ကန်စွာ မမြင်နိုင်ရုံမက သူတို့အသက်တာ၌ လက်တွေ့ကျကျ၌သုံးခြင်းမရှိကြပေ။

ပထမစိန်ခေါ်မှု ကား လူတစ်ဦးရှိသည့်နေရာကို အကဲဖြတ်ရန်၊ ဒုတိယစိန်ခေါ်မှုကား ထိုသူသွားမည့် နေရာကို အမြင်အာရုံပေးရန်၊ တတိယစိန်ခေါ်မှုကား ထို နေရာသို့ ရောက်ရှိအောင် ကူညီရန်တို့ဖြစ်ပါသည်။

ကြီးထွားခြင်းဆိုင်ရာ ဤအချက်များကို အချိန်မီ ဖော်ထုတ်၍ သူတို့ နှင့်အတူ ထိုသို့သော ဆွေးနွေးမှုများကို လုပ်ဆောင်ပေးခြင်းအားဖြင့် သူ တို့အား မှန်ကန်သောလမ်းကြောင်း၌ ခြေလှမ်းစေပါသည်။

ထိုသို့သောမျိုးစေ့ကို ကျခြင်းအားဖြင့် ကျောင်းသားများ ကြီးထွား ခြင်းကို ကျနော်တို့မျှော်လင့် ပါသည်။ ကျမ်းစာသိခြင်း ဗဟုသုတ၌ မဟုတ် ဘဲ ခရစ်တော်နှင့်အတူ သူတို့၏ဝိညာဉ်ရေးရာ ကြီးထွားမှုကို မျှော်လင့်ခြင်း

အတွင်းပိုင်း လုပ်ဆောင်ချက်များ

ဖြစ်ပါသည်။ သူတို့အဖို့ ကျနော်တို့၏ယုံကြည်ခြင်းသည် သူတို့၏မျှော်လင့်ချက်များနှင့် ဦးတည်ချက်များကို စတင်ပုံသွင်းရန်ဖြစ်ပါသည်။

ကျနော်တို့၏ရည်ရွယ်ချက်ပန်းတိုင်သည် ယုံကြည်သူအသီးသီးအတွက် ယေဘုယျမြေပုံကို ချပြခြင်းမဟုတ်ပေ။ အသီးသီးတို့၌ စတင်ရမည့်နေရာ အမျိုးမျိုးရှိ၏။ မည်သို့ပင်ဖြစ်စေ ကျနော်တို့သည် ထိုနယ်ပယ်များ၌ ကြီးထွားခြင်းကို မြင်တွေ့လို၏။

တချို့သောသူတို့သည် အမျက်ဒေါသ ထိန်းချုပ်ခြင်းနှင့်စပ်လျဉ်း၍ ဆွေးနွေးရန် အကြောင်းများ ရှိနိုင်သည်။ ပြဿနာချင်းတူသည့်တိုင်အောင် ထိုသူတို့၏အနေအထားသည် အခြားသောသူများ၏ အနေအထားနဲ့ ခြားနားသော်လည်း ဖြေရှင်းချက်ကား အတူတူပဲဖြစ်ပါသည်။ ထိုအရာများကို ကျောင်းသားများနှင့် ဆွေးနွေးရန် အချိန်ယူခြင်းအားဖြင့် ၎င်းအပေါ်၌ တစ်စုံတစ်ရာ လုပ်ဆောင်ဖို့ လိုအပ်၍ ထုတ်ဖော်နိုင်တဲ့အကြောင်း သူတို့၏စိတ်နှလုံးသည် စတင်အားရုံစူးစိုက်လာကြ၏။

ကိုယ်တိုင်ညွှန်ပြပေးခြင်းသည် ကဏ္ဍတစ်ခုအဖြင့် ပါဝင်သော်လည်း စာသင်ခန်း၌ သင်ကြားခြင်း သို့မဟုတ် အထူးနှီးနှောဖလှယ်ပွဲတို့လည်း ကဏ္ဍတစ်ခုအဖြင့် ပါဝင်နိုင်၏။ ကျနော်တို့သည် လူငယ် ယုံကြည်သူများကို လေ့ကျင့်ပေးခြင်းအားဖြင့် ဝိညာဉ်ရေးရာ၌ ပိုမိုရင့်ကျက်သော ကျောင်းသားများကို တိုးမြှင့်နိုင်သည်။

သခင်ယေရှုကို အမှန်တကယ် မသိရှိသူများအနေနဲ့ တိကျသော ဆုံးဖြတ်ချက်ချဖို့ လိုအပ်ပါလိမ့်မည်။ ကျနော်တို့သည် ထိုဆုံးဖြတ်ချက်ချခြင်းနှင့်စပ်လျဉ်း၍ အသင်းတော်များ၌ ရေနှစ်ခြင်းမင်္ဂလာခံမှီ မေးမြန်းလေ့ရှိ၏။ ကျောင်းများအနေနဲ့လည်း ဤအရာကို ပါးနပ်စွာဖြင့် သုံးသပ် အကဲဖြတ် လုပ်ဆောင် ပါလိမ့်မည်။ အသက်သည် မယုံကြည်သူများ၌ မရှိသောကြောင့် ကြီးထွားခြင်းဆိုတာ မဖြစ်နိုင်ပေ။ ယုံကြည်သူတစ်ဦး၌ပင် အသက်၏အမှတ်လက္ခဏာကို မြင်တွေ့ဖို့ ခဲယဉ်းတတ်ပါသည်။

အကယ်၍ ကျောင်းသားများသည် ကျောင်း၏ရည်မှန်းချက်ပန်းတိုင်များနှင့် တထပ်တည်းမကျလျှင် သူတို့နှင့်အတူ ကျနော်တို့၏ရည်မှန်းချက်ပန်းတိုင်များကို ရှင်းလင်းခြင်းအားဖြင့် သူတို့ကိုသူတို့ သီးခြား ခွဲထွက်လာပါလိမ့်မည်။ တစ်နည်းပြောရရင် ကျနော်တို့၏ရည်မှန်းချက်ပန်းတိုင်များနှင့် နည်းစနစ်များကို ဆွဲဆောင်မှုရှိအောင် လုပ်သင့်သည်။ စိတ်ဝင်စားမှုမရှိ

229

အသက်၏အနှစ်သာရ

သောကျောင်းသားများ မပါဝင်ခြင်းအားဖြင့် ကျနော်တို့သည် ကျောင်း သို့မဟုတ် အသင်းတော်အတွက် ပို၍ကြီးမားသောဦးတည်ချက်ကို တည်ဆောက် နိုင်မည်ဖြစ်ပါသည်။

တိကျသော ရည်ရွယ်ချက်ပန်းတိုင်များကို ဖော်ထုတ်ခြင်း

ကျောင်းသားများ၏ဝိညာဉ်ရေးရာရှင်သန်ခြင်း၌ မှီခိုအားထားမည်ဆိုလျှင် သူ တို့၏ဝိညာဉ်ရေးရာ ကြီးထွား ဖွံ့ဖြိုးမှု ခြေလှမ်းဆက်လှမ်းစေဖို့ရန် ကျနော် တို့သည် သူတို့နှင့်အတူ ဂရုတစိုက်အလုပ်လုပ်ဖို့ လိုအပ်ပါသည်။

စာသင်ခန်း၌ သင်ကြားခြင်းသည် တချို့သော ၍လေ့ကျင့်ခြင်းကို အထောက်အကူပြုနိုင်သည်။ ကျောင်းသားများသည် မိမိတို့၏အသက်တာ များကို ထိုအတိုင်း ယူဆကြသည်ကို ကျနော်တို့သတိပြုရမည်။ အသက် တာ၏စီမံချက်များကို ကျောင်းသားများအား ပေးအပ်ခြင်းအားဖြင့် သမ္မာကျမ်းစာက သူတို့အား မည်သည့်အကြောင်းအရာဖြင့် ပြောပြသည် ကို ရရှိနိုင်ပါသည်။

အဆင့်တိုင်း၌ ကျောင်းသားများသည် အရာများစွာတို့ကို သင်ယူ ကြ၏။ ကဏ္ဍတစ်ခု အပေါ်၌ အကျဉ်းချုပ် ထိတွေ့ကြည့်ပါမည်။

ဝိညာဉ်ရေးရာ ကြီးထွားဖွံ့ဖြိုးမှုသည် ဝိညာဉ်ရေးရာ စည်းကမ်းများထဲ မှ တစ်ခုဖြစ်သည့် အတွင်းပိုင်း ရောင်ပြန်ဟပ်ခြင်းအားဖြင့် ကြီးမားစွာ အထောက်အကူပြု၏။ အသီးသီးတို့သည် ဘုရားသခင်ပြောဆိုနေသည့် အရာကို တိတ်ဆိတ်စွာ နားထောင်ဖို့လိုအပ်သည်။ ဝိညာဉ်ရေးရာကြီးထွားဖွံ့ ဖြိုးမှုနှင့်စပ်လျဉ်း၍ အဆင့် တိုင်း၌ ခြားနားသည့်လက္ခဏာသွင်ပြင်များ ရှိ၏။

(၁) အသစ်သောယုံကြည်သူသည် ခမည်းတော်ဘုရားအသံကို ကြား ထောင်ဖို့ သင်ယူလျက်နေ၏။ ယုံကြည်သူသည် သြတ္တပ္ပစိတ်အားဖြင့် သန့်ရှင်းသောဝိညာဉ်တော် အလုပ်လုပ်နေသည်ကို စတင် သိရှိလာ သည်။

(၂) လူငယ်ယုံကြည်သူသည် ဝိညာဉ်တော်၏စကားနှင့်နတ်ဆိုး၏စကား သံတို့ကို ခွဲခြားသိမြင်တတ် လာသည်။ သူသည် ဝိညာဉ်တော်၏စကားတော် များသို့ မည်ကဲ့သို့တုံ့ပြန်မည်ကို မှန်ကန်စွာ သင်ယူ၍ သူ့ကိုယ်သူ ကာ ကွယ်ရန် ၎င်းတို့ကို အသုံးပြုကာ သွေးဆောင်ခြင်းကို တိုက်ထုတ်လေ၏။

အတွင်းပိုင်း လုပ်ဆောင်ချက်များ

(၃) ရင့်ကျက်သောယုံကြည်သူသည် ပြောဆိုခဲ့သည့်အရာ၌ ဆက်လက် ကြီးထွား၍ ဝတ်ပြုကိုးကွယ်ခြင်း၌ အချိန်များများပေးကာ လေ့ကျင့် သင်ကြားခြင်းခံလျက်၊ လမ်းညွှန်ခြင်းခံလျက်၊ ဘုရားသခင်အားဖြင့် ကာကွယ်ခြင်းကိုလည်း ခံယူလျက်နေ၏။ အရာအားလုံး သူအသက်တာ အားဖြင့် ဘုရားသခင်အသီးသီး စေလိုသည့် တိကျသောလမ်းစဉ် အားဖြင့် အသုံးပြုတတ်လာ၏။

အဆင့်မြင့် ပန်းတိုင်များနှင့်ရည်မှန်းချက်များ

တစ်စုံတစ်ဦး၏စိတ်ပိုင်းဆိုင်ရာနှင့်ခန္ဓာပိုင်းဆိုင်ရာ ကြီးရင့်လာ ခြင်းသည် ထိုသူ၏ဝိညာဉ်ရေးရာ ကြီးထွားမှုကို အလျင်အမြန်ပုံဖော်စေ ပါသည်။ မိမိတို့ပတ်ပတ်လည်၌ ကြီးထွားနေသောသူများကို မြင်တွေ့သောသူ တို့သည် အလျင်အမြန် ကြီးထွားဖို့ရန် အလားအလာရှိ၏။

အိမ်ထောင်သည်စုံတွဲများနှင့်အတူ အလုပ်လုပ်သောသူတို့သည် အိမ်ထောင်ပြုမည်ဆိုလျှင် သူတို့၏ အိမ်ထောင်ရေးအတွက် ကောင်းမွန်သော အုတ်မြစ်ချဖို့ရန် ကြီးမားသော အခွင့်အလမ်းကို ရရှိကြသူများ ဖြစ်သည်။ ထို အချိန်သည် အခြားသောစုံတွဲအသစ်များကို လေ့ကျင့်ပေးရန် အလွန် ကောင်းသော အချိန်အခါလည်းဖြစ်ပါသည်။

ကျွန်တော်တို့သည် စေ့စပ်ပြီးသောချစ်သူနှစ်ဦးတို့အား ဘုရားသခင်၏စကားတော်ကို နားထောင်လျက် ကောင်းမွန်သောအိမ်ထောင် တစ်ရပ် တည်ထောင်ရန် သွန်သင်ပေးနိုင်ပါသည်။ သူတို့သည် ဘုရားသခင် အား မည်ကဲ့သို့နားထောင်ရမည်ကိုလည်းကောင်း၊ ယောက်ျားကောင်း သို့မဟုတ် မယားကောင်း မည်ကဲ့သို့ဖြစ်ရ မည်ကိုလည်းကောင်း ကူညီ အကြံပေးနိုင်သည်။

တစ်ကိုယ်တော်တစ်မားများအတွက်လည်း မယားကောင်း သို့မဟုတ် လင်ယောက်ျားကောင်း မည်ကဲ့သို့ ရှာဖွေရမည်ကိုလည်းကောင်း၊ တလုံး တဝတည်းဖြစ်လာဖို့ရန် လိုအပ်သောယုံကြည်အပ်နှံမှု နားလည်ဖို့ရန်ကို လည်းကောင် ကျွန်တော်တို့ ကူညီအကြံပေးနိုင်ပါသည်။ လင် ယောက်ျားကောင်းတစ်ဦး ဖြစ်ဖို့ရန် ဘုရားသခင်သည် ကျွန်ုပ်အား မည်သည့်နည်းလမ်းများဖြင့် ကူညီနိုင်သနည်း။ စွမ်းပကားရှိသော မယား တစ်ဦးအနေနဲ့ အိမ်ထောင်ရေးအတွက် ကောင်းမွန်သော ဆက်ဆံပြောဆို ခြင်း၏စည်းမျဉ်းဥပဒေ များကား အဘယ်နည်း။ ယေဘုယျအားဖြင့် ကျ

231

အသက်၏အနှစ်သာရ

နော်တို့သည် သူတို့အား ဘုရားသခင်၏စကားတော်ကို နားထောင်ကြရန် လေ့ကျင့်ပေးခြင်းဖြစ်၏။ ထိုသို့ ဂရုတစိုက် ဘုရားသခင်ကို နားထောင်ကြ မည်ဆိုလျှင် ကောင်းမွန်သောအိမ်ထောင်ရေးကို ရေးရှုရာတွင် သူ တို့၏ရည်မှန်းချက်ပန်းတိုင် အကောင်အထည်ဖော်ဖို့ရန် ကြီးစွာ အထောက်အကူပြုပါလိမ့်မည်။

ကျွန်တော်တို့သင်ယူလျက်ရှိသည့် များစွာသောအရာများသည် ဘဝ အသက်-အခြေခံအားထားခြင်း ဖြစ်ပါသည်။ ဆိုလိုသည်မှာ ကျွန်တော်တို့သည် ဘဝအတွေ့အကြုံများအားဖြင့် သင်ယူရ၏။ အိမ်ထောင်မရှိဘဲ သင်ကြားပေး နေသောသူတစ်ဦးသည် အကန့်အသတ်ရှိသည်ဖြစ်၍ မည်ကဲ့သို့ ကောင်းမွန်သော လင်ယောက်ျားတစ်ဦး ဖြစ်နိုင်မည်နည်း။ သို့ဖြစ်၍ ဘုရားသခင်အပေါ် နားထောင်ခြင်းနှင့်ဆိုင်သည့် ကျွန်တော် တို့၏ရည်မှန်းချက်ပန်းတိုင်ကို စိတ်ဝင်စားမှု နယ်ပယ်နှင့်အတူ ပေါင်းစပ် လိုက်သောအခါ အကြောင်းအရာ လက်တွေ့ကျမှုနှင့်အတူ သူတစ်ပါးတို့အား ပိုမိုလုံ့ဆော်ပေးနိုင်၏။

ဘုရားတရားကိုင်းရှိုင်းသော ညွှန်ပြပေးသူများနှင့်ဆရာသမားများ အရေးတကြီး လိုအပ်သည်။ သို့မဟုတ်လျှင် ကျောင်းသားများသည် သူတို့ လိုအပ်သောယုံကြည်ခြင်းကို မရရှိဘဲ ကြောက်မက်ဖွယ်ကောင်း လောက် အောင် ပိုမိုဆိုးရွားလာနိုင်သည်။ အကယ်၍ ဆရာသမားတစ်ဦးသည် ညစ်ညမ်းသောဗီဒီယိုများကို ဖြောင်မကြည့်သည့်တိုင်အောင် ကြည့်မည် ဆိုရင်လည်း ဘာမှမဖြစ်ပါဘူး။ ကောင်းပါသည်ဟု ယူဆလျှင် ဝိညာဉ်ရေးရာ ဖောက်ပြန်ခြင်းပြုသည်ဟု ဆိုရမည်ဖြစ်ပါသည်။ ကျောင်းသားများသည် လှပ ကောင်းမွန်သော အိမ်ထောင်ရေးအတွက် ယုံကြည်ခြင်းကို မရရှိကြဘဲ ဆရာ သမားထံမှ အိမ်ထောင်ရေးနှင့်စပ်လျဉ်း၍ လောကီဆန်သည့် တွေးခေါ်မှု အလေ့အထကိုသာ သင်ယူလာကြမည်ဖြစ်ပါသည်။ ဥပဒေသနှစ်ရပ်၏ အကျဉ်းချုပ် လုပ်ဆောင်ချက်ကား၊

- ဘုရားသခင်၏ဒီဇိုင်းပုံစံသည် သူ့အား နားထောင်လိုသောသူအသီးသီး တို့အား ဖန်တီးပေး၏။ သူတို့သည် ထိုဒီဇိုင်းပုံစံကို မိမိတို့အသက်တာ၌ မည်ကဲ့သို့လုပ်ဆောင်ရန် သင်ယူကြ၏။

- ဘုရားသခင်သည် သာယာလှပသောအိမ်ထောင်များကို ဖန်တီးရန် ရည်ရွယ်ထား၏။ ကျွန်တော်တို့သည် ထိုအိမ်ထောင်ရှင်များအား ဝိညာဉ်

အတွင်းပိုင်း လုပ်ဆောင်ချက်များ

ရေးရာ စည်းကမ်းချက်များကိုလည်းကောင်း၊ ဘုရားသခင်နှင့်သူတို့၏ ရင်းနှီးမှုသည် ကောင်းမွန်သောအိမ်ထောင်တစ်ရပ်အတွက် အကျိုးပြု သည်ကိုလည်းကောင်း ပြသပေးနိုင်၏။

ကျနော်တို့သည် အိမ်ထောင်ရေးရှုထောင့်အမြင်မှသာ သင်ကြားခြင်း ထဲမှ လွှဲရှောင်၍ ကျောင်းသားများအား ဘုရားတရားကြည်ညိုသည့် သာယာ လှပသောအိမ်ထောင်ရေး အကြောင်းကို သွတ်သွင်းပေးကြ၏။ ကျောင်းသား များ အသက်တာ၍ မည်သို့ပင်ဖြစ်စေ အရေးမကြီးပေ။ ဤအရာများကို ဘုရားသခင်၏ကြီးမားသော ရည်ရွယ်ချက်နှင့်တန်ခိုးအတိုင်း ဆက်လက် လုပ်ဆောင်ဖို့သာဖြစ်ပါသည်။

အသက်အူတိုင်၏ပေါင်းစပ်ခြင်း

ကျနော်တို့သည် အသက်အူတိုင်၏ပေါင်းစပ်ခြင်း အကြောင်းကို ခရစ်ယာန်ကျောင်းသားများ၏ လေ့ကျင့်သင်ကြားခြင်းတစ်ခုလုံးသို့ အချိန် အနည်းငယ်အတွင်း၌သာ ဆွေးနွေးသွားမည်။ ရင်သည် နောက်ဆုံးတွင် ဖြစ် ပျက်လာမည်ဟု မျှော်လင့်လျက်နေစဉ် အဓိကရည်မှန်းချက်ပန်းတိုင်သည် အဖွဲ့အစည်း၏ ကဏ္ဍအသီးသီးကို နက်ရှိုင်းစွာဖောက်ထွင်းနိုင်၏။ ကျနော် တို့၏အဓိကဦးတည်ချက်ကား နည်းပညာထက် ရှုပါရုံကို ဝေဖြဲခြင်းဖြစ်သည်။

ကျနော်တို့၏အသင်းတော်များ သို့မဟုတ် ကျမ်းစာကျောင်းများ၌ ထို ရှုပါရုံ၏ဆိုလိုရင်းကို သွတ်သွင်းပေးရန် အချိန်ယူရမည်။ ထို့ပြင် ဘုရားသခင်၏ရည်မှန်းချက်ပန်းတိုင်များ ခံယူခြင်းဆိုင်ရာ စိန်ခေါ်မှုကို နားလည်သဘောပေါက်ခြင်း၊ ပြောင်းလဲဖို့ရန် အခြားသူများ၏လိုအပ်ချက်ကို သိရှိခြင်းတို့၌လည်း နပန်းလုံးရမည်ဖြစ်သည်။ ကျနော်တို့သည် အလောတကြီးမလုပ်ပဲ မိမိတို့လုပ်ဆောင်နေသည့်အရာနှင့် အစီအစဉ် ပေါ်၌ ဘုရားသခင်ကို တိုင်တည်ရှာဖွေသင့်သည်။ ကျနော်တို့လုပ်ဆောင်နိုင် သောအရာကို အစပြု၍ ဘုရားသခင်၏ပို့ဆောင်ခြင်းအားဖြင့် ရှေ့သို့ရှေ့လျှား မည်ဖြစ်ပါသည်။ အကယ်၍ ကျနော်တို့၌ ထိန်းချုပ်မှုများများရှိလျှင် များများ လုပ်ဆောင်နိုင်မည်။ တစ်စုံတစ်ဦးက "တပည့်တော်အသစ်ကို ပုံသွင်းခြင်း သည် ယုံကြည်သူအဟောင်းကို ပုံသွင်းခြင်းထက် ပို၍လွယ်သည်"ဟု ပါးနပ် စွာပြောဆိုခဲ့ဖူးသည်။ ဤအရာသည် အမှန်တရားပင်ဖြစ်သည်။

ဆရာများနှင့်ကျောင်းသားများသည် အသက်အူတိုင်၏အမြင် သဘောထားကို ဘုရားသခင်က မည်ကဲ့သို့အသုံးပြုသွားမည်ကို အတူတူသိရှိ

အသက်၏အနှစ်သာရ

ကြသောအခါဟောပြောခြင်း၊ ဆက်ဆံပြောဆိုခြင်း၊ ဆွေးနွေး လမ်းညွှန်မှု သင်ရိုးများနှင့် အခြားသင်ယူစရာများတို့သည် အားကောင်းသော တန်ဆာပလာများ ဖြစ်လာ လိမ့်မည်။ ကျောင်းသားများအနေနဲ့လည်း သူတို့၏သင်ယူခြင်းအားဖြင့် သူတို့အသက်တာနှင့် အခြားသော သူများ၏အသက်တာ၌ ဘုရားသခင်၏ဝိညာဉ်တော် မည်ကဲ့သို့လုပ်ဆောင် လျက်ရှိသည်ကို စတင်မြင်တွေ့ကြ သောအခါ သူတို့သည် သင်ယူဖို့ရန် ပိုမို စိတ်အားထက်သန်လာကြမည်။

ဟောပြောခြင်းသည် လေးနက်မှုရှိလာ၍ အသက်တာနှင့်စိတ်နှလုံး ပြောင်းလဲခြင်းကို သယ်ပိုးလာမည် ဖြစ်သည်။ ဘုရားသခင်နှင့်ဆုတောင်း ခြင်းသည် လေ့ကျင့်ခြင်းအတွက် အရေးပါသည့်ကဏ္ဍ ဖြစ်လာသည်။ ဤသို့ မေးမြန်းခြင်းခံရပါမည်။

- ဘုရားသခင်သည် ငါ့အား ဘာကို ဟောပြောစေလိုသနည်း။
- ကိုယ်တော်အလိုရှိသောအရာကို ကျွန်ုပ်မည်ကဲ့သို့ သင်ယူမည်နည်း။
- အမှန်စင်စစ် ငါသည် ဤအရာများကို ကိုယ်တော်၏ဝိညာဉ်တန်ခိုး အားဖြင့် မည်ကဲ့သို့ သယ်ဆောင် သွားမည်နည်း။
- ဟောပြောခြင်း၌ ဆုတောင်းခြင်းသည် မည်သို့နေရာကျသနည်း။

တချို့အဖြစ်အပျက်များကြောင့် အသင်းတော်ထိခိုက်ပျက်စီးပုံ သို့မဟုတ် အားကောင်းလာပုံကို ရိုးရှင်းစွာ ပိုင်းခြားစိတ်ဖြာ၍ သိမြင်ခြင်း အားဖြင့် အသင်းတော်သမိုင်း ပြုပြင်ပြောင်းလဲနိုင်သည်။ ဤသို့ပြုခြင်းဖြင့် အသင်းတော်၌ ဘုရားသခင်၏သမ္မာတရား အကျိုးသက်ရောက်မှုရှိသည် မရှိ သည်ကို ကျွန်တော်တို့အား ပိုမိုကောင်းမွန်စွာ မြင်တွေ့စေပါသည်။

ပြုပြင်ပြောင်းလဲခြင်းကို သင်ယူလေ့လာခြင်း သက်သက်သာမကဘဲ ယခုကျွန်တော်တို့အသက်ရှင်ရာတွင် ခြားနားမှုရှိသည် မရှိသည်ကို ကျွန်တော်တို့ သိရှိလိုခြင်းဖြစ်သည်။ ဤနည်းအားဖြင့် ကျွန်တော်တို့အား ဘုရားသခင် ပြုစေ လိုသောအရာနှင့် ကျွန်တော်တို့၏ကဏ္ဍသည် မည်သို့ဖြစ်သည်ကို သိမြင်နိုင် မည်ဖြစ်ပါသည်။

အကယ်၍ အသက်အူတိုင်သည် အခြားသောသင်ကြားခြင်းနှင့် လုံးလုံးပေါင်းစပ်ခဲ့ပါက ရင်းသည် ပျောက်ကွယ်၍ နောက်ဆုံး၌ တိမ်မြုပ်သွား

အတွင်းပိုင်း လုပ်ဆောင်ချက်များ

နိုင်သည်။ လူတို့၏ထုံးတမ်းစဉ်လာများက နေရာယူလွှမ်းမိုးလာ လိမ့်မည်။ အသက်အူတိုသည် ကျွန်တော်တို့ကျောင်း သို့မဟုတ် အသင်းတော် သို့မဟုတ် မိသားစု တစ်နေရာ ရာ၌ ပေါင်းစပ်သည်ဖြစ်စေ မပေါင်းစပ်သည်ဖြစ်စေ ကျွန်တော်တို့၏ဝိညာဉ်ရေးရာ ပြုပြင်ပြောင်းလဲခြင်း အတွက် စိန်ခေါ်မှုတစ်ရပ် ဖြစ်လာသည်။

ဤစာအုပ်သည် ကျောင်းများ၊ နေအိမ်များနှင့်အသင်းတော်များ၌ ဘုရားတရားကြည်ညိုသည့် လေ့ကျင့်ခြင်းကို ပြန်လည်ရရှိလာအောင် မေးဆက်ပေးခြင်းသာဖြစ်သည်။ ပထမအနေနဲ့ ဘုရားသခင်၏ အစီအစဉ်ကို မေးဆက်ပေးခြင်းဖြစ်၍ နောက်မှ ဘုရားသခင်သည် သင့်အား မဏ္ဍာမခြေလှမ်း စတင်စေဖို့ရန် မည်သည့်နေရာသို့ ပို့ဆောင်နိုင်သည်ကို ပြင်ဆင်ပေးမည်။ ကျွန်တော်တို့သည် ဆရာများ၊ ကျောင်းသားများ၊ သင်းအုပ်များနှင့်အသင်းသားများအတွက် ဘုရားသခင်၌ သူတို့ရှိသင့်သည့်နေရာနှင့်စပ်လျဉ်း၍ ရှုပါရုံကို ဖွင့်ချို့၍ အနည်းငယ်သော ဥပမာများကို စီစဉ်ပေးခြင်းဖြစ်၏။

ဘုရားသခင်၏လူမျိုး မျိုးဆက်တို့သည် သမ္မာတရား၏တန်ခိုးနှင့် ရင်းနှီးမှုများတွင် လှုပ်ဖြားခြင်းကို ခံကြရ၏။ ထိုအရာတို့သည် ပြောင်းလဲရ မည်။ ကျွန်တော်တို့၏ရည်ရွယ်ချက်သည် ခရစ်တော်၏စုံလင်သော ကိုယ်ကို တည်ဆောက်ဖို့ရန် ဖြစ်သည်။ ကျွန်တော်တို့သည် ယုံကြည်ခြင်းအားဖြင့် မိမိတို့ အဖို့ ဘုရားသခင်၏ ရည်ရွယ်ချက်ပန်းတိုင်များကို တည်ထောင်သောအခါ ထို ပန်းတိုင်နှင့် ပို၍နီးစပ်လာမည်ဖြစ်ပါသည်။

တစ်စုံတစ်ဦး၏ဝိညာဉ်ရေးရာ ကြီးထွားဖွံ့ဖြိုးမှု အဆင့်ဆင့်၌ အသက်အူတိုသည် မည်ကဲ့သို့ ဖြစ်သည်ကို ကျွန်တော်တို့ခွဲခြားတတ်လာ သည့်အခါ ကျွန်တော်တို့၏အထူး အခြေအနေများ၌ ရှင်းကို ကျွန်တော် အသုံးပြုနိုင်သည်။ ကျွန်တော်တို့၏စွမ်းရည်သည် မိမိတို့အဖို့ ဘုရားသခင်၏ရည်ရွယ်ချက်နှင့် တစ်ထပ်တည်း ဖြစ်လာသည်။ ကျွန်တော် တို့သည် ဤအတွက် ရွေးချယ်ခံရရုံ ပုံဖော်ခံခြင်းဖြစ်သည်။ ကျွန်တော်တို့သည် ရှင်းကို ဆုပ်ကိုင်ထား၍ ဤမြေကြီးပေါ်၌ ခရစ်တော်နှင့်တူအောင် ဘုရားသခင်သည် ကျွန်တော်တို့အား မည်ကဲ့သို့မစ သည်ကို ကြည်ကြပါစို့။

အထွေထွေ ချဉ်းကပ်နည်းနှစ်မျိုး

အသက်အူတိုင် လေ့ကျင့်ခြင်း အစီအစဉ်ကို အခိက သင်ရိုးညွှန်းတမ်းအဖြစ် သီးသန့်ထိန်းထားခြင်း အားဖြင့် ကျွန်တော်တို့အား

အသက်၏အနှစ်သာရ

အဖွဲ့ငယ်လေးကို အစပြုစေ၍ ငွေကြေးအရင်းအမြစ် အသုံးပြုမှုနည်းပါးစေ ကာ ရှုပါရုံအပေါ် ဖြည်းဖြည်းချင်း ရွှေ့လျှားစေပါသည်။ ထို့ပြင် ဘုရားတရား ကြည်ညိုသည့် ညွှန်ပြပေးသူများကို ဖြစ်ထွန်းစေ၍ သင်ရိုးညွှန်းတမ်းတစ်ခု လုံးကို ဘုရားတရားကြည်ညိုသည့် လေ့ကျင့်ပေးခြင်းအဖြစ်သို့ ပြောင်းလဲ စေမည်ဖြစ်ပါသည်။

ဥပမာပြောရရင် ငါသည် ဤသာသနာဖြစ်သည့် စာရေးခြင်းအလုပ် နှင့်နိုင်ငံတကာ လေ့ကျင့်ပေးခြင်း လုပ်ငန်းတို့၌ အပြည့်အဝပါဝင်နေ သော်လည်း အမှန်ညွှန်ပြပေးရန် လိုအပ်မှုရှိသည့်လူတို့သည် မည်သည့် အရပ်ဒေသ၌ရှိသည်ကို တွေ့ရှိနိုင်ဖို့ရန် ဆုတောင်းခြင်းဖြင့် စောင့်ကြည့် လျှက်နေ၏။ ကျွန်တော်ပါဝင်နေသည့် အသင်းတော်သည် တပည့်တော်မွေး ထုတ်ခြင်း၌ တက်ကြွသည် မတက်ကြွနှင့်စပ်လျဉ်း၍ ပြဿနာမဟုတ် ပေ။ လူမှန်ကို ရှာဖွေ၍ ညွှန်ပြပေးခြင်းကို အစပြုလိုက်ပါ။ ကျွန်တော်တို့အစပြု သည့်နေရာသည် အလွန်အရေး ပါသည်ဖြစ်၍ အသက်အွတိုင်၏အခြေခံ သဘောတရားက ကျွန်တော်တို့လုပ်ဆောင်နေသည့်အရာအား မည်ကဲ့သို့ပုံ သွင်းဖို့ရန် လိုအပ်သည်ကို သင်ယူလေ့လာပါ။ ငါသည် အရွယ်ရောက်သော သူများကို ငါနှင့်အတူ လေ့ကျင့်ပေးရန် အခြားဆရာများကို ကြိုးစားရှာဖွေ လျှက်တတ်၏။ ကျွန်တော်တို့သည် သင်ကြားခြင်း မစမီ ကျွန်တော်တို့၏သင်ခန်းစာ များကို အတူတကွ ဆွေးနွေးတိုင်ပင်ကြ၏။ ထိုသူတို့သည် နောက်ပိုင်းတွင် ရှုပါရုံနှင့်ရည်ရွယ်ချက်များ၌ တူညီမှုရှိသည့်ဆရာသမားများဖြစ်လာကြ သည်။

ကျမ်းစာကျောင်းသားတစ်ဦးအနေနဲ့ မိမိအား ကောင်းကောင်း လေ့ကျင့်တပ်ဆင်ပေးခြင်းမရှိသည့် ကျောင်းအဖွဲ့အစည်းအား အဘယ်ကြောင့် ဒေါ်လာထောင်သောင်းများစွာကို ပေးနေရပါသနည်း။ အသင်းသားတစ်ဦးသည် အသင်းသားတို့အား ခရစ်တော်နှင့်သဏ္ဌာန်တူ သည့်အဆင့်သို့ ကြီးထွားဖို့ရန် ရှုပါရုံနှင့်ပုံကြည်ခြင်းမရှိသည့်အသင်း တော်သို့ အဘယ့်ကြောင့်တက်ရောက်ပါဝင်နေရသနည်း။

ကျွန်တော်တို့သည် အသင်းတော်ကို အပြည့်အဝ လေ့ကျင့်တပ်ဆင် ပေးရန် ကျွန်တော်တို့စိတ်နှလုံး၊ နေအိမ်နှင့်အသင်းတော် စသည်တို့၌ အသက် အွတိုင်နှင့်စပ်လျဉ်း၍ ဘုရားသခင်၏အားဖြည့်ဆည်းပေးခြင်း ကို လိုအပ် ပါ၏။ ဘုရားသခင်၏သမ္မာတရားကို အခိုင်အမာပြောဆိုသည့် ရဲရင့်သော

အတွင်းပိုင်း လုပ်ဆောင်ချက်များ

ခေါင်းဆောင် များသည် အဘယ့်ကြောင့် ကျနော်တို့အသက်တာများထဲ၌ ကိုယ်စားမပြုနိုင်ပါသနည်း။

သင်ခန်းစာ

- ကျောင်းသားများ၏အသက်တာ၌ ဝိညာဉ်ရေးရာ ပြုပြင် ပြောင်းလဲခြင်း၏ပေါင်းစပ်ခြင်းသည် သိသာ ထင်ရှားသည့် အပြောင်းအလဲကို တောင်းဆို၏။

- အသက်အတိုင်၌ တွေ့မြင်ရသည့် ဘုရားသခင်၏ရည်ရွယ်ချက်သည် အသင်းတော်နှင့်ကျမ်းစာ ကျောင်း များ၌ နီးကြားမှု၊ ရှင်သန်မှုနှင့်ကြီးထွားမှုတို့ကို မြင်တွေ့ဖို့ရန်အတွက် အမိကဦးတည်ချက် ဖြစ်ရမည်။

- အသက်အတိုင်ကို အတွင်းပိုင်း ပြုပြင်ပြောင်းလဲမှု လမ်းကြောင်း ပိုမိုကောင်းမွန်စွာ ပေါ်လွင်ဖို့ရန် အတွက် အသုံးပြုပါ။ အဖွဲ့ငယ်လေးကို အစပြု၍ အောင်မြင်မှု၌ ဝမ်းမြောက်ကာ နယ်ပယ်ကို ချဲ့ပါ။

ကျက်မှတ်ဆင်ခြင်ပါ

- ဖိ၊၂:၁၄-၁၆

တာဝန်ပေးအပ်ခြင်း

➡ သင်သည် အရင်က လူတစ်ဦးကို ဝိညာဉ်ရေးရာ၌ အကဲဖြတ် ဖူးပါသလား။ မည်ကဲ့သို့နည်း။ မည်သည့် ပြဿနာများကို သင် ရင်ဆိုင်ရပါသနည်း။

➡ အသက်အတိုင်ကို အနက်ဖွင့်ပါ။ ဤအသက်အတိုင်သည် ခရစ်ယာန်လေ့ကျင့်ခြင်း တစ်ခုခု၌ အချက်အချာကျသည်ဟု သင် သဘောတူပါသလား။ ရှင်းပြပါ။

➡ သင်၏ကျောင်း၊ အသင်းတော်နှင့်လူတစ်ဦးအတွက် အမိက ဦးတည်ချက်အဖြစ် သင်ပြုလုပ်နိုင်သည့် ဘုရားသခင်၏အသက် အတိုင်နှင့်စပ်လျဉ်း၍ စိန်ခေါ်မှုများကို အကဲဖြတ်သုံးသပ်ပါ။

အသက်၏အနှစ်သာရ

#၃၅
ခေါင်းဆောင်မှု ကြီးထွားရင့်သန်ခြင်း

ကျမ်းစာကျောင်းတည်ထောင်သူများက မိမိတို့သည် အထူးသာသနာနယ်အတွက် ခေါင်းဆောင် ကောင်းများဖြစ်သည့် သင်းအုပ်ဆရာများ၊ သာသနာပြုများ၊ အကြံပေးသူများ၊ စီမံခန့်ခွဲသူများ၊ ဓမ္မဆရာများ စသည့် ပုဂ္ဂိုလ်များကို မွေးထုတ်ရန် မိမိတို့၏ကျောင်းသားများကို လေ့ကျင့်ပေးလျက်ရှိကြောင်း ပြောကြား သည်မှာ ထုံးစံပင်ဖြစ်ပါသည်။ သူတို့တကယ် ဟုတ်ရဲ့လား။

ငါက သင်းအုပ်တစ်ပါးအား သူရဲ့အသင်းတော်ခေါင်းဆောင်မှု လေ့ကျင့်ခြင်း လုပ်ငန်းအကြောင်း အရာကို မေးမြန်းခဲ့ပါတယ်။ အဲဒီ သင်းအုပ်က သူလူတို့အား ကျမ်းစာကျောင်းဖြစ်စေ၊ ကျမ်းစာသင်တန်းဖြစ်စေ တက်ရောက်ဖို့ရန် ဘာ့ကြောင့်မလွှတ်ပဲ နေရသည်ကို သူ့ဂိုဏ်းချုပ်များကပင် အံ့ဩမိကြပါသည်။ ကျမ်းစာကျောင်းအနေနဲ့ သူလူတို့ကို အလုပ်အတွက် ဘာမှလေ့ကျင့်ခြင်းမရှိပါဟု သူကရိုးရိုးလေး ပြောဆိုလိုက်ပါသည်။ ကျွန်ုပ်တို့၏အကောင်းဆုံးကျောင်းများထဲက လေ့ကျင့်ပေးခြင်းသည် ဖြားယောင်းသွေးဆောင်ခြင်းကို တိုက်လှန်နိုင်ဖို့ရန် ခိုင်ခံ့သောယုံကြည်ခြင်းကို တပ်ဆင်ပေး၍ ဘုရားသခင် အပေါ် ချစ်ခြင်းမေတ္တာ ကြီးထွားစေလျက် အခြားသူများအား သနားကြင်နာစွာ အလုပ်အကျွေး ပြုသည့်အလျောက် ဘုရားသခင်၏နှုတ်ကပတ်တော် အသုံးပြုရာတွင် အမှန်နက်ရှိုင်းမှုရှိပါသလား။

ဤစာအုပ်သည် ဘုရားတရားကြည်ညိုသော ခေါင်းဆောင်များ၏အခြေခံအုတ်မြစ် မည်ကဲ့သို့ ကြီးထွားစေရမည်ကို အာရုံစိုက်သော စာအုပ်ဖြစ်ပါသည်။ ထို့အပြင် မှန်မှန်ကန်ကန် ကြီးထွားရန် လိုအပ်သည့် အလျောက် တစ်ဦးချင်း၏ဝိညာဉ်ရေးရာ ကြီးထွားဖွံ့ဖြိုးမှုအပေါ်၌ မူတည်လျက် သူတို့သည် အထူးညွှန်ပြမှုကို လိုအပ်ကြပါ၏။ မည်သို့ပင်ဖြစ်စေ ဤ အခြေခံကျသောလေ့ကျင့်ခြင်းသည် ယုံကြည်သူ အပေါင်းတို့အတွက် အကျိုးဝင်ပုံဖော်ထားခြင်းဖြစ်ပါသည်။

အသက်၏အနှစ်သာရ

ဝိညာဉ်ရေးရာအသက်တာ၏ပြုစုပျိုးထောင်ခြင်း မရှိပါက လူတစ်ဦး သည် ခေါင်းဆောင်ကောင်း မဖြစ်နိုင်ပါ။ "ငါနှင့်ကင်းကွာလျှင် သင်တို့သည် မည်သည့်အမှုကိုမျှ မပြုနိုင်ကြ"(ယော၊၁၅း၅)။ ဒါဝိဒ်မင်းကြီးလည်း အလားတူ စဉ်းစားသည်မှာ "အံ့ဖွယ်သောအမှုတို့ကို တပါးတည်းသာစီရင် တော်မူသော ထာဝရအရှင် ဘုရားဘုရားသခင်၊ အစ္စရေးအမျိုး၏ဘုရားသခင် သည် မင်္ဂလာရှိတော်မူစေ သတည်း"(ဆာ၊၇၂:၁၈)။

ဝိညာဉ်ရေးရာကြီးထွားခြင်းသည် ကျွန်ုပ်တို့အား ဘုန်းအသရေနှင့် ပြည့်စုံသော ဘုရားသခင်၏ မျက်မှောက်တော်နှင့် ကင်းကွာစေသည့် အရာများကို ဖယ်ရှားပေးခြင်းဖြစ်သည်။ တနည်းအားဖြင့် ဝိညာဉ်ရေးရာကြီး ထွားဖွံ့ဖြိုးမှုဆိုသည်မှာ တစ်စုံတစ်ဦးသည် ဘုရားသခင်နှင့် ပိုမိုရင်းနှီးလာ သည့်အမျှ ဘုရားသခင်၏လမ်းစဉ်များကို ပို၍သဘောတူလက်ခံလာခြင်းပင် ဖြစ်သည်။

လောကီရေးရာဝါဒ၊ ရုပ်ဝတ္ထုပိုင်းဆိုင်ရာဝါဒနှင့် ထုံးတမ်းစဉ်လာဝါဒ တို့သည် ယနေ့ကျွန်ုပ်တို့ မျက်မှောက်ခေတ်ကာလတွင် ကျွန်ုပ်တို့အား ခရစ်တော်နှင့်ဝေးကွာစေသည့် စွမ်းအား သုံးမျိုးဖြစ်ပါသည်။ အကယ်၍ အသင်းတော်အနေဖြင့် ဘုရားသခင်၏လက်နက်တန်ဆာများကို ဝတ်ဆင် ထားပါက ၎င်းတို့ကို ကြောက်စရာမလိုအပ်ပေ။

ကျွန်ုပ်တို့ရဲ့သင်ယူလေ့လာခြင်း ပုံစံဟာ ကျွန်ုပ်တို့ရဲ့ တကယ့် ရည်ရွယ်ချက်များနဲ့ လွဲနေတယ်။ သိမြင်နားလည်နိုင်တဲ့ ညွှန်ကြားချက် ဖြစ်ရပ်မှန်များဟာ အရေးပါလာတဲ့အခါမှာ ဒီရည်ရွယ်ချက်ကို အထူးဂရုစိုက်ဖို့ လိုအပ်လာပါတယ်။ ဝိညာဉ်ရေးရာ တိုက်ပွဲ၌အနိုင်ရစေတဲ့ ယုံကြည်ခြင်းမျိုး သည် ခရစ်ယာန်ခေါင်းဆောင်အဖို့ သတင်းအချက်အလက် စုဆောင်းဖို့ရန် မိမိကိုယ်ကိုတန်ဖိုးထားခြင်းနှင့် မိမိကိုယ်ကိုယုံကြည်စိတ်ချစေခြင်း မဟုတ် ဘဲ အထောက်အကူဖြစ်သင့်သည်။

များစွာသောခရစ်ယာန်ခေါင်းဆောင်များနှင့်ဆရာသမားများသည် သူတို့အသက်တာ အသက်ရှင်ခြင်း ၌ဖြစ်စေ ခရစ်တော်အစေခံခြင်း၌ဖြစ်စေ လေ့ကျင့်ပေးခြင်းကို ကောင်းမွန်စွာမခံရသူများ ဖြစ်ကြသည်။ ထိုသူတို့အဖို့ နဖူးတွေ့ဒူးတွေ့ဆိုသည်ထက် စိတ်ကူးသက်သက်သာဖြစ်သည်။ ငါလည်း ကမ္ဘာတဝှမ်း ခေါင်းဆောင်များစွာနဲ့ လက်တွဲပြီးလုပ်ဆောင်ခဲ့ပါတယ်။ သည်

ခေါင်းဆောင်မှု ကြီးထွားရင့်သန်ခြင်း

တပည့်တော်မွေးထုတ်ခြင်း လေ့ကျင့်ပေးခြင်း သင်ခန်းစာအဆင့်ဆင့် များကို တင်ဆက်ချပြတဲ့အခါမှာ များစွာသောသူတွေက "ငါတို့က အဆင့် ၂ တောင်မှ မရောက်သေးဘူး"လို့ ဆိုကြပါတယ်။ သူတို့တွေဟာ အမျိုးမျိုးသော ဖြားယောင်းခြင်းများနဲ့သာ နပန်းလုံးလျှက်နေကြပါသေးတယ်။

ခေါင်းဆောင်တစ်ယောက် အသက်တာလဲကျပြီဆိုရင် စိတ်ဓာတ်ကျဖို့ အရမ်းကို လွယ်ပါတယ်။ ကျွန်တော်တို့အားလုံးလည် အသက်တာလဲကျနိုင် တယ်။ ဒါပေမယ့် မကြာခဏဖြစ်နေရင် အခြားသူများကို ယုံကြည်ခြင်း၌ ဘယ်လိုနည်းနဲ့ တည်ဆောက်နိုင်မှာလဲ။ ဒါကြောင့် ရှုံးနှိမ့်ခြင်းဆိုတာ ရှုံးနှိမ့်ခြင်းကို ပေါပေါက်စေတတ်တယ်။

ငါရဲ့တွေ့ရှိချက်အရ ထုံးစံအတိုင်း လုပ်ဆောင်တဲ့ ခရစ်ယာန်တွေရဲ့ လေ့ကျင့်ခြင်းနဲ့ပတ်သက်ပြီး ချို့ယွင်းမှုကို တင်ဆက်သွားမှာဖြစ်ပါတယ်။ ဝိညာဉ်ပိုင်းဆိုင်ရာ ကြီးထွားဖွံ့ဖြိုးမှု ပထမ အဆင့်နှစ်ဆင့်၌ ကြီးထွားဖွံ့ဖြိုး မှုမရှိတဲ့ ခေါင်းဆောင်တွေရဲ့အားနည်းချက်ကို ကျွန်တော်ပိုင်းခြားစိတ်ဖြာရပါ မည်။

အဆင့် #၁ ရည်မှန်းချက်ပန်းတိုင်ဆိုသည်မှာ ဘုရားသခင်၏မေတ္တာ၌ စိတ်ချမှုရှိခြင်းမှ ဆင်းသက်လာသည့် ကိုယ်တော်ထံ တော်ပါး၌ ပုံမိုကိုးစားခြင်းကိုခေါ်၏။

ခေါင်းဆောင်များသည် မိမိတို့၏အသက်တာအတွက် ဘုရားသခင်၏စဉ်ဆက်မပြတ်မေတ္တာကို ကောင်းကောင်းမတွေ့မြင်သောအခါ သူတို့၏ကယ်တင်ခြင်းအတွက်ရော သူတို့၏လုပ်ငန်းအတွက်ပါ လုံခြုံ စိတ်ချ မှုကင်းမဲ့တတ်ကြ၏။ ကားတိုင်တရားကို ကောင်းကောင်းနားမလည်သူများ သည် မိမိတို့၏ လုပ်ဆောင်အားဖြင့် ဘုရားသခင်လက်ခံသည်ဟု ထင်မှတ် တတ်ကြ၏။ ဘာသာတရားမှ စ၍ လောကီတရားနှင့်၌ တစ်စုံတစ်ဦး၏လုပ်ဆောင်ချက်များကို အလေးထားလွန်းခြင်းတို့သည် စစ် မှန်သောကိုးကွယ်ခြင်းအစား၌ ရုပ်တုကိုးကွယ်ခြင်းကို အစားထိုးတတ်၏။

ဖြစ်ပေါ်လာနိုင်သည့်အခြားပြဿနာများမှာ အခြား သူများ၏အာရုံစိုက်မှုကို လွန်လွန်ကဲကဲ ရှာဖွေလာခြင်း၊ သူတစ်ပါးအပေါ်မှန် မှန်ကန်ကန် ချစ်ခြင်းနှင့်၌အလုပ်အကျွေးပြုစုခြင်း၌ မစွမ်းနိုင်သည့် အရာ ကိုပင် ရရန်ကြိုးစားလာခြင်းတို့ဖြစ်ပါသည်။

အသက်၏အနှစ်သာရ

အဆင့် #၂ ရည်မှန်းချက်ပန်းတိုင်ဆိုသည်မှာ ဖြားယောင်း သွေးဆောင်ခြင်းကို အောင်နိုင်ရန် ဘုရားသခင်၏နှုတ်ကပတ်တော်ကို အသုံးပြုရန် သင်ယူခြင်းကိုခေါ်၏။

ယုံကြည်သူတစ်ဦးသည် အဆင့် # ၁ ၌ ရှင်းရှင်းလင်းလင်း ကြီးထွားခြင်းမရှိ ပါက အဆင့် # ၂ ကို လွယ်လွယ်ကူကူ ဖြတ်ကျော်နိုင်မည်မဟုတ်ပေ။ ခရစ်ယာန်အသက်တာ၏တွေ့ကြုံမှုများစွာတို့သည်လည်း စိတ်ပျက်စရာ ရှုံးနိမ့်မှုများ၍သာ ရှင်သန်လာမည်ဖြစ်သည်။

လူငယ်ယုံကြည်သူသည် ဘုရားသခင်၏နှုတ်ကပတ်တော်၌ ယုံကြည် စိတ်ချမှု အားကြီးသည် မဟုတ်လော။ သို့ရာတွင် ဖြားယောင်းသွေးဆောင် ခြင်းကို သူမနိုင်ကြောင်း သိရှိသွားသောအခါ ဘာဖြစ် မည်နည်း။ ထိုသို့သော ယုံကြည်သူက မိမိသည် နှုတ်ကပတ်တော်နှင့် သဟဇာတမဖြစ်သည်ကို နားလည် လာမည်။ ဘုရားသခင်သည်လည်း ဒုတိယအဆင့်အနေနဲ့ နေ့စဉ် မည်ကဲ့သို့ အသက်ရှင်၍ ဝိညာဉ်ရေးရာ၌ မည်ကဲ့သို့ကြီးထွားမည်ကို ထိုသူ အား သင်ကြားပေးမည်ဖြစ်သည်။

ဤစိတ်နေသဘောထားသည် ဘုရားသခင်၏နှုတ်ကပတ်တော်နှင့် သာသနာလုပ်ငန်းအပေါ် သူတို့၏ အယူအဆတစ်ခုလုံးကို စွန့်ထင်းစေပါ လိမ့်မည်။ ဘုရားသခင်၏နှုတ်ကပတ်တော်၌ ယုံကြည်သက်ဝင် မည့်အစား ပို မို နက်ရှိုင်းသောပြဿနာသို့ ခေါ်ဆောင်သွားရန် နတ်ဆိုးက သူ တို့၏စိတ်နှလုံးထဲသို့ မယုံသက်များကို မသိမသာသွင်းပေးပါလိမ့်မည်။

(၁) သူတို့၏အသက်တာထဲ၌ ဒုစရိုက်အပြစ်ကို အခွင့်ပေးခြင်း

(၂) ဘုရားသခင်နှင့် ရီးနှင့်ကျွမ်းဝင်မည့်အစား ဘာသာတရားအတိုင်း အသက်ရှင်ခြင်းကို လက်သင့်ခံခြင်း

(၃) ဘုရားသခင်၏နှုတ်ကပတ်တော်ကို နိမ့်ကျသောအယူအဆဖြင့် ခံယူခြင်း

(၄) ပို၍နက်နဲသော ဝိညာဉ်ရေးရာရန်ကန်မှုများ၌ အထောက်အကူဖြစ်စေ ရန် အထူးကျွမ်းကျင်သူများ လိုအပ်သည်ကို ယုံကြည်လက်ခံခြင်းရှိရမည်။ အကြောင်းမှာ သူတို့ဟာသူတို့ မကိုင်တွယ်နိုင် သောကြောင့်တည်း။

ခေါင်းဆောင်မှု ကြီးထွားရင့်သန်ခြင်း

စစ်မှန်သောသာသနာလုပ်ငန်းကို နားလည်ခြင်း

အကယ်၍ ကျနော်တို့၏အကြီးမားဆုံး သာသနာလုပ်ငန်းသည် ခရစ်တော်နှင့်ရင်းနှီးခြင်းထဲမှ ဖြစ်ပေါ်လာပါက ကျနော်တို့အသက်တာ၌ မသန့်ရှင်းသည့်လက္ခဏာသွင်ပြင်များ လက်သင့်ခံသောအခါ ဝန်ခံရပါမည်။ ထိုအခါ ကျနော်တို့၏သာသနာလုပ်ငန်းသည် ဘုရားရှင်နှင့်ကျနော်တို့ အကြား ပူးတွဲသည်ထက် ကျနော်တို့ကိုယ်ပိုင်၏အတွေ့အကြုံ ကျွမ်းကျင်မှု နှင့်အခွင့်အလမ်းများ ဖြစ်လာပါလိမ့်မည်။

အမှုတော်ဆောင် သို့မဟုတ် ဓမ္မဆရာတစ်ဦးဦး၏ဒုစရိုက်အပြစ်ကို ချည်နှောင်ခြင်းသည် ထိုသူကို သတ်ဖို့ရန်သာမကပဲ သူ၏လုပ်ငန်းကိုပါ အင်အားနည်းစေရန် နတ်ဆိုးအတွက် ကောင်းကောင်းအသုံးချ စေမည့် အဓိကသော့ချက်ဖြစ်လာသည်။

ဤအတွက်ကြောင့် ကျနော်တို့သည် မလွန်ဆန်နိုင်သောပုဂ္ဂိုလ်များ ဖြစ်သည့် သူတို့၏တပ်မက်ခြင်း အပေါ် သူတို့၏စိတ်ကူးကို တည်ဆောက် လျှက် စိတ်နှလုံး၌ ခါးသီးခြင်းကို သိုထားသောသူများထက် ဘုရားတရား ကြည်ညိုသောသူများကို လိုအပ်ရခြင်းဖြစ်ပါသည်။ ထိုသူတို့၏အသက်တာ လျှောက်တွင် ချစ်ခြင်းမေတ္တာနှင့်ဆိုင်သော ဝံဂေတရား၏ဘုန်းအသရေကို မမြင်တွေ့ရပေ။ သူတို့၏အသက်တာသည် မကြီးထွားနိုင်တော့ဘဲ ဆုတ်ယုတ် လာတော့သည်။

အသင်းတော်နှင့်ကျမ်းစာကျောင်းများသည် ဘုရားသခင်၏လူများ ကို သူတို့အား ဘုရားသခင် ခေါ်ထားသည့် ဘုန်းအသရေရှိသော အနေအထားသို့ ပြန်လည်ပျိုးထောင်ဖို့ရန် အရေးပေါ် လေ့ကျင့်ပေးခြင်း လိုအပ်သည်ကို သဘောပေါက်နားလည်ကြရမည်။

ပညာရှိသောသူတို့သည် လည်း ကောင်းကင်မျက်နှာ ကျက်၏အရောင်အဝါကဲ့သို့လည်းကောင်း၊ လူအများတို့ကို ဖြောင့်မတ်ခြင်းတရားလမ်းထဲသို့ သွင်းသောသူတို့သည်လည်း ကြယ်များကဲ့သို့ လည်းကောင်း အစဉ်အမြဲထွန်လင်းကြ လိမ့်မည်(၁၂:၃)။

ဘုရားတရားကြည်ညိုသောခေါင်းဆောင်များသည် ခရစ်ယာန်အသက် တာ ကြီးထွားခြင်း အဆင့်သုံးဆင့် ထဲကဖြစ်ရမည်။ သူတို့သည် လေ့ကျင့် ခြင်း၊ ဗဟုသုတနှင့်ကျွမ်းကျင်မှု ဖွံ့ဖြိုးခြင်းအားဖြင့် များစွာအကျိုးပြု နိုင် သော်လည်း ဘုရားသခင်နှင့်အကျွမ်းဝင်ဖို့ရန်နှင့် အမှုတော်မြတ်၌ ထ

243

အသက်၏အနှစ်သာရ

ရောက်မှု ရှိဖို့ရန်အတွက် ဘုရားတရားကြည်ညိုခြင်း အလေ့အကျင့်သည် အမိကျ၏။

ဘုရားတရားကြည်ညိုသော ခေါင်းဆောင်မှု

ခေါင်းဆောင်များ လေ့ကျင့်ပေးခြင်း ဖြစ်စဉ်၌ အတွင်းကျကျ ပါဝင်ခြင်းသည် ဘုရားသခင်၏ အလိုတော်ဖြစ်သည်ဟူသောအချက်သည် စိတ်ဝင်စားဖွယ်ကောင်းသောအရာပင်ဖြစ်ပါသည်။ ကျနော်တို့ စိတ်နှလုံးထဲ၌ ကိုယ်တော်ထည့်ပေးသည့်အသက်သည် ခရစ်တော်၏ပုံသဏ္ဍာန်အဖြစ်သို့ ကြီးထွားဖို့ရန် သတင်းကောင်းတရား DNA အားဖြင့် ကြိုးပမ်းလျက်နေ၏။

သင်းအုပ်တစ်ပါး၌ ဘုရားတရားကြည်ညိုသော ခေါင်းဆောင်မှု၏ပုံစံ အမျိုးမျိုးအပေါ် ပေါ်လွဖော်ပြခဲ့ သည့်လမ်းစဉ်ကို သတိပြုရမည်။ ထိုသူ၏အသက်တာသည် သူ၏ခေါင်းဆောင်မှု နေရာနှင့်အကွ အပြည့်အဝ ကွင်းဆက်ဖြစ်ဖို့ရန် လိုအပ်ပါသည်။

အပြစ်တင်ခွင့်နှင့်ကင်းလွတ်သောသူ၊ မယား တစ်ယောက်တည်းရှိသောသူဖြစ်လျှင်ရင်၊ သူတို့၏ သားသမီး တို့သည် ကာမဂုဏ်၌ လွန်ကျူးသည်ဟုအပြစ်တင်ခြင်း၊ နားမ ထောင်ခြင်းနှင့်လွတ်၍ ယုံကြည်လျှင်ရင်၊ ထိုသို့သောသူကို ခန့်အပ်ထား၏။ အကြောင်းမူကား သင်အုပ်သည် ဘုရားသခင်၏ဘဏ္ဍာစိုးကဲ့သို့၊ အပြစ်တင်ခွင့်နှင့် ကင်းလွတ် သောသူဖြစ်ရမည်။ ကိုယ့်အလိုသို့ လိုက်တတ်သောသူ၊ စိတ်တိုသောသူ၊ စပျစ်ရည်နှင့်ပျော်မွေ့သောသူ၊ သူတပါးကို ရိုက်ပုတ်သောသူ၊ မစင်ကြယ်သောစီးပွားကို တပ်မက်သောသူမ ဖြစ်ရဘဲ၊ ဧည့်သည်ဝတ်ကို ပြုတတ်သောသူ၊ သူတော်ကောင်း နှင့် အဆွေဖွဲ့သောသူ၊ ဣန္ဒြေစောင့်သောသူ၊ ဖြောင့်မတ် သောသူ၊ သန့်ရှင်းသောသူ၊ ကာမဂုဏ်ချုပ်တည်းသောသူဖြစ် ရမည်။ စင်ကြယ်သော ဩဝါဒဖြင့် တိုက်တွန်း၊ သွေးဆောင် ခြင်းငှါရင်း၊ ငြင်းခုံသောသူတို့၏စကားကို ချေခြင်းငှါရင်း၊ တတ်နိုင်မည်အကြောင်း၊ ကိုယ်တိုင်သင်ပြီးသောသစ္စာစကား တော်ကို အမြဲစွဲလန်းသောသူ ဖြစ်ရမည်(တိ၊၁း၆-၉)။

ဤအချက်အလက်တို့သည် ထိုနေရာ ထိုအချိန် ထိုယဉ်ကျေးမှု၌ အရေးကြီးသည်ဟု ထိုအသိုင်း အဝန်းများက စဉ်းစားထားသည့်

244

ခေါင်းဆောင်မှု ကြီးထွားရင့်သန်ခြင်း

အရည်အချင်းများသက်သက် မဟုတ်ပေ။ ထိုထက်မက သာလွန် ကျော်လွန် ပါ၏။ ဘုရားသခင်၏သနှ်ရှင်းသောရည်ရွယ်ချက်နှင့်အညီ ရိုးသား ဖြောင့်မတ်စွာ ကျွန်ုပ်တို့ အသက်ရှင်ခြင်းသည် လူတို့အား တိုက်ရိုက် လွှမ်းမိုးခြင်းနှင့်လေ့ကျင့်ပေးခြင်းဖြစ်ပါသည်။

ကျွန်ုပ်တို့စာအုပ်များထဲက တစ်အုပ်ဖြစ်သည့် ဘုရားသခင်၏လူ ဟူသောစာအုပ်သည် ဘုရားသခင်နှင့် ရင်းနှီးမှုအားဖြင့် စစ်မှန်သောဘုရား တရားကြည်ညှိုခြင်းဖြစ်လာသည်ကို ချဲ့ထွင်ထားသည်။

ဘုရားသခင်၏သနှ်ရှင်းသောလုပ်ဆောင်ချက်ထဲမှ ကျွန်ုပ်တို့အထဲ၌ မောင်းနှင်နေသည်ကို ယုံကြည် စိတ်ချခြင်းသည် ကျွန်ုပ်တို့ကို ယုံကြည် ကိုးစားစေပါသည်။

(၁) ဘုရားသခင်နှင့် အနီးကပ်အသက်ရှင်ရန်

(၂) ကြိုးစားခဲ့ပြီးသည့်အရာကို စောင့်ထိန်းရန်

(၃) အခြားသူများအား ဘုရားသခင်၏နှုတ်ကပတ်တော်ကို ထိရောက်စွာ တိုက်ကျွေးရန်

သည်ယုံကြည်စိတ်ချမှုမရှိရင် ကျွန်ုပ်တို့အမှုတော်မဆောင်ပါနေတာ အကောင်းဆုံးဖြစ်ပါတယ်။ ထိုသို့မဟုတ်ပဲ ထိုယုံကြည်စိတ်ချမှုကို ရရှိရန် ကျွန်ုပ်တို့သည် သင်ယူလေ့လာ၍ ကျွန်ုပ်တို့၏လုပ်ငန်း၌ ဆက်လက် လုပ်ဆောင်ပါက ပို၍ပင်ကောင်းပေ၏။ မှန်ကန်သောစိတ်ထားနှင့်ယုံကြည် ခြင်းရှိလျှင် တိုးတက်မှု အလျင်အမြန် ဖြစ်ပျက်လာနိုင်သည်။

ဘုရားသခင်သည် ဘုရားတရားကြည်ညှိုသောခေါင်းဆောင်များ မွေး ထုတ်ခြင်းကို နှစ်သက်အားရ၍ ဘုရားတရားကြည်ညှိုသော အပြုအမူမရှိ သည့်ခေါင်းဆောင်များ မွေးထုတ်ရန် ကျွန်ုပ်တို့၏ကြိုးပမ်း အားထုတ်မှုကို မနှစ်သက်ပေ။ ကျွန်ုပ်တို့သည် ကျွန်ုပ်တို့၏လေ့ကျင့်ပေးခြင်းသင်တန်း၌ ဘုရားသခင်၏ တန်ခိုးတော်ကို လွှင့်ထုတ်၍ ကျွန်ုပ်တို့၏အသက်တာ၊ သာသနာလုပ်ငန်း သို့မဟုတ် အခြားသူများအား လေ့ကျင့်ပေးခြင်းဖြင့် ဘုရားသခင်၏စိတ်နှလုံးနှင့်တူသော ခေါင်းဆောင်ကိုရှာဖွေလျှက်နေ၏။

ထာဝရဘုရားက သူ၏မျက်နှာ သူ၏အရပ်ကို မကြည့်မရှု နှင့်။ သူ့ကို ငါပယ်ပြီ။ ထာဝရဘုရားသည် လူမြင်သကဲ့သို့ မြင် တော်မူသည်မဟုတ်၊ လူသည် အဆင်းသဏ္ဍာန်ကို ကြည့်ရှု

အသက်၏အနှစ်သာရ

တတ်၏။ ထာဝရဘုရားမူကား စိတ်နှလုံးကို ကြည့်တတ်သည် ဟု ရှမွေလအား မိန့်တော်မူ၏(၁ရာ၁း၇)။

အကယ်၍သာ ကျနော်တို့အသင်းတော်များနှင့်ဓမ္မကျောင်းများ တွင်သည် အခြေခံလေ့ကျင့်ရေး သင်တန်းကို သွတ်သွင်းပေးနိုင်မယ်ဆိုရင် ကျနော်တို့အလယ်မှာ ဘုရားသခင်၏နှုတ်ကပတ်တော်သည် ဘုရားတရား ကြည်ညိုသော ခေါင်းဆောင်များအတွက် အရှိန်အဝါနဲ့ ကြီးထွားလာ လိမ့်မည်။ ထိုသူတို့သည် ဘုရားသခင်၏လူတို့အထဲသို့ ဘုရားသခင်၏ဝိညာဉ်တော်ကို တန်ခိုးရှိစွာ ဖြည့်ဆည်းပေးမည့်သူများ ဖြစ်သည်။

သင်ခန်းစာ

- ကျနော်တို့သည် အသက်တာပြောင်းလဲခြင်းမဟုတ်သည့် လေ့ကျင့် ရေးသင်တန်း အစီအစဉ်များကို သည်းမခံရ။ ထိုသို့ပြုခြင်းသည် ဘုရား တရားကြည်ညိုသော ခေါင်းဆောင်မှုနှင့်လေ့ကျင့်ရေး သင်တန်း အတွက် အရမ်းလိုအပ်ပါသည်။

- ကျနော်တို့၏စံနှုန်းသည် ဘုရားတရားကြည်ညိုသော အသက်ရှင်ခြင်း ဖြစ်ရမည်။ သို့မဟုတ်လျှင် ထိုစံနှုန်းသည် ဘုရားသခင်၏အမြင်၌ ညွှေး ရုံမျှသာဖြစ်၍ လူတိုင် ဒုက္ခခံစရာဖြစ်လာပါလိမ့်မည်။

- ယုံကြည်သူအပေါင်းတို့အား ပြန်လည်ထူထောင်ခြင်း၊ သူတို့ကို ဘုရား တရားကြည်ညိုသော အသက်ရှင်ခြင်းသို့ ခေါ်ဆောင်သွားရန် ဘုရားသခင်၌ အထူးနည်းလမ်းရှိ၏။ ထိုသို့ဖြင့် သူတို့သည် ဘုရား တရားကြည်ညိုသော ခေါင်းဆောင်မှုအတွက် သင့်လျော်နိုင်မည် ဖြစ်သည်။

ကျက်မှတ်ဆင်ခြင်ပါ

- တိ၁း၅-၉

ခေါင်းဆောင်မှု ကြီးထွားရင့်သန်ခြင်း

တာဝန်ပေးအပ်ခြင်း

- သင်သည် ခရစ်ယာန်ခေါင်းဆောင်တစ်ဦး ဟုတ်ပါသလား။ သင်သည် ဘုရားတရားကြည်ညိုပါသလား။ ရှင်းပြပါ။

- အသင်းတော်တစ်ပါးပါး၊ ဓမ္မကျောင်း သို့မဟုတ် သာသနာ၌ ဘုရားတရားကြည်ညိုခြင်းမရှိသည့် လူတစ်ဦးဦးကို သင်သိရှိပါသလား။ သိရှိပါက အကျိုးဆက်ဖြစ်ပေါ်သော တချို့ပြဿနာများကို ထောက်ပြပါ။

- အကယ်၍ သင်သည် အမှုတော်ဆောင်သင်တန်းကို တက်ရောက်သူ ဖြစ်ပါက ထိုသင်တန်း၌ စိတ်နေသဘောထားနှင့်အပြုအမူများကို လေ့ကျင့်သင်ကြားပေးပါသလား။ ရှင်းသည် စေသနာ အလျောက် ဟုတ်ပါသလား။ ရှင်းက မည်ကဲ့သို့လုပ်ဆောင်ပါသနည်း။ ရှင်းသည် မည်ကဲ့သို့ တိုးတက်နိုင်မည်နည်း။

#၃၆
အသင်းတော်များ၌ လေ့ကျင့်ပေးခြင်း

ခေါင်းဆောင်များသည် အသင်းတော်ကို ပုံသွင်းသောသူများဖြစ် သောကြောင့် အသင်းတော်နှင့် ဂိုဏ်းဂဏတို့သည် သူတို့၏ခေါင်းဆောင် များကို လေ့ကျင့်ပေးခြင်း၌ အာရုံစိုက်ရန် လိုအပ်ပါသည်။

တရားသူကြီးမှတ်စာနှင့် ဓမ္မရာဇဝင်စာအုပ်များသည် ကျနော်တို့အား ခေါင်းဆောင်အမျိုးမျိုးတို့၏ ပုံပမာများစွာကို ပုံဖော်ပေး၏။ ဂိဒေါင်နှင့် ဒါဝိဒ် ကဲ့သို့သော ရဲရင့်သည့်ခေါင်းဆောင်များသည် ရှံဆုရန်၊ အာဟပ်မင်းနှင့်သူ့ ဇနီး ယေဇဗေလကဲ့သို့သော ဆိုးညစ်သည့်ခေါင်းဆောင်များနှင့် ဆန့်ကျင်ဘက်ဖြစ်ကြ၏။ အတိတ်က ထိုတရားသူကြီးများ၊ ရှင်ဘုရင်များ နှင့် ယနေ့ခေတ်တွင် ဘုရားလူတို့၏ခေါင်းဆောင်များဖြစ်သည့် သင်းအုပ် များ၊ ဓမ္မဆရာများ၊ အသင်းလူကြီးများတို့စပ်ကြား၌ ရာထူးအလိုက် ခြားနားချက်များရှိကြ၏။ သို့သော် ဘုရားသခင်၏လူတို့အပေါ်၌ ခေါင်းဆောင် တို့၏လွှမ်းမိုးမှုသည် ငြင်း၍မရသောအရာဖြစ်သည်။

ဒေသန္တာရအသင်းတော်အနေနဲ့ ဝိညာဉ်ရေးရာနဲ့ပြည့်ဝသော သူ တို့၏သင်းအုပ်ဆရာကို ကျော်လွန်ပြီး မမျှော်လင့်ပေ။ ထိုအတူပါပဲ မိသားစု နှင့်အသင်းတော်၌လည်းဖြစ်၏။ ရှင်ကို ယေရှုက "တပည့်သည် ဆရာ ထက်မသာ။ ကျွန်သည် သခင်ထက်မသာ"ဟူ၍ မိန့်ဆိုသည်မဟုတ်လော(မ၊ ၁၀:၂၄)။

ဘုရားသခင်၏ဝိညာဉ်တော်သည် အတူပါရှိ၍ တက်ကြွစွာလုပ်ဆောင် နေသော်လည်း ခေါင်းဆောင်များ၏အသက်တာ၌ အပေးအယူရှိလာ သောအခါ ဝိညာဉ်တော်၏လုပ်ဆောင်ချက်သည် အကန့်အသန့်ရှိလာ ပါ၏။ ဘုရားသခင်၏လူတို့သည်လည်း သူတို့သင်းအုပ်ဆရာ၏လောကီဆန် ခြင်း၊ ဘာသာတရားလုပ်စားခြင်းနှင့်အကျင့်ပျက်ခြင်းတို့ကို စတင်အတုခိုး လာကြသည်။

ဘုရားရှင်၏လုပ်ဆောင်ချက်ကို ခေါင်းဆောင်များအားဖြင့်သာ ချုပ်ချယ်ဟန့်တားခြင်းမဟုတ်ပဲ ထိုခေါင်းဆောင်များသည် အသင်းတော်၌ ဝိညာဉ်ပိုင်းဆိုင်ရာ လွှမ်းမိုးမှုရှိကြသောကြောင့် အသင်းသားများ အားဖြင့် လည်း ချုပ်ချယ်ဟန့်တားနိုင်ပါသည်။ သူတို့အား အကောင်းဆုံးလေ့ကျင့်

249

အသက်၏အနှစ်သာရ

ပေးမည့် ပထမနေရာသည် အသင်းတော်ဖြစ်၍ ဒုတိယနေရာအနေနှံ့ ကျမ်းစာသင်ကျောင်းများ၌လည်း လေ့ကျင့်ပေးနိုင်ပါသည်။

အကယ်၍ ဘုရားသခင်၏လူများအတွက် ဝိညာဉ်ရေးရာ ကြီးထွားဖွံ့ဖြိုးမှု၌ စိတ်အားထက်သာသော အသင်းအုပ်တစ်ပါသည် သင်၌ရှိမည်ဆိုလျှင် မည်သို့ပြုမည်နည်း။ ထိုအရာသည် ပရိသတ်အလယ်၌ မည်ကဲ့သို့ အကောင်အထည်ဖော်မည်နည်း။ သင်အုပ်ဆရာရယ် ငါ့ကို ပြောပြပါ။ "ငါက ဒီဟာကော ဟိုဟာပါကြိုးစားတယ်" ဒါပေမယ့် ဘာကိုဆက်လုပ်ရမှန်း တောင်မသိတော့ဘူး။"

ထိုသို့သော အသင်းတော်ရင်ဆိုင်နေရသည့်အကြီးမား ဆုံးပြဿနာ မှာ ယေဘုယျအားဖြင့် လမ်းပြမြေပုံမရှိခြင်း ကြောင့်ဖြစ်သည်။ သူတို့၏ယေဘုယျ ရည်မှန်းချက် ပန်းတိုင်များသည် ရာဖွေလိုက်စားရန် ကောင်းမွန်သော်လည်း ဘုရားသခင်၏လူများကို အကောင်းဆုံးပို့ဆောင်ရန် လမ်းမရှိပေ။

ဝိညာဉ်ရေးရာ လမ်းပြမြေပုံသည် အရေးပါ၏။

သူတို့သည် ဟိုနားဒီနား လိုအပ်ချက် တချို့ကိုတွေ့ရှိ၍ အကောင်းဆုံး လုပ်ဆောင်ကြ၏။ သို့သော် မကြာခဏမဟုတ်ပါ။ သူတို့၏ကြိုးစားအားထုတ် မှုသည် ဖြေရှင်းချက်အဖြေမဟုတ်ဘဲ၊ ဖာထေးခြင်းသာ ဖြစ်သည်။

ဘုရားသခင်၏ပိုမိုကြီးမားသော လုပ်ဆောင်ချက်

ဘုရားသခင်၏ပိုမိုကြီးမားသော လုပ်ဆောင်ချက်ကို ဖက်တွယ်ထားခြင်း မရှိပဲလျက် ကျနော်တို့သည် မကြာခဏ အမိကအရာကို ပြုပြင်မည့် အစား ဖာထေးခြင်းကိုသာ အာရုံစိုက်တတ်ကြ၏။ ဘုရားသခင်သည် မြေကြီး ပေါ်၌ အသင်းတော်အတွက် ကြီးမားသောရည်မှန်းချက်ပန်းတိုင်ရှိ၏။ ဒေ သန္တာရအသင်းတော်သည် အသက်ရှင်၍ ထက်မြက်သောလူစုများဖြစ်ပြီး ဘုရားသခင်က ကြီးမားစွာလုပ်ဆောင်လို၍ မိမိ၏ ဘုန်းအသရေကို ပြသလို သည့်လူစုများဖြစ်ပါသည်။

အဘယ်သို့နည်းဟူမူကား တမန်တော်တို့မှစ၍ ပရောဖက်များ တည်းဟူသောတိုက်မြစ်အပေါ်၌ သင်တို့သည် ထပ်ဆင့်၍ တည်ဆောက်လျက်ရှိကြ၏။ ထိုတိုက်ထောင့်အမြစ် ကျောက်

အသင်းတော်များ၌ လေ့ကျင့်ပေးခြင်း

ကား ယေရှုခရစ်ဖြစ်သတည်း။ ထိုကျောက်နှင့်တစ်တိုက်လုံးသည် စေ့စပ်၍ ကြီးပွားသဖြင့် သခင်ဘုရား အဖို့အလို့ငှာ သန့်ရှင်းသောဗိမာန်တော်ဖြစ်၏။ ထိုဗိမာန်တော်၌လည်း ဘုရားသခင်သည် ဝိညာဉ်တော်အားဖြင့် ကျိန်းဝပ်တော်မူခြင်းအလို့ငှာ သင်တို့သည် ငါတို့နှင့်အတူ တည်ဆောက်လျက်ရှိကြ၏။ (ဧ၊ ၂:၂၀-၂၂)။

အသင်းတော်သည် သင်တန်းကျောင်းများနှင့် များစွာခြားနားပါ၏။ အသင်းတော်သည် ဘုရားသခင်၏ လူများကို လေ့ကျင့်ရုံမျှသာ လေ့ကျင့်ပေးနေခြင်းမဟုတ်ပေ။ အသင်းတော်ပင်လျှင် ဘုရားသခင်၏ လူများဖြစ်ပါသည်။ အဖွဲ့အစည်းဆန်ဆန် ပြောရလျှင် အသင်းတော်၌ အခြားထူးခြားမှုများစွာရှိသေး၏။ ဥပမာ ပြောရလျှင် လုပ်ဆောင်သောသူများသည် အခကြေးပေးခြင်းမဟုတ်ဘဲ စေတနာ့ဝန်ထမ်းများ ဖြစ်ကြသည်။ အသင်းသားများသည်လည်း ကျောင်းမှာထက် အသင်းတော်၌ နှစ်ရှည်လများပါဝင် လုပ်ဆောင်တတ်ကြ၏။

အသင်းတော်ရှိဓမ္မဆရာများသည် ကျမ်းစာကျောင်း၌ရှိသောဆရာသမားများထက် အဆက်အသွယ် မကြာခဏများတတ်၏။ ဥပမာ ကျမ်းစာကျောင်းပါမောက္ခတစ်ဦးသည် မိမိကျောင်းသားနှင့် တစ်ပတ်မှာ တစ်ခါပဲဆုံ ခွင့်ရှိ၍ ကျောင်းသားအား စာဖတ်ပြီး စာတမ်းပြုစုရန် တာဝန်အပ်နှင်းလေ့ရှိ၏။ သင်းအုပ် သို့မဟုတ် Sunday School ဆရာတစ်ပါးသည် မိမိအသင်းသားကို အချိန်ကြာကြာ မထားရစ်ပေ။ လွယ်လွယ်နဲ့ မကွာပါ။ ဤခြားနားချက်ကို တစ်ခုချင်းစီ ဆွေးနွေးပါမည်။

တိုးခဲ့သည့် အဆက်အသွယ်နှင့်ကိုယ်တွေ့ညှိဖြိုခြင်း

အချိန်သည် အလွန်အရေးပါသည့် အကြောင်းရင်းတစ်ရပ် ဖြစ်သည်။ အသင်းတော်သည် ကျနော်တို့ အသီးသီးအား ပိုမိုနက်ရှိုင်းစွာ ပါဝင်ခွင့်ပေးသောကြောင့် အကျိုးဖြစ်ထွန်းမှုများကို အသင်းတော်၌ မြင် တွေ့ရ၏။ အရေးအကြောင်း တိုင်ပင်ခြင်းမှအပ မည်သည့်အရာမျှ အရေးတကြီးမဟုတ်သလိုပါပဲ။ အသင်းတော်၊ ကျောင်း သို့မဟုတ် အစီအစဉ် တစ်ရပ်တို့သည် ဝိညာဉ်ရေးရာ ကြီးထွားဖွံ့ဖြိုးမှုနှင့် မကြာခဏ ရှုပ်ထွေးတတ်၏။

251

အသက်၏အနှစ်သာရ

ကျမ်းစာကျောင်းများသည် စာသင်နှစ် တစ်နှစ်ပြီးတစ်နှစ်အတွင်း၌ ဖြစ်ပျက်သောအရာများကို အာရုံစိုက်ကြ၏။ အသင်းတော်မူကား အသင်းသားများက သစ္စာရှိရှိ ပုံမှန်ပါဝင်မည်ဆိုလျှင် အားလုံး အကောင်းဆုံး လုပ်ဆောင်ရန် ရည်ရွယ်တတ်ကြ၏။

အသက်အရွယ်တိုင်းသည် အသက်တာကြီး ထွားဖွံ့ဖြိုးမှုဇယား မြေပုံကို ကျွန်ုပ်တို့အား ရေးဆွဲစေ၍ အမှုထမ်းရ သောအခွင့်ထူးကို ဖြစ် စေပြီး အသီးသီးစေ ပါ၏။ အသင်းတော်

တုံ့ပြန်မှုကို ချက်ချင်းပုံပိုးပေးသည့် မြေပုံတစ်ခု
ငါဘယ်မှာလဲ။ ငါဘယ်ကိုသွား နေလဲ။

ခေါင်းဆောင်များသည် နူးညံ့သောသိုးထိန်းများကို လိုချင်သည်နည်းတူ အသင်းသားတစ်ဦးချင်းစီတို့နှင့် တွေ့ဆုံ၍ သူတို့သည် မည်သို့သောတပည့် တော်အဆင့်၌ ရှိနေကြသည်ကို သိမြင်ကြရန် ကူညီအားပေးကြ၏။ ထိုသူတို့ နှင့်အတူ ကိုယ်တွေ့ဆက်နွယ်ခြင်းနှင့်အချိန်ယူခြင်းသည် သူတို့အား ညွှန် ပြပေးရန် ကျွန်ုပ်တို့ကို အခွင့်ထူး ရရှိစေပါသည်။

အသင်းတော်ရှိ လူတစ်ဦးသည် အိမ်ထောင်ပြု၍ honeymoon ခရီး ထွက်သွားသော်လည်း အသင်းတော်သို့ ပြန်လာပါလိမ့်မည်။ လေ့ကျင့် သင်ကြားခြင်းသည် ဇနီးမောင်နှံပြန်ရောက်လာသောအခါ ပြန်ဆက်နိုင်သည်။ အချိန်သည် ကျွန်ုပ်တို့ဘက်၌ရှိ၏။

အသင်းတော်ခေါင်းဆောင်များသည် ဤချည့်နဲ့သောအခြေ အနေအိတ်မြစ်များကို မြွင့်တင်ဖို့ရန် အထောက်အကူပြုစေသော ဆွေးနွေးမှုများ ပြုလုပ်နိုင်သည်။ ထို့ဖြင့် ထိုလူစုတို့၏ ဝိညာဉ်ပိုင်းဆိုင်ရာ ကြီးထွားဖွံ့ဖြိုး မှု၌ ရှေ့ကိုတိုးစေလျက် ရည်မှန်းပန်းတိုင်နှင့်အတူ အခြားသူများအား ထိ ရောက်စွာ အမှုထမ်း ဆောင်ရွက်စေနိုင်မည်ဖြစ်သည်။

သင်းအုပ်များသည် ကျမ်းစာကျောင်းဆရာများကဲ့သို့ သီအိုလော်ဂျီ ပညာရပ်ကို လေးလေးနက်နက် သင်ကြားပို့ချရန် အခွင့်ထူး သိပ်မရရှိကြ ပေ။ အကြောင်းမှာ အချိန်တိုင်း၌ အကန့်အသတ်ရှိနေသောကြောင့် ဖြစ်သည်။ အသင်းတော်၏အားသာချက်ကား ဘုရားသခင်၏ နှုတ်ကပတ်

အသင်းတော်များ၌ လေ့ကျင့်ပေးခြင်း

တော်ကို ထိုအသင်းတော်၌ စွမ်းစွမ်းတမံ ဟောပြောနိုင်စွမ်းရှိ၍ ထို နှုတ်ကပတ်တော်အား အမြစ်တွယ်စေဖို့ရန် အခွင့်အလမ်းကို ဖန်တီးနိုင်၏။ ကျွန်တော်တို့သည် အဓိကအကြောင်းအရာ ဖြစ်သည့်ကယ်တင်ခြင်း၊ သန့်ရှင်းစင်ကြယ်ခြင်းနှင့် ဝေဂေလ ဝေဒခြင်းတို့အပေါ်၌ ကျွန်တော်တို့ အာရုံစိုက်နေသည်မှာ သမ္မာကျမ်းစာ၏ခွင့်ပြုခြင်းပင်ဖြစ်သည်။

သို့ရာတွင် ယုံကြည်သူများအနေဖြင့် ကြီးထွားခြင်းမရှိတော့ သောအခါ ပြဿနာတစ်ရပ် ဖြစ်ပေါ် နိုင်သည်။ အသင်းတော်၌ ဝိညာဉ် ရေးရာကြီးထွားခြင်းနှင့်ရင့်ကျက်ခြင်းသည် အလိုအလျောက် မရှိနိုင်ပေ။ သို့ဖြစ်၍ အသင်းတော်၏ရှင်လင်းသောရှုပါရံသည် တဖြည်းဖြည်းချင်း တိုးပွားသင့်သည်။ ကောင်းမွန်သော တရားဟောချက်နှင့်သင်ကြားခြင်း များကို ကောင်းကောင်း မတုံ့ပြန်နိုင်ရန် မည်သည့်အရာက ဘုရားသခင်၏ လူတို့ကို ထုံထိုင်းစေပါသနည်း။

ဒုစရိုက်အပြစ်၏အခြေခံအကြောင်းရင်းများစွာထဲတွင် ကျွန်တော်တို့ ကိုယ်တိုင်လည်း ပါဝင်၏။ တမန်တော်ယောဟန်က ဗျာဒိတ်ကျမ်း အခန်းကြီး ၂-၃ တို့တွင် နွေးရုံမျှသာဖြစ်စေသည့် နယ်ပယ်များစွာကို ထောက်ပြခဲ့သည်။ သို့သော် ပြန်လည်ပျိုးထောင်ခြင်းအကြောင်း ထပ်တလဲလဲ ထောက်ပြသည် ကို ကျွန်တော်တို့မြင်တွေ့ရ၏။

အသင်းတော်ခုနှစ်ပါးတို့ထံသို့ စာရေးသားရာတွင် ယောဟန်က အသင်းတော်၌ ယေရှု၏တရားသဖြင့် နေရာယူခြင်းတို့ကို စတင်ရည်ညွှန်း ထား၏။ ဥပမာ စမုရနမြို့၌ရှိသောအသင်းတော်အတွက် ယေရှုသည် ထမြောက်သောသူဖြစ်၏။ သေခြင်းတရားကို ကြောက်ရွံ့ခြင်းသည် အသင်း အပေါ် ၌ မအုပ်စိုးသင့်ပေ(ဗျာ၊ ၂:၈-၁၁)။ ပေရဂံမြို့၌ရှိသောအသင်းတော် ထံသို့ ရေးသားချက်ကား ဆိုးညစ်ခြင်းအတွက် အသွားနှစ်ဘက် ထက်သော ဓားဖြင့် တရားစီရင်ခြင်းရှိရမည်ဟု အသေအချာပြောဆို၏(ဗျာ၊၂:၁၂-၁၅)။ ပြန်လည် ထူထောင်ခြင်းသည် ကျွန်တော်တို့၏အာရုံစိုက်မှုကို မိမိတို့အသက် တာ၌ ယေရှုခရစ်တော် ပြင်ဆင်ပေးသည့် ဘုန်းအသရေနှင့်ပြည့်စုံသော နေရာသို့ အမြဲပို့ဆောင်ပါလိမ့်မည်။

ပြန်လည်ထူထောင်ခြင်းဟူသည်မှာ လူတစ်ဦး၏အသက်ရှင်ခြင်းအား ဘုရားရှင်ထံသို့ ပြန်လည် ဗဟိုပြုစေခြင်းကိုခေါ်သည်။ ယုံကြည်သူများသည်

253

အသက်၏အနှစ်သာရ

ဝိညာဉ်ပိုင်းဆိုင်ရာ လမ်းပြမြေပုံမှ ပိုမိုကောင်းမွန်သော လမ်းညွှန်မှုကို ရရှိလာ သည့်နှင့်အမျှ အသက်တာ ကြီးထွားဖို့ရန် သူတို့၏ စိတ်အားတက်သန်မှုမှာ နဂိုအတိုင်းပြန်ဖြစ်လာ၏။ ယေဘုယျဆန်သော ရည်မှန်းချက်ပန်းတိုင်နှင့် အထူးလုပ်ငန်းများကို ပေါင်းစည်းလိုက်သောအခါ သူတို့၏ရည်မှန်းချက် ပန်းတိုင်သည် သူတို့ရောက်ရှိနိုင်ကြောင်း ယုံကြည်စိတ်ချမှု ရှိလာကာ ပိုမို ပါဝင်လိုစိတ်ရှိလာကြမည်ဖြစ်သည်။

သင်းအုပ်သည် ဘုရားသခင်၏လူစုတို့အသက်တာ၌ ဘုရားသခင် လုပ်ဆောင်လျက်ရှိသည့်အရာကို အလွယ်တကူ မြှင့်တင်ပေးနိုင်သူဖြစ် သင့်သည်။ အကယ်၍ ရင်ကို ဂရုတစိုက်မြှင့်တင်ပေးသည့် ညွှန်ပြခြင်း အစီအစဉ်နှင့် ပေါင်းစပ်လိုက်လျှင် ဘုရားသခင်၏လူတို့သည် စိတ်အား ထက်သန်မှု တိုးပွားလာမည် ဖြစ်ပါသည်။ ထိုသို့ ဖြစ်ရခြင်းသည် အသင်း တော်၏အကြီးအကဲများကြောင့် မဟုတ်ဘဲ၊ ဘုရားရှင်၏ လုပ်ဆောင်ချက် ကြောင့်ဖြစ်သည်။

စိတ်ပါဝင်စားမှု နည်းပါးခြင်း

ဘုရားသခင်၏လူတို့သည် ကျမ်းစာကျောင်းကို မတက်လိုကြပေ။ သူ တို့၏ငွေကြေး ထောင်သောင်းများစွာကိုလည်း ဘွဲ့ဒီဂရီရရှိဖို့အတွက် ထည့် ဝင်ခြင်းမပြုကြပေ။ အကယ်၍ အသင်းတော်၏ လေ့ကျင့်သင်ကြားခြင်းကို ကောင်းကောင်းလုပ်ဆောင်ပါက လူတို့သည် အသက်တာပြောင်းလဲခြင်းရှိ၍ ကိုယ်တိုင်ကိုယ်ကျ ဘုရားသခင်ကို တွေ့မြင်လာကာ ဝတ်ပြုခြင်း၌ မွေ့လျော် လာကြမည်။ ထိုလူတို့သည် အသင်းတော်၌ အလိုလိုပျော်လာကြမည်။ သူ တို့၏အသက်တာ၌ ဘုရားသခင်လုပ်ဆောင်လျက်ရှိသော အရာများကြောင့် အခြားသူများလည်း အသင်းတော်သို့ လာရောက်လိုစိတ်ရှိလာကြမည်။

ဤကား ဘုရားသခင်၏လူတို့အလယ်၌ ဘုရားသခင်ကျိန်းဝပ်တော်မူ ခြင်းတည်းဟူသော ဘုရားသခင်၏အသင်းတော်ကို ပုံဖော်ခြင်းဖြစ်ပါသည်။ ဘုရားသခင်သည် သူတို့အလယ်၌ ရှင်သန် လှုပ်ရှားပါက အများနှင့်ဆိုင် သည့်တရားဟောခြင်းနှင့်သင်ကြားခြင်း၌ ကိုယ်တိုင်ကိုယ်ကျ ပြောင်းလဲ ခြင်း ရှိရမည်။ ကိုယ်တိုင်သန့်ရှင်းခြင်းနှင့်ဝိညာဉ်ရေးရာကြီးထွားခြင်းမရှိဘဲ လျက် အသက်ရှင်ခြင်းကို အခွင့်ပေး လာသောအခါ ကျနော်တို့သည်

အသင်းတော်များ၌ လေ့ကျင့်ပေးခြင်း

ဘုရားသခင်နှင့်သူ၏လုပ်ဆောင်ချက်ကို မကြုံဆိုနိုင်တော့ပေ။ "ထိုပိမာန်တော်၌လည်း ဘုရားသခင်သည် ဝိညာဉ်တော်အားဖြင့် ကျိန်းဝပ်တော်မူခြင်းအလိုငှာ သင်တို့သည် ငါတို့နှင့်အတူ တည်ဆောက်လျက်ရှိကြ၏" (ဧ၊၂:၂၂) ။

ဒေသန္တရအသင်းတော်သည် လေ့ကျင့်သင်ကြားခြင်းအတွက် နေရာကောင်းဖြစ်၍ ကျမ်းစာကျောင်းနှင့် မယှဉ်ပြိုင်နိုင်မှာကို စိုးရိမ်စရာမလိုအပ်ပေ။ အသင်းတော်အနေဖြင့် မိမိအလုပ်ကို မှန်မှန်ကန်ကန် လုပ်ဆောင် မည်ဆိုလျှင် ကျမ်းစာကျောင်းကို ယှဉ်ပြိုင်နိုင်ပါသည်။ များစွာသောလူများ ကျမ်းစာကျောင်းကိုသွား၍ ကျောင်းတက်ရခြင်းမှာ မိမိတို့အသင်းတော်၌ မတွေ့ရှိနိုင်သည့် ထိုရည်ရွယ်ချက်ကြောင့်ဖြစ်သည်။

ဤသို့ပြောဆိုရာတွင် အသင်းတော်အပြင်ဘက်၌ သင်တန်းများများ တက်ခြင်းသည် ကောင်းသလိုလို ဖြစ်သော်လည်း အသင်းတော်၌ လုပ်ငန်းဆောင်ရွက်ရန်အတွက် အခွင့်အလမ်းများနှင့် သင့်လျော်သော လေ့ကျင့်မှုများအတွက် လိုအပ်ချက် မဖော်ပြပါက အံ့အားသင့်စရာဖြစ်ပေမည်။ သင်းအုပ်တို့သည် ဝိညာဉ်ရေးရာ၌ အစဉ်ကြီးထွားလျက် သခင်ဘုရား နှင့်အခြားသူများကို ချစ်တတ်လာသောအခါ ရင်းသည် ကူးစက်ပြန့်ပွားလွယ်သောအရာဖြစ်လာသည်။ လူတို့သည် ထိုအတူပြုလာကြ၍ အခြားသူများကို ပိုမို အလုပ်အကျွေးပြုရန် စိတ်အားထက်သန်လာကြလိမ့်မည်။

အသင်းတော်သည် ယုံကြည်သူများအား ခိုင်ခံ့စွာကြီးထွားဖို့ရန် ဝီရိယရှိရှိ ကူညီအားပေးရမည်။ အသင်းတော်အနေဖြင့် ၎င်းကို အလိုအလျောက်ဖြစ်လာမည်ဟု မမျှော်လင့်သင့်ပေ။

သင်ခန်းစာ

- အသင်းတော်အနေဖြင့် ယုံကြည်သူအသီးသီးတို့၏ဝိညာဉ်ရေးရာ ကြီးထွားခြင်း ဘယ်အဆင့် ရောက်နေ သည်ကိုလည်းကောင်း၊ ပြဿနာများကြားထဲက မည်ကဲ့သို့လုပ်ဆောင် မည်ကိုလည်းကောင်း ရှင်းလင်း နားလည်စေဖို့ရန် ကြီးမားသောအခွင့်ထူးနှင့်တာဝန်ရှိပါသည်။
- ဘုရားသခင်၏လူတို့သည် မိမိတို့အသက်တာအတွက် ဘုရားသခင်၏အလိုတော်ကို သိရှိ၍ ရင်းသည် မည်ကဲ့သို့

255

အသက်၏အနှစ်သာရ

အကောင်အထည်ဖော်မည်ကို အလွန်စိတ်ဝင်စားကြ၏။ ဤအကြောင်းများကို ကျမ်းစာ၏ ကျိုးကြောင်းဆီလျော်မှုရှိသည့်အတိုင်း ဖော်ပြလိုက်ပါ။ ဘုရားသခင်၏လူတို့သည် စိတ်ပါဝင်စား လာကြလိမ့်မည်။

- ဘုရားသခင်သည် ဘုရားသခင်၏လူတို့ကို မိမိ၏သန့်ရှင်းသောဗိမာန် တော်အဖြစ် တည်ဆောက်ရန် အလွန်ဆန္ဒပြင်းပြ၏။ ကိုယ်တော်သည် မိမိနှင့်လုပ်ဆောင်၍ မိမိထံသို့ ဘုန်းအသရေယူဆောင်လာမည့် ခေါင်းဆောင်များကို ရှာဖွေလျက်နေ၏။ အသင်းတော်အနေနဲ့ ယုံကြည် သူအသီးသီးတို့၏ကြီးထွားမှုကို ကူညီသောအားဖြင့် ထိုအသင်း တော်သည် ယုံကြည်သူတို့အတွက်ရော အခြားအသင်းတော်များ အတွက်ပါ အားကြီးသောခေါင်းဆောင်များကို မွေးထုတ်ခြင်းတည် ဟူသော အကြီးမားဆုံးသောပံ့ပိုးမှုကို ပြုလုပ်ပေးခြင်းဖြစ်သည်။

ကျက်မှတ်ဆင်ခြင်ပါ

- ဧ၂:၂၁-၂၂

တာဝန်ပေးအပ်ခြင်း

➡ အထက်မှာ ဖော်ပြသည့်တိုင်း သင်ပါဝင်နေသည့်အသင်းတော် အကြောင်းကို ဖော်ပြပါ။ ထိုအသင်းတော် ရှိလူတို့သည် ကြီးထွားခြင်း ကို စိတ်ပါဝင်စားကြပါသလား။ အဘယ့်ကြောင့် စိတ်ပါဝင်စားမှုရှိကြ သနည်း သို့မဟုတ် အဘယ့်ကြောင့် စိတ်ပါဝင်စားမှုမရှိကြသနည်း။

➡ အသင်းတော်ခေါင်းဆောင်တို့သည် အသင်းသားများ၏ဝိညာဉ်ရေးရာ ကြီးထွားခြင်းနှင့် နောက်တဆင့် မည်ကဲ့သို့ရောက်ရှိမည်ကို သိရှိ လျက် သူတို့ကို အထက်၌ ဖော်ပြသည့်လမ်းစဉ်အတိုင်း အမှန် တကယ် ညွှန်ပြကြပါသလား။

➡ လူတို့သည် ကြီးထွားလျက် အခြားသူများကို အလိုအလျောက် ပြုစု ပျိုးထောင်ကြပါသလား။ အသင်းတော်ကို ကြည့်ရှုစောင့်ရှောက်၍ တည်ဆောက်သောလူတို့သည် ရာခိုင်နှုန်းအားဖြင့် ဘယ်လောက်ရှိပါ သနည်း။

#၃၇
လေ့ကျင့်သင်ကြားခြင်း ကျောင်းများ၍ ပေါင်းစည်းခြင်း

၍အခန်း၌ ခရစ်ယာန်လေ့ကျင့်ရေးကျောင်နှင့်ခရစ်ယာန် သင်တန်းကျောင်းများက မည်ကဲ့သို့ အကျိုးအမြတ်ရရှိနိုင်သည်ကို ကျနော်တို့ အာရုံစိုက်ရပါလိမ့်မည်။ ကျမ်းစာကျောင်းများသည် အသင်းတော် များထက် စည်းကမ်းဖြင့် ထိန်းကျောင်းနိုင်သောအနေအထားရှိသည်။

အကယ်၍ တစ်စုံ တစ်ဦး၏ရည်ရွယ်ချက် ကို ခိုင်ခိုင်မာမာ တည်ဆောက်၍ လုံခြုံစိတ်ချမှုရှိမည် ဆိုလျှင်တောင် ဝိညာဉ်ရေးရာအသက် တာနှင့် အသက်တာလေ့ကျင့်ခြင်း၌ တစ်ခုခုဖြစ်နိုင်သေးသည်။ ၍ပဓာန ကျသည့် အသက်တာတည်ဆောက်ခြင်းကို ဟန့်တားသောအရာများသည် လေ့ကျင့်ခြင်းဆိုင်ရာ အခြားနယ်ပယ်တစ်ခုလုံးနှင့် ဆက်စပ်မှုရှိ၏။ ကျ နော် ဥပမာတစ်ခု ပေးပါမည်။

လင်မယားနှစ်ဦးသည် သူတို့၏ကလေးနှစ်ဦးနှင့်အတူ ပရိသတ်များ နှင့်တကွ သင်းအုပ်ထံသို့ ရောက်လာကြ၏။ သူတို့သည် များမကြာခင်ကပဲ ကျမ်းစာကနေ ဘွဲ့ယူသောသူများဖြစ်သည့်အတိုင်း သင်အုပ်အလုပ်ကို ပါဝင်လုပ်ဆောင်ရန် စိတ်အားထက်သန်သောသူများဖြစ်ကြသည်။ နှစ်ကြာ လာသောအခါ သူတို့၌ အိမ်ထောင်ရေးပြဿနာရှိသည်ကို ကျနော်တို့တွေ့ မြင်၏။ သူတို့နှစ်ဦးသည် အချင်းချင်း မတတ်တော့ကြပေ။ ၍အရာက ဘာကို ဖော်ပြသလဲဆိုရင် ခေါင်းဆောင်မှု၌ ယောက်ျား ရဲ့ ခေါင်းမာခြင်း အကြောင်းကို ထင်ဟပ်စေသည်။ အဆုံးမလှဘူးဆိုတာ ကျိန်းသေပြော နိုင်သည်။ ၍အိမ်ထောင်ရေး ပြဿနာသည် ကျမ်းစာကျောင်းမှာ ကတည်းက ရှိနေပြီးသောအရာဖြစ်သည်ကို ကျနော်တို့နောက်မှပဲ သိရှိရ လေ၏။

ကျမ်းစာကျောင်းက ကောင်းသောလေ့ကျင့်ခြင်းကို ပေးအပ်ခဲ့ သော်လည်း သူတို့၏အိမ်ထောင်ရေး မပြေလည်မှုကြောင့် သာသနာလုပ်ငန်း တစ်ခုအတွက် အုတ်မြစ်ကို မချနိုင်ခဲ့ကြပေ။ ၍သို့သော ပြဿနာများသည် အချိန်တိုင်း၌ မိသားစုများအပေါ် ရိုက်ခတ်လျက်ရှိ၏။

အသက်၏အနှစ်သာရ

ကျွန်ုပ်တို့၏ရည်မှန်းချက်ပန်းတိုင်များသို့ ပြန်လှည့်ခြင်း

လူယောက်ျားတစ်ဦးသည် ကျမ်းစာကျောင်းမှ ဘွဲ့ရဖြစ်သော်လည်း သူအသက်တာ၌ ချည့်နဲ့နေ၏။ ကျမ်းစာကျောင်းများ၏ရည်မှန်းချက်ပန်းတိုင်သည် အဘယ်နည်း။ ကျမ်းစာကျောင်းသားများသည် အိမ်ထောင်ရေး အရှုပ်အရှင်းများနဲ့ ကျောင်းပြီးသငွ်ပါသလား။ ဤမေခွန်းများသည် တချို့သော သူများအတွက် ရယ်စရာဖြစ်နိုင်သည်။

အသင်းတော်များက လည်း ကျမ်းစာကျောင်းမှ ဘွဲ့ရရှိပြီးသောသူများ သည် ကျောင်း၌ပြဌာန်း ထားသော သင်ရိုးညွှန်းတမ်းများကို သင်ယူအောင်မြင်ကြ သောကြောင့် ရငွ်ကျက် သောသူများဟု မှတ်ယူ တတ်ကြ၏။ သို့သော်

ကျမ်းစာကျောင်းသည် ကျောင်းသူ/သားများ၏လိုအပ်မှုဖြစ်သည့် အကျင့်စရိုက်နှငွ်ဝိညာဉ်ရေးရာ ရငွ်ကျက်ခြင်းများကို သင်ကြားလေ့ကျငွ်ပေးခြင်း မပြုပေ။ ထို့အတွက်ကြောငွ် ဝိညာဉ်ရေးရာ ရငွ်ကျက်ခြင်းနှငွ် ဆိုင်သော ရည်မှန်းချက်ပန်းတိုင်ကို ရရှိဖို့ရန် သိရုံနဲ့ မလုံလောက်ခြင်းဖြစ်ပါသည်။

ကျနော်တို့သည် ကျနော်တို့ကျောင်းများ၏ပညာရေးဆိုင်ရာ နည်းပညာများကို သန့်စင်စေရန် သခင်ဘုရား၏ပိုမိုကြီးမားသော ရည်ရွယ်ချက် သို့ ဦးတည်သွားကြရမည်။ အကယ်၍ ရည်မှန်းချက် ပန်းတိုင်သည် သာသနာ အတွက် လူတို့ကိုကြိုတင်ပြင်ဆင်ထားမည်ဆိုလျှင် ကျနော်တို့သည် ထိုလူတို့ ကို သာသနာအတွက် ကောင်းကောင်းပုံသွင်းရမည်။ လေ့ကျငွ်သင်ကြားခြင်း သည် သူတို့၏စိတ်နေ သဘောထားနှငွ်အစေခံရန် ဆက်ကပ်အပ်နှံခြင်းကို အဓိပ္ပယ်ရှိရှိ ပုံသွင်းဖို့ရန် အသိတရားသက်သက်ဖြငွ် ဖြည့်ဆည်းပေးခြင်း ကို ရှောင်ကြည်ရမည်။

ဤအရာသည် ဝံဂေလိ တရားအတွက် အခြေခံတရားဖြစ် သောကြောငွ် စိန်ခေါ်မှုအနည်းငယ် ရှိပါလိမွ်မည်။ ကျနော်တို့သည် အချင်းချင်းချစ်ကြရမည်။ အခြားသူများကို အမှန်တကယ် သနားကြင်နာ ပြုစု

လေ့ကျင့်သင်ကြားခြင်း ကျောင်းများ၌ ပေါင်းစည်းခြင်း

စောင့်ရှောက်၍ ဘုရားသခင်၏ရည်ရွယ်ချက်အတိုင်း အသက်ရှင်ဖို့ရန် ကျွ နော်၏အသက်တာသည် ဘုရားသခင်၏ဖမ်းဆွဲခြင်းကိုခံရ၏။

ညီအစ်ကိုတို့၊ သင်တို့သည် လွတ်ခြင်းအခွင့်ကို ရသောသူ ဖြစ်၏။ သို့သော်လည်း ဇာတိပကတိအား အခွင့်ကိုပေး၍ ထို လွတ်ခြင်းကို မယုံကြနှင့်။ အချင်းချင်းချစ်၍ အမှုချင်းကို ဆောင်ရွက်ကြလော့(ဂ၊၅:၁၃)။

ကျွနော်တို့သည် အကောင်းဆုံးကို လိုချင်သော်လည်း အကောင်းမမြင် သောသူဖြစ်ရန် အရမ်း လွယ်ကူသည်။ တစ်နှစ်ပြီးတစ်နှစ် ဤရည်မှန်းချက် ပန်းတိုင်များသည် ပြည့်စုံခြင်းမရှိပေ။ အကယ်၍ သင့်အသင်းတော်သည် လေ့ကျင့်တပ်ဆင်ပေးခြင်းမရှိသည့် သင်းအုပ်ဆရာကို လက်ခံမိသော လိုအပ်ချက်သည် သာမန်ထက်လွန်ကဲသောပြဿနာများဖြစ်လာမည်။

ပို၍ကောင်းသော လမ်း

အသက်အရွယ်တိုင်သည် ဤစိန်ခေါ်မှုများကို မည်ကဲ့သို့ရင်ဆိုင်ရမည်ကို ရှင်းထုတ်ပေးသည်။ လေ့ကျင့်သင်ကြားခြင်းအတွက် အဓိကရည်မှန်း ပန်းတိုင်များကို ပုံသွင်းရန် ဘုရားသခင်၏အသက်နှင့် ဆိုင်သော ရည်မှန်းချက်ပန်းတိုင်များကို အသုံးပြုခြင်းအားဖြင့် လူတစ်ဦး၏ခန္ဓာကိုယ် ရော စိတ်ဝိညာဉ် တစ်ခုလုံးကိုပါ ပြုပြင်ပြောင်းလဲစေနိုင်သည်။ ဤ ကျယ်ပြန့်သောချဉ်းကပ်မှုကို လက်ခံစွဲလန်းခြင်းသည် ဝိညာဉ်ရေးရာ ကြီး ထွားနေစဉ်၌ ဖြစ်ပေါ်သည့်ရည်မှန်းချက်ပန်းတိုင်များ၊ ဖြစ်စဉ်များနှင့်ကြီး ထွားခြင်း အမျိုးမျိုးတို့ကို သတိပြုလိုက်နာရန် စွမ်းရည်ဖြစ်စေပါသည်။ ဤ ချဉ်းကပ်မှုသည် သင်ကြားပေးသူအား မိမိ၏ကျောင်းသူ/ သားများ ကြီးထွားဖွံ့ ဖြိုးခြင်း၌ အထောက်အကူဖြစ်စေရန် ဆောင်ရွက်မှုနည်းလမ်းများ၊ လေ့ကျင့် သင်ကြားခြင်း အခွင့်အလမ်းများနှင့် အထူးစီမံချက်များ ကိုဖန်တီးရန် စွမ်းပကားဖြစ်ပါသည်။

လေ့ကျင့်သင်ကြားခြင်း၏အဓိကဦးတည်ချက်ဖြစ် သည့် အသက်အရွယ်အပေါ် မည်ကဲ့သို့လုပ်ဆောင်ရန် အကြံပြု ချက်များသည် နောက်တစ်ခန်းတွင် ပါလာလိမ့်မည်။ ဤကျယ်ပြန့်သော ရှုထောင့်အမြင်သည် ညှိနှိုင်း ဆောင်ရွက်သူ၊ သင်ကြားပေးသူနှင့် ကျောင်းသားများအတွက် မည်သည့်အရာ လုပ်ပေးနိုင်သည်ကို ကျွနော်တို့ မြင်တွေ့ကြရလိမ့်မည်။

အသက်၏အနှစ်သာရ

ခရစ်ယာန်ကျောင်းများသည် မကြာခဏ အောက်၌ဖော်ပြသည့် လက်ရွေးစင်အချက်အလက်များကို အသုံးချတတ်ကြ၏။ သို့သော် အကယ်၍ သူတို့သည် ညှိနှိုင်းခြင်းကို ကောင်းကောင်းမခံသောသူများ သို့မဟုတ် တစ်ခုလုံးထက် တစိတ်တပိုင်းကို ပုံသွင်းခြင်းခံသောသူများဖြစ်ခဲ့လျှင် ဘုရားသခင် အလိုရှိသည့် ပြည့်ဝသောတန်ခိုးကို တွေ့ကြုံခံစားကြမည်မဟုတ်ပေ။ ရှင်းလင်းဖို့ရန်အတွက် ဤအရာကို ညှိနှိုင်း ဆောင်ရွက်သူ၊ သင်ကြားပေးသူ နှင့်ကျောင်းသားများဟူ၍ အမြင်သုံးမျိုးဖြင့် ကျနော်တို့ ပိုင်းခြားစိတ်ဖြာ ထားပါသည်။

ညှိနှိုင်းဆောင်ရွက်သူ၏တာဝန်များ (ကျောင်းအုပ်)

- အဓိကအရာကို ပူးပေါင်းခြင်းသည် လေ့ကျင့်သင်ကြားခြင်းမှာသာမျှ ပေါင်းစည်းခြင်းဖြစ်သည်ကို စိတ်ချရမည်။
- လေ့ကျင့်သင်ကြားခြင်းသည် ကျောင်းသားများ၏စိတ်နှလုံးထဲသို့ ရောက်ရှိနေသည်ကို ယုံကြည်စိတ်ချ ရမည်။
- ဘုရားသခင်၏ဘုန်းအသရေအတွက် ဘုရားသခင်၏ရည်ရွယ်ချက် ပြီးမြောက်ခြင်းကို အာရုံစိုက်ရမည်။
- လူတိုင်းက စီမံခန့်ခွဲသူ၊ ဆရာနှင့်ကျောင်းသားများဟု ခွဲခြားနိုင် အောင် ရည်မှန်းချက် ပန်းတိုင် ထားရမည်။
- ဆရာများ၊ စီမံခန့်ခွဲသူနှင့်ကျောင်းသားများ တစ်ယောက်စီတိုင်း သည် အတူတကွကြီးထွားသည်ကို ရိုးရိုးသားသား သိမှတ်လက်ခံရ မည်။
- ဘုရားသခင်၏ရည်မှန်းချက်ပန်းတိုင်အတိုင်း အစေခံခြင်းသည် အကောင်းဆုံးနှင့် မရှိမဖြစ်လိုအပ် သည်ကို သိသာထင်ရှားစွာ အတည်ပြုရမည်။
- ကျောင်းကို ထောက်ခံအားပေးသူများအား ပွင့်လင်းမှုကိုပေးရမည်။
- လေ့ကျင့်သင်ကြားခြင်း၌ ဝိညာဉ်တော်၏အပိုင်းနှင့်ရည်ရွယ်ချက် အပေါ် သိရှိနားလည်ခြင်းကို မြှင့်တင် ရမည်။
- သင်ရိုးနှင့်လေ့ကျင့်သင်ကြားခြင်း အသီးသီးအတွက် တန်ဖိုးဖြတ် ခြင်းဖြစ်စဉ်ကို ရှင်းလင်းရမည်။

လေ့ကျင့်သင်ကြားခြင်း ကျောင်းများ၌ ပေါင်းစည်းခြင်း

- ဝိညာဉ်ရေးရာအသက်တာနှင့်လေ့ကျင့်သင်ကြားခြင်း သင်ရိုးကို ပေါင်းစပ်ရမည်။

သင်ကြားသူနှင့်လေ့ကျင့်ပေးသူ၏တာဝန်များ

- သင်ရိုးအသီးသီးယူ၍ ရင်တို့၏အခန်းကဏ္ဍများကို ရှာဖွေရမည်။
- ကျောင်းသူ/သားများ၏ဝိညာဉ်ရေးရာ ကြီးထွားဖွံ့ဖြိုးမှုနှင့်လုပ်ငန်းသို့ သင်ရိုးများ အဆက်အစပ်ရှိပုံကို ရိုးရိုးသားသားဆွေးနွေးရမည်။
- ပညာရေးနှင့်ဆိုင်သည့်အရာ သင်ကြားခြင်း၌ အနက်အဓိပ္ပာယ်တိုးလာပုံကို တွေ့ရှိရမည်။
- သင်ရိုးတစ်ခုလုံးအတွက်ရော အတန်းအသီးသီးအတွက်ပါ ဘုရားသခင်၏ပါဝင်မှုကို ရှာဖွေရမည်။
- တစ်စုံတစ်ဦးက အခြားသူများအား ကျကျနနတပ်ဆင်ခြင်း၌ ဘုရားသခင်အသုံးပြုနေသည်ကို အသိအမှတ်ပြုရမည်။
- ဘုရားသခင်ကို သင်ကြားခြင်းဖြစ်စဉ်၏ကဏ္ဍအဖြစ် စောင့်ထိန်းရမည်။
- ဘုရားသခင်၏ပိုမိုမြင့်မားသော ရည်မှန်းချက်ပန်းတိုင်ကို လက်ခံယုံကြည်၍ ထိုရည်မှန်းချက် ပန်းတိုင်များကို ပြီးမြောက်ဖို့ရန် ဘုရားသခင်ကို ရှာဖွေရမည်။
- ကျောင်းသူ/သားများအား ကျကျနနသင်ကြားပေးရန် ဘုရားသခင်၏အထူး ဉာဏ်ပညာကို ရှာဖွေရမည်။
- ဉာဏ်ရူပါရုံကို သင်ယူလေ့လာသူများထံသို့ ပြောပြရမည်။
- တစ်စုံတစ်ဦးသည် ကျောင်းသူ/သားများ ရင်ဆိုင်နေသည့်ပြဿနာများကို ကိုင်တွယ်ပေးသူ ဖြစ်သည့် အလျောက် ဘုရားသခင်၏သမ္မာတရား တန်ခိုးတော်ကို ပြသရမည်။
- ကျောင်းသူ/သားများသည် အသင်းတော်အပြင်ဘက်၌ ပြဿနာ ဖြေရှင်းနည်းများကို ရှာဖွေမည့်အစား ဘုရားသခင်ထံ၌ အားကိုးရန် စိတ်ချလက်ချ ညွှန်ပြရမည်။

အသက်၏အနှစ်သာရ

- ကျောင်းသူ/သားများသည် ကိုယ်တိုင်ကိုယ်ကျအတွက်ရော အသိဉာဏ်အတွက်ပါ ကြည့်ရှု စောင့်ရှောက်ခြင်းခံနေရသည်ကို ယုံကြည်ရမည်။

ကျောင်းသူ/သားတို့၏တာဝန်များ

- ဘုရားသခင်၏ရည်ရွယ်ချက်ကို သယ်ပိုးဖို့ရန် တစ်စုံတစ်ဦး၏အသက် တာအတွက် ဘုရားသခင်၏ ကြိုတင်ပြင်ဆင်မှုတစ်ခုလုံးကို နားလည် သဘောပေါက်ရမည်။
- ထိုသူ၏အသက်တာနှင့်သာသနာ၌ ဤသမာရိုးကျဆန်သော လေ့ကျင့်သင်ကြားခြင်းသည် ဘုရားသခင်၏ရည်ရွယ်ချက်သို့ မည် ကဲ့သို့ ဆက်စပ်သည်ကို သိမှတ်ရမည်။
- ထိုသူ၏အသက်တာ၌ ဘုရားသခင်၏ပိုမိုကြီးမားသော ရည်မှန်းချက် ပန်းတိုင်များ အကောင်အထည်ဖော် ဖို့ရန် လေ့ကျင့်သင်ကြားခြင်းက မည်ကဲ့သို့ဖြစ်မြောက်စေသည်ကို တွေ့မြင်ရမည်။
- ထိုသူ၏ဝိညာဉ်ရေးရာ လမ်းခရီးဘယ်ရောက်နေသည်ကို သုံးသပ်ရ မည်။
- မာန၏ဖြားယောင်းခြင်းနှင့်ကင်းလွတ်မည့်အကြောင်း အစဉ်ကြီး ထွားခြင်း၌ နိုးကြားရမည်။
- အတိတ်ကာလက ကြီးထွားခြင်းအားဖြင့် အားယူရမည်။
- လေ့ကျင့်သင်ကြားခြင်းသည် ထိုသူ၏အသက်တာတစ်ခုလုံးနှင့် ပေါင်းစည်းသည်ကို ပုံမှန်သတိပေး ရမည်။
- ထိုသူ၏အသက်တာတစ်ခုလုံးအတွက် ဘုရားသခင်ကြည့်ရှု စောင့်ရှောက်သည်ကို နားလည်ရမည်။
- ကျွမ်းကျင်မှုနှင့်အသိပညာ လေ့ကျင့်သင်ကြားခြင်းသည် ထို သူ၏ဝိညာဉ်ရေးရာသို့ မည်ကဲ့သို့ဆက်စပ် သည်ကို သိရှိရမည်။
- ကိုယ်တိုင်ကိုယ်ကျ ဖြေရှင်းမရနိုင်သောရန်ကန့်မှုများအတွက် ဖြေရှင်းချက်များ ရှေဖွေတွေ့ရှိခြင်း အားဖြင့် ကျွယ်ဝရမည်။
- အပြစ်ကနေ လွတ်မြောက်ပြီး ယုံကြည်ခြင်း၌ ကြီးထွားရမည်။
- လုပ်ငန်း၌ အာရုံရမည်။

လေ့ကျင့်သင်ကြားခြင်း ကျောင်းများ၌ ပေါင်းစည်းခြင်း

- အတိတ်ကရှုံးနိမ့်မှုများကြောင့် စိတ်အားငယ်ခြင်းကို အနိုင်ယူရမည်။
- အခြားသူများ၏ဝိညာဉ်ရေးရာ ကြီးထွားဖွံ့ဖြိုးမှုအဆင့် မည်သို့ပင်ဖြစ်စေ သူတို့ကို လေ့ကျင့်သင်ကြားရန် သင်ယူရမည်။

ဤသည်ကား အောင်မြင်မှုပေတည်း။ ဤရည်မှန်းချက်ပန်းတိုင်များသည် ကျောင်းသားများအား အသင်းတော်အတွက် ဘုရားသခင်၏ရည်ရွယ်ချက်တစ်ခုလုံးနှင့်တကွ ပိုမိုကြီးမားသော ညီညွတ်မှုထဲသို့ ပို့ဆောင်ပေး၏။ ထိုသို့ဖြင့် အသင်းတော်သည် ခရစ်တော်နှင့်သဏ္ဌာန်တူလာမည် ဖြစ်သည်။ မြေကြီးပေါ်၌လည်း ကိုယ်တော်၏ဘုန်းတော် ပိုမိုတောက်ပလာမည်ဖြစ်သည်။

သီးခြား သင်ရိုးညွှန်းတမ်း

တစ်စုံတစ်ဦး၏ပုံမှန် သင်ရိုးညွှန်းတမ်းအပြင် အသက်အတိုင်း ကြီးထွားဖွံ့ဖြိုးမှုကို သီးသန့်ထားရှိခြင်း အားဖြင့် ကျောင်းသားအတွက် များစွာ အကျိုးရှိပါလိမ့်မည်။ အမှုတော်မြတ်ထဲသို့ ဝင်ရောက်မည့် ကျောင်းသားသည် ကိုယ်တိုင်ကိုယ်ကျ စမ်းသပ်ခံရုံသာမကပဲ အခြားသူများကို ကူညီဖို့ရန် အသုံးပြုခဲ့ လိုသောသူဖြစ်ရမည်။ သူတို့၏အသက်တာကို သခင်ဘုရားထံ၌ လေးလေးနက်နက်ပုံအပ်၍ ယုံကြည်သူများအား အဆက်မပြတ် ကြီးထွားဖွံ့ ရန် လှုံ့ဆော်ပေးသူများဖြစ်ကြရမည်။

ကျမ်းစာကျောင်းများတွင် အခက်ခဲများရှိလာပါလိမ့်မည်။ တစ်စုံတစ်ဦးသည် အသက်အတိုင်းကို ပုံမှန်သင်ရိုးညွှန်းတမ်းနှင့် မည်ကဲ့သို့ ရောယှက်မိသနည်း။ အသက်တာကြီးထွားရန် အလိုမရှိသောသူများကို ကျနော်တို့တွေ့ရှိမည်ဆိုပါက ဘာဖြစ်ပျက်မည်နည်း။ ကျနော်တို့သည် အလွန် ခက်ခဲသောပြဿနာ ရင်ဆိုင်နေသူများကို ဘာပြောနိုင်မည်နည်း။

ဤကား အသေးစိတ်လုပ်ဆောင်မည့်နေရာ မဟုတ်သေးပေ။ အဆုံး၌ ကျမ်းစာကျောင်း သို့မဟုတ် အသင်းတော်က ပိုမိုကြီးမားသော ဘဝ၏ရည်မှန်းချက်ပန်းတိုင်ကို လုပ်ဆောင်ဆောင်ရွက်ရမည်။ အကယ်၍ ကျနော်တို့၏လုပ်ဆောင်ခြင်းသည် ကျနော်တို့၏ရည်မှန်းချက်ပန်းတိုင်ကို မရောက်ရှိသေးပါက ကျနော်သည် ဖြစ်စဉ်တိုင်း၌ ပြန်လည်သုံးသပ်လျက် ဆုတောင်းဖို့လိုအပ်ပါသည်။

အသက်၏အနှစ်သာရ

သင်ခန်းစာ

- ညှိနိုင်းဆောင်ရွက်သူများသည် လိုအပ်သော လေ့ကျင့်သင်ကြားခြင်း ကို ပေါင်းစည်းဖို့ရန်အတွက် တိုးပွားသောစိတ်ချယှဉ်ကြည့်မှုကို ရရှိ ကြ၏။ ထိုသို့ဖြင့် သူတို့သည် သာသနာအတွက် စစ်မှန်သော ကြိုတင် ပြင်ဆင်မှုကို ပြင်ဆင်ပေးရမည်ဖြစ်သည်။
- သင်ကြားပေးသူတို့၏လေ့ကျင့်သင်ကြားခြင်းသည် ကျောင်းသားများ အတွက် ပြည့်ဝသော ကြီးထွား ဖွံ့ဖြိုးမှုအပိုင်းအစဖြစ်သည်ကို တွေ့ရှိ ခြင်းအားဖြင့် သူတို့သည် သင်ကြားခြင်း၌ တိုးတက်မှုရှိလာ၏။
- ကျောင်းသားများအနေဖြင့် သူတို့၏ဝိညာဉ်ရေးရာ ကြီးထွားဖွံ့ဖြိုးမှု မည်သို့ပင်ဖြစ်စေ ခရစ်တော်၌ ကြီးထွားဖို့ရန် အပြစ်တရားကို အောင်မြင်၍ အခြားသူများအား လေ့ကျင့်ပေးရန်အတွက် သင်ယူ ကြ၏။

ကျက်မှတ်ဆင်ခြင်ပါ

- ၇း၅း၁၃

လေ့ကျင့်သင်ကြားခြင်း ကျောင်းများ၌ ပေါင်းစည်းခြင်း

တာဝန်ပေးအပ်ခြင်း

➡ အတိတ်ကကျောင်းသားဘဝ သို့မဟုတ် လက်ရှိကျောင်းသားဘဝ၌ သင်၏အတွေ့အကြုံကို ဖော်ပြပါ။ သင်၏ဝိညာဉ်ရေးရာ ကြီးထွားခြင်း အဆင့်ကား အဘယ်နည်း။ ထိုလေ့ကျင့်သင်ကြားခြင်းသည် အခြား သူများအား သန့်ရှင်းသောဝိညာဉ်တော်၏တန်ခိုးအပြည့်နှင့် ပျိုးဖျ ပျိုးထောင်ရန် သင့်ကို အထောက်အကူပြုသည်ဟုထင်ပါသလား။ ရှင်းပြပါ။

➡ အခြားသူများကို လေ့ကျင့်ဖူးပါသလား။ သင့်ကျောင်းသား၏ဝိညာဉ် ရေးရာ လိုအပ်ချက်များကို အကြောင်းအရာတစ်ခုနှင့် ပေါင်းစည်းခြင်း အားဖြင့် ပြဿနာများ ရင်ဆိုင်ဖူးပါသလား။ ရှင်းပြပါ။

➡ ပေါလုသည် တမန်တော် ၂၀:၂၃ ၌ မိမိ အသက် ရှင် ခြင်း၏ရည်ရွယ်ချက်ကို မည်ကဲ့သို့အကျဉ်းချုပ် ပါသနည်း။ ကျွန်ုပ် တို့၏အသက်ရှင်ခြင်းအတွက် ဤအခြေခံသဘောတရားများသည် အ ဘယ့်ကြောင့် အလွန်အရေးကြီးသနည်း။ "အဘယ့်ကြောင့်နည်း ဟူမူကား ငါ့ ကို ပို င် တော် မူ၍ ငါကို ။ ကွ ယ် သော ဘုရားသခင်၏ကောင်းကင်တမန်သည် ယနေ့ညဉ့်တွင် ငါ့အနားမှာ ပေါ်လာလျက် ပေါလု သင်သည် မစိုးရိမ်နှင့်(၇:၂၃)။

➡ အကယ်၍ သင်သည် ကျမ်းစာကျောင်း၏ဆရာ သို့မဟုတ် စီမံခန့်ခွဲသူ ဖြစ်ပါက ထိုကျောင်းသည် ဤအသက်အတိုင်၏ရည်ရွယ်ချက် လက်ခံ ယုံကြည်သည်ကို သင်တွေ့မြင်ပါသလား။

၃၈
ခရစ်ယာန် K - ၁၂ ကျောင်းများ၌ လေ့ကျင့်သင်ကြားခြင်း

ခရစ်ယာန်ကျောင်းများသည် ကလေးများစွာကို လေ့ကျင့်ပေးလျက် ရှိ၏။ အမေရိကန် ပရိုတက်စတင့် ကျောင်းများ၌ နှစ်စဉ်တက်ရောက်သူ ဦးရေမှာ တစ်သန်းခွဲကျော်ပါသည်။ လောကီပညာရေးသည် ပို၍လောကီဆန် လျက် အကျင့်ပျက်ခြင်း၊ အရက်အကြောက်ကင်းမဲ့ခြင်းများက လွှမ်းမိုးလာ သောအခါ ခရစ်ယာန်ကျောင်းများသို့ ပြန်လှည့်လာသောမိဘများ တိုးပွား လာကာ ခိုလှုံရာကျောင်းသဖွယ် ဖြစ်လာတော့သည်။ လောကီဆန် ခြင်း၏ထိခိုက်နစ်နာမှုသည် ကျွန်တော်၏ကလေးများအပေါ်၌ သက်ရောက်မှု ရှိ လာပါသည်။ ဤသို့ဖြစ်ရခြင်းသည် အကျင့်စရိုက်မှစ၍ ဘုရားသခင်နှင့် ဆက်နွယ်ခြင်းအပေါ်တွင် ရုပ်တုကို မြတ်နိုးကိုးကွယ်ခြင်း အသိပညာ၏အကျိုးဆက်များထဲမှ တစ်ခုဖြစ်ပါသည်။

ခရစ်ယာန်ကျောင်းများ၏လေ့ကျင့်သင်ကြားခြင်းသည် တန်ဖိုးမ ဖြတ်နိုင်လောက်အောင် လုပ်ဆောင် ပေးသည်မှန်သော်လည်း ရှုပါရုံနှင့် ပတ်သက်သည့် ညွှန်ပြခြင်းသည် အဓိကအားဖြင့် အသင်းတော်နှင့်အိမ်၌ ဖြစ်သင့်သည်ကို မမေ့လျော့သင့်ပေ။ သို့ရာတွင် အသင်းတော်တိုင်းက မိမိ၏လူတို့ကို တပည့်တော်ဖြစ်စေရန် မနိုင်မနင်းဖြစ်လာသည်။ မိသားစု မူကား ကောင်းသောအားပေးမှုကို အမြဲအသုံးပြုနိုင်ပါသည်။

ခရစ်ယာန်ကျောင်းများသည် ဤတပည့်တော်ဖြစ်ခြင်း အယူအဆ များနှင့်လေ့ကျင့်သင်ကြားခြင်း တန်ဆာပလာများကို အကျိုးရှိရှိအသုံးချ နိုင်ပါသလား။ အရေးကြီးဆုံးမှာ ကောင်းကောင်း ညွှန်ပြနိုင်သူများနှင့် အစပြုခြင်းပင်ဖြစ်သည်။ ကျွန်တော်တို့သည် ဘုရားသခင်၏အခြေခံလမ်းစဉ် လုပ်ဆောင်ချက်ကို တစ်ကြိမ် သိပြီးမှ ဘုရားသခင်၏အစီအစဉ်ကို တက်ကြ တက်ကြ အားပေးထောက်ခံခြင်းမရှိပါက မိုက်မဲရာကျ ပါလိမ့်မည်။ တချို့ သောသူများက မိမိတို့၏တာဝန်များကို လျှစ်လျှူရှု၍ ပျက်ကွက်နေသကဲ့သို့ ကျွန်တော်တို့လည်း လိုအပ်ချက်ရှိသောသူများကို လျှစ်လျှူရှုလျက် သူ တို့၏ဘေး၌ရပ်ကာ သူတို့ပျက်စီးပါစေဟု မဆိုသင့်ပေ။

267

အသက်၏အနှစ်သာရ

ပညာသင်ပေးရန် သက်သက်မဟုတ်ပဲ ပြောင်းလဲရမည်။

ဤကျောင်းများနှင့်ကလေးများအတွက် ဘုရားသခင်၏လိုအင်ဆန္ဒ များကို စဉ်းစားပါ။

✦ ကလေးများသည် သူတို့အသက်ရှင်ခြင်းအတွက် ဘုရားသခင်၏ရည်ရွယ်ချက်ကို စိတ်အားထက်သန်စွာ ရှာဖွေနေသော သူများဖြစ်သည်။

✦ ကလေးများသည် အခြားသူများအတွက် ဘုရားသခင်၏မေတ္တာအားဖြင့် လုံ့ဆော်ခံရသူများ ဖြစ်သည်။

✦ ဘုရားသခင်၏လမ်းစဉ်နှင့်ရည်ရွယ်ချက်များကို အခိုင်အမာယုံကြည် သောကလေးများသည် ဤလောက၌ သူတို့ကို အားကောင်းကောင်းဖြင့် ဆွဲဆောင်သောအရာများထက် ပိုမိုကြီးမြတ်ကြ၏။

ဘုရားသခင်၏နှုတ်ကပတ် တော်တန်ခိုးသည် ဆက်စပ်မှု ကင်းမဲ့စွာ ထင်ရှားသောအခါ လောကသည် အားကောင်း သကဲ့သို့ဖြစ်နိုင်ပါသည်။ အကောင်းဆုံးလက်နက်ကား ကိုယ်တော်၏လူမျိုးတို့ အတွက် ဘုန်းအသရေနှင့်

ပြည့်သော ဘုရားသခင်၏ရည်ရွယ်ချက်များနှင့်တန်ခိုးတော်တို့ကို ဖော်ထုတ်ခြင်းပင် ဖြစ်ပါသည်။

ဆုတောင်းသောအချက်ဟူမူကား ဝိညာဉ်တော်အားဖြင့် ခရစ်တော် သည် သင်တို့၏အတွင်းလူကို ခွန်အားနှင့် မြဲမြဲခိုင်ခံ့စေ၍ ယုံကြည်ခြင်း အားဖြင့် ခရစ်တော်သည် သင်တို့၏စိတ်နှလုံးထဲ၌ ကျိန်းဝပ်တော်မူ မည်အကြောင်း ဘုန်းတော်ကြွယ်ဝပြည့်စုံခြင်းနှင့်ညီလျော်စွာ သင်တို့အား ပေးသနားတော်မူ၍ မေတ္တာ၌ စိုက်ပျိုးခြင်း၊ တိုက်မြစ်လည်းကျတည်ခြင်း ရှိ သဖြင့် သင်တို့သည် သန့်ရှင်းသူအပေါင်းတို့၏နည်းတူ အနံ့အလျား၊ အနက်အမြင့်တို့ကို ပိုင်းခြား၍ သိခြင်းငှါရင်း၊ ကိုယ်ဉာဏ်နှင့် မသိနိုင်

ခရစ်ယာန် K - ၁၂ ကျောင်းများ၌ လေ့ကျင့်သင်ကြားခြင်း

သော ခရစ်တော်၏ မေတ္တာတော်ကို သိနားလည်ခြင်းရှင်း၊ သင်တို့သည် တတ်စွမ်းနိုင်သဖြင့် ဘုရားသခင်၏ပြည့်စုံတော်မူခြင်း ရှိသမျှနှင့်အညီ ပြည့်စုံကြပါမည်အကြောင်း ငါဆုတောင်းလျက်ရှိ၏။(ဧ၃:၁၆-၁၉)။

ဘုရားသခင်၏ရည်မှန်းချက်ပန်းတိုင်သည် ကျွနော်တို့၏ရည်မှန်းချက် ပန်းတိုင်များ၌ မှန်ကန်မှုကို ပေး၍ ကျွနော်တို့၏ချဉ်းကပ်မှု၌ ရှင်လင်းစေကာ ကျွနော်တို့၏နည်းပညာပိုင်း၌ တီထွင်မှုကို ဖြစ်ပေါ်စေ ပါသည်။ ဖွဲ့စည်း တည်ဆောက်ခြင်း အပြောင်းအလဲရှိသောအခါ စိန်ခေါ်မှုများဖြစ်ပေါ်လျက် ရှိ၏။ ဤအတွက်ကြောင့် ခေါင်းဆောင်များကို မွေးထုတ်ခြင်းဖြစ်သည်။

သင့်ကျောင်း၏ရည်မှန်းချက်ပန်းတိုင်များကို သေသေချာချာ ကြည့်ပါ။ ရှင်တို့သည် ပြည့်စုံပါသလား။ အားနည်းချက်များကို စာရင်းပြုစု ပါ။ ဤစာရင်းကို မကြာခဏ တစ်စုံတစ်ဦး၏အကြောင်းပြချက်များ ခိုင်ခံ့စေ ရန်အတွက် အသုံးပြုနိုင်ပါသည်။ ကျောင်းများကို လျစ်လျူမရှုသင့်ပေ။ မိဘ များအနေဖြင့် သူတို့၏ကလေးများအတွက် အကျင့်စရိုက်ကို အလေးထား သည့်ပညာရေးကို ရှာဖွေပေးရမည်။

သတိထားရမည့်အရာ တချို့ရှိပါသည်။ မယုံကြည်သူများနှင့်အတူ အလုပ်လုပ်ဆောင်ခြင်းသည် အကြီးမားဆုံးပြဿနာတစ်ရပ်ဖြစ်ပါသည်။ အသင်းတော်တခုလုံးအနေဖြင့် ဝန်ချတောင်းပန်ခြင်းကို ယုံကြည်လက်ခံစဉ် ကျောင်းသားများစွာက ယုံကြည်လက်ခံခြင်မရှိပေ။ ဘုရားသခင်သည် သင်ကြားပေးသော ဆရာနှင့်ကလေးအသီးသီးတို့၌ သန့်ရှင်းခြင်းကို တောင်းဆိုသောအခါ သူတို့အားလုံးသည် သူတို့အထဲ၌ လုပ်ဆောင်မည့် သန့်ရှင်းသောဝိညာဉ်တော်မရှိပေ။ များစွာသောသူတို့သည် ဘုရားသခင် နှင့်ဆိုင်သော အရာများအတွက် စိတ်ဝင်စားမှုမရှိကြပါ။ သူတို့နှင့်သူ တို့၏ဆွေမျိုးများအတွက် အကျိုးအမြတ်ရှိမည့် အရာကိုသာ စိတ်ဝင်စား ကြ၏။

ယုံကြည်ခြင်းဆိုင်ရာ အပေါ်ယံဝန်ခံခြင်းများသည် ဝိညာဉ် တော်၏လုပ်ဆောင်ချက်ဖြစ်သည့် ဒုတိယမွေးဖွားခြင်းအတွက် ကိုယ်စားမ ပြုနိုင်ပေ။ စိတ်ဝင်စားမှုမရှိခြင်းသည် ထိုသူတို့၏စိတ်နှလုံး၌ ဘုရားသခင်၏လုပ်ဆောင်ချက်မရှိခြင်းပင်ဖြစ်သည်။ ကျောင်းသူ/သား

အသက်၏အနှစ်သာရ

အပေါင်းတို့သည် ဘုရားသခင်၏သားသမီးများဖြစ်ကြသည်ဟု ဟန်ဆောင်မ ပြောသင့်ပေ။ ဘုရားသခင်သည် ဤကလေးများ၏ အသက်တာထဲ၌ အင်အားအပြည့်နဲ့ လုပ်ဆောင်နိုင်ဖို့ရန် သူတို့သည် ဦးစွာပထမ ထိုဘုရားရှင် ရှေ့၌ ကယ်တင်ခြင်းရရှိဖို့လိုအပ်ပါသည်။

ထိုသို့သောပြဿနာသည် နေအိမ်၌လည်းရှိ၏။ ကျွန်ုပ်တို့ အနေဖြင့် မိမိတို့၏ကလေးများ အားလုံးသည် ဘုရားရှင်ကိုသိကြသည်ဟု မျှော်လင့်လျက် ဆုတောင်းနေကြစဉ်တွင်ပင် အမှန်တကယ် ဘုရားရှင်ကို မ သိရှိသောသူများဖြစ်ကြပေ၏။ သူတို့သည် ဘုရားရှင်ကို သိရှိလာကြ လိမ့်မည်ဟူသော မျှော်လင့်ချက်ဖြင့် လေ့ကျင့်သင်ကြားပေးလျက် နေ၏။ ယေရှုမပါလျှင် ဝိညာဉ်ရေးရာအသက်တာမရှိနိုင်သလို ဝိညာဉ်ရေးရာ ကြီးထွားခြင်းလည်းမရှိနိုင်ပေ။ နေအိမ်၌ ပုံစံအမျိုးမျိုးဖြင့် လေ့ကျင့် သင်ကြားပေး နိုင်သော်လည်း ကျောင်း၌ ပိုမိုခက်ခဲ၏။

ကလေးများအတွက် စည်းမျဉ်းစည်းကမ်း ပြဋ္ဌာန်းချက်အတိုင်း လေ့ကျင့်သင်ကြားပေးမည့်အစား ပိုမိုကောင်းမွန်သောချဉ်းကပ်မှုဖြင့် လေ့ကျင့်သင်ကြားသင့်ပါသည်။ စိတ်ပါဝင်စားသော မိဘ သို့မဟုတ် ကလေးများအတွက် အကြံပေးညွှန်ပြခြင်းကို အဓိကဦးတည်ထားရမည်။

အရည်အချင်းပြည့်မီသော ညွှန်ပြသူများကို ရှာဖွေခြင်း

ဝင်ငွေသုံးငွေ-ဘတ်ဂျက် ပြဿနာသည် အမြဲရှိနေသော်လည်း အကြီးမားဆုံးပြဿနာကား အမှုထမ်းဆိုင်ရာ အရည်အချင်းပြည့်မီသည့် ညွှန်ပြသူများ မတွေ့ရှိခြင်းဖြစ်ပါသည်။ အကြံပေးညွှန်ပြခြင်း အလုပ်ကို လုပ်ဆောင်နေသောသူများတွင် လူနည်းစုသာလျှင် ကောင်းမွန်စွာ လေ့ကျင့် သင်ကြားခြင်း ခံယူကြ၏။ တချို့နည်းပြကောင်းများသည် ကျောင်းသား များ၏ဝိညာဉ်ရေးရာ ရှင်သန်ရေးကို ကူညီလိုသောသူများဖြစ်ကြောင်းကို ကျ နော်နားလည်ပါသည်။

အကယ်၍ ဓမ္မကျောင်းသည် အသင်းတော်နှင့်နီးနီးကပ်ကပ် ဖွဲ့စည်း လိုက်ပါက ဘယ်ဟာက မကြာခဏအမှုဖြစ်မည်နည်း။ အသင်းတော်သည် စိန်ခေါ်မှုကိုပြု၍ အသင်းသားတချို့ကို ဤနယ်ပယ်၌ ကူညီဖေးမရန် မွမ်းမံ

270

ခရစ်ယာန် K - ၁၂ ကျောင်းများ၌ လေ့ကျင့်သင်ကြားခြင်း

တပ်ဆင်ခြင်း ပြုနိုင်ပါသည်။ တစ်ခါ လေ့ကျင့်ပေးသောကလေးများသည် အခြားကလေးများကို ထိုအခြေခံတရားအတိုင်း ညွှန်ပြပေးသူများအဖြစ် ဆောင်ရွက်နိုင်ကြသည်။ ဘုရားသခင်သည် ကလေးများ၏အသက်တာ အားဖြင့် အံ့ဖွယ်ရာလမ်းစဉ်များကို ပြုလုပ်နိုင်ကြောင်း တံခါးဖွင့်ထားရ မည်။

ဓမ္မကျောင်းများ၌ ထိရောက်သောလေ့ကျင့်သင်ကြားခြင်း

အကယ်၍ အရည်အချင်းပြည့်မီသောခေါင်းဆောင်များသည် ရှပါရုံ နှင့်ကလေးများအတွက် လေ့ကျင့်သင်ကြားခြင်း တန်ဆာပလာများကို ရရှိ နိုင်ပါက ဤအရာများက ကောင်းမွန်သော လေ့ကျင့်သင်ကြားခြင်း အစီ အစဉ်တစ်ရပ်ကို ပြင်ဆင်ပေးပါလိမ့်မည်။ လက်ရွေးစင် သင်ရိုးညွှန်းတမ်းနှင့် ကျမ်းစာသင်ခန်းစာများသည် ကလေးများ၏ဝိညာဉ် ရေးရာ ကြီးထွားဖွံ့ဖြိုးမှုကို ဖြည့်ဆည်းပေးပါသည်။

ကလေးများ၏ဝိညာဉ်ရေးရာ ကြီးထွားဖွံ့ဖြိုးမှု တိုင်းတာဖို့ရန်အတွက် ပုံစံကားချပ်၏ရည်ရွယ်ချက် အသုံးပြုပုံနှင့်စပ်လျဉ်း၍ သတိထားရမည်။ ဥပမာ ကာလအချိန်အားဖြင့် အရွယ်ရောက်သောယုံကြည်သူသည် ကလေး ငယ်ထက် အလျင်အမြန် ကြီးထွားနိုင်သည်။ အသစ်သောယုံကြည်သူသည် အသက်အရွယ်နှင့် အခြေအနေပေါ်မူတည်၍ သုံးလမှ လေးလအတွင်း ကလေးများထက် မြန်ဆန်စွာကြီးထွားဖို့လိုအပ်သည်။ သင်ရိုးညွှန်းတမ်းသည် ဤအကြောင်းအရာများနှင့်အညီ ညှိဖို့ရန်လိုအပ်ပါသည်။ ကလေးများ အနေဖြင့် ဘုရားသခင်၏ရည်မှန်ချက်ပန်းတိုင်များအပေါ် တိကျမှန်ကန်စွာ အာရုံစူးစိုက်နိုင်ဖို့ရန် မတူညီသည့် ပုံစံကားချပ်များစွာကို အကျိုးရှိရှိအသုံးချ ရပါမည်။

ကျမ်းစာကျောင်း၌ ဓမ္မပညာဆည်းပူးနေသောလူငယ်များသည် စိတ် ပိုင်းဆိုင်ရာမှစ၍ အရွယ်ရောက် ကာစလူငယ်များဖြစ်သောကြောင့် အထူး လမ်းစဉ်အတိုင်း တာဝန်ပေးအပ်ရာတွင် အမြော်အမြင် ရှိဖို့လိုအပ်သည်။ ထို သူတို့အသက်တာ၌ အသက်အရှုတိုင်နှင့်ဆက်စပ်မှုရှိသည်ကို ဆက်လက် ပြသဖို့ရန် အထူးစိန်ခေါ်မှုများနှင့်မေးခွန်းများရှိရမည်။

271

အသက်၏အနှစ်သာရ

ထိုအချိန်၌ စိတ်ပိုင်းဆိုင်ရာနှင့်ခန္ဓာပိုင်းဆိုင်ရာ အပြောင်းအလဲဖြစ် ပေါ်ခြင်းအကြောင်းကို သူတို့အား ရှင်းပြခြင်းသည် သူတို့၏ဝိညာဉ်ရေးရာ အသက်တာ အရေးကြီးပုံကို နားလည်သဘောပေါက်စေနိုင်သည်။ အကယ်၍ သူတို့သည် ဒုတိယအဆင့် လေ့ကျင့်သင်ကြားခြင်းကို ပြီးမြောက်သည့် တိုင်အောင် ထပ်ခါထပ်ခါ ပြန်လည်လေ့လာခြင်းသည် အကောင်းဆုံးဖြစ် ပါသည်။ ထိုသို့ပြုခြင်းအားဖြင့် သူတို့၏အသစ်သော ပြဿနာများနှင့် ဝိညာဉ်ရေးရာ တိုက်ပွဲအမျိုးမျိုးတို့၌ သင်ခန်းစာကောင်းဖြစ်စေနိုင်ပါသည်။

ဓမ္မကျောင်းများ၌ အချိန်များများရရှိခြင်းသည် ရင်ဆိုင်နေရသည့် ပြဿနာများနှင့်အခြေအနေများကို ဆင်ခြင်သုံးသပ်ရန် အထူးလေ့ကျင့် သင်ကြားခြင်းအတွက် အလွန်အကျိုးရှိပါသည်။ ဥပမာ သူတို့၏အလုပ် ပြီးဆုံးချိန်နီးကပ်လာသောအခါ ဘုရားသခင်၏ရည်ရွယ်ချက်နှင့်အညီ ရွေးချယ်စရာအလုပ်အကိုင်၊ ရွေးချယ်စရာမိတ်ဖက် စသည်များကို သင်ယူ လေ့လာနိုင်ကြ၏။

ထိုကျမ်းစာရှိသမျှသည် ဘုရားသခင်မှုတ်သွင်းတော်မူသော အားဖြင့်ဖြစ်၍ ဘုရားသခင်၏လူသည် စုံလင်သောသူ၊ ကောင်းသောအမှုအမျိုးမျိုးတို့ကို ပြုစုခြင်းအလို့ငှာ ပြင်ဆင် သောသူဖြစ်မည့် အကြောင်း သြဝါဒပေးခြင်း၊ အပြစ်ကိုဖော်ပြ ခြင်း၊ ဖြောင့်မတ်စွာပြုပြင်ခြင်း၊ တရားကို သွန်သင်ခြင်း ကျေးဇူးများကိုပြုတတ်၏(၁တိ၊၃:၁၆-၁၇)။

ကျွန်ုပ်တို့သည် ဤသမ္မာတရားများကို သူတို့အသက်တာ၌ ပတ်စည်း ခြင်းမပြုနိုင်ပါက သူတို့သည် ထိုသမ္မာတရားများကို ဆီလျော်မှုမရှိသကဲ့သို့ မြင်တွေ့လာပြီး အလွယ်တကူလွဲမှားနိုင်ကြ၏။ အကယ်၍ ကျွန်ုပ်တို့သည် သူ တို့၏အသက်တာနှင့်ဘုရားသခင်၏နှုတ်ကပတ်တော် ဆက်စပ်မှုကို ပြသ ပေးနိုင်လျှင် အားကြီးသော မျိုးဆက်လူငယ်ယုံကြည်သူများသည် တိုးတက် လာပါလိမ့်မည်။

သမ္မာကျမ်းစာနှင့်အညီလုပ်ဆောင်သော လေ့ကျင့်သင်ကြားခြင်း နှင့်ဝတ်ပြုကိုးကွယ်ခြင်း၌ပင်လျှင် အမဲ့ စိုးရိမ်ဖွယ်ကောင်းသည့် မာနထောင်လွှားခြင်းရှိတတ်၏။ ကလေးများသည် သူတို့၏မရင့်ကျက်ခြင်း

ခရစ်ယာန် K - ၁၂ ကျောင်းများ၌ လေ့ကျင့်သင်ကြားခြင်း

ကြောင့် အလွယ်တကူထိခိုက်လွယ်၊ ယုံလွယ်ဖြစ်ကြသည်။ ကောင်းမွန်သောလေ့ကျင့်သင်ကြားခြင်း ရှိပါက ကလေးသည်လည်း သူတပါးတို့အား စိတ်နှိမ့်ချစွာ အစေခံဖို့ရန် အာရုံစူးစိုက်ခြင်းအားဖြင့် မောက်မာခြင်းနှင့် ဆိုင်သော ဖြားယောင်းသွေးဆောင်ခြင်းကို ခါထုတ်နိုင်သည်။ ဤသို့ဖြင့် ဝိညာဉ်ရေးရာ ကြီးထွားဖွံ့ဖြိုးမှုကနေ နောက်ကိုပြန်ဆွဲချစေသည့် နတ်ဆိုး၏ဖြားယောင်းခြင်းကို စိတ်ပျက်စေပါလိမ့်မည်။ ကလေးတို့သည် အခြားသူများ၌ စစ်မှန်သောဝိညာဉ်ရေးရာ ကြီးထွားဖွံ့ဖြိုးမှုကို တွေ့မြင်ကြသောအခါ အားရကျေနပ်၍ အတုယူလာမည်ဖြစ်သည်။

အကျဉ်းချုပ်

ခရစ်ယာန်ကျောင်းများသည် အလွန်ထူးဆန်းသည့် ဝိညာဉ်ရေးရာ လေ့ကျင့်သင်ကြားခြင်း အခွင့်အလမ်းများကို ပေးအပ်နိုင်သည်။ ကောင်းမွန်သောညွှန်ပြသူများနှင့်အတူ အတန်းထဲ၌ လေ့ကျင့်သင်ကြားခြင်းသည် အလွန်ကောင်းမြတ်သည့် လေ့ကျင့်သင်ကြားခြင်း အချိန်အခါများကို ဖန်တီးတတ်၏။ ဘုရားသခင်ပေါင်းစည်းစေလိုသောပုံရိပ်ကို အစဉ်မပြတ် တင်ဆက်ခြင်းအားဖြင့် ကလေးများသည် ဘုရားသခင်တန်ဖိုးထားသောအရာကို အလွယ်တကူ ခွဲခြားသိမြင်လျှက် လက်ခံလာကြမည်ဖြစ်ပါသည်။

သင်ခန်းစာ

✦ မယုံကြည်သူကျောင်းသားများကို မည်ကဲ့သို့ကိုင်တွယ်ရန် သိရှိရမည်။

✦ အသက်အရွယ်အလိုက် တဖြည်းဖြည်းကြီးရင့်လာသော လူငယ်များအတွက် လေ့ကျင့်သင်ကြားခြင်း ပစ္စည်းများကို မြှင့်တင်ရမည်။

✦ အသက်အတိုင် ရှုပါရုံဖြင့် ပြောင်းလဲတပ်ဆင်ပြီးသော ညွှန်ပြသူများကို ရရှိရမည်။

✦ မိဘများ၊ အသင်းတော်များနှင့်အစိုးရမင်းများထံသို့ မှန်မှန်ကန်ကန် ဆက်သွယ်ရမည်။

ကျက်မှတ်ဆင်ခြင်ပါ

• ၂တိ၊ ၃:၁၆-၁၇

အသက်၏အနှစ်သာရ

- ဧ၃း၁၆-၁၉

တာဝန်ပေးအပ်ခြင်း

➡ သင်သည် ခရစ်ယာန်ကျောင်း၌ နေဖူးပါသလား။ ဝိညာဉ်ရေးရာ လေ့ကျင့်သင်ကြားခြင်းသည် မည်သို့နည်း။ လုံလောက်မှုရှိပါသလား။ ရှင်းပြပါ။

➡ ဓမ္မကျောင်းများသည် အသင်းတော်များနှင့် ယှဉ်ပြိုင်မှုရှိပါသလား။ ရှင်းပြပါ။

➡ သင်သည် အသင်းတော် သို့မဟုတ် ဓမ္မကျောင်းတို့၌ မယုံကြည်သော လေးများနှင့် ထိတွေ့ဆက်ဆံမှု အတွေ့အကြုံရှိဖူးပါသလား။ သူတို့ကို မည်ကဲ့သို့ဆက်ဆံကိုင်တွယ်ပါသနည်း။ ဘာကို ပို၍လုပ်နိုင်အုံးမည် နည်း။

သင်သည် K-၁၂ ကျောင်း၌ စီမံခန့်ခွဲသူလော သို့မဟုတ် သင်ပြသူ လော။ ဤအပြောင်းအလဲများကို အကောင်အထည်ဖော်ဖို့ရန် တချို့သော စိန်ခေါ်မှုများကို စဉ်းစားကြည့်ပါ။ တစ်ခုချင်းစီကို ရှင်းပြပါ။ ဆုတောင်းခြင်း ဖြင့် အစပြုပါ။

၃၉
ရေရှည်ရှုထောင့်အမြင်

ဘုရားသခင်သည် ကျွန်တော်တို့၏ခန္ဓာကိုယ်ကို ကြီးထွားလာအောင် ပုံဖော်ထားသည့်အတိုင်း၊ သူ့လူတို့၏ ဝိညာဉ်ရေးရာကိုလည်း ထိုအတူ ကြီးထွားစေလိုသည်။ ထို့ပြင် ဘုရားသခင်သည် ယုံကြည်သူအသီးသီးတို့အား ထူးခြားသည့်ဝါသနာနှင့်ဆုကျေးဇူးများကို ပေးအပ်တော်မူ၏။

ကျွန်တော်တို့သည် စိန်ခေါ်မှုများစွာကို တင်ပြသောအခါ မကြာသေးမီ က တင်ပြပြီးသောအရာကို ရပ်ဆဲမည်ဆိုပါက ကျွန်တော်တို့၏အမြင်သည် တွန့်ရှုံ့သွားပါလိမ့်မည်။ ကျွန်တော်တို့ဆွေးနွေးပြီးသော အဆင့်သုံးဆင့် အပြင် အခြားတစ်ဆင့်ရှိသေး၏။ ထိုအဆင့်ကား ကျွန်တော်တို့လိုအပ်သည့် ဝိညာဉ်ရေးရာ ထိုးထွင်းသိမြင်နိုင်စွမ်းပင်ဖြစ်သည်။

တနေ့ကျရင် ဘုရားသခင်သည် ကျွန်တော်တို့၏ခန္ဓာကိုယ်ကို ပြောင်းလဲ၍ အသစ်သောခန္ဓာကိုယ်ဖြင့် သူ့ထံ၌တည်ရှိစေမည်။ ၎င်းသည် ထာဝရကာလအတွက်ဖြစ်ပါသည်။ သည်းခံသောသူတို့သည် အသက်သရဖူ ကို ရရှိကြလိမ့်မည်။

စုံစမ်းနှောင့်ယှက်ခြင်းကို သည်းခံသောသူတို့သည် မင်္ဂလာ ရှိ၏။ အကြောင်းမူကား စစ်ကြော စုံစမ်းခြင်းကိုခံပြီးမှ သခင်ဘုရားကို ချစ်သောသူတို့အား ကတိထားတော်မူသော အသက်သရဖူ ကိုရလိမ့်မည် (ယာ၁း၁၂)။

အသက်ရှင်ခြင်း၏လက္ခဏာကား မရပ်မနားအစဉ် ဆန္ဒပြင်းပြခြင်း၊ ဖြစ်နိုင်သမျှအသက် ရှင်ခြင်းနှင့် ၎င်း၏တည်ရှိမှုကို ပြန်လည်ထုတ်လုပ်ခြင်း အားဖြင့် တည်တံ့မြဲမြံခြင်းတို့ဖြစ်ပါသည်။ တချို့က သေခြင်းသည် သာမန် ဖြစ်သည်ဟုသွန်သင်ကြသော်လည်း၊ ယင်းသည် မှန်ကန်မှုမရှိပေ။ အကယ်၍ သေခြင်းသည် အသက်ရှင်ခြင်း၏အခြားအပိုင်းဖြစ်မည်ဆိုလျှင် အသုဘ၌ ငိုယိုဝမ်းနည်းစရာအကြောင်း မရှိပေ။

ကျွန်တော်တို့သည် ဘုရားသခင်ရှေ့တော်၌ အပြစ်ကင်းရှင်းစွာ အသက် ရှင်ရပ်တည်သောအခါ ကျွန်တော်တို့၏ဝိညာဉ်ရေးရာ အသက်တာသည် ပြီးပြည့်စုံ၍ အထွက်အထိပ်သို့ ရောက်ရှိသွား၏။ ယေရှုက မိမိ တပည့်တော်များကို ဤမြေကြီးပေါ်၌ ကျွန်တော်တို့မြင်တွေ့သည့်အရာများ

အသက်၏အနှစ်သာရ

ပေါ်၌ စဉ်းစားတွေးတောခြင်း မပြုရန် သတိပေး၏။ အသက်ဟူသည်မှာ မြေကြီးပေါ်၌ ကျွန်တော်တို့တွေ့ကြုံကြသည့်အရာထက် များစွာပို၏။

ယုံကြည်ခြင်းအားဖြင့် အသက်ရှင်ခြင်းဆိုသည်မှာ ဤမြေကြီးပေါ်၌ ဘုရားသခင်၏အလိုတော်ကို နားလည်ခြင်းသက်သက်မဟုတ်ပဲ သူ၏အလို တော်ကို အချိန်တို့အတွင်း၌ အကောင်အထည်ဖော်ဖို့ရန် မှန်ကန်စွာ ဦးစားပေးတတ်ခြင်းကိုဆိုလိုသည်။ ထိုသို့ဆိုရာတွင် ထာဝရကာလကို ထောက်ရှုလျက် ကျွန်တော်တို့ အသက်ရှင်မှသာ ဖြစ်ထွန်းလာမည်ဖြစ်သည်။ ထိုအခါ ကျွန်တော်တို့၏အချိန်၊ ဦးတည်ချက်နှင့်ခွန်အားများသည် ဤမြေကြီး ပေါ်၌ မှန်မှန်ကန်ကန် စတင်အချိုးကျလာပေမည်။

ရေရှည်လေ့ကျင့်သင်ကြားခြင်း

ထာဝရကာလနှင့်စပ်ဆိုင်သည့် ကျွန်တော်တို့၏အမြင်သည် ကျွန်တော် တို့၏အချိန်အခါပေါ် ကျွန်တော်တို့ မည်ကဲ့သို့သတိမူသည်ကိုသာ ပုံသွင်းခြင်း မဟုတ်ပဲ အခြားသူများအပေါ်၌ မိမိတို့မည်ကဲ့သို့ လေ့ကျင့် သင်ကြားသည် ကိုလည်း ကြီးမားစွာပုံသွင်းစေပါ၏။ တရွေ့ရွေ့ကုန်ဆုံးနေသောအချိန်နှင့် ထာဝရကာလသို့ ရွေ့လျားနေသောအချိန်ကာလအပေါ်၌ ဤသို့သောအမြင်မ ရှိပါက ကျွန်တော်တို့၏ဦးစားပေးခြင်းများသည် စောင်းသွားပါလိမ့်မည်။ ကျွန် တော်လည်း ယောဟန်၏တင်ဆက်မှုကို အလွန်နှစ်သက်လှပါ၏။

ချစ်သူတို့၊ ယခုတွင် ငါတို့သည် ဘုရားသခင်၏သားဖြစ်ကြ၏။ နောက်မှ အဘယ်သို့သော သူဖြစ်မည်ကို မထင်ရှားသေး။ သို့သော်လည်း ကိုယ်တော်သည် ထင်ရှားပေါ်ထွန်းတော် မူ သောအခါ ငါတို့သည် ကိုယ်တော်နှင့်တူကြလတံ့။ ထိုသို့ မျှော်လင့်သောသူမည်သည်ကား ကိုယ်တော်သန့်ရှင်းတော်မူ သည်နည်းတူ ကိုယ်ကို သန့်ရှင်းစေတတ်၏(၁ယော၃:၂-၃)။

ထိုသို့သောမျှော်လင့်ချက်သည် ကျွန်တော်တို့၏ဝိညာဉ်ရေးရာ ကြီး ထွားဖွံ့ဖြိုးမှု၌ အထူးသဖြင့် သန့်ရှင်းခြင်းနယ်ပယ်၌ မည်သို့စေ့ဆော်မှု ဖြစ်သည်ကို သတိပြုရမည်။ သမ္မာတရားအပေါ်၌ ကျွန်တော်တို့၏ အမြင် ပိုမို ကြည်လင်ပြတ်သားလေ ထိုသမ္မာတရားအားဖြင့် ကျွန်တော်တို့သည် ပုံသွင်း ခြင်းခံရလေဖြစ်မည်။

ရေရှည်ရှုထောင့်အမြင်

ဘုရားသခင်၏မြို့တော်အဖို့ ရှာဖွေခြင်း

အဆင့် #၃ သည် ရင်ဂျက်ခြင်းအကြောင်းကို ပြောဆိုသော်လည်း ၎င်းသည် ကျွန်တော်တို့၏ ရည်မှန်းချက်ပန်းတိုင် အဆုံးမဟုတ်ပေ။ ၎င်းသည် လောကဒ္ဓ၌ရှိနေစဉ် အမှုကိစ္စအတွက်သာဖြစ်သည်။ ဤလောကသည် တညီတညွတ်တည်းညည်းတွား၍ ဆင်းရဲခြင်း ဝေဒနာ၏ထိန်းချုပ်မှုကို ခံ လျက်နေ၍ (ရော၊၈:၁၈-၂၂)။ သို့ဖြစ်၍ ကျွန်တော်တို့သည်လည်း ဖျော်ခွင့်မတ် ခြင်းအဝတ်ကို ဝတ်ဆင်၍ အပြစ်တရား မရှိတော့သည့် ဘုရားရှင် မျက်မှောက်တော်၌ အသက်ရှင်ခြင်းကို မျှော်လင့်တောင့်တလျက်နေကြရ ခြင်းဖြစ်၏။

ထို့မျှမက ဝိညာဉ်တော်၏ကျေးဇူးတော်အစအဦးကို ခံပြီးသော ငါတို့သည်လည်း သားအရာ၌ မြှောက်ခြင်းချမ်းသာကို မျှော်လင့်၍ စိတ်နှလုံးထဲ၌ ညည်းတွားလျက် နေကြ၏(ရော၊ ၈:၂၃)။

ဤအနာဂတ် ပြုပြင်ပြောင်းလဲခြင်းသည် မြေကြီးပေါ်၌ မည်သည့် အရာက အရေးကြီးဆုံးဖြစ်သည်ကို ကျွန်တော်တို့အား သတိရှိစေပါသည်။ အသက်တာတစ်ခုလုံးသည် ရှင်ပြန်ထမြောက်ခြင်းနှင့်စပ်ဆိုင်သော သမ္မာ တရားအားဖြင့် ပြောင်းလဲခြင်းဖြစ်သည်။ အသက်တာဟူသည်မှာ ဤ မြေကြီးပေါ်၌ ကျွန်တော်တို့ ကြုံတွေ့ရသည့်အရာသာမကပဲ အနာဂတ်အတွက် ပါ ပုံသွင်းထားခြင်းကိုဆိုလိုပါသည်။ ပိုမိုကြီးမားသော မျှော်လင့်ချက်သည် ကျွန်တော်တို့၏လက်ရှိ လှုပ်ရှားမှုများနှင့်စိတ်ကူးယဉ်အိပ်မက်များကို လွှမ်းမိုး သွားသည်။

ဤမြေကြီးပေါ်၌ရှိသည့် ယုံကြည်သူမှာသမ္မသည် သူတို့အသက် တာ၌ ဘုရားသခင်ပြုစေလိုသည့် အလားအလာကို စေ့စေ့စပ်စပ် စိတ်ဝင်တ စားဖြစ်သင့်သည်။ လက်ရှိဖြစ်ပေါ်နေသည့် အပြောင်းအလဲသည် သိသာ ထင်ရှားနေသော်လည်း အလွန်ကြီးမားသည့် ဘုရားသခင်၏အနာဂတ်ကတိ တော်နှင့် နှိုင်းယှဉ်ကြည့်လျှင် အနည်းအကျဉ်းမျှသာရှိ၏။ ကျွန်တော်တို့သည် မည်သို့ပင်ဖြစ်စေ ဤမြေကြီးပေါ်၌ ကျွန်တော်တို့၏ဝိညာဉ်ရေးရာ အသက်တာ နှင့်ကြီးထွားဖွံ့ဖြိုးမှုကို သေးသိမ်အောင်မလုပ်သင့်ပေ။ အသစ်သော အသက်တာမရှိပဲ ထာဝရအသက် ဟူ၍မရှိပေ။ ကျွန်တော်တို့သည်

277

အသက်၏အနှစ်သာရ

ဘုရားသခင်၏မိသားစုဝင်နှင့် ဆက်စပ်ခြင်းမရှိပဲ မည်သည့်အခါမျှ ကိုယ်တော်၏မိသားစုဝင်တစ်ဦး ဖြစ်မလာနိုင်ပေ။

ကျွန်ုပ်တို့၏လေ့ကျင့်သင်ကြားခြင်းအတွက် တာဝန်ခံမှု

ဤမြေကြီးပေါ်၌ ကျွန်တော်တို့၏ဝိညာဉ်ရေးရာ ကြီးထွားဖွံ့ဖြိုးမှုနှင့် အသီးသီးခြင်းတို့သည် အနာဂတ်၌ ဆုချပေးမည်ဖြစ်သည်။ ရင်သည် ယုံကြည်သူများ အသက်ကုန်ဆုံး၍ တရားစီရင်ခြင်းအားဖြင့် တိုင်တာ သည့် အရာဖြစ်သည်။ ဘုရားသခင်သည် ကျွန်တော်တို့၏ကြိုးစားအားထုတ်မှု နှင့်ဆက်ကပ်အပ်နှံမှုတို့ကို ချင့်ချိန်ပါ လိမ့်မည်။ ကိုယ်တော်သည် ကျွန်တော်တို့လုပ်ဆောင်နိုင်ခဲ့သည့်အရာနှင့် အမှန်တကယ် လုပ်ဆောင်ခဲ့သည့် အရာတို့ကို နိုင်းယှဉ်ပါလိမ့်မည်။

ယေရှု၏ပုံဥပမာ၌ တစ်တာလန်ရသောသူသည် မိမိ၏ဆုကို မြေ၌၌ဝှက်ထား၍ ပြစ်တင်ခံရခြင်းအားဖြင့် ကျွန်တော်တို့ အပေါ်၌ ဘုရားသခင်၏မျှော်လင့်ခြင်းများကို သတိပြုစေပါသည်။ "အရှင်ကလည်း ဆိုးညစ် ပျင်းရိသောငယ်သား၊ ငါသည် ကိုယ်မစိုက်မပျိုးသောအရပ်၌ ရိတ်၍ ကိုယ်မဖြန့်မကြသောအရပ်၌ စုသိမ်းသည်ကို သင်သိသည်မှန်လျှင်"(မ ၂၅း၂၆)။

ပေါလုသည် ၁ကော၊အခန်းကြီး ၃ ၌ မျိုးစေ့စိုက်ပျိုးခြင်းနှင့်ကြီးထွား ခြင်း ရုပ်လုံးပုံသဏ္ဌာန် ကိုအသုံးပြု ခဲ့ပါသည်။ "သို့သော်လည်း စိုက်ပျိုးသော သူနှင့်ရေလောင်းသောသူသည် တလုံးတဝတည်းဖြစ်၍ အသီးသီး မိမိလုပ် သည်အတိုင်း မိမိအကျိုးကို ခံရလိမ့်မည်"(၁ကော၃း၈)။ ဘုရားသခင်သည် ကျွန်တော်တို့၏စံချိန်စံညွှန်း အတိုင်းမဟုတ်ပဲ သူ၏စံချိန်စံညွှန်းအတိုင်း ကျွန်တော် တို့၏လုပ်ဆောင်ချက် အရည်အချင်းကို စမ်းစစ် သွားပါမည်။

အသီးအသီးလုပ်သော အလုပ်သည် ထင်ရှားလိမ့်မည်။ အဘယ်သို့နည်းဟူမူကား ဖော်ပြချိန် နေ့ရက်သည် မီးအားဖြင့် ထင်ရှားစေလိမ့်မည်။ လူတိုင်းလုပ်သောအလုပ်သည် အဘယ်သို့သော အလုပ်ဖြစ်သည်ကို မီးသည် စစ်ကြောစုံစမ်း လိမ့်မည်။ ထိုတိုက်မြစ်အပေါ်၌ ထပ်ဆင့်၍ တည်ဆောက် သော အကြင်သူ၏အလုပ်သည်မြဲ၏။ ထိုသူသည် အကျိုးကိုခံရ လိမ့်မည်။ အကြင်သူ၏အလုပ်သည် ကျွမ်းလောင်၏။ ထိုသူ သည် အရှုံးခံရလိမ့်မည်။ သို့သော်လည်း မီးနှင့်လွတ်

ရေရှည်ရှုထောင့်အမြင်

သကဲ့သို့ သူသည် ကယ်တင်ခြင်းသို့ ရောက်လိမ့်မည်(၁ကော၊ ၃:၁၃-၁၅)။

ဘုရားသခင်သည် ဝိညာဉ်ရေးရာ အကြောင်းအရာမှစ၍ ဖြစ်ပျက်လာ မည့်အရာ များစွာတို့၏ လျှို့ဝှက်ချက်များကို ဖော်ပြခဲ့သည်။ ကျွန်တော်တို့ အမွေခံရမည့် အသက်၏ဘုန်းအသရေနှင့်စုံလင်မှု လက္ခဏာသွင်ပြင်များ စွာ ရှိနေသေးသည်ကိုလည်း သံသယရှိစရာမလိုအပ်ပေ။ ကိုယ်တော်သည် နောင်ကာလ၌ ဖွင့်ဟမည့်စုံလင်ခြင်းကိုလည်း ထောက်ပြခဲ့သည် (မာ၊ ၁၀:၂၉-၃၀၊ ရော၊၈:၂၁)။ ဤသမ္မာတရားများသည် ကျွန်တော်တို့လေ့ကျင့် သင်ကြားခြင်းတလျှောက်၌ ကျွန်တော်တို့လုပ်ဆောင်သော အရာနှင့် ပြောဆို သောအရာတို့အတွက် ဖြောင့်တန်းမှုကို ပြင်ဆင်ပေး၏။

အသက်ရှင်ခြင်းသည် ကျွန်တော်တို့အပေါ်၌ ဘုရားသခင်ဖြစ်ပေါ်စေ သည့်တစုံတရာသက်သက်မဟုတ်ပဲ ကျွန်တော်တို့အား ဘုရားသခင်ပေးအပ် သည့်အရာ၌ ကျွန်တော်တို့ကိုယ်တိုင်၏တုံ့ပြန်ခြင်းဖြင့် ဖြစ်ပေါ်လာသော အရာပါသည်။ ဤမြေကြီးပေါ်၌ ကျွန်တော်တို့လုပ်ဆောင်သောအရာသည် ထာဝရကာလအတွက် ကြီးမားသော အကျိုးသက်ရောက်မှုဖြစ်ပါသည်။ တ ခဏသာ ထင်ရှားသည့်ကျွန်တော်တို့၏အသက်တာ ပုံသွင်းခြင်းသည် နောင် ထာဝရကာလအတွက် ပုံသွင်းခြင်းပင်ဖြစ်သည်။

တစ်ခါတစ်ရံ ကျွန်တော်တို့သည် သားသမီးများနှင့်အတူ ထိုင်၍ ဓာတ်ပုံ ဟောင်းများနှင့် ဗီဒီယိုဟောင်းများကို ပြန်ကြည့်တတ်ကြ၏။ ထိုအရာသည် အတိတ်ကဖြစ်ရပ်များကို ပြန်လည်သတိရ စေပါသည်။ ကျွန်တော်တို့သည် ပြည်ပနိုင်ငံကို ၁၀ နှစ်ဝန်းကျင် အခြေချနေထိုင်ရန် ရွေးချယ်မှုပြုကြ၏။ ကျွန်တော်တို့လင်မယားသည် မိမိတို့၏သားသမီးများရှိရာ နေအိမ်ကျောင်းသို့ ဦးတည်သွားရန် စိတ်ဆုံးဖြတ်ကြ၏။ ဤဆုံးဖြတ်ချက်များသည် နောက်ကျမှ ကျွန်တော်တို့အသက်တာ၌ ထင်ဟပ်လာပါသည်။ ထာဝရကာလလည်း ထို့အတူ ပင်ဖြစ်ပါသည်။ ကျွန်တော်တို့ရရှိထားသည့် ထာဝရအသက်သည် ဤမြေကြီး ပေါ် ကျွန်တော်တို့အသက်ရှင်စဉ်ကာလ၌ သခင်ခရစ်တော်၏လုပ်ဆောင်ချက် အပေါ်၌ ကျွန်တော်တို့မည်ကဲ့သို့တုံ့ပြန် ခဲ့သည်ဟူသောအရာများနှင့် ဆက်နွယ် ပါသည်။

အသက်၏အနှစ်သာရ

ကျွန်ုပ်တို့၏အခွင့်အလမ်း

ဤအခန်း၌ရှိသည့် ကျွန်တော်တို့၏ရည်ရွယ်ချက်သည် ကျွန်တော်တို့ အသက်တာအတွက် ကြီးထွားခြင်း သက်သက်ထက် ပိုမိုကြီးမားသည့် ရည်မှန်းချက်ပန်းတိုင်များရှိနေကြောင်းကို ကျွန်တော်တို့အား သတိပေးနေခြင်း ဖြစ်ပါသည်။ ကျွန်တော်တို့သည် မိမိတို့နီးနား၌ရှိသောသူများ၏အသက်တာထဲ သို့ အကျိုးသက်ရောက်မှုရှိစေမည့် အသီးများကို သီးရန်ဖြစ်သည်။ ခရစ်တော်နှင့်အကျွမ်းဝင်ခြင်းအားဖြင့် စတင်အသီးသီးလာခြင်းသည် ဘုရားသခင်၏မေတ္တာနှင့်အလင်းတရားကို လောကီလူသားများထံသို့ လိုက်လံဖြန့်ဝေခြင်းအတွက်သာမကပဲ ထာဝရကာလ၌ ကျွန်တော်တို့အား ဘုရားသခင်မည်ကဲ့သို့ဆက်ဆံရမည်ကို ပုံသွင်းနေခြင်းဖြစ်ပါသည်။

အသက်ရှင်ခြင်းကို ကြည့်ရှုသုံးသပ်ရန် အကောင်းဆုံးနည်းလမ်းမှာ အစပထမ၌ မိမိတို့၏ခန္ဓာနှင့် ဝိညာဉ်ရေးရာအသက်ကို ပေးအပ်သောအရှင် ထံသို့ အစဉ်တုံ့ပြန်ခြင်းသာဖြစ်သည်။

အကျိုးရှိသည့်လေ့ကျင့်သင်ကြားခြင်းကို ကျွန်တော်တို့ရှာဖွေနေခြင်း မှာ ဆုလက်ဆောင်များရရှိဖို့ရန် ကတိပေးချက်ကြောင့်မဟုတ်ပဲ မိမိတို့ ဝန်းကျင်၌ အောင်မြင်သောသူများကို မြင်တွေ့၍ တွေ့ကြုံခံစားရသည့် ဝမ်းမြောက်ခြင်းကြောင့်ဖြစ်သည်။ ထိုသူတို့သည် ကျွန်တော်တို့ကဲ့သို့ ဘုန်း အသရေနှင့်ပြည့်စုံသော ဘုရားသခင်၏အလင်းတရားနှင့်အသက်ကို ဆုတ်ကိုင်ထား၍ အသက်တာပြောင်းလဲကြကာ ခရစ်တော်၏ ပြည့်စုံခြင်း၌ ကြီးထွားလျက် တည်ကြည်သောအသီးကို သီးသောသူများဖြစ်ကြရန် ကျွန်တော် တို့ ဆန္ဒရှိ၏။(ယော၊၁၅:၁၆)။

ကောင်းကင်နှင့်မြေကြီးပေါ်၌ ရှိသမျှသောအခွင့်အာဏာကို ယေရှု ဆုတ်ကိုင်ထားခြင်းမှာ ကျွန်တော်တို့အား တပည့်တော်မွေးထုတ်စေရန် အတွက်ဖြစ်ပါသည်။ အကြောင်းမှာ ဘုရားသခင်ကို သိရှိဖို့ရန်နှင့်ချစ်ဖို့ရန် အခြားသူများအား လေ့ကျင့်သင်ကြားခြင်းထက် ပို၍ကြီးမြတ်သောအရာမရှိ သောကြောင့်ဖြစ်သည်။ ဤအရာသည် ကျွန်တော်တို့အသက်တာအတွက် လည်း ကြီးမားသော အကျိုးကျေးဇူးများရှိ၏။ ဤင်းသည် ယေရှုကိုယ်တိုင် လုပ်ဆောင်ခဲ့သည့်အရာဖြစ်၍ (ဟေရှာ၊၅၃:၁၀-၁၂) မိမိတပည့်တော်များ

280

ရေရှည်ရှုထောင့်အမြင်

အား လုပ်ဆောင်ရန် ခေါ်ယူခြင်းလည်းဖြစ်၏။ တပည့်တော်မွေးထုတ်ခြင်း သည် မိမိတို့ဝန်းကျင်၌ရှိသောသူတို့အတွက် ကောင်းကျိုးချမ်းသာဖြစ်၍ ဘုရားသခင်၏ဘုန်းတော်ကို တိုက်ရိုက် ထင်ရှားစေရန်ဖြစ်သောကြောင့် ကျွန်နော်တို့အသက်တာအတွက် အရေးပါသောအရာဖြစ်သည်။

ဘာကြောင့် တပည့်တော်များကို နည်းနည်းပဲ မွေးထုတ်နေရပါ သနည်း။ ကျွန်နော်တို့သည် ဘာကြောင့် ဘွဲ့ဒီဂရီ၊ အသိပညာနှင့်ကျောင်း တက်ခြင်း အစရှိသည်တို့ကိုသာ အလွန်စိတ်စွဲမက်၍ အသက်တာ ပြုပြင် ပြောင်းလဲခြင်းအလုပ်ကို နည်းနည်းပဲ စိတ်ပါဝင်စားကြသနည်း။ ကျွန်နော်တို့ အသက်တာ၌ ဘုရားသခင်၏တန်ခိုးမဲ့နေခြင်းသည် ကျွန်နော်တို့ဝန်းကျင်၌ရှိ သောသူများ၏အသက်တာပြောင်းလဲခြင်းအတွက် လုပ်ဆောင်ခြင်းမရှိ သောကြောင့်ဖြစ်သည်။

သင်ခန်းစာ

- ဤမြေကြီးပေါ်တွင် ဝိညာဉ်ရေးရာ ကြီးထွားဖွံ့ဖြိုးမှုဆိုင်ရာ အဆင့်သုံး ဆင့်ရှိသော်လည်း အဆုံးမဟုတ် သေးပေ။ ကျွန်နော်တို့သည် ယေရှု ကဲ့သို့ ပိုမိုကြီးမြတ်၍ ဘုန်းအသရေနှင့်ပြည့်စုံသည့်အဆင့်သို့ ရှင် ပြန်တမြောက်ရအုံးမည်ဖြစ်သည်။

- ကျွန်နော်တို့သည် ဤလောက၌ အသက်ရှင်လုပ်ဆောင်သည့်အတိုင်း နောင်ကာလ၌ အပြည့်အချီးမြှင့်ခြင်းခံရမည်။ ဘုရားသခင်၏လူတို့ အား ဘုရားတရားကြည်ညိုသည့်အသက်တာ အဖြစ်သို့ လေ့ကျင့်မ ပေးခြင်း၏အကျိုးဆက်မှာ ဝမ်းနည်းဖွယ်ရာဖြစ်ပါလိမ့်မည်။

- ကျွန်နော်တို့သည် ဘုရားသခင်၏လူများ စုံလင်ခြင်းသို့ ကြီးထွားလျက် နေသည်ကို မြင်တွေ့လို သောကြောင့် လေ့ကျင့်သင်ကြားခြင်း၌ စိတ်ပါဝင်စားခြင်းဖြစ်သည်။ ထိုသူတို့၏အသက်တာ ကြီးထွားခြင်း အားဖြင့် တည်ကြည်သောအသီးကို များစွာသီးနိုင်ကြလိမ့်မည်။

ကျက်မှတ်ဆင်ခြင်ပါ

- ၁ယော၁း ၂-၃

အသက်၏အနှစ်သာရ

- ယာ၁:၁၂

တာဝန်ပေးအပ်ခြင်း

➡ သခင်ဘုရားအား အစေခံဖို့ရန် သင်၏စိတ်ပါဝင်စားမှုနှင့်ဆက်ကပ်မှု တို့အပေါ်၌ ထာဝရကာလက သင့်ကို မည်မျှလွှမ်းမိုးထားပါသနည်း။

➡ မ၊၂၈:၁၈-၂၀ ကို ဆင်ခြင်ပါ။ ယေရှုသည် ကျွန်တော်တို့အား တပည့်တော်မွေးထုတ်စေဖို့ရန် စောင့်ဆိုင်းနေသည်ဟု သင်ယူဆပါ သလား။ ထိုသို့ဖြင့် မိမိ၏တန်ခိုးတော်ကို ပိုမိုထုတ်လွှတ်နိုင် မည် ဖြစ်သည်။ ကိုယ်တော်၏အခွင့်အာဏာနှင့်အမိန့်တော်သည် မည် ကဲ့သို့ဆက်နွှယ်ပါသနည်း။

➡ သင်ကိုယ်တိုင်ကြီးထွားခြင်းနှင့်အခြားသူများ၏ကြီးထွားခြင်းသည် အရေးအပါဆုံးဟု သင်ယူဆပါ သလား။ အခြားသူများ၏အောင်မြင်မှု ကို တွေ့မြင်သောအခါ သင်၏စိတ်ပါဝင်စားမှုနှင့် ဝမ်းမြောက်ခြင်း သည် မည်သို့သောအတိုင်းအတာဖြစ်သည်ကို ရှင်းပြပါ။

#၄၀
အသက်၏အင်အား

ဤစာအုပ်၏စိန်ခေါ်ချက်ကား သင်ယူ၍မရနိုင်သောအမှန်တရားကို ထင်ထင်ရှားရှား ဖြစ်စေရန် ဖြစ်သည်။ ၎င်းသည် ကျွန်တော်တို့၏အသက်တာ အထူးသဖြင့် ကျွန်တော်တို့၏လေ့ကျင့်သင်ကြားခြင်း၌ အဆက်မပြတ်လွှမ်းမိုး သောအရာဖြစ်ပေသည်။

ကျွန်တော်တို့သည် ဆေးဝါးကုသမှုနည်းဟန်၌ ဇီဝဗေဒပညာရှင်တစ် ဦး၏လုပ်ထုံးလုပ်နည်းအတိုင်း ဖြစ်စဉ်ကို သင်ယူနေခြင်းမျှသာမဟုတ်ပေ။ ဇီဝဗေဒပညာရှင်တစ်ဦးသည် မိမိ၏အတွေ့အကြုံကိုသာ စောင့်ကြည့် တတ်၏။ ကျွန်တော်တို့သည် ဘုရားသခင်ရည်ရွယ်သည့်အသက်ကို သုတေသနပြုဖို့မဟုတ်ပဲ တွေ့ကြုံခံစားဖို့ရန် ခေါ်ထားခြင်းခံရသူများ ဖြစ်သည်။

ကျွန်တော်တို့လည်းပဲ ကျမ်းတတ်ဆရာများ၊ သင်အုပ်များ၊ ဓမ္မဆရာများ နှင့်ခရစ်ယာန်ခေါင်းဆောင်များ နည်းတူ မှားယွင်းမှုများကို ကျူးလွန်ကြ၏။ ကျွန်တော်တို့သည် မိမိတို့၏လုပ်ငန်းကိုသာ အာရုံစိုက်လျက် မိမိတို့နှင့်အခြား သူများ၏အထဲ၌ရှိသည့် ခရစ်တော်တန်ခိုးတော်ကို အနည်းငယ်မျှသာ အာရုံစိုက်ကြ၏။ အာရုံစိုက်ရမည့်မေးခွန်းတချို့မှာ၊

➡ ကျွန်တော်တို့သည် အခြားသူများကို သာသနာလုပ်ငန်းနှင့်အမှုတော် မြတ်အတွက် ကောင်းမွန်စွာ လေ့ကျင့် တပ်ဆင်ပါသလား။

➡ ခေါင်းဆောင်များလေ့ကျင့်ပေးရာ၌ မည်သည့်အရာကဖြစ်မြောက် စေသည်ကို စေ့စေ့စပ်စပ် သုံးသပ် အကဲဖြတ်ပါသလား။

➡ ဘုရားတရားကြည်ညိုသည့်ခေါင်းဆောင်မွေးထုတ်ခြင်းကို ထိခိုက်စေ သည့် နှိမ့်ကျသောလက္ခဏာများကို ဘာ့ကြောင့် ကျွန်တော်တို့ သည်းခံပါသနည်း။

ကျွန်တော်တို့သည် မည်သည့်ကျောင်းကိုတက်ခဲ့သည်ဖြစ်စေ၊ မည် သည့်အသင်းတော်၌ ပါဝင်သည်ဖြစ်စေ၊ မည်သည့်ရာထူးကိုပိုင်ဆိုင် ထားသည်ဖြစ်စေ ကိစ္စမရှိပါဘူး၊ အခြားသူများ အသက်တာ ပြောင်းလဲခြင်း ခံစားစေခြင်းငှာ တပည့်တော်မွေးထုတ်ခြင်းကသာ ကိစ္စရှိသောအရာဖြစ်

283

အသက်၏အနှစ်သာရ

ပါသည်။ (ကျွန်နော်ဟာ အသက်တာပြောင်းလဲခြင်းအပေါ်၌ ဦးတည်သည့် တရားဟောခြင်း၊ သင်ကြားခြင်း၊ အကြံပေးတိုင်ပင်ခြင်း၊ တအိမ်တက်ဆင်း သွားရောက်ခြင်း၊ ညွှန်ပြပေးခြင်း၊ မေးဆက်ခြင်းနှင့်စကားစမြည်ပြောဆို ခြင်းတို့ကို ကျယ်ကျယ်ပြန့်ပြန့်လုပ်ဆောင်လျက်ရှိ၏။ တစ်ဦးအပေါ်တစ်ဦး တပည့်တော်မွေးထုတ်ခြင်းသည် အလွယ်ကူဆုံးသောအရာဖြစ်သည်။

အကယ်၍ ကျွန်နော်တို့လုပ်ဆောင်သောအရာများသည် အသက်တာ ပြောင်းလဲခြင်း မရှိဘူးဆိုပါက ကျွန်နော်တို့လုပ်ဆောင်သောအရာများသည် မည်ကဲ့သို့ဖြစ်သည်ကို အရေးတကြီး ပြန်လည်တွက်ချက်ဖို့ လိုအပ်ပါ လိမ့်မည်။ ကျွန်နော်တို့သည် မိမိတို့၏ဓမ္မကျောင်းများ၊ အသင်းတော်များနှင့် လူဦးရေ အရေအတွက်ကြောင့် ဂုဏ်ယူနိုင်သော်လည်း ခရစ်တော်၏မေတ္တာ နှင့်ရုပ်လုံးသဏ္ဌာန် ပေါ်လွင်ထင်ရှားခြင်း မရှိပါက ကျွန်နော်တို့လုပ်ဆောင် သမျှသည် အချည်းနှီးသာဖြစ်သည်။

တာဝန်ယူ ဆောင်ရွက်ခြင်း

ကျွန်နော်တို့သည် အခြားသူများကို မွေးထုတ်တပ်ဆင်ပေးရန်ဖြစ် သည်။ သို့မှသာ သူတို့သည် အခြားသူများကို ဝိညာဉ်ရေးရာကြီးထွားခြင်း အဆင့်သုံးဆင့်၌ တပည့်တော်ဖြစ်စေနိုင်မည်ဖြစ်သည်။ ယုံကြည်သူ အသီးသီးတို့သည် ဤအဆင့်များကို ဖြတ်ကျော်ကြရမည်။

ခရစ်တော်အားဖြင့် လူတိုင်းစုံလင်ခြင်းသို့ ရောက်၍ လူခပ်သိမ်းတို့ ကို ဆက်သအံ့သောငှါ ငါတို့သည် လူခပ်သိမ်းတို့ကို သတိပေး၍ သတိအမျိုးမျိုးနှင့် ဆုံးမသွန်သင်လျက် ခရစ်တော်၏တရားကို ဟောပြောကြ၏။ ထိုသို့အလို့ငှာ ငါသည် အမှုဆောင်ရွက်၍ ငါ၌တန်ခိုးတော် ပြုပြင်အားထုတ်တော်မူ သည်အတိုင်း ကြိုးစား အားထုတ်လေ့ရှိ၏(ကော၊၁း၂၈-၂၉)။

ဘုရားသခင်သည် အဆင့်အမျိုးမျိုးတို့၌ ယုံကြည်သူများအပေါ်တွင် မည်သည့်အရာလုပ်ဆောင် နေသည်ကို တိတိကျကျ စဉ်းစားခြင်းအားဖြင့် ကျွန်နော်တို့သည် သခင်ဘုရားနှင့်အတူ မည်ကဲ့သို့ လုပ်ဆောင်မည်ကို ပို၍ကောင်းကောင်း သိရှိနိုင်သည်။

ယနေ့ ကမ္ဘာတဝှမ်းရှိ ကျွန်နော်တို့အသင်းတော်များ၌ တပည့်တော် မွေးထုတ်ခြင်း မလုပ်ဆောင်ပဲ နေရသည့်အကြောင်းရင်းမှာ ယေရှု၏မိန့်နှင့်

284

တော်ချက်ကို မလုပ်ဆောင်လိုသောကြောင့်ဖြစ်သည်။ ကျနော်တို့၏ ဖြေရှင်း နည်းမှာ လူတို့အား ဘုရားသခင်ပေးအပ်သည့်အသက်ကို ထောက်ခံ အတည်ပြုခြင်းသာဖြစ်သည်။ ထိုအသက်သည် ဘုရားသခင်၏လူတို့ကို တိကျသောလမ်းစဉ်များ၌ ကြီးထွားရန် အားပေးအားမြှောက်ပြု၍ အခြား သူများအပေါ်၌ ဘုရားသခင်ပြုစေလိုသည့်အရာကို သိရှိဖို့ရန်အတွက် သူ တို့၏အသက်တာကို မြှင့်တင်ပေးတတ်၏။

ဦးစားပေးသတ်မှတ်ရန် အရေးတကြီးလိုအပ်မှု

ကျနော်တို့သည် မိမိတို့ကိုယ်တိုင် ကြိုးစားအားထုတ်၍ မိမိ တို့၏လေ့ကျင့်သင်ကြားခြင်း၌ ဝိညာဉ် ရေးရာအသက်တာဖြစ်စဉ်ကို ဦးစားပေးသတ်မှတ်လာသောအခါ သိသာထင်ရှားသည့် အပြောင်းအလဲများ ရှိလာပါလိမ့်မည်။

အကယ်၍ ဘုရားသခင်၏လူတို့သည် ကြီးထွားခြင်းမရှိပါက လေ့ကျင့်သင်ကြားပေးသူဖြစ်သည့် ကျနော်တို့၏ရှုံးနိမ့်ခြင်းပင်ဖြစ်သည်။ အပင်သည် အစဉ်ကြီးထွား၍ ကြီးရင့်လာသည့်နှင့်အမျှ အသီးများစွာ သီး လာ၏။ အကယ်၍ အပင်သည် ကြီးထွားခြင်းမရှိပါက လယ်လုပ်သောသူသည် ထိုအပင်၌ ပိုးရှိနိုင်သည်ကို လည်းကောင်း၊ ရေလုံလောက်မှုမရှိသည်ကို လည်းကောင်း၊ အခြားမြေသြဇာလိုအပ်မှုရှိနိုင်သည်ကို လည်းကောင်း သိရှိပါ လိမ့်မည်။

အသင်းတော်သည် ဘုရားသခင်၏လူတို့အား မကြီးထွားစေနိုင် သည့် ကြီးမားသောပြဿနာတစ်ရပ် ရင်ဆိုင်နေရသည်။ ဘုရားတရား ကြည်ညိုသည့်ခေါင်းဆောင်များကို ကောင်းကောင်းမွေးထုတ်ခြင်းမရှိသည့် အသင်းတော်များ၊ ကျမ်းစာကျောင်းများနှင့်ခရစ်ယာန်လေ့ကျင့်ရေး သင်တန်းကျောင်းများသည် ပြဿနာ ဝန်းရံလျက်ရှိ၏။

ဘုရားသခင်သည် အခြားသူများကို စုံလင်ခြင်းသို့ ကြီးထွားစေဖို့ရန် ပြောင်းလဲစေနိုင်သည်ဟူသော ယုံကြည်မှုမရှိပါက ထိုနေရာသည် ဘုရား တရားကြည်ညိုသည့် လေ့ကျင့်သင်ကြားခြင်မရှိသောကြောင့် ဖြစ်ပါ လိမ့်မည်။ အသင်းတော်သည် ယုံကြည်သူအပေါင်းတို့၌ အမှန်တကယ်ဖြစ် သင့်သည့် အသက်တာ ကြီးထွားဖွံ့ဖြိုးခြင်းထက် ဘုရားတရားကြည်ညိုခြင်း ဆိုင်ရာ ဟန်ဆောင်မှုက လွှမ်းမိုးလာပါလိမ့်မည်။

အသက်၏အနှစ်သာရ

ဘုရားသခင်သည် ကျနော်တို့အထဲ၌ သန့်ရှင်းသောဝိညာဉ်တော် တန်ခိုးအားဖြင့် ဝိညာဉ်ရေးရာ အသက်တာဖြစ်စဉ်အတိုင်း လုပ်ဆောင် လျက်နေသည်ကို ကျနော်တို့တစ်ဖန် အတည်ပြုသောအခါ ကျနော်တို့အထဲ၌ တစ်ဖန်ရှင်သန်လာသည့် ဘုရားသခင်၏အသက်ကို ကျနော်တို့တွေ့မြင်ပါ လိမ့်မည်။ ၎င်းသည် အသင်းတော်တည်ဟူသော DNA အသက်အတိုင်ဖြစ် ပါသည်။ ကျနော်တို့သည် ကျနော်တို့၏နောက်ဆုံးရည်မှန်းချက်ပန်းတိုင်ဖြစ် သည့် ဘုရားသခင်၏မေတ္တာနှင့်အလင်းတရားကို သယ်ဆောင်သည့် နေရာ စုံလင်ခြင်းအဆင့်သို့ ကြီးထွားလျက် ဘုရားသခင်အတွက် လုပ်ဆောင်သောသူအဖြစ် ရပ်တည်ကြပါစေသော။

ဘုန်းကြီးသောနာမတော်သည်းလည်း အစဉ်အမြဲမင်္ဂလာရှိတော် မူစေသတည်း။ မြေကြီးတပြင် လုံးသည်လည်း ဘုန်းတော်နှင့် ပြည့်စုံပါစေသော(ဆာ၊၇၂း၁၉)။

သင်ခန်းစာ

- ဝိညာဉ်ရေးရာအသက်တာဖြစ်စဉ်သည် မြင်ကွင်း၌ မပေါ် သော်လည်း ၎င်း၏တရားနှင့်ကြီးထွားဖွံ့ဖြိုးမှု လမ်းစဉ်သည် ဘုရားသခင်အားဖြင့် ထင်ရှား၍ ခန္ဓာပိုင်းဆိုင်ရာ ကြီးထွားခြင်း၌ အရိပ်အမွှက် ပြသလျက်နေ၏။

- ဘုရားသခင်၏လူရှိသမျှတို့သည် မိမိတို့၏ဝိညာဉ်ရေးရာ အသက်တာ ကြီးထွားခြင်အတွက်ရော သူတို့ဝန်းကျင်၌ရှိသည့် အခြားသူများအတွက်ပါ ပြုစုပျိုးထောင်ဖို့ရန် ကြီးလေးသော တာဝန်ရှိ ကြ၏။

- ကျနော်တို့သည် ဘုရားသခင်၏အသင်းတော်၌ ခေါင်းဆောင် များဖြစ်သည့်အလျောက် ခရစ်တော်၏ မိန့်မှာချက်၌ တည်၍ ကျ နော်တို့၏ဦးစားပေးမှုများနှင့်လှုပ်ရှားမှုများကို ဘုရားသခင်၏လူတို့ အား ဝိညာဉ်ပိုင်းဆိုင်ရာ ကြီးထွားခြင်နှင့်လေ့ကျင့်သင်ကြားခြင်း အဖြစ်သို့ ပြောင်းလဲစေရမည်။

- မဖြစ်နိုင်စရာဟု ထင်ရသော်လည်း အရေးမကြီးပေ၊ ဘုရားသခင်သည် ဝိညာဉ်ရေးရာအသက်တာ ပြုစုပျိုးထောင်ခြင်း အပေါ် ကြိုးစားအားထုတ်မှုအတွက် ကျနော်တို့နှင့်အတူ အလွန်

286

လုပ်ဆောင်လိုသောသူဖြစ်ပါသည်။ ဤကား ဘုရားသခင်၏ရည်ရွယ်ချက်ဖြစ်၍ မိမိ၏လူတို့အတွက် မိမိနှင့် သဘောတူသည့်အဖြစ်သို့ ကြီးထွားစေကာ အသီးများသီးစေလျက် မြေကြီးပေါ်၌ မိမိ၏ရည်ရွယ်ချက်ကို ခွဲညားထည်ဝါစွာ ပြီးပြည့်စုံစေ ဖို့ဖြစ်ပါသည်။

- ကျွန်တော်တို့သည် ကိုယ်တော်၏ကြီးဇူးတော်အားဖြင့် ကျွန်တော် တို့၏ခမည်းတော်နှင့် ပိုမိုတူညီမှုရှိလာ၍ ကိုယ်တော်၏ကောင်းမြတ် သောအလုပ်များကို ပြီးမြောက်သောအခါ ဘုရားသခင်သည် အထွတ်အထိပ်သို့ ဘုန်းအသရေထင်ရှားခြင်းရှိ၏။ "ထိုနည်းတူ သူတ ပါးတို့သည် သင်တို့၏ ကောင်းသောအကျင့်ကို မြင်၍ ကောင်းကင်ဘုံ၌ ရှိတော်မူသော သင်တို့အဘ၏ဂုဏ်တော်ကို ချီးမွမ်း စေခြင်းငှာ ..."(မ၊၅:၁၆)။

ကျက်မှတ်၍ ဆင်ခြင်အောက်မေ့ပါ

- ကော၁:၂၈-၂၉

တာဝန်ပေးအပ်ခြင်း

➡ သင်ရှိသည့်နေရာကနေ အစပြုပါ။ သင့်အသက်တာနှင့် သင်၏ဝန်းကျင်၌ ဘုရားသခင်၏အသက် ထင်ရှားစေခြင်းငှာ သင် ကိုယ်တိုင် ဆက်ကပ်ပါ။

➡ သင့်စိတ်နှလုံးထဲ၌ သန္ဓေတည်သည့် မယုံကြည် ခြင်း၏နယ်ပယ်တစ်ခုခုကို ဝန်ခံပါ။ ၎င်းအတွက် နောင်တရပါ။ ဤ ကား တချို့သောအကြံပေးချက်များဖြစ်သည်။ ဤအချက်များကို "ငါ သံသယရှိသည်" ဟုဝန်ခံရမည်။

- ဘုရားသခင်၏လူတို့သည် စုံလင်သောအသက်တာသို့ ကြီး ထွားနိုင်သည်။

- ဘုရားသခင်သည် မိမိအသက်တာ၌ဖြစ်စေ၊ သူတပါး တို့၏အသက်တာ၌ဖြစ်စေ သူ၏ရှေးမ ရည်ရွယ်ချက် ပြီးပြည့်စုံဖို့ရန် တက်တက်ကြွကြွ လုပ်ဆောင်လျက်နေသည်။

အသက်၏အနှစ်သာရ

- ဤအသက်တာ အပြောင်းအလဲသည် အရေးကြီး၏။
- ငါသည် ငါ၏အသက်တာ နယ်ပယ်တစ်ခုထက် ပို၍ပြောင်းလဲ နိုင်ပါသည်။
- ဘုရားသခင်၏လေ့ကျင့်ခြင်းဆိုင်ရာ အဓိကရည်ရွယ်ချက်မှာ ဝိညာဉ်ပိုင်းဆိုင်အသက်တာ ပြုစု ပျိုးထောင်ခြင်း၌ အဓိကျပါသည်။

➡ ကောလောသဲ ၁:၂၈-၂၉ ကို သင်၏ကိုယ်ပိုင်စကားဖြင့် ပြန် ရေး၍ "ငါတို့"ဟူသောစကားလုံး၌ "ငါ"ဟူ၍ အစားထိုးအသုံးပြုပါ။

➡ ဘုရားသခင်၏လူတို့ကြီးထွားခြင်းအတွက် ကူညီဖေးမခြင်း နှင့်ကိုယ်တော်၏ရည်ရွယ်ချက် သယ်ပိုးခြင်း တို့၌ ကိုယ်တော်နှင့် အတူ လုပ်ဆောင်ခြင်းအားဖြင့် ဘုရားသခင်၏ဘုန်းအတွက် အမြင့် မြတ်ဆုံး လုပ်ဆောင်ပါ။

➡ ဘုရားသခင်သည် သင်၏စိတ်နှလုံး၌ လျှပ်တပြက် ခြေလှမ်း များ ချပေးခြင်းရှိသည်မရှိသည်ကို ခဏရပ်၍ ရှာဖွေကြည့်ပါ။ ရင် တို့၏အကောင်အထည်ဖော်မှုများကို အစပြုသောအခါရင်တို့ကို စာရင်းပြုစု၍ အချိန်ပေးရမည်။

နောက်ဆက်တွဲများ

#၁-၄

နောက်ဆက်တွဲ ၁ ၊ ထူးကဲသောသင်ကြားခြင်းအ

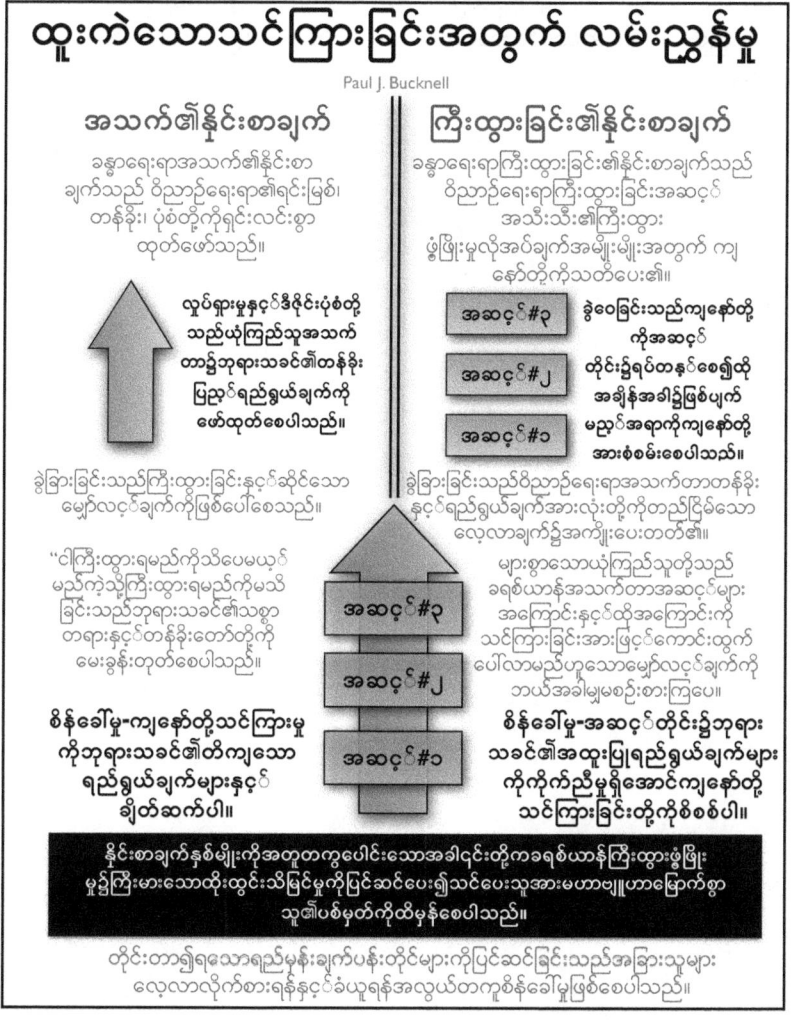

အသက်၏အနှစ်သာရ

တွက် လမ်းညွှန်မှု

ဤဇယားသည် အသက်အူတိုင်ကိုကျော်လွန်သည့် အဓိကအခြေခံ တရားနှစ်ရပ်ကို အကျဉ်းချုပ် ထားခြင်းဖြစ်သည်။ အသင်းတော်သည် အသက်တာနိုင်စာချက်၏ထိုးထွင်းသိမြင်မှုများကို ကြီးထွားခြင်း၏ နိုင်စာချက်နှင့်အတူ ပေါင်းလေ့ပေါင်းထမရှိသောကြောင့် အသက်တာတက်ကြွ ခြင်းအတွက် တန်ခိုးနှင့် ဦးတည်ချက်လိုအပ်မှုရှိ၍ သာသနာလုပ်ငန်းသည် လည်း ချည့်နဲ့လျက်နေ၏။

ဤနိုင်စာချက်နှစ်ခုကို အတူတကွပေါင်းလိုက်သောအခါ ရင်တို့၏စုပေါင်းမှုတန်ခိုး သည် အသက်ဖြစ် သွားလေ၏။ ရင်တို့သည် အတူတကွ လေ့ကျင့်သင်ကြားခြင်း၏အစွမ်း တန်ခိုးကို ဖော်ပြ၍ မိမိတို့ အသက်တာနှင့်သာသနာလုပ်ငန်းများ၌ လိုအပ်သောခွန်အားကို ဆောင်ယူပေး၏။

နောက်ဆက်တွဲ ၂ - အသက်တာ၏နိုင်းစာချက်များ

ဘုရားသခင်သည် မကြာခဏ ဝိညာဉ်ရေးရာ သမ္မာတရားများအပေါ်၌ ကျနော်တို့၏နားလည် သဘောခြင်းကို နက်ရှိုင်းစေပါသည်။ ကျနော် တို့အသက်အတွက် ဘုရားသခင်ပေးအပ်သည့် နိုင်းစာချက်များကို

အသက်၏အနှစ်သာရ

လေ့လာသောအခါ ကိုယ်တော်သည် အရေးကြီးဆုံးသောသမ္မာတရားများကို မယုံကြည်နိုင်လောက်အောင်ပင် ရှင်းလင်းစေပါသည်။ အသက်တာနိူင်းစာချက် လေးမျိုးမှာ၊

၁။ အသက်ပေါက်ဖွားခြင်း - မျိုးစေ့၏နှိုင်းစာချက် ဝိညာဉ်ရေးရာကြီးထွားမှု၏အစပြုခြင်း

"ငါအမှန်အကန်ဆိုသည်ကား မြေ၌ကျသောစပါးစေ့သည် မပျက်လျှင် တခုတည်းနေ၏။ ပျက်လျှင် မူကား များစွာသောအသီးကို သီးတတ်၏။ မိမိအသက်ကို နှမြောသောသူသည် အသက်ဆုံးလိမ့်မည်။ ဤလောက၌ မိမိ အသက်ကို မုန်းသောသူမူကား ထာဝရအသက်ကို စောင့်ရှောက်လျက်နေ၏"(ယောဟ၁၂:၂၄-၂၅)။

"သင်တို့သည် ဖောက်ပြန်ပျက်စီးတတ်သောမျိုးစေ့အားဖြင့် ဖြစ်ပွားသည်မဟုတ်၊ မဖောက်ပြန် မပျက်စီးတတ်သောမျိုးစေ့တည်းဟူသော အသက်ရှင်၍ အစဉ်အမြဲတည်တော်မူသော ဘုရားသခင်၏ နူတ်ကပတ်တော် အားဖြင့် ဖြစ်ပွားသောသူများဖြစ်ကြ၏"(၁ပေ၁:၂၃)။

၂။ အသက်တာ၏နယ်ပယ် - အသက်တာ၏နှိုင်းစာချက် ဝိညာဉ်ရေးရာကြီးထွားမှု၏အခြေခံတရားများ

"သားတော်ကို ယုံကြည်သောသူသည် ထာဝရအသက်ကိုရ၏။ သားတော်ကို ပယ်သောသူမူကား အသက်ကိုမတွေ့ရ၊ ထိုသူ၏အပေါ်၌ ဘုရားသခင်၏အမျက်တော် တည်နေသည်ဟု ယောဟန်ဟောလေ၏" (ယော၊ ၃:၃၆)။

"ယေရှုသည် ခရစ်တော်တည်းဟူသော ဘုရားသခင်၏သားတော်ဖြစ်တော်မူသည်ကို သင်တို့သည် ယုံမည်အကြောင်း၊ ထိုသို့ယုံ၍ နာမတော် အားဖြင့် အသက်ကိုရမည်အကြောင်း ဤမျှလောက်ရေးထားလျက် ရှိသတည်း။"(ယော၊၂၀:၃၁)။

နောက်ဆက်တွဲ ၂ - အသက်တာ၏နိုင်းစာချက်များ

၃။ အသက်တာ၏ကြီးထွားမှု - ကြီးထွားမှု၏နိုင်းစာချက်

ဝိညာဉ်ရေးရာကြီးထွားမှု၏အဆင့်များ

"အဘတို့၊ သင်တို့သည် ရှေ့ဦးစွာကပင် ရှိတော်မူသောသူကို သိသောကြောင့် သင်တို့အား ငါရေး၍ ပေးလိုက်၏။ လူပျိုတို့၊ သင်တို့သည် မာရ်နတ်ကိုအောင်သောကြောင့် သင်တို့အား ငါရေး၍ ပေးလိုက်၏။ သူငယ်တို့၊ သင်တို့သည် ခမည်းတော်ကိုသိသောကြောင့် သင်တို့အား ငါရေး၍ပေးလိုက်၏။ အဘတို့၊ သင်တို့သည် ရှေ့ဦးစွာကပင် ရှိတော်မူသောသူကို သိသောကြောင့် သင်တို့အား ငါရေး၍ ပေးလိုက်ခဲ့ပြီ။ လူပျိုတို့၊ သင်တို့သည် ခွန်အားနှင့် ပြည့်စုံ၍ ဘုရားသခင်၏နှုတ်ကပတ်တော်၌ မှီဝဲဆည်းကပ် သဖြင့် မာရ်နတ်ကို အောင်သောကြောင့် သင်တို့အား ငါရေး၍ပေးလိုက်ခဲ့ပြီ" (၁ယော၊၂:၁၃-၁၄)။

၄။ အသက်တာပြောင်းလဲခြင်း - ပြောင်းလဲခြင်း၏နိုင်းစာချက်

ဝိညာဉ်ရေးရာကြီးထွားမှု၏ရည်ရွယ်ချက်

"ဘုရားသခင်သည် အလိုတော်ရှိသည့်အတိုင်း ကိုယ်ကိုပေးတော် မူ၏။ မျိုးစေ့အသီးသီးတို့အားလည်း မိမိတို့မျိုးအတိုင်း ကိုယ်ကိုပေးတော် မူ၏။ အသားရှိသမျှတို့သည် တမျိုးတည်းမဟုတ်။ လူသားတမျိုး၊ အမဲသားတ မျိုး၊ ငါးသားတမျိုး၊ ငှက်သားတမျိုး အသီးအသီးရှိကြ၏(၁ကော၊ ၁၅:၂၈-၂၉)။

"ကောင်းကင်အကောင်အထည်လည်း ရှိ၏။ မြေကြီးအကောင်အထည် လည်းရှိ၏။ ကောင်းကင် အကောင်အထည်၏ဂုဏ်အသရေလည်းတမျိုး၊ မြေကြီးအကောင်အထည်၏ဂုဏ်အသရေလည် တမျိုးဖြစ်၏။ ... ထိုနည်းတူ သေသောသူတို့၏ထမြောက်ခြင်းအကြောင်းအရာဖြစ်၏။ ကိုယ်သည် စိုက် သောအခါ ပုတ်တတ် သောသဘောရှိ၏။ ထမြောက်သောအခါ မပုတ်နိုင် သောအဖြစ်၌ တည်၏"(၁ကော၊၁၅:၄၀၊၄၂)။

293

နောက်ဆက်တွဲ ၃ : စီးဆင်းမှု

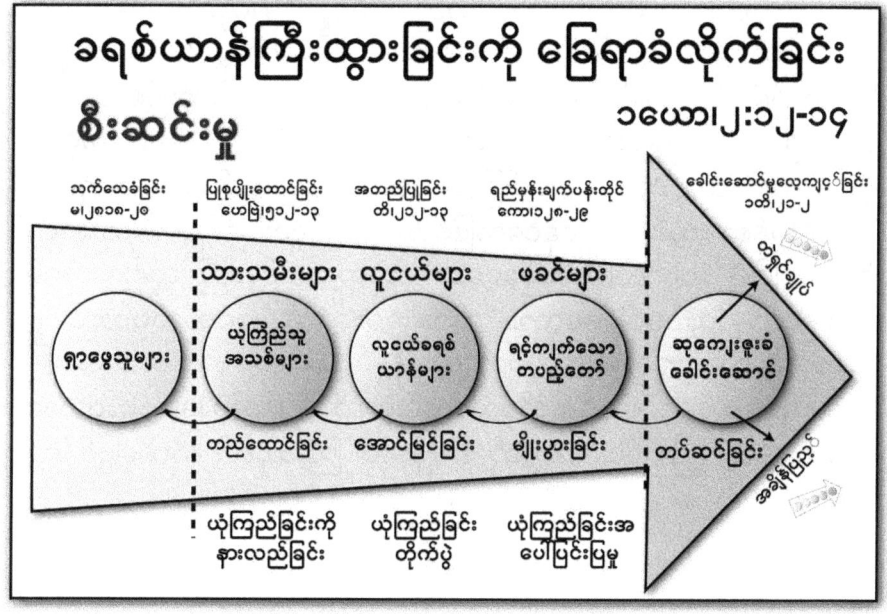

၁ယော၊၂၊၁၂-၁၄ ထဲက အထက်ပါဇယား၏စီးဆင်းမှုသည် ဤအချက်နှစ်ချက်ကို သိမ်းထားသည်- (၁) လိုင်းတံပိုး၏ရွှေလျှားမှုကြောင့် တန်ခိုးပြည့်စုံသော ဘုရားသခင်၏ရည်ရွယ်ချက်နှင့်အတူ (၂) ဘုရားသခင်၏ လမ်းစဉ်များကို ဝိညာဉ်ရေးရာ ကြီးထွားဖွံ့ဖြိုးမှု အဆင့်သုံး ဆင့်၌ တွေ့မြင်ရသည်။

အစက်ပေါက်များပါဝင်သည့်မျဉ်းကြောင်းများသည် နည်းပညာအရ ၁ယော၌ တွေ့မြင်ရသည့်ရုပ်ပုံ အစိတ်အပိုင်းမဟုတ်သော်လည်း အသင်း တော်၏ရုပ်လုံးကို ပိုမိုပြည့်စုံစေဖို့ရန် ထည့်သွင်းခြင်းဖြစ်သည်။ ရှာဖွေသူ အဆင့်ရှိသည်စက်ဝိုင်းပုံသည် ဘုရားသခင်ထံသို့ လူများလာရောက်ရန် အတွက် ဘုရားသခင် နှိုးဆော်သည့်နေရာဖြစ်သည်။ ဇယားအဆုံးပိုင်းသည် အသင်းတော်၏လမ်းညွှန်မှုကို ကြီးမားစွာပုံ သွင်းသည့် တတိယ အဆင့်၏ချဲ့ထွင်ခြင်းအဖြစ် ဖြည့်ဆည်းပေးခြင်းဖြစ်သည်။ ဤတပ်ဆင်

အသက်၏အနှစ်သာရ

သူများသည် အချိန်ပြည့် သို့မဟုတ် အချိန်ပိုင်း ဘုရားသခင်၏လူတို့ကို တည်ဆောက်ဖို့ရန် သူတို့၏ခွန်အားများကို ပြန်လည် မြှုပ်နှံခြင်းဖြစ်သည်။

ဘုရားပေးသည့်အသက်သည် မိမိလူတို့အတွက် ဘုရားတရား ကြည်ညှိသည့်အကျင့်စရိုက်ကို ဖန်တီးရန် မြစ်ရေသဖွယ်စီးဆင်းလျက်ရှိ ပြီး သူတို့၏ယုံကြည်ခြင်း ကြီးထွားခြင်းအတွက် အကောင်းဆုံးဖြစ်သည်။ သူ တို့သည် ယုံကြည်ခြင်းအားဖြင့် ဘုရားသခင်ကိုသိရှိလေ ဘုရားသခင်နှင့် ပို၍နီးကပ်လေ၊ ကိုယ်တော်၏ကြီးမားသော ရည်ရွယ်ချက်များကို ပိုမို ကောင်းမွန်စွာ ထမ်းဆောင်နိုင်လေဖြစ်၏။ သန့်ရှင်းမြင့်မြတ်သောအလုပ် ကို အစပြု၍ ဆက်လက်တည်စေမည့် ဘုရားသခင်သည် ဘုန်းအသရေရှိ သမျှနှင့် ပြည့်စုံပါစေသော။ ထိုသမ္မာတရား၏ ဖြစ်တည်မှုသည် ဤ လောက၌ သခင်ဘုရား၏အလုပ်ကို တုံ့ပြန်နိုင်ဖို့ရန် ကျနော်တို့အား အားကြီး စွာနိုးကြားစေ သင့်သည်။ သို့မှသာ ရင်းသည် ကျနော်တို့အသက်တာနှင့် လေ့ကျင့်သင်ကြားခြင်း အတွက် အရှိန်အဝါ ကြီးသည့် တို့ထမှုဖြစ်နိုင်ပေ မည်။

နောက်ဆက်တွဲ ၄: စာရေးသူ၏အကြောင်း

Paul သည် ၁၉၈၀ ခုနှစ်ကတည်းက ပင်လယ်ရပ်ခြား အသင်းတော် တည်ထောင်သူအဖြစ် အမှုတော် ထမ်းဆောင်ခဲ့ပြီး အမေရိကန်ပြည်ထောင်စု မှာလည်း ၁၉၉၀ ခုနှစ်ကတည်းက သင်းအုပ်တာဝန်ထမ်းဆောင်ခဲ့သူ ဖြစ် ပါသည်။ ဘုရားသခင်က သူ့ကို *Biblical Foundations for Freedom* တည်ထောင် ရန် ၂၀၀၀ ခုနှစ်တွင် ခေါ်ခဲ့၍ စာအုပ်များကို ရေးသားကာ နိုင်ငံတကာ ခရစ်ယာန်ခေါင်းဆောင် လေ့ကျင့်သင်ကြားခြင်းကို လုပ်ဆောင်လျက် ဒေ သန္တရအသင်းတော်၌ အမှုတော်ထမ်းဆောင်ခဲ့၏။

Paul ၏ကျယ်ပြန့်သော နယ်ပယ်အပိုင်းအခြားဖြစ်သည့် ခရစ်ယာန်အသက်တာ၊ တပည့်တော် မွေးထုတ်ခြင်း၊ ဘုရားတရားကြည်ညို လျက် အသက်ရှင်ခြင်း၊ ခေါင်းဆောင်မှု လေ့ကျင့်သင်ကြားခြင်း၊ အိမ်ထောင်ရေး၊ မိဘပြုစုခြင်း၊ စိုးရိမ်ခြင်း၊ ဓမ္မဟောင်းဓမ္မသစ် အနက်ဖွင့် ခြင်းနှင့်ဝိညာဉ်ရေးရာ အသက်တာ ခေါင်းစဉ်များစွာတို့ကို ရေးသားပြုစုသူ ဖြစ်ပါသည်။

Paul သည် လွန်ခဲ့သည့် ၃၅ နှစ်အထက်ကပင် အိမ်ထောင်ပြုခဲ့သူ ဖြစ်ပါသည်။ သားသမီးရှစ်ယောက်နှင့် မြေးသုံးယောက်ထွန်းကားခဲ့ပါသည်။ Paul နှင့်သူ့ဇနီး Linda တို့သည် သူတို့အသက်တာ၌ အံ့ဩဖွယ်ရာ ဘုရားသခင်၏ကောင်းကြီးမင်္ဂလာများကို အစဉ်တွေ့မြင်ကြရ၏။

Paul နှင့် Linda တို့နှစ်ဦးအကြောင်းကို ပိုမိုသိရှိလိုပါက BFF လုပ်ငန်း online ပေါ်၌ ဝင်ရောက်ကြည့်ရှု နိုင်ပါသည်။

www.foundationsforfreedom.net

www.ingramcontent.com/pod-product-compliance
Lightning Source LLC
Chambersburg PA
CBHW071303110426
42743CB00042B/1153